部门法哲学研究

邱本 ◎ 著

中国社会科学出版社

图书在版编目（CIP）数据

部门法哲学研究/邱本著．—北京：中国社会科学出版社，2018.4
ISBN 978-7-5203-0292-0

Ⅰ.①部… Ⅱ.①邱… Ⅲ.①部门法—法哲学—研究 Ⅳ.①D910.1

中国版本图书馆CIP数据核字（2017）第092377号

出 版 人	赵剑英
责任编辑	张　林
特约编辑	文一鸥
责任校对	韩海超
责任印制	戴　宽

出　　版	中国社会科学出版社
社　　址	北京鼓楼西大街甲158号
邮　　编	100720
网　　址	http://www.csspw.cn
发 行 部	010-84083685
门 市 部	010-84029450
经　　销	新华书店及其他书店
印　　刷	北京明恒达印务有限公司
装　　订	廊坊市广阳区广增装订厂
版　　次	2018年4月第1版
印　　次	2018年4月第1次印刷
开　　本	710×1000　1/16
印　　张	26.75
插　　页	2
字　　数	401千字
定　　价	118.00元

凡购买中国社会科学出版社图书，如有质量问题请与本社营销中心联系调换
电话：010-84083683
版权所有　侵权必究

目 录

第一章 导论 ……………………………………………………（1）
  一 为什么需要法哲学 ……………………………………（1）
  二 当前的法学状况 ………………………………………（4）
  三 警惕各种假哲学 ………………………………………（9）
  四 部门法哲学要解决什么问题 …………………………（11）
  五 三点说明 ………………………………………………（14）

第二章 法哲学 …………………………………………………（16）
  一 法的正当性 ……………………………………………（16）
  二 法的普遍性 ……………………………………………（18）
  三 法的合理性 ……………………………………………（21）
  四 法的周全性 ……………………………………………（24）
  五 法的目的性 ……………………………………………（27）

第三章 部门法哲学 ……………………………………………（30）
  一 部门法哲学是链接哲学、法哲学与部门法之间的桥梁 …（30）
  二 部门法哲学为部门法奠定基础 ………………………（33）
  三 部门法哲学为部门法厘定概念 ………………………（34）
  四 部门法哲学为部门法构建思维方式 …………………（35）
  五 部门法哲学为部门法提供终极的解释理由 …………（37）
  六 部门法哲学促使部门法制度创新 ……………………（38）

七　部门法哲学使部门法贯通起来 …………………………………… (41)

第四章　宪法哲学 …………………………………………………… (44)
　　一　宪法与哲学 ………………………………………………………… (44)
　　二　宪法修正案与哲学 ………………………………………………… (58)
　　三　宪制建设与哲学 …………………………………………………… (63)

第五章　行政法哲学
　　——从授权到控权 ……………………………………………………… (67)
　　一　什么是行政和行政法？ …………………………………………… (67)
　　二　行政法的原则 ……………………………………………………… (69)
　　三　为什么需要行政和行政权？ ……………………………………… (71)
　　四　行政权力的嬗变 …………………………………………………… (75)
　　五　评行政立法 ………………………………………………………… (77)
　　六　转变行政法观念 …………………………………………………… (80)

第六章　民法哲学 …………………………………………………… (85)
　　一　民法的"民" ……………………………………………………… (85)
　　二　民法的性质 ………………………………………………………… (104)
　　三　民事生活与民法典 ………………………………………………… (118)

第七章　商法哲学
　　——从资本到人本 ……………………………………………………… (144)
　　一　以资为本时代的公司 ……………………………………………… (144)
　　二　从资本到人本的动因 ……………………………………………… (146)
　　三　从资本到人本的根由 ……………………………………………… (148)
　　四　从资本到人本的制度变革 ………………………………………… (154)
　　五　从资本到人本的制度安排 ………………………………………… (156)
　　六　正确处理资本与人本的关系 ……………………………………… (160)

第八章 经济法哲学

——经济法的世界观与方法论 …………………………………… (164)

一　经济观 …………………………………………………………… (164)

二　现代观 …………………………………………………………… (168)

三　社会观 …………………………………………………………… (172)

四　干预观 …………………………………………………………… (175)

五　对象观 …………………………………………………………… (179)

六　体系观 …………………………………………………………… (182)

七　地位观 …………………………………………………………… (183)

八　辩证观 …………………………………………………………… (189)

九　方法论 …………………………………………………………… (192)

十　特色论 …………………………………………………………… (198)

第九章 社会法哲学 …………………………………………………… (205)

一　"看不清的手"——社会协调 ………………………………… (205)

二　社会法的基础理论 ……………………………………………… (216)

三　关于劳动及劳动法的再思考 …………………………………… (236)

第十章 环境法哲学 …………………………………………………… (254)

一　自然资源环境法哲学阐释 ……………………………………… (254)

二　自然资源环境法带来的法哲学观念的变革 …………………… (285)

三　自然资源环境法的学科意义 …………………………………… (292)

第十一章 刑法哲学

——刑罚与时间 …………………………………………………… (310)

一　为什么时间能够成为刑罚的手段 ……………………………… (311)

二　时间的决定因素 ………………………………………………… (315)

三　刑罚对时间的运用 ……………………………………………… (323)

第十二章 诉讼法哲学
　　——诉讼的发现意义 ………………………………………（331）
　　一　诉讼发现事实 …………………………………………（331）
　　二　诉讼发现真理 …………………………………………（335）
　　三　诉讼发现正义 …………………………………………（340）
　　四　诉讼发现法律 …………………………………………（345）

第十三章　国际法哲学 ………………………………………（350）
　　一　国际法哲学原理 ………………………………………（350）
　　二　中国对国际法的重大贡献 ……………………………（371）

第 一 章

导　论

本书是关于部门法哲学的论著。

论及法哲学、部门法哲学，必须首先回答以下几个重要问题。

一　为什么需要法哲学

这是法哲学的一个基本问题，许多人做过回答但又不尽正确全面。因此，要回答这个问题，关键是要正确全面地回答什么是法律。

什么是法律？法律首先是一条条的法律条文和由其所构成的一部部法典。这给人一种感觉甚至造成一种误解，认为似乎法律就是法条或法典，人们只要掌握了法律条文就足够了。除此之外，任何东西都是不必要的，什么法哲学、部门法哲学之类的东西更是多余的。

但如此理解法律，不仅在认识上是不正确不全面的，而且在实践中也是错误有害的。

只要人们仔细审查法条，如我国《宪法》第1条："中华人民共和国是工人阶级领导的、以工农联盟为基础的人民民主专政的社会主义国家。社会主义制度是中华人民共和国的根本制度。禁止任何组织或者个人破坏社会主义制度。"我国《刑法》第17条："已满十六周岁的人犯罪，应当负刑事责任。"我国《物权法》第5条："物权的种类和内容，由法律规定。"我国《民事诉讼法》第12条："人民法院审理民事案件时，当事人有权进行辩论。"我国《刑事诉讼法》第13条："人民法院审判案件，依照本法实行人民陪审员陪审的制度。"等。这些法律给人的感觉是简洁明了但意犹未尽，过于武断但说理不足，所以法律需要解释。尽管法律解释有各种方式，如所谓的立法解释、司法解释，语义解释、逻辑解释，历史解释、社会解释，等等，但最主要的还是学理解释，因为把法律为什么如此规定的道理讲清说透，才能以理服人。尽管法律是理与力的结合，但法律最终要以理服人而不是以力压人，因为人们终究只向真理低头，不向暴力屈服。我认为，法学归根结底是一门最讲理的学问。请注意，法学不是一般的讲理，而是最讲理。因为其他学问诸如文史哲、政经法等学问也要讲理，事实上根本就没有不讲理的学问，不讲理的东西根本就不是学问。但法律因其具有最高的强制性，是强制作用于人的行为规范，它决定着人的生命、财产、权利、自由和幸福。当法律剥夺人的生命、财产、权利、自由和幸福时，必须给出正当充分和令人信服的理由。越是强制性的东西，越要讲理，最高强制性的东西必须最讲理。而其他学问不必如此，因为它们没有法律这种强制性。正是在这个意义上，我认为，法学是一门最讲理的学问。但何谓最讲理？很显然，讲理讲不到哲学的广度、深度和高度，讲不出令人信服的哲理、至理和真理，讲不到无话可说、无理可讲和无须再讲，肯定就不是最讲理。所以，最讲理的法学讲来讲去，最后必然要讲到哲学、法哲学，不管人们如何定义哲学，但人们还是把哲学当作最后的话语和最高的理据。

正因为法律决定着人的生命、财产、权利、自由和幸福，所以当法律要决定人的生命、财产、权利、自由和幸福时，人们会本能地竭尽全力、穷尽一切理由去主张和争取它们。就此而言，每个人都会本能地进行理论研究、哲学研究，每个人天生都是理论家、哲学家。就法律本身来说，它也赋予、保护人们如此竭尽全力、穷尽一切理由去主张和争取自己的生命、财产、权利、自由和幸福，法律规定诸如律师辩护、法庭辩论、上诉申诉等各种制度，根本目的就是要让人们把话说完、把理讲透，要穷追不舍，追根究底，只有这样才能证据确凿、理由充分，才能避免冤假错案。所以，诉讼的本质是追诉，不断追问，追查真相，追求至理，在此基础上再追究法律责任。就此而言，诉讼无异于哲学（研究）。苏格拉底、柏拉图的哲学就是以辩论为主题的哲学，他们通过辩论来讨论哲学、探究哲理。法学亦然。

按理说，法律首先表现为法律条文，一个学法律的人最应该掌握的是法律条文。但毋庸讳言，人们最难记住的也是法律条文。这常常使一些初学者望法兴叹、望法止步，更使一些法学（法律）专家难堪，因为外人常常以为他们对法律条文应该了如指掌、无所不知，但一问，不是"三不知"，就是含糊其词。结果，外人据此责怪法学（法律）专家无知、失职。这既损害了法学（法律）专家的形象，也损害了法学的尊严和法律的威信。其实，这与法学（法律）专家有知与否、是否失职没有太多太大的关系，而是与人的本性有关，法律条文不合人的本性，人们本能地厌恶一切需要死记硬背的东西，谁也记不住那么多的法律条文。一切未经理解的东西都不易记住。因此，法律要真正为人们所铭记，不能诉诸法律条文，也不必诉诸法律条文，人们翻开法典一查就知道了，而且翻查法律条文总比死记硬背法律条文要完整准确得多。我们应该把人们从死记硬背法律条文的沉重负担中解放出来，让他们把主要精力放在学习和精通法律条文背后的道理上来。法学道理理解了，条文就记住了、掌握了，而一旦理解了法学道理，法律条文就多余了，法律条文不过是法学道理的一种表述。过去我们常常批判宗教是先信仰后理解，甚至只需信仰无须理解。其实未必如此。就基督教而言，读过《圣经》的人都会发现，《圣经》不是戒律，或者不像是法律条文那样的戒律，而是一个个故事，甚至是有内在逻辑关系的完整故事。故事总是比条文更易于让人记住，甚至让人念念不忘。《圣经》在讲故事的过程中把其教义也顺便讲出来了。寓理于事，据事喻理，这是一种很好的讲授方式。但法律特别是大陆法系至今没有找到类似或有意拒绝这样好的表现方式，偏好干巴枯燥的法律条文和严肃乏味的法典。这是导致法律需要普及且努力普及但效果仍然不佳的重要原因之一。在这方面，法律应该好好地像基督教学习，寓理于事，以事喻理，像讲故事一样讲法律，在讲故事中讲法理、法哲学。法律（学）完全具备这种条件，因为无数的案例特别是那些经典案例堪称真正的好故事，足以让人津津乐道，能够晓理于事。法律是可以"悦读"的。这一点，大陆法系不如英美法系。英美法系遵循先例原则，一个个判例就是一个个故事，也是一个个法律原则，这些原则都是从案例故事中总结出来的，高度抽象概括，很是哲学化，或者本身就是哲学命题。如从"埃尔默毒杀被继承人"一案概括出来的判例原则就是"任何人都不能从其错误行为中获得权利"。许多案件诉来诉去，几乎就不诉及什么法律条文，诉到最后诉及的都是宪法及其修正案，而它们背后的又是权利、自由、秩序、公平、正义等哲学大词。如著名的美国"焚烧国旗案""堕胎案"等都是如此。哲学理念总是法律的终极根据。

二 当前的法学状况

我们只要翻看一下现行的法学教材，包括一些所谓的经典权威的法学教材，就可以看出，它们的基础理论部分都十分薄弱，缺乏应有的理论性和理论感，更不用说哲学味和哲学性了。许多基础理论问题要么避而不谈、避重就轻，要么泛泛而谈、语焉不详，要么流于表面、不及根本，要么似是而非、不甚真确，等等。这样的教材会泯灭学生的理论兴趣，降低学生的理论水平，最终把学生引向法条主义、实务主义（连实用主义都不如）的邪路。近来的司法考试成了法学教育的指挥棒，使法学教育也像中学教育一样成为应试教育，法条成为司法考试的重心，而法学理论被边缘化了。这使很多学生更加不重视法学理论的学习。这不是在培养高素质的法律人才，而是在培养"法律工匠"，培养法条主义者。培养只认识法律条文的法条主义者，可以办习艺所、速成班，根本就无须法学高等教育，特别是法学硕士博士教育。法条主义者往往是教条主义者，教条主义害死人，这是极其深刻的教训。但许多人并没有真正吸取这种教训。如好几例"高考迟到几分钟案"（尽管没有人追究执法者的责任）就是如此，它看似严格执法，实则与法治精神背道而驰，因为这"几分钟"不仅使考生多年的努力前功尽弃，而且很可能影响其一生，甚至毁了其一生。人们应该想到，除了把考生拒之考场之外，我们还有许多其他更合理、更有效也更人性的执法方式和救济措施。造成这样的执法（者）有许多原因，但其中一个重要的原因是他只是念念不忘法律规则，但忘记了法律是为人服务的，忘记了法律的人文教养和人文精神。要是我们的执法者都成了这样的酷吏，那么我们越是建设法治就越是远离法治。这是不良教材教出的恶果，这是我们法学教育的失败。

再看看我们的一些论著，尽管跟以前比已大有进步，如引证规范了，引文丰富了，内容厚重了，论述细致了，也有所创新了。但毋庸讳言，绝大多数论著是对具体法律问题的操作分析、对策研究，小器有余而大器不足，其理论性、理论感和哲理性、哲学性仍然有待进一步提高。这么长时间过去了，我们没有提出过多少真正有中国内涵、中国风格和中国气派的法学理论，在很大程度上可以说，我们的法学仍然很幼稚。之所以如此，也有很多原因，其中一个重要原因，也许与一些杂志的编辑意见和办刊方针有关。如国内某所谓权威法学杂志的负责人就在多处演讲说：我现在最怕见到的就是所谓"理论基础"，什么问题都要找出它的理论基础。现在存在"泛哲学化"倾向，不管什么东西，最终要找到外国的哲学家那去，堆砌一大堆哲学的东西，这样的做法只会把简单问题复杂化。写文章要少一点儿不必要的哲学色彩，要用法言法语，写出来的文章要让我们法学圈子里的人都能看明白，堆一些外国哲学家的话其实没有作用的。如果说有用，也就是只能让人对作者为什么引那么多东西感到莫名其妙。研究法律问题不一定都需要哲学本身。什么东西都要与哲学联系起来这叫泛哲学化思潮，是完全没有必要的！[①] 我们现在的法学论著之所以拒绝哲学，以至于很不哲学，与这种"编辑意见和办刊方针"密切相关。

这位编辑的意见和办刊方针，个别地方有些道理，但大部分是错误的。作为个人好恶本无可厚非，但在目前盲目追求学术"GDP"、过分崇拜"CSSCI"以及以刊论文，但又没有实行严格科学的专家匿名审稿而只由编辑擅自取舍的学术体制下，这些权威杂志的编辑意见和办刊方针，必然成为权威的编辑意见和办刊方针，其影响或误导就不可小视了。它们不仅混淆视听，而且严重地阻碍学术的全面发展，必须认真分析和严肃批判。第一，"堆砌一些哲学的东西"并不就是哲学本身。真正的哲学表现为思维训练、思考方式和思想力量，它完全不需要哲学字眼、哲学词汇却把很哲学的东西表现出来。我们不能因这种坏哲学、假哲学而拒绝一切哲学，包括好哲学、真哲学，这是"倒洗澡水连同孩子也倒掉"。第二，我们的法学不是"泛哲学化"了，恰恰相反，是严重地缺乏哲学，

[①] 参见张广兴《法学研究与学术规范》，载中国法学网。

很不哲学,"哲学的贫困"导致"法学的贫困",哲学的缺乏导致法学的幼稚。我们的法学迫切需要真正的哲学,包括哲学方法、哲学思维以及哲学广度、哲学深度和哲学高度。有哲学武装起来的法学一定不是现在这样贫乏幼稚的状况。第三,"什么问题都要找出它的理论基础",这不是谁有意或特意如此,而是学术研究特别是法学研究必须如此,当人们诉诸法律时就必然追诉到理论基础那里去,它不以人的意志为转移,这是谁也避免不了的。况且,理论基础是学科建设和学术研究的直接基础,没有理论基础的学科建设是空中楼阁,没有理论基础的学术研究是游谈无根。第四,引证哲学不会使简单问题复杂化,哲学是高度概括的,哲理是高度浓缩的精华,哲学精辟入理,一语道破,一语中的,不必也不会复杂化,一切复杂化的东西都不是哲学,哲学旨在使复杂问题简明化,哲学不是繁杂而是清明。恰恰相反,正是因为没有哲学,所以我们才啰里啰唆说了一大堆废话但仍然不及根本。简单问题复杂化,不是否定哲学的理由,而是缺乏哲学的表现。第五,法学不只是法学圈子里的事情,而是全民的事情,只有法学圈子里的人看明白是远远不够的(更何况,许多法学论著即使没有堆砌哲学的东西,但依然充满了学术黑话,不好读、不好懂,不用说看明白,就是看下去都要十二分的耐心和毅力),还要让大众看明白,其中包括圈外人的批判。法学圈子里的人是看明白了,但圈外人却批评法学幼稚。十几年前,这句话使许多法律人脸上无光,如果今天我们还是躲在自己的圈子里只求自己明白,甚至自我陶醉,那么外人再批评法学幼稚,我们可就无地自容了。第六,他们对法律(学)有一种根深蒂固的误解,认为法律(学)是一门实践(用)的学问。但他们对法律(学)的实践(用)只是一知半解,片面地夸大了法律的实践(用)一面,但错误地否定了法律(学)的理念和理论性。荀子曰:"不知法之义而正法之数者,虽博,临事必乱。"没有掌握法律的精神,只是知道法律条文的数量,再多,遇到要处理事情的时候还是手忙脚乱。其实,法律是两者的内在统一,而且两相比较,法律的理论(念)性还重要于法律(学)的实践(用)性。并不是说法律(学)的实践(用)重要,就真的能够发挥法律(学)的实践(用),也不是热衷于法律(学)的实践(用)就能发挥法律(学)的实践(用)。世上的事情常常反其道而行之，歪打正着，与实践（用）保持一定的距离反收实践（用）之功。就法律（学）的实践（用）来说，就法论法、照抄照搬，不仅无用，而且有害。只有那种能够普遍适用、反复适用的法律（学）才有真用，只有能够触类旁通、类似万能钥匙的法律（学）才有大用。而这种真用大用的背后是哲学使然。哲学不限于知识，而是有效地配置各种知识并使知识创造智慧的艺术，即"转识成智"，智慧具有无限的作用力量。

这里我们要追问的是，法律特别是部门法是否必须跟哲学、法哲学勾连起来？是否可以不需要它们？它们是否真的泛化多余？哲学是不是"什么都做完了之后再来点儿多余的'哲学总结'或'哲学高度'"[①]？

首先，对于哲学特别是传统的形而上学，早已形成了一股强大的思想潮流或哲学流派，叫作"拒绝形而上学""解构哲学"。但几十年过去了，人们越来越发现，所谓的"拒绝形而上学"是拒绝旧的形而上学又重建新的形而上学，"解构哲学"是解构一些哲学又重构一些哲学。这就说明，哲学是拒绝不了、解构不了的，因为哲学根源于人的本性，人不满足于一般的求知，还要追根究底，人有追根究底的本能；人不满足于现状，还要深谋远虑，人总是想得过多过分；人不满足于物质，还有精神追求，人追求那些不切实际的东西；人有"一言以蔽之"的偏好，总想用最少量的语言、最简单的概念去概括最无限、最丰富的现实，人也喜欢甚至要求别人言约意丰，一语中的；人有"语不惊人死不休"的冲动，对哲理智慧有强烈的追求动力和发自内心的崇拜情结。凡此种种，都会使人滑向形而上学。人有形而上学的本能，人是一种哲学动物，形而上学、哲学是人性的需要。

在哲学领域拒绝不了形而上学、解构不了哲学，那么在法律领域又如何呢？

对于法律问题，它关切人们的生命、财产、权利、自由和幸福，人们对于法律无法不追根究底、不穷尽一切，无法不想得太深、太远，不可抑制地要想得太多、想得过分。恰恰相反，无论是人们还是法律还必

---

① 赵汀阳：《长话短说》，东方出版社2001年版，第118页。

须如此,真可谓是"只要有一份希望就要尽百分之百的努力",否则就没有认真对待法律。这就进入了哲学状态,就是哲学,因为哲学就是"想得太多""想得过分"的一种想法。①

但不可否认,世人特别是当下的中国人更多的还是在"拒绝哲学",所谓的"理论是灰色的,生活之树常青","面包永远比哲学重要","思想有多远,你就给我滚多远",凡此种种,都表明世人更注重现实世界、物质利益、世俗生活,而少数好学深思、沉思默想者反成异类,被边缘化了。哲学被边缘化有种种原因:一是由于哲学本身的原因,哲学作为一种高妙精深的学问,门槛很高,必然使绝大多数人高不可攀,所以像过去那样全民学哲学是学不来的,哲学永远是少数人的专利,这决定了哲学永远是非主流的命运。二是与此相关,由于多数人不好哲学或好不上哲学,因而干脆拒绝哲学。在民主原则的宰制下,绝大多数人拒绝哲学压倒了少数人的哲学偏好,少数哲人不敌多数俗人。多数人拒绝了哲学,就差不多拒绝了哲学,哲学成不了显学。三是哲学不但不能带来实利,反而要求人们与实利保持距离,这样"精神才能不受物质污染",才能"站得高望得远看得清",或者像泰勒斯那样不愿谋利,谋利是雕虫小技,哲学家不屑为之;或者像犬儒主义那样拒绝实利,猪狗不如还在(或才能)高谈哲学,这就是哲学家给世人的印象。世人大都是俗人,他们离不开实利,过不了哲学家的禁欲生活,哲学对于他们没有吸引力。这再次说明真理的命运,真理虽然掌握在少数人手里,但由于少数人为多数人所压制,真理反而被讥为谬论。所以,人们不能期望哲学大众化,"大众哲学"是充满矛盾的伪命题。但人类也不能没有哲学,那样的话,人类就会缺乏应有的思考力、思辨力和思想力,久而久之,人类思考就不能深思熟虑,人类文明就不可能达到极致,人类就不配是万物之灵长。为此,人们对于哲学不要有"酸葡萄心理",自己高攀不上,也不让别人高攀;自己吃不上,也不让别人吃,还借口说葡萄是酸的,以误导别人。

---

① 参见赵汀阳《长话短说》,东方出版社 2001 年版,第 113 页。

三 警惕各种假哲学

当然，法律也要警惕和拒绝一些假哲学。如前所述，哲学永远是少数人的专利，并非人人都有权利谈论哲学，所以当人人都在谈论哲学时，必然有许多假哲学，必须高度警惕，因为这种假哲学玷污了真哲学的名声，许多假哲学使人们厌恶、拒绝哲学，连同一些真哲学、好哲学也非常冤枉地被人厌恶、拒绝了。因此，哲学需要清理门户，去伪存真，纯真起来。

第一种是空谈哲学。"这种哲学主要是用来说话，而不是用来做事。"① 其实这是西方哲学的一种古老传统。西方哲学一开始就是说话哲学。如苏格拉底的工作就是每天站在大街上找人说话辩论，他们的哲学著作就成了"对话录"。马克思批判黑格尔的哲学是"躺在睡帽中的哲学"。这是一种空谈哲学，空谈误国殃民。哲学不能站在彼岸、袖手旁观，而必须入世、付诸实践，成为人类解放的实践哲学。法律特别是部门法不能纸上谈兵，贵在实施，它们需要的是知行合一的哲学、行动的哲学、实践的哲学、做事的哲学。

第二种是彼岸哲学。这种哲学关注和讨论的是彼岸世界，与世隔绝，脱离实际，不食人间烟火，与谁的问题都无关，也不能解决任何问题。这种哲学有时还打着"无用之用"的幌子为自己辩解，说是无用即大用。但哲学不是彼岸世界的遐想，而是现实世界的解释和改造，哲学必须关心此岸、此在，要像马克思主义哲学那样是"搞饭吃哲学"（李泽厚语）。法律特别是部门法是人的行为规则，具有实践内容，它们关系国计民生，影响国泰民安，是入世的、世俗的。法律是人们安身立命的准则，部门法需要的是"世俗"哲学、"此在"哲学、"当代"哲学。

第三种是万用哲学。它像普世真理，好像放之四海而皆准，就像万金油一样。但万金油万用但不专用，甚至无用，不能真正解决问题。万用哲学是教条主义，它不问对象，生搬硬套，是无用哲学，有害哲学。哲学追求普遍性但不单是普遍适用，还需要辩证法，要具体问题具体分

---

① 赵汀阳：《长话短说》，东方出版社2001年版，第118页。

析。真正的哲学既有原则性又有灵活性，是"万变不离其宗"。部门法需要的正是这种哲学，因为部门法就法律性质来说是普遍性的，但它们所遇到的案件又是特殊性的，普遍性的法律要恰当地应对特殊性的案件，要把普遍性与特殊性有机结合起来，需要高超的艺术，一种把法律的普遍性与案件的特殊性协调起来的艺术。就此而言，部门法需要的哲学是一种"艺术哲学"，哲学要有艺术，"哲学是一种艺术"①。

第四种是高深哲学。哲学一直有着"深刻"的好名声，以至于形成了一种哲学成见，即非深刻就不哲学，一些哲学家也发誓不深刻不罢休，有时甚至把别人看不懂当作深刻，还说我的哲学不是写给当代人看的，而是留给后代人看的。确实，许多哲学深刻得很，但这么深刻的哲学不知道说给谁听②，谁又能听懂，听懂以后又能如何？这种哲学必然是曲高和寡、脱离大众。部门法哲学不需要这种哲学。因为法律不是只为那些智力超群者制定的，而是为广大民众制定的；法律不是智力游戏，而是"家庭父亲简单平易的推理"；法学不必深邃玄奥，只是"成年人的学问"；等等，这些都说明法律要大众化、通俗化、普及化。对于部门法来说，高深的哲学是用错了对象，它深不可知，也深不可用，是屠龙之技。部门法需要的是深入浅出的哲学，平易近人的哲学，极高明而道中庸的哲学，穷极思辨但不离日用常行的哲学。

第五种是烦琐哲学。把许多话归结为一句话，才（可能）是哲学，哲学要删繁就简。哲学的应有表现形态是言简意赅，言约意丰，简洁明了。或如李泽厚说的，哲学只是提纲，无须更多的解释和演义。他不喜欢某些德国哲学教授的写法，写了厚厚几册，还只是导论，还没有导出其哲学。这方面，马克思的《关于费尔巴哈的提纲》，为哲学表述树立了光辉典范，恩格斯就赞其为"天才的哲学大纲"。我认为，这是哲学的最佳表现形态。哲学重在哲理，哲理不会太多，也不需要太多，哲理"一句顶一万句"，不需要那么烦琐，烦琐就不是哲学。烦琐哲学之烦琐，本身就表明其缺乏概括，而没有概括就没有哲学，就不是哲学。这个世界

---

① 参见赵汀阳《长话短说》，东方出版社2001年版，第124页。
② 同上书，第118页。

够烦的了，烦琐哲学使人烦上加烦、不胜其烦，人们不愿去阅读它、了解它，它很难融入人们的身心，其哲学再好也是枉然，只能自己把自己烦闷至死。我们的部门法哲学不需要这种烦琐哲学，需要的是简明易懂的哲学，以简驭繁的哲学，纲举目张的哲学，能使复杂问题简明化的哲学。

四 部门法哲学要解决什么问题

哲学是关于基础性的思考。部门法需要这种哲学基础，因为"任何一个人文社会科学的基本构想都是哲学性的"[①]。在一个部门法里面，到底哪些问题是基础性的，这是部门法必须追问的。部门法只有追问到不可再追的坚实基础后，才能在这种基础上把整个部门法体系建立起来。其道理犹如建高楼打地基一样，地基坚如磐石，高楼才能牢不可破。但反观我们的一些部门法，其基础是不坚实牢固的，如一些新兴学科的基础理论就是如此。即使是一些古老的学科，如刑法，也有许多基础性问题尚未解决，如本书所探讨的刑法与时间即刑期的问题就是如此，这个基础问题不解决，刑法就立足不稳。部门法必须有其坚实的基础，包括哲学基础、基础理论和基本原理，部门法只有根深蒂固才能枝繁叶茂。

哲学是关于普遍性问题的思考，法律是普遍性的行为规范，哲学与法律是相关相通的。部门法的制定需要哲学的普遍性，要从纷繁复杂的部门法所调整的社会关系中抽象概括出具有普遍性的部门法规则来。为此，部门法必须以普遍性为准则，进行普遍性的思考、普遍性的抽象概括。部门法的实施也需要哲学的普遍性，因为部门法规则再多再完善，也有漏洞和不足，不能包罗万有，在适用法律时就需要哲学的普遍性，普遍性的适用、普遍性的推理，把有限的规则投入到无限的适用中去，使其能够推广适用、衍生敷用。这样就可以杜绝目前我国司法中经常出现的借口无法律依据而拒绝受理案件的现象，或者局限于现行法律而对诸如"同性强奸"等新发案件无可奈何。法律规则是有限的，但法律精

---

① 赵汀阳：《长话短说》，东方出版社2001年版，第126页。

神是无限的,富有法律精神的法律规则是普遍存在的,可无限适用的,它们赋有人们以无穷的应对各种问题的方法。

哲学对普遍性的思考是企图寻求事物的发展规律。法律与规律原本同义,最好的法律要合乎规律,最好的法律就是规律。部门法哲学就是要指出部门法的发展规律,这样,部门法才有预见性,才能避免频繁修改(这是成本高昂、代价巨大的,没有什么损失比得上一种落后的法律规则对人们和社会所造成的损失)才能符合现实,与时俱进。这需要哲学的高瞻远瞩、远见卓识。反观我们的一些部门法,缺乏的正是哲学的高瞻远瞩、远见卓识,不能把握规律,所以改来改去,如我国的宪法就是如此,我国公司法的修改也是如此。如果人们深远地反思和预见到资本主义的发展规律和公司法的发展趋势,就可以发现,从资本到人本是公司法修改的规律和主题。所以,本书关于公司法的哲学命名为"从资本到人本"。还有我们的行政法也是如此。我们的行政法著述已很丰富繁多,但大都没有抓住行政法的核心和行政法的规律,对行政权的认识不充分和不到位。只有认识到行政法的核心是行政权,行政权的本质是自由裁量权,才能得出行政法的主旨是控制行政权,"从授权到控权"是我国行政法的发展规律。

哲学的核心是思维训练以及由此而来的思想启发。哲学思维训练的要素包括以下方面:一是全面。哲学既然是世界观,就要观世界,在观世界中认识世界、改造世界,并形成世界观。它给部门法哲学的启示是,尽管部门法是部门之法,但要跳出部门的局限,不要有门户之见。观世界才能通世事,通明世事就通晓了法律。道理是相通的,即道通为一,法学的最高境界是"通","一通百通",掌握法律贵在"观世界"和"通世事"。二是综合。没有综合就没有哲学。哲学是世界观,也是观世界,它视野开阔,包罗万象,兼收并蓄,集大而成。部门法哲学要求部门法也应如此。如关于证据及证明理论的研究就是如此。对此问题的研究一度是诉讼法的热点和重点问题,被认为是调动或运用了诸如法学、哲学、语言学、历史学、逻辑学、心理学等诸多学科知识和方法所进行的博大精深、富有成果的研究。但对于研究结果,有人总结说,"事实是硬邦邦的"是一个谬误,"认识符合事实"与"事实胜于雄辩"是两句废话，"客观真实说""法律真实说"和"程序真实说"是三种学说。这种概括还不够，后者还比较客气。其实，这三种学说各有利弊，它们相互批判揭短就充分地说明了"客观真实说""法律真实说"和"程序真实说"不是三种学说，而是"三种胡说"。① 真正的证据理论和证明方法不是三者必居其一（甚至可能还不止三者），而是对它们的扬长避短、集其大成，即收集一切可能的证据综合利用各种方法去证明案件事实。因此，有关证据及证明理论的最佳学说应该说"综合真实说"。三是辩证。辩证法是人类认识矛盾、解决矛盾的正确方法。部门法所调整的是人与人之间的社会关系，其中充满着各种各样的矛盾。部门法的调整方式是定分止争，调整的关键是利益平衡，调整的结果是各得其所，整个调整过程都是一个辩证法的运用过程，辩证法是法律的真谛所在，要充分发挥法律的调整功能离不开辩证思维的训练和辩证法的运用。四是穷理。哲学的本性是追根究底，穷追不舍，穷极到不可究诘、不可再究、不言而喻的自明公认状态。法律作为一个社会最高最后的评判机制，理应追诉到最高最后的阶段，为每一个争讼提供无可辩驳、无懈可击的最高最后的理据。部门法之所以需要哲学，正是因为我们的部门法还有许多地方理屈词穷或强词夺理，迫切需要穷理，要穷尽一切理由。五是根本。哲学是根本性的思想研究，哲学研究是追根究底，哲学追求的是根本。部门法哲学要求部门法抓住根本，不必拘泥于细节，"法律不苛细小"。不是细节不重要，而是因为拘泥于细节会因小失大，得不偿失；不是细节不需要学术研究，而是细节不是学术研究的重点，当事人、当局者、在场者比其他人更了解细节，自会研究，并把细节问题处理得更好。部门法抓住根本，就不会去钻牛角尖，钻牛角尖会妨碍法律和法治，因为法律和法治需要协商和妥协，但钻牛角尖连非根本原则性的问题都不能协商和妥协。部门法抓住根本，旨在解决根本问题，根本问题解决了，细小问题就会迎刃而解，否则，就会背本趋末，忙于细枝末节没完没了，但忘记了最主要的工作。结果看似工作做完了，但最主要的工作还未开

---

① 参见王敏远《一个谬误、两句废话、三种学说——对案件事实及证据的哲学、历史学分析》，载王敏远主编《公法》第四卷，法律出版社2003年版。

始。六是批判。批判是哲学的职责,哲学通过批判追求那些批判不倒的东西,或者说,真正的哲学就是那些批判不倒的东西。这正是法律所必需的。任何一条规则要成为法律规则,都必须经受各种批判,尤其是最广泛、最充分、最深刻的哲学批判,只有经受住了各种批判的规则才能成为法律规则。批判是保证法律规则高品质所必需的。七是人本。尽管哲学有多种流派、各种主义,但无论什么哲学,归根结底都是人学,都要以人为本,人本主义、人文精神是所有哲学的共同主义和共同精神。它对法律、部门法的启示是,法律、部门法要以人为本,一切法律都是为人服务的,无论是法治、权利、自由、公平、正义、秩序,等等,都是人本主义和人文精神的载体和别称,人本主义和人文精神是法律之本,法律是人本主义和人文精神之末,法学也是人学。人们特别是法律人之所以需要经受哲学训练就是为了使其牢固树立人本主义和人文精神,成为一个人本主义和人文精神的坚守者和捍卫者。如果人们特别是法律人牢固树立了这种人本法律观,法律就不会离经叛道,等等。总之,本书对哲学的理解是宽泛的、多元的,企图包括人们对哲学的各种理解,包括一些被人批判过的哲学。不过,本书对哲学的理解仍有其核心,其核心就是思想和理论,特别是根本思想和基础理论。

五 三点说明

本书是本人承担的教育部人文社会科学重点研究基地(吉林大学理论法学研究中心)重大项目——中国特色社会主义部门法学理论研究(批准号:11JJD820013)的初步成果。非常感谢张文显老师给我提供了这个课题,使我有机会比较系统地对各部门法进行学习和研究。张老师是部门法哲学的倡导者和开拓者,他对部门法哲学做出过许多重要的研究,提出了许多非常独到、深刻和系统的思想观点。如他在各部门法研究会年会或专题研究会以及他主持的部门法哲学年会上的发言,都得到了部门法学者的充分认可和高度评价,也为本书所参考和借鉴。

但鉴于部门法哲学涉及的部门法众多,而且各部门法哲学都博大精深,仅仅一本书不可能对它们面面俱到,囊括殆尽。本书也无意于此,只是选择各部门法中最合法哲学要求、最具法哲学意义的一些基本而重大问题进行大题小做，试图以小见大，以便明了部门法之全貌，把握部门法之本质。

　　最后需要指出的是，本书所理解的法哲学，与法理学是相通的，相应的，本书也可以叫《部门法理学研究》。

第二章

法哲学

法哲学是对法或法律、法学的哲学化,是对法的寻根究底和终极追问,是对法的穷极思辨和最高反思,它旨在"哲学"法的一个最高问题,即什么是法?法应该是什么样的?什么样的规则可以上升为法律?其终极理由和最后根据是什么?为此,法哲学要在哲学层面探究法的以下方面。

一 法的正当性

在词根上,法律与正确、正当、正义是同根的。

法,在中国古代写作"灋","灋,刑也。平之如水,从水;廌所以触不直者去之,从去,会意"①。"廌"是神话传说中的一种神兽,它能辨别曲直,并用其角触不直者以去之。法与"正"是相关和相通的,因为"正,直也"②。

在西方语言中,从词源来说,"法"一词都来自拉丁文。拉丁文的 jus 和 lex,德文的 recht 和 gesetz,法文的 droit 和 loi,英文的 law、right、rule、justice、norm 等,均可翻译为法、法律,同时又有正确、正当、正义、公平、权利、规律、规则等丰富内涵。

法律是人的行为规范,所以管仲曰:"法律政令者,吏民规矩绳墨也。"法律在英文中也用 act 一词,表明法律是人的行为规范。法律是人

---

① (汉)许慎:《说文解字》。
② 《吕氏春秋·君守》:"有绳不以正。"邢昺疏:"正,直也。"

的行为准则，而正当正是人的基本行为准则。法律与正当相关且合一。"正"，从"一"从"止"，即"从一而止"，或者"止"于"一"，这也是法的内在属性，如"一准乎法"；"当"，是"必须如此"，是客观必然性，是事物的本体和原状，或者说是事物的范式和理念。法律就是这种"当"。正当，是"正合其当"，即正好如此，正好合乎事物的范式和理念。正当是法律所要追求的应然目标，法律规范的过程正是"正当"的过程，"法正某事以该其当"，事合其当，即为正当，如此就达到了法律规范的目的。可见，正当本来就有"合乎准则"的意义和要求，法律规范的目的就是使人正道直行、正宜其事、正当其然。如果法不正，则行不当，秩序无，事不成。

在古汉语中，"正"与"政"同义①，如"夫秦失正，诸侯豪杰并起"②。颜师古注："正，亦政也。"子曰："政者，正也。子帅以正，孰敢不正？"③"正"与"政"同，使"正"与政治、法律关联起来，"正"是政治、法治的核心内涵和基本要求。政治和法治都应追求"正"，"正身以黜恶"④，然后才有良政善治和良法善治。

法律是人的正当行为规则，法学研究旨在寻求人的正当行为规则，所以查士丁尼编纂的《法学总论》，开宗明义地认为："法是关于正义和非正义的科学。"⑤丘濬亦言："臣按律之名……凡度之长短、衡之轻重、量之多寡，莫不于此取止，律以着法，所以裁判群情，断定诸罪。"⑥法是"度量衡""裁判断"的标准，法正与否，至关重要，如法不正，则一切皆歪。法是一个社会正与不正的最高规定和最后保障。其实，"正法"，也是"法正"，或是"正正"，通过法正是非、曲直、善恶等以求事事皆"正"。法律的根本宗旨就是要去歪取正，拨乱反正，以正视听。法律是求"正"的工具，法律要正人，必须先正己，如果法律不正，焉能正人？

---

① 参见黄现璠《古书解读初探——黄现璠学术论文选》，第466页。
② 《汉书·陆贾传》。
③ 《论语·颜渊篇》。
④ （唐）魏徵：《谏太宗十思疏》。
⑤ 参见［古罗马］查士丁尼《法学总论》，张企泰译，商务印书馆1993年版，第5页。
⑥ （明）丘濬：《大学衍义补》第120卷。

结果只能是无正可言。

法律求正的过程，也是法律寻求客观规律的过程，所以在英文中，法律与规律是同一个词 law。规律性是正当性的重要内容和重要根据，合规律性才有正当性。法律求正的过程也是法律求是的过程，所以在英文中法律与正确是同一个词 right。正确性是正当性的重要内容和重要根据，法学研究是求真，是寻求人生的真谛。法律应具有至真性，至真性才有正当性，不真确即不正当。

法律是非评判的标准，是利害裁判的尺度，是定纷止争的依据，所以管子曰："律也，定分止争也。"法律要定分止争，就必须合乎正义。正义，按汉语古义，"义者宜也"①，"宜，得其所也"②，"宜，所安也"③，"万物之生各得其宜也"④；此外，还要求"宜其事也"⑤，"君子宜之"⑥，"将施于宜"⑦ 等，"宜"是行事的基本准则。正义就是正其宜也，即"正义是给予每个人他应得的部分的这种坚定而恒久的愿望"，因此，"法律的基本原则是：为人诚实，不损害他人，给予每个人他应得的部分"⑧。正义是正当性的核心内容，不正义便不正当。

正当性是法的重要属性，从广义上说，以下部分都是为了进一步说明法的正当性。

二 法的普遍性

普遍性是法的一个基本要求和重要特征。

康德认为道德法则应具有普遍性，因为它要求人们"总是按照那些同时可以成为普遍规律的规则行事"⑨。我会这样行事，别人也会这样行

---

① 《礼记·中庸》。
② 《仓颉篇》。
③ 《说文解字》。
④ 《诗·小雅·由仪序》。
⑤ 《毛传》。
⑥ 《诗·小雅·裳裳者华》。
⑦ 《国语·晋语四》。
⑧ [古罗马]查士丁尼：《法学总论》，张企泰译，商务印书馆1993年版，第5页。
⑨ [德]康德：《实践理性批判》，韩水法译，商务印书馆1999年版，第31页。

事，所有人都会这样行事，这样的行事规则就具有普遍性，才可以成为法律。普遍性的法则才能放之四海而皆准，才普遍有效，"道德法则之所以被思想为客观必然的，乃是因为它对每一个具有理性和意志的人应当都有效"①。人同此心、心同此理、理同此法，这样的东西才具有普遍性，法学寻求的正是这样的"公心""公理"，并把它们转化为相应的具有普遍性的法律规则。能否普遍化是考量一条规则能否成为法律规则的重要标准。

法律是人的行为规则，是常人常行的规则，法律规则是常规通则，这就决定了法律的普遍性体现为法律的规律性，只有规律性的法律才是普遍性的法律。法律是人人皆行、人人必行的行为规则，法律普及人人、遍及人人，法律的普遍性体现为法律的人民性，只有人民性的法律才是普遍性的法律。法律的普遍性不仅分别与规律性和人民性密切相通，而且法律的规律性与人民性也是密切相通的，因为"规律主要是识别所谓人民的假兄弟假朋友的暗号"②。规律性的法律才是人民性的法律，不体现规律性的法律是一己之法，它体现的是个人意见而不是人民意志，而体现个人意见的东西并不是人民的法律，不是真正的法律。

法律的普遍性集中体现在意志的普遍性、公共性，社会公意即是普遍意志、公共意志，所以卢梭认为法律是社会公意的体现。但社会公意与社会舆论或公共舆论纠缠不清，难解难分。"公共舆论值得重视，又不值一顾。不值一顾的是它的具体意识和具体表述，值得重视的是在那具体表达中只是隐隐约约地映现着的本质基础。"③ 因此，"怎样从那些无限分歧的意见中区别和发现公认而有效的东西"④，就需要普遍性的理性思维去求同存异。理性思维是普遍性思维，通过理性思维才能达到思维的普遍性，"思维的普遍性的成长，就是教养的绝对价值"⑤。思维的普遍性是法律形成的重要机制，有了普遍性思维才可能有普遍性的法律。

---

① [德] 康德：《实践理性批判》，韩水法译，商务印书馆1999年版，第38—39页。
② [德] 黑格尔：《法哲学原理》，范扬、张企泰译，商务印书馆1982年版，第6页。
③ 同上书，第334页。
④ 同上书，第3页。
⑤ 同上书，第30页。

法的普遍性要求法超越特殊性，因为"法律始终是一般的陈述"，"法律不关心那些只发生过一两次的情形"①，"法律对于特殊性始终是漠不关心的"②。法不能搞特殊化，特殊性的东西往往包含着个人偏见、个人任性、个人私欲，人们常常借口特殊性将这些非法因素混入法律之中，特殊性已成为扰乱法律和法治的重要因素，如特事特办。法律是宏观着眼、大处着手，"法律不理琐事"，如果法律纠缠于特殊性，法律就会深陷细小，而"法深无善治"，就此而言，"法网恢恢，疏而不漏"并不是法治的理想状态，有时甚至还背离法治，如秦朝灭亡的一个重要原因就是其法律"繁如秋荼，密如凝脂"，"诸产得宜，皆有法式"。法律只有追求普遍性，才能摆脱特殊性以及由此而来的各种弊端。

法的普遍性要求法律普遍适用，概莫能外。在中国历史上，商鞅之所以要改"法"为"律"，一个重要原因就是与"法"相比，"律"更能突出其整齐划一和体现其普遍性。《说文解字》说："律，均布也。"段玉裁注疏说："律者，所以范天下之不一而归于一，故曰均布。"所谓法律，其实是法之律化，法之一律，它要求"一准乎法"。法律的普遍性才能保证法律的统一性和权威性，法不"一律"就没有法律。如果事事有例外，处处开口子，法出多门，那么就会架空法律，也就没有法治。

法律既然名中有"法"，就应该是方法，一套能够有效解决问题的方法。不过，这种方法不是特殊性的方法，而是普遍性的方法。法律方法不是那种"一把钥匙开一把锁"的方法，法律是"万能钥匙"，可触类旁通，类推适用；不是那种对症下药的方法，法律不能因"病"而异、因人而异、因事有别，那样的话，就不能实现"法律面前，人人平等"了；也不是那种"具体问题具体分析"的方法，法律不能像古代那样"议事以制，不为刑辟"，或者"临事制刑，不予设法"，法律问题大都是普遍问题甚至是原则问题，不是"具体问题"，不必也不允许"具体分析"，"具体分析"往往会变通法律，那样的话，法律就会成为变戏法，变动不

---

① [美]博登海默：《法理学——法哲学及其方法》，邓正来译，华夏出版社1987年版，第225—226页。

② [德]黑格尔：《法哲学原理》，范扬、张企泰译，商务印书馆1982年版，第58页。

居，无法"一准乎法"；也不是那种"在延安学了，到富县就不能应用"[1]的方法，法律不是"地方性知识"，而是天下之公器，可以普遍应用。哈耶克认为，一个小团体的规则被适用到其他人乃至陌生人或外国人，这是"大社会"或"开放社会"形成的前提；同样的规则适用于相关的所有人，这是一个自由社会的伟大进步，这样的规则才是正义的行为规则。[2]

法学的普遍性要求法律的抽象性，抽象性的东西才是普遍性的东西。这是法学与哲学的共同之处，也是法学能够哲学化和要哲学化的重要原因。法哲学的宗旨之一就是要求法学扬弃特殊性达到普遍性，把法学提升到抽象性的程度和高度，抽象性是评价法学的一个重要标准。缺乏抽象性的学问不是真正的法学，因为法学的基本使命不是解决特殊性的问题，特殊性的问题不是法律问题，应由法学之外的其他学科去解决，它们也比法学更适于解决这些特殊性的问题。法学要解决的是人类社会普遍存在的重大问题，法学旨在对这些问题提供普遍性的解决规则。因此，法学特别是立法学旨在从各种特殊性中抽象出普遍性的法律规则，所以康德在谈到立法者时总是前面冠以"普遍"二字，黑格尔也认为立法权是"规定和确立普遍物的权力"。这种法律规则是通则，可普遍适用。

三　法的合理性

"哲学是探究理性东西的"[3]，是理性的事业。法律很早就被认为是正确的理性或者是理性的命令。所以法学与哲学在性质上是息息相通的，法哲学就是要对法学进行理性反思和审视，以祛除法的非理性成分，增进法的理性因素，使法律更具理性。法的哲学化是法的理性化。

理性是人的天赋，是人所固有的认知、判断和推理的能力。理性含有或者等同于审慎、思考、判断、推理、经验、知识、理智、合理、正确、科学、权威，等等，理性是人类的主宰，是人类行为的第一原理和

---

[1] 参见《毛泽东选集》第3卷，人民出版社1991年版，第798页。
[2] See Hayek: Law, *Legislation and Liberty*, Volume 2, University of Chicago 1973, p. 88.
[3] [德] 黑格尔：《法哲学原理》，范扬、张企泰译，商务印书馆1982年版，第10页。

首要原则，它告诫、指导人们该为什么和不为什么，理性已经积淀成为人类特有的"知行心理结构"，只有合乎理性的东西才能深入人心，获得认同，得到实施。法律亦然，只有合乎理性的东西才能成为法律，非理性的东西是非法的。法律因其理性而神圣，理性是最高的法律，法庭由理性审判。法律只对理性的人类可言，对人讲法就是对人讲理，暗含的前提是该人还有理性，还可理喻，还能讲理，能够认知并服从道理和律令。无理性者不可救药，不是法律主体，这是对一个人的莫大蔑视和根本否定。

理性是思维的本质，理性思维旨在把握事物的本性。法律是事物的必然要求，是客观规律的记载和表述，法律要合乎事物的本质。"通过思维把自己作为本质来把握从而使自己摆脱偶然而不真的东西这种自我意识，就构成法、道德和一切伦理的原则。"[①] 法律具有理性，才能摆脱偶然性，把握本质，达到普遍性，法律是普遍者，普遍性的法律才是理性的法律，才是良法。

理性包含着判断、推理能力，能够从已知推导未知、预见未来，理性是一种预见能力，所以在经济学上有一个重要的流派叫作理性预期学派。理性能够由表及里，去伪存真，分清是非，这对于法律来说至关重要。因为法律所要体现的社会公意，特受公共舆论的影响。法律要正确对待公共舆论就必须诉诸理性，或者说要理性地对待公共舆论。"公共舆论中有一切种类的错误和真理，找出其中的真理乃是伟大人物的事。谁道出了他那个时代的意志，把它告诉他那个时代并使之实现，他就是那个时代的伟大人物。"[②] 法律、法治是治国安邦的基本方略，它们的极端重要性决定了法学家就应该是这种"伟大人物"，如果法学家自己不能成为这种"伟大人物"，也要通过哲学家或借助哲学家而成为这种"伟大人物"，因为哲学是时代精神的精华，体现了时代的意志。这也是法学要哲学化成为法哲学的重要原因，因为只有这样，法律才能体现公共舆论中的普遍意志和时代精神。

---

① [德] 黑格尔：《法哲学原理》，范扬、张企泰译，商务印书馆1982年版，第31页。
② 同上书，第334页。

理性追求真理，理性包含着真理性。"著作家特别是哲学家的任务是发现真理，阐述真理，传播真理和正确的概念。"① 法的哲学化是法的真理化，法的哲学化是为了使法更好地追求真理，法律应是真理的化身。真金不怕火炼，真理才能经得起理性的检验，真理性的法律才能充当是非、对错的评判标准。法未经哲学化，就没有接受最高理性的检验，也就不能成为最高理性，它在检验其他事物时就不能做到千真万确。

理性与任性相对立，法要具有理性就必须摆脱任性，"凡从哲学上讨论法、道德和伦理，而同时要想排除思维而诉诸感情、心胸和灵感的那些人，就表示着对思想和科学的蔑视，这是思想和科学所能遭到的最大蔑视"，这样"会尽量地夺去人类的一切真理、价值和尊严"②。理性是对任性、情欲的控制，经由理性的控制，法律才能成为亚里士多德所说的那种"没有感情的智慧"。

理性也与特异性相对立，"当我希求理性东西的时候，我不是作为特异的个人而是依据一般的伦理概念而行动"③。理性追求普遍性，是普遍性的东西。"理性的东西是人所共走的康庄大道，在这条大道上谁也不显得突出。当大艺术家完成一件作品时，我们会说：那必须如此，这就是说，艺术家的特异性已经完全消失，在作品里看不出什么风格。"④ 法律既然是天下公器，应该是最伟大的作品，法学家也应该像艺术家在自己的作品里见不到自己的特异性一样，在法律中也看不到自己的特异性。否则，法学家要么是如同不高明的艺术家，"艺术家愈是不高明，我们就愈看到他自己，他的特异性和任性"⑤。要么是偏私任性的法学家，立法者是在为自己立法，他们自己首先成了受益者，而不是为全民立法或为人类立法。

尽管理性不能简化为科学理性，合理性不能等同于科学性，但科学性仍然是理性和合理性的主要因素，一般说来，不合科学性往往就不合

---

① [德] 黑格尔：《法哲学原理》，范扬、张企泰译，商务印书馆1982年版，第2页。
② 同上书，第31页。
③ 同上书，第27页。
④ 同上。
⑤ 同上。

理性。法律离不开科学,法律要紧跟科学的步伐,随着科学的发展进步而不断发展完善,我们要用科学理性的标准和科学发展的成果去评判和改进法律,使其真正具有合理性。如我国《婚姻法》第7条规定:"直系血亲和三代以内的旁系血亲禁止结婚。"这其实不是结婚的条件而是生育的条件。即使作为生育的条件,也有医学遗传学家认为,表亲结婚的健康风险被严重夸大了。①

法律制度设计均是为了保证其理性,如立法程序的审读、执法程序的复议、司法程序的辩论等都是为了克服任性,祛除偏见,集思广益,凝聚智慧,一句话,都是为了保持法律的理性。正因为法律有如此细致、周密、严格的把关、过滤、控制和矫正的程序和环节,相比于其他而言,法律更具理性,西塞罗甚至认为法律是最高的理性。

四 法的周全性

法律的普遍性决定了法律的周全性。法律规定是"总而言之",如宪法是一个社会的总章程,法律是一个领域的总规章。法律要囊括、覆盖其所调整的整个领域,就必须是周全的。如宪法中的一个条文就代表着一个领域,是该领域法律的宪法根据。如我国宪法第56条规定"中华人民共和国公民有依照法律纳税的义务",是整个税法的宪法根据。所有宪法条文综合起来就构成了宪法的周全性。法的周全性才能保证法律的普

---

① 澳大利亚莫道克大学(Murdoch University)的医学遗传学家阿兰·比特勒斯(Alan H. Bittles)最近出版了一本名为《血缘背景关系》(*Consanguinity in Context*)的新书,其中比特勒斯从法律、文化、宗教和医学角度,就表亲婚姻当中相关的"常见误解"进行详细解释。长期以来,表亲间通婚是西方多数国家的禁忌。在美国的50个州里,有31个州颁布法令禁止嫡亲表兄妹之间结婚,只有在特殊环境下才能批准实施特例。但在世界上很多国家和地区,表亲婚姻这种做法早已得到容忍,甚至是鼓励。例如在南非和中东,20%—50%的婚姻都是在嫡亲表兄妹之间或是更为亲近的亲戚之间举行。在全球范围内,有超过10%的人是与远房堂亲或是更为亲近的亲戚结婚。比特勒斯表示,如果父母血缘关系相近,他们的子女会从父母处遗传相同的隐形有害基因,如果他们结婚,毫无疑问会增加后代患病风险。比特勒斯也承认,对于表亲结婚的相关研究表明,其后代患病概率及早死风险要比非近亲结婚高出三至四个百分点。比特勒斯解释称,这一比例是建立在结婚的表亲之间都携带有隐形有害基因这个基础之上的。但从实际层面来看,这种情况本来就微乎其微。他表示:"超过90%的表亲婚姻产生畸形后代的风险同普通人口一样。"因而,比特勒斯认为,表亲结婚的健康风险被严重夸大了。参见《网易探索》2012年4月28日。

遍性和普适性。

法的周全性要求法律系统化，也要求用系统的眼光看待法律，法律是一个系统，整个法律体系是一个大系统，一部法律是一个小系统。法律部门与法律部门之间、法律条文与法律条文之间要相互对应、协调、援引、圆全。如果法律部门之间和法律条文之间相互隔绝、掣肘、冲突，这是法律不周延、不周全的表现。在哲学史上，历来有把哲学等同于逻各斯、逻辑的传统，法哲学就是要使法律逻辑化，使法律逻辑自洽、周全、严密，未经逻辑化、缺乏逻辑的法律不是良法，甚至不能成为法律。法学应是一门最讲理的学问，要讲理就要讲逻辑，逻辑能力是重要的讲理能力，逻辑力量重要的理论力量，不讲逻辑就讲不好理，甚至就是不讲理。法律从来就是哲学辩证议论和逻辑分析的主题之一，苏格拉底、柏拉图的对话就是如此，法律在辩证议论和逻辑分析中愈辩愈明、越辩越全。

法律是人类行为的规范和社会关系的准则，法律要兼顾各方主张，平衡各方利益，协调各种关系，为此法律就必须周全，无所不包，巨细无遗，因为只有周全才能兼顾、平衡和协调。法律最忌片面偏颇、以偏概全，或者挂一漏万、不及其余，这有损法律的公平和公正。哲学的原意是"一切知识的总称"，哲学是大全，它包罗万象，至大无外。法哲学就是要使法学具有哲学这种大全、大气的景象，严格说来，"狭义"的东西不是哲学，也不是法哲学。法学要借助哲学使自己大而全，法学是"广而言之"而不是"狭义地说"，法学家不是专家而是大家、通才、达人。

法律要一统天下，"天网恢恢，疏而不漏"，"天网"如同"天衣"，"天衣"就必须"无缝"，无懈可击。为此，法律要做通盘地考量，周密地安排，全面地统筹，要把各种情况都考虑到、处理好，必须周全。法律的普适性决定了法律的周全性，"求全"就必须"责备"，要接受各方面的批判、指责，只有经受得起这些批判、指责的东西才能成为法律，这种法律才具有周全性。就法的周全性来说，倒是需要"法网恢恢，疏而不漏"。如果法律漏洞百出，那就无所适从了。

法律要普遍适用就必须是通则，法律是一种"通"的东西，它精通、贯通、灵通、一通百通，它能适应各种情况，解决各种问题，以不变应万变，法律其实是那种万变不离其宗的东西。法律是人类智慧的结晶，也是解决问题的最后方案，法律应力求无所不通，人们总能从法律中直接或间接地找到解决问题的法律依据，法律不能让人失望无助。"通"的东西才能"达"，法律的通达才能使法律具有延展性、普适性，能够无所不及，遍及无余，为此，法律都包括基本原则和兜底条款，它们保证了法的周全性。就此而言，法是无处不在，无事不有，不存在什么"无法可依""于法无据"的情况。

法律的通则性决定了法学要通明世事，无所不知，要周全地考量影响或决定法律的各种因素，并从中寻找出最具综合性的法律，因此法学是百科全书。孟德斯鸠认为："从最广泛的意义来说，法是由事物的性质产生出来的必然关系"，"法律应该和国家的自然状态有关系；和寒、热、温的气候有关系；和土地的质量、形势与面积有关系；和农、猎、牧各种人民的生活方式有关系。法律应该和政治所能容忍的自由程度有关系；和居民的宗教、性癖、财富、人口、贸易、风俗、习惯相适应……这些关系综合起来就构成所谓法的精神。"[1] 孟德斯鸠的这一立场得到了黑格尔的高度赞同，黑格尔认为孟德斯鸠指出了"真正的历史观点和纯正的哲学立场，这就是说，整个立法和它的各种特别规定不应该孤立地、抽象地来看，而应把它们看作一个整体中依赖的环节，这个环节是与构成一个民族和一个时代性的其他一切特点相联系的。只有在这一联系中整个立法和它的各种特别规定才获得它们的真正的意义和它们的正当理由"[2]。

法的范围决定了法律的周全性。如自然法被认为是自然的规律、宇宙的法则，它无处不在；查士丁尼《法学总论》规定："法是关于神和人的事物的知识，是关于正义和非正义的科学。"[3] 就前者而言，界定的是法的知识范围，法要探究天地人；就后者而言，指出的是法的价值目标，

---

[1] [法]孟德斯鸠：《论法的精神》（上卷），张雁深译，商务印书馆1982年版，第1页。
[2] [德]黑格尔：《法哲学原理》，范扬、张企泰译，商务印书馆1961年版，第5页。
[3] [古罗马]查士丁尼：《法学总论》，张企泰译，商务印书馆1993年版，第5页。

法要追求真善美。可见，法的范围是周全的。就法学研究的方法和宗旨来说，旨在求通。它"究天人之际"，"通古今之变"，集众家之言，博中外之长，成一条通则。这是一个由周而通、由通而全的过程，法律追求的是十全十美。

五 法的目的性

法归根结底还是手段，不是目的，法的目的只能是人，法就是为人服务的手段。这是法律须臾不可偏废的最高目标。所以康德说："不论是谁在任何时候都不应把自己和他人仅仅当作工具，而应该永远看作自身就是目的。"① "人是目的不是手段"是道德的绝对命令。黑格尔也认为：法的命令是"成为一个人，并尊敬他人为人"②。

法律要服务于人，法学就必须首先研究人，认知人性、立足人性、因应人性、尊重人性，为此而立法、执法和司法，这是法的至高原则。所以查士丁尼认为："我们所适用的全部法律，或是关于人的法律，或是关于物的法律，或是关于诉讼的法律。首先要考察人，因为如果不了解作为法律的对象的人，就不可能很好地了解法律。"③ 孟德斯鸠在研究法的精神前，也是"首先研究了人"④。从这个角度看，法学也是人学。

法是人性的必然要求，是人性要求的记载和表述，人性需要什么，法律就应写定什么。比如人有人格尊严，法律就应赋予人以人格尊严；人是自由自在的，法律就应保障人的自由自在；人有利益需求，法律就应满足人的利益需求；等等。整个法律体系构建的是一张保证人享有人格尊严、能够自由自在、可以满足利益需求的制度环境。在这种制度环境中，人才能成之为人。所以，评判法律优劣的最高标准就是法律是否合乎人性以及在多大程度上合乎人性。法律合乎人性，才是合目的性，法律完全地合乎人性，才是法律的至善性。相反，与人性相悖的东西都

---

① [德] 康德：《道德形而上学基础》，苗力田译，上海人民出版社1986年版，第86页。
② [德] 黑格尔：《法哲学原理》，张企泰、范扬译，商务印书馆1961年版，第46页。
③ [古罗马] 查士丁尼：《法学总论》，张企泰译，商务印书馆1989年版，第11页。
④ [法] 孟德斯鸠：《论法的精神》，张雁深译，商务印书馆1982年版，序言。

是非法的，即使写成了法律也是恶法，应当全面、干净、彻底地把它们从法律中清除出去。

这里所谓的"人"，其人数是不断扩大的。从法的发展历史来看，法经历了服务少数统治者而奴役多数被统治者，到服务多数统治者镇压少数被统治者，再到服务全体人民这样一个发展进程，法律的终极目的是服务人人、服务一切人、服务全人类。法律所服务之"人"的人数多少是评判法律优劣的最高标准。这里的"人性"是不断丰富的，如人的人格尊严越来越高，人的自由越来越大，人的权利越来越多，人的利益越来越重，等等，总之，人之为人的条件、要求、性质和内涵越来越丰富、清晰、具体。过去，我们常常借口人性的抽象而否定人性，从否定抽象的人性以至于连人性都否定了。但我们没有注意到，即使是抽象的人性也比否定人性要好得多。其实，人性既是抽象的，也是具体的，可以从具体到抽象，也可以从抽象到具体。人性丰富的过程正是人性日益具体化的过程，法律是满足人性需要的工具，法律的发展过程正是法律不断满足人性需要的过程。正是因为法尊重人、服务人，人才反过来同样地敬畏法、遵循法。

哲学是对意义的不懈探寻，是对价值的终极关怀，哲学为法学确定了目标、指明了方向，法哲学就是要使法律时刻牢记自己的意义所在和价值追求，使法律沿着保障人的人格尊严、权利自由和生存发展等"人道"上不断前进。非哲学化的法学很可能沦为规则主义，法中无人，恶法亦法，这是法的异化。

人是目的在文艺复兴时期就形成了思潮，如人文主义、人本主义、人道主义，等等，它们历史悠久；同样，法治思想从亚里士多德开始就有。但把人是目的与法治手段紧密地结合起来则是资产阶级革命胜利以后的事情，其标志就是英国的《权利法案》、法国的《人权宣言》和美国的《独立宣言》等。随着《世界人权宣言》以及《公民权利和政治权利国际公约》以及《经济、社会和文化权利国际公约》等的签订，表明保障人权、以人为本的法律制度已成为世界大同趋势。至此，人类才找到了法服务于人较完善的制度模式——法治。这是人类社会最伟大的发现和成就之一。法哲学就是要对人与法的关系进行最高理性的思辨，以构建一套以人为本的法治制度。

上述法的正当性、普遍性、合理性、周全性和目的性是法哲学所要追问和追求的法的几个重要方面。它们相互关联、内在相通、互相印证,共同构成理念意义上的法。

第三章

部门法哲学

自从张文显老师在国内提出并倡导部门法哲学研究以来，人们对部门法哲学的研究已蔚然成风，尤以吉林大学理论法学研究中心为甚，发表和出版过许多论著[①]，读后深受启发。本文在已有成果的基础上作以下探讨，以期推进部门法哲学的研究。

一　部门法哲学是链接哲学、法哲学与部门法之间的桥梁

部门法哲学之所以必要，根源于法律的性质和法学的使命。法律是一种强制性规范，人们必须遵从。但法律为什么具有强制性？人们为什么必须遵从法律？归根结底源自法律的真理性，法律应是真理，人们服膺真理。法律的性质决定了法学的使命，法学的根本使命就是要把法律中的真理讲出来，所以，法学是一门讲理的学问。虽然一切学科都是讲理的学问，但由于法学的讲理与它们的讲理有所不同，它们的讲理对人们没有强制力，人们可以不听，但法学的讲理对人们有强制力，人们必须遵从。所以，越是强制性的东西越要讲理，最强制性的东西应最讲理。所以，法学还应该是一门最讲理的学问。但怎样才是最讲理呢？由于哲学是最高智慧，在知识阶梯上处于最高位阶，所以，法学要想成为最讲理的学问，就必须讲到哲学的高度和深度。如果讲理不能讲到哲学和法

[①] 如张文显《部门法哲学引论》，载《吉林大学社会科学学报》2007年第3期；宋显忠《什么是部门法哲学》，载《法制与社会发展》2009年第4期；宋显忠主编《部门法哲学讲座》（第一辑），高等教育出版社2005年版；孙育玮、齐延平、姚建宗主编《法理学与部门法哲学理论研究》，上海人民出版社2008年版，等等。

哲学的高度和深度，就讲得不彻底、不通透，就没有讲到人们的心坎里去，就不能以理服人，该法律就难以被很好地奉行。所以，法律的性质和法学的使命决定了部门法必须要有其哲学或法哲学。

反观目前我们的部门法学，虽有许多名之为××法哲学的部门法哲学，但充其量只是部门法基础理论或原理，而没有达到部门法哲学的程度。正因为缺乏法哲学、部门法哲学，在理论上不能高瞻远瞩、抓纲治本、澄明透彻，因而出现了许多不必要的争论、不应有的错误，有的甚至是常识性的错误。如有人认为《反分裂国家法》不是真正的法律，因为该法的执行机构是军队。这看似有理，但其实不然。因为法律的执行，平时的执行机构是警察，而战时的执行机构就是军队，但无论是警察还是军队，都是国家的暴力机构，而且军队是最典型的国家暴力工具，它们都是一种国家强制力量。由军队执行法律，完全符合法律的执行需要依靠国家强制力的原理，怎么能据此认为《反分裂国家法》不是真正的法律呢？有人建议修改《人民法院组织法》，去掉"人民法院"中的"人民"二字，因为"人民"二字，会使人联想到司法工作不是专业化工作，而是搞群众运动。但这种看法是表面化的，没有深刻认识到法律的性质。法律的一个基本性质就是法律的普遍性，法律要人人遵从，这就要求法律要人人知悉，法律应具有普及性、大众化、人民性，否则，就不是法律。法院前面加上"人民"二字，不仅表明了我们法院的宗旨，而且表明了一般法律的性质，是不能去掉的。"专业槽问题"也是如此。我们要加深对法律专业的认识和理解，这就要求法律哲学化，但这种哲学化并不是为了掘深法律的专业槽，使法律成为某些法律人士的专利，而使非法律人士不能"到里面吃上一口"，恰恰相反，法律哲学化是为了使法律更加普及化、大众化。法律最怕脱离大众，法律脱离大众就不是法律。也许我们对哲学有所误解，认为哲学就是深奥难懂，但并非完全如此。哲学尽管深刻，但哲学并不等于深奥难懂，拒人千里之外。恰恰相反，哲学之所以需要，是为了使人明哲而通情达理，法哲学之所以需要，是因为人们明哲以后才能更好地知法。把法律思想史排斥在法学核心课程之外也是如此。这种做法没有认识到，思想是第一性的知识、第一性的方法、第一性的智慧，是最值得、也最需要学习的东西，学什么关键是学其思想，不学思想而学其他是舍本求末。再说，法律是人的行为规范，人的行为受人的思想支配，有什么样的思想就有什么样的行为，法律要有效地规范人的行为，关键在于切入人的思想，做通人的思想工作，所以学法律关键是学思想。法律由规则构成，但规则的渊源是思想，在思想的指导下，规则才能运用自如，规则在有思想的人手里才能运用得当。经济法责任也是如此。有人认为经济法要想成为一个独立的法律部门，就必须要有自己的独立的责任形式。经济法学者竭尽全力研究出了经济法责任这种责任形式。但深究一下，可以发现，人们承担责任的方式主要就是四种，一是精神名誉的自责，二是财产利益的减损，三是权力资格的剥夺，四是自由生命的限制。任何一个法律部门要有效地调整其所调整的社会关系，必须同时运用上述四种责任形式而不宜单打一。因此，根本就不存在什么独立的民事责任、刑事责任和行政责任。经济法责任亦然，经济法责任只能是上述四种责任的综合运用。有段时间有关部门特别强调"法律要为国有企业保驾护航"，但这种提法导致了意想不到的后果。有的外资企业就惴惴不安，这是不是就意味着不保护外资企业了？所以发生纠纷以后他们要求到境外去仲裁，等等。所有这些都是缺乏法哲学或部门法哲学素养的表现。哲学反思是杜绝错误的安全阀，如果人们有哲学、法哲学、部门法哲学的修养，或者再深刻细究反思一下，也许就不会有这样的观点、认识和做法了。

  但对于这些现象，我们有些人不仅泰然处之，还振振有词。在他们看来，法学是一门应用性学科而不是理论性学科，重要的是实际应用而不是理论研究，是务实而不是务虚，他们把法律简化为规则，把法学纯粹为注释法学，把法哲学、部门法哲学一概视为不切实际的屠龙之技。这种观点从根本上说是对法律、法学的误解，甚至是不了解法律的实质。法律当然是一门应用性学科，但法律的应用是把有限的规则应用到无限的社会关系中去，这种应用不是单打一、一对一的应用，而是以少胜多、以简驭繁的应用；不仅包括有法可依情况下的直接应用，而且包括无法可依情况下的间接应用，但无论哪种情况下的应用，都需要依据法律的精神、原则、原理去应用。法律的应用，从根本上说是法律原理的应用，只有掌握了法律的原理，才能游刃有余地应用法律，才能以有限的规则应对、把握无限的社会关系，才能应用得了、应用得好法律。所以，真正的法律应用，不是"一把钥匙开一把锁"那样的应用，这只能说是小打小闹，而是把法律变成万能钥匙，能够开很多锁，甚至所有锁，这才是大有其用。但要如此应用法律，仅仅知道法律规则是不够的，还必须掌握法律规则背后的原理，仅仅注释法律知识是不够的，还必须探究法律哲学，这就要诉诸法哲学、部门法哲学。它们在当下具有重要意义。这犹如梁启超所指出的："既有法系，则必有法理以为之原……若夫在诸法樊然殽乱之国，而欲助长立法事业，则非求法理于法文以外，而法学之效用将穷，故居今日之中国而治法学，则抽象的法理其最要也。"[1]

不过，也有有识之士看到了这种现象并力求改变它，他们一是诉诸法哲学，二是诉诸部门法原理。但一方面，由于法哲学的对象是一般的法律，而不是具体的部门法，对部门法不够直接，也缺乏针对性；加上专业分工的深细，一些法哲学不甚熟悉部门法，所以，法哲学对部门法往往缺乏指导意义。这似乎加强了某些人反对法哲学的理由。另一方面，由于部门法原理，它是部门法的基础理论，但基础理论并不就是哲学；它是部门法的前提，但这种前提还没有达到不能再还原的终极的原点；它是对部门法的构建，而不是对部门法的反思；它是法学，但还不够哲学；它本质上还是部门法，而没有超越部门法。所以仅有部门法原理对于部门法来说是不够的。可见，从哲学、法哲学到部门法，其间尚有较大的距离和空间，需要一个桥梁把它们链接贯通起来，这个桥梁就是部门法哲学。

二　部门法哲学为部门法奠定基础

哲学不接受任何既定的东西，相反，它对任何东西都要反思批判、前提批判，要追根究底、溯本求源，因此哲学总是从零开始、从无到有、从头再来，哲学的工作首先是清理地基，为自己奠定基础。这就决定了部门法哲学的使命首先是为本法律部门奠定基础，根深才能蒂固，如果没有地基或地基不牢，该法律部门就建立不起来。为此，部门法哲学就

---

[1] 梁启超：《中国法理学发达史论》，载《饮冰室合集》文集之十五。

要追问并回答该部门法为什么能够存在？存在的基础在哪里？该基础是什么？这是法律部门划分的根据，是法律部门生死存亡的关键问题。比如经济法哲学，它的首要使命是说明经济法为什么能够存在？存在的基础在哪里？该基础是什么？因为直到现在为止，依然有人对经济法的存在抱否弃态度，这是对经济法的釜底抽薪。经济法的基础是经济法生死存亡的关键问题，经济法要是回答不了这个问题，那么经济法以后的问题就无从谈起，也没有经济法以后的问题需要谈起。经济法要回答这个问题，就不能诉诸经济法本身，如经济法条文，因为这时还没有经济法，哪来的经济法条文可以诉诸？即使有经济法条文，经济法条文也有进一步的渊源。因此必须诉诸经济法哲学，从经济法哲学的高度和深度去奠定经济法的基础，并回答人们的各种质疑。如从社会基础、经济基础、思想基础、法律基础等基础上，综合概括出一个实存的、自明的、公认的基础。经过经济法学界的共同努力，终于发现了经济法的基础，它的基础集中表现为经济法的调整对象，这就是市场监管关系和宏观调控关系，在这个坚实的基础上，才能构建经济法的法律制度和学科体系。

部门法哲学直接为部门法奠定基础，没有部门法哲学，部门法就会成为无源之水、无本之木。

三　部门法哲学为部门法厘定概念

概念是人类认识事物的结晶，也是人类认识事物的工具。哲学始于概括，概括结晶为概念，概念进一步概括，没有概括就没有概念，没有概念就没有概括，没有概念、概括就没有哲学。哲学产出、运用的是概念，哲学的使命就是用概念去认识和把握世界，所以，哲学的核心工作就是提出、厘定概念，哲学是概念之学。这决定了部门法哲学的使命之一就是为本部门法提供概念、厘定概念，尤其是本部门法独有的概念。如果部门法哲学完成了这一使命，那么它就厥功至伟。如法人这个概念，在它之前，如罗马法时期，只有团体、社团等概念，有"人的集合体"或"物的集合体"等概念。[①] 但直到19世纪60年代才出现公司、法人的

---

① 参见江平主编《法人制度通论》，中国政法大学出版社1994年版，第7—9页。

概念①，法人才真正把一定的人与物集合起来，并把这一集合体拟制为"一个人"，赋予其与自然人几乎一样的人格。这一概念不仅大大丰富了法律主体的种类和内涵，而且大大简便理顺了法律关系；不仅是对既成事实的法律命名，而且是对团体组织的制度创新。如果没有法人这一概念，那么就无法或者不好处理除自然人以外的许多法律问题。再如缔约过失，它把缔约过程中所发生的行为和责任概括起来，如果没有缔约过失这一概念，就无法或不好解决相关的法律问题。如此等等。这些概念的提出和厘定，解决了法律部门中的许多问题。

也许有人会说，这些概念都是由部门法学家提出来的，不是部门法哲学家提出来的，跟法哲学家更是没有关系。但其实不然，提出这些概念的绝不是纯粹的部门法学家，而是具有博大精深的哲学或法哲学素养的法学大家，如法人的概念，可能是集体智慧的杰作，但其中萨维尼、凯尔森等人的贡献甚大。缔约过失这一概念是耶林的伟大发现，而信赖利益是由富勒提出来的。众所周知，这些人既是民法学家，但更是法哲学家，总之是法学大家。可以这么说，能够提出法律概念的人应该是那些既有宽厚的哲学素养又有专深的法学知识的法学大家。实践证明，在学科的交叉处最容易创新，跨学科的学者最能有所发现，这也是部门法哲学的特点和优势所在，也是提倡部门法哲学的根据和理由所在。

四 部门法哲学为部门法构建思维方式

哲学是一种思维方式，哲学的思维方式本质上是一种概括的思维方式，最典型的哲学思维方式就是对万事万物能够一言以蔽之。这种思维方式与法学特别是立法学的思维方式是高度一致的。这也是法学与哲学相关相通之处。因为法律是通过规则去调整社会关系，但规则是有限的，而它们所调整的社会关系是无限的，这就决定了法律实质上是用有限的规则把握无限的世界，要做到这一点，规则必须是高度概括的。而立法就是要从纷繁复杂的特殊性中概括出普适性的规则来。无论是立法还是法律规则本身都是很哲学的。我们之所以需要法哲学、部门法哲学，一

---

① ［日］我妻荣：《新订民法总则》，于敏译，中国法制出版社2008年版，第111页。

个重要的原因就是哲学与法学有异曲同工之妙，法学工作一点儿也离不开哲学。比如，不会哲学，就不会概括，不会概括就不会立法，不会立法，就没有法律，没有法律，后面的工作就无从谈起，也无须谈起。部门法只有学会了哲学这种思维方式，成了真正的部门法哲学，才能真正从事好部门法工作。

哲学是思维规律的科学，哲学的思维方式是最高的思维方式，对其他学科的思维方式有统率意义。哲学的思维方式统率着法律的思维方式。不同的法律部门往往有不同的思维方式，之所以如此，根源就在于其哲学思维方式的不同。因此，要改良法律的思维方式，首先要改良其哲学思维方式，有了哲学思维方式的改良，才会有法律思维方式的改良。部门法哲学的使命之一就是改良部门法的思维方式。

长期以来，法律的思维方式大致说来有两种，一种是私法的思维方式，另一种是公法的思维方式。私法的思维方式是，私人是社会的成员，社会是由私人构成的，先有私人后有社会，因此，法律的调整要先私人后社会，从私人到社会；鉴于私人优越于社会，因此法律应信任私人，由私人意思自治，在私人意思自治的过程中，不仅会调整好私人关系，而且会自然而然地调整好社会秩序，因为社会是由私人构建的。公法的思维方式是，私人是社会中人，社会是私人的前提，有社会才有私人，因此法律的调整要先社会后私人、从社会到私人；鉴于私人的自私，法律必须对私人予以规制，把他们规入预定的社会秩序中，法律规制好了社会秩序，就能水到渠成地规制好私人关系，因为私人是由社会塑造的。但是不是有这两种法律思维方式就足够了呢？显然是不够的。因为社会关系并不限于公私两类，尚有一种介于公私之间的社会关系；法律的调整方法也不限于自治和规制两种，还需一种把自治与规制内在统一起来的调整方法；调整的方向不能仅从私人到社会或者从社会到私人，并且调整好了私人关系未必就能调整好社会关系，同样，调整好了社会关系未必就能调整好私人关系，需要同时对私人关系与社会关系予以双向同时调整。越来越多的法律部门需要这种思维方式，如经济法的思维方式就是如此。这就说明还得要有其他的思维方式。

人的行为受人的思想支配，人的思想是人思维的结果。因此，法律要有效地规范人的行为，必须改良自己的思维方式。在这方面，法哲学、部门法哲学大有可为。

五 部门法哲学为部门法提供终极的解释理由

人有形上追求的本性，这种本性最终要诉诸哲学。哲学的性质与法律的性质有许多相通之处，它们赋予法哲学、部门法哲学以新的使命。

哲学是最高智慧，是智慧的源泉；哲学是科学的科学，处于科学体系的最顶端；哲学是科学的总括，是解释事物的最高根据和最高理由。哲学之所以必要，就是因为当其他学科或科学解释不了或解释不力时需要哲学来做出最高的解释。

哲学是最高的，法律也是最高的。法律是一个社会的总章程，一个社会的最高指示，一个社会的最高标准，一个社会至高无上的权威。法哲学、部门法哲学就是使法律、部门法配得上这种最高。

哲学要把表象悬搁起来，直面事物本身；哲学要把各种现象还原了，透过现象抓住本质；哲学要把各种杂质纯粹掉，要返璞归真；哲学要追根究底，要对根本问题从根本上作彻底的解决。所有这些都决定了哲学是最本质的、最纯粹的、最彻底的，这样它才能为其他学科殿后，对事物作最后的说明。

哲学是最后的，法律也是最后的。法律是一个社会最后一个讲理的地方、最后一道防线、最后一种救济机制。如果法律不讲理了，那么这个社会就再也没有讲理的地方了；如果法律这道防线崩溃了，那么这个社会也就瓦解了；如果法律这种救济机制失灵了，那么这个社会也就无可救药了。法哲学、部门法哲学就是要为法律、部门法给出这种最后的说明。

尽管世界上没有绝对的东西，但哲学总是一如既往地追求绝对，如费希特的"绝对自我"、谢林的"绝对统一"、黑格尔的"绝对精神"，这个绝对所追求的是哲学对世界的最高解释力，就是要求哲学用自己的最高范畴对世界做出最终的说明。

哲学是绝对的，没有绝对就没有哲学。哲学的绝对是要把世界纳入自己的体系之中，无所不包。法律也是绝对的，法律的绝对是要把世界置于自己的支配之下，要求人们普遍服从。没有绝对，法律就不是放之四海而皆准的普遍真理，就不是不可挑战的绝对权威。法哲学、部门法哲学就是要为法律、部门法寻找这种绝对。

哲学是深刻的，不深刻就没有哲学，法学最忌肤浅，未经哲学深化的东西不能升华为法律。哲学追问真理，真理才是法律的根本所在，未经哲学追问的东西有诸多妄见，不能成为法律。哲学是无情的批判，只有经过哲学批判并经得起哲学批判的东西才有合法性，才能成之为法律。也因为如此，所以一切法律都应哲学化，要做出哲学说明。黑格尔的《法哲学原理》是这方面的最好表率之一，他对许多法律问题如所有权、契约、婚姻，等等，都作了哲学化的说明，深刻入理，切入本质，逻辑整严，大大提升了法律的层次和境界。哲学赋予法律以理性、权威、尊严和神圣。

法律关乎人们的切身利益，在决定人们利益的得丧变更时，如剥夺人们权利自由生命时，法律必须说出令人信服的道理、给出无可辩驳的理由，使当事人从内心深处认同自己理应如此、责无旁贷、罪有应得。部门法哲学就是要说出这种令人信服的道理、给出这种无可辩驳的理由。如此观之，一份判决书应该是一篇论说文，好的判决书实质上是哲学论文。那种只是陈述事实、援引法条所做出的判决书大有强词夺理之嫌。我们常说司法判决要"以事实为根据，以法律为准绳"，其实是不够的，还应加上一条，"以道理为圭臬"，道理不仅是司法判决的充分条件，而且是司法判决的必要保障。无论是"以事实为根据"，还是"以法律为准绳"，不但都离不开"以道理为圭臬"，而且都要服务于它，因为它们都要有道理，都是为了讲道理，都是为了更好地讲道理。如果没有道理、不讲道理的话，那么它们两者都失去了原本的意义。

六　部门法哲学促使部门法制度创新

哲学是爱智的，哲学追求智慧，并且是一种创造性的智慧；哲学作为智慧的源泉，给人以无穷的智慧，能够使人智慧聪明起来，这样的哲学才是真正的哲学；哲学是无前提的，不接受任何给定的东西，不受任何束缚，哲学解放思想，给人们以思想自由；哲学是打开奥秘的金钥匙，是点石成金的金手指,给人们以哲人之石,金石亦为之而开;哲学是方法论,是最有方法的,哲学就是要告诉人们以方法,否则就不是哲学而是教条。法律之所以带有一个"法"字,归根结底就是一种方法,同时它又带有一个"律"字,说明它不是特殊的方法而是能够成为规律的方法,有规律的方法其实就是哲学上的方法。在哲学的孕育和启示下,部门法哲学会方法多多。部门法哲学的宗旨在于使部门法聪明智慧起来,能够想方设法,不断地创新方法,去有效地解决自己所遇到的各种问题。

哲学是人的自我意识、自由意志,它追求自由;哲学思维是辩证思维,它不崇拜任何东西,是批判的革命的。哲学的本性决定了哲学的思维方式是不拘一格、多元开放的,是与时俱进、新新不已的。部门法哲学能够为部门法的制度创新提供理论源泉。有了新哲学,才会有新理念;有了新理念,才会有新规则;有了新规则,才会有制度创新。理念的创新总是走在规则创新、制度创新的前面。如我国《破产法》的制定就是如此。在市场经济发达的国家或地区,《破产法》名正言顺地实施了很长时间,并且是一部很重要的法律。但在我国开始有人提议制定破产法时,却遭到了许多人的反对,其主要理由就是社会主义企业是公有财产,公有财产是不允许破产的,否则,就是挖社会主义的墙脚。在这种情况下,要制定破产法,就必须首先改变人们的思想观念。于是有些人很费口舌地四处解释宣传,说破产法不是"破产"法,它通过实行优胜劣汰,淘汰落后企业,胜出优胜企业,重组生产要素,盘活生产能力,促进社会生产,因而是生产法、再生法、发财法。当人们的思想观念改变以后,破产法才能顺利出台。又如有限责任公司,它把公司财产与个人财产分开,公司责任与个人责任分开,个人仅以其出资对公司承担有限责任,公司仅以公司财产对外承担有限责任。这种制度安排减少了人们的后顾之忧,激发了人们的冒险精神,提高了人们投资创业的积极性,有利于聚集社会资本从事重大项目建设,因而是一种重大的制度创新。所以,马克思、施瓦茨等人都对股份公司、有限责任公司作过高度的赞扬。如马克思认为:"假如必须等待积累去使某些单个资本增长到能够修建铁路的程度,那末恐怕直到今天世界上还没有铁路。但是,集中通过股份公司转瞬之间就把这件事完成了。"① 施瓦茨也指出：公司完全是一种法律的创造物，正是公司制度，使人们能够聚集起对这个大陆进行经济征服所需要的财富和智慧，随着公司数量的激增，迅速地改变了这个国家的面貌。②

部门法哲学不仅要掌握本部门法的理念，而且要把所掌握的理念准确、清晰、系统地法律化、规则化，法律是用规则体现理念，用规则实现理念。这就是规则的创新。如果达不到这一步，那么法哲学就混同于哲学，没有体现出"部门法"几个字的特定内涵，没有尽到"部门法"几个字的特殊职责，也就没有自己存在的价值和必要。因此必须指出的是，部门法的哲学化，不是为了哲学消化法律，而是为了使部门法与哲学链接起来，求得哲学的最后论证和最高支持，并在此基础上更好地法律化、规则化，最终回到部门法本身。像平等，法律不仅要有平等的理念，而且要把平等准确地法律化、规则化，如许多国家的法律都规定，公民在法律面前一律平等；×国年满×周岁的公民，不分民族、种族、性别、职业、家庭出身、宗教信仰、教育程度、财产状况、居住期限，都有选举权和被选举权；公民在法律面前一律平等；等等。法律是规则，法律规则永远是部门法哲学的起点和终点，部门法哲学要服务于法律规则，是为了使法律规则保持优良或更加优良。部门法规则优良与否，直接反映出部门法哲学水平的高低。

哲学能够高屋建瓴，洞明世事，指明方向，这有利于观念变革和制度创新。有部门法哲学的统率才能进行制度创新，而且这种创新才是守正出奇的创新，是真正的创新。如计划与市场的关系。关于这方面的论著可谓汗牛充栋，研究不可谓不深不细，但许多人就是跳不出来，"不识庐山真面目"。其中当然有许多原因，但根本的一点是许多人缺乏哲学素养，不能站得高、看得远、思得深、想得清。而邓小平同志之所以能够如此，当然也有许多原因，但根本的一点也是邓小平同志有哲学素养，

---

① 马克思：《资本论》第 1 卷，人民出版社 1975 年版，第 688 页。
② 参见 [美] 施瓦茨《美国法律史》，王军等译，中国政法大学出版社 1990 年版，第 72—73 页。

能够"不畏浮云遮望眼"。对于计划与市场的关系，邓小平同志早有先见之明，在1979年时他就指出："社会主义也可以搞市场经济。"① 但一直未引起人们的足够重视，更谈不上解放思想。直到1992年邓小平同志在南方谈话中再次指出："计划多一点还是市场多一点，不是社会主义与资本主义的本质区别。计划经济不等于社会主义，资本主义也有计划；市场经济不等于资本主义，社会主义也有市场。计划与市场都是经济手段。"② 此时人们才恍然大悟，思想为之解放。当"国家实行社会主义市场经济"写入党的决议和宪法以后，才最终予以确立。哲学总是让人豁然开朗，真相大白。如果邓小平同志不从哲学的高度解决计划与市场的关系问题，那么我们还被束缚在计划经济的观念中，就不可能确立市场经济体制，进而许多记载和表述市场经济关系的法律就无法制定出来，即使制定出来了也是形同虚设。

部门法哲学要为部门法的规则创新、制度创新提供思想指导和精神统率。否则，规则创新就可能扭曲变形走样、制度创新就可能离经叛道。如金融监管法律制度，说起来很复杂，似乎也很深奥，但这次金融危机之所以会爆发，就是忘记了基本的哲学，人生哲学，这就是格林斯潘所说的，以为银行出于自身利益的考虑会谨慎放贷。但人们没有认识到，人的本性是贪婪的，在人的贪欲的放纵下，银行也会盲目放贷，以"零文件""零首付"的方式向根本没有还贷能力的人放贷，酿成次贷危机、金融危机。所以许多人一针见血地指出，这次金融危机根源于人的贪欲。这也告诫人们，要有效地克制人的贪欲，必须加强监管。此次金融危机告诫人们，人生哲学是法律的指路明灯。

七 部门法哲学使部门法贯通起来

哲学无所不思，一切都可以成为哲学的思考对象，哲学是百科全书；哲学的本质不仅求真更要求通，因为求通才能求真；哲学是辩证法，最忌片面，片面地思考问题会走向极端；哲学经过了各方面、全方位的批

---

① 《邓小平文选》第2卷，人民出版社1994年版，第231页。
② 同上书，第373页。

判，真正的哲学应是最无偏见的公论；哲学是世界观，所谓世界观就是要胸怀世界看世界，胸中有世界眼里才能看到世界，哲学最忌一叶障目、坐井观天，这样就看不到世界，看不到世界就没有世界观，没有世界观就没有哲学。

真正的哲学是通明世事的哲学，哲学是道通为一、一以贯之、一了百之。这与法律的性质是相通的，法律要普遍适用，也必须内在统一、一贯到底、一视同仁，必须成为通则，构成统一的法律体系。部门法哲学的宗旨之一就是使法律贯通起来，使法律成为通则，能够普遍适用。

其实，法律历来有求通的传统。如孟德斯鸠《论法的精神》就是突出的例证。他认为"从最广泛的意义来说，法是由事物的性质产生出来的必然关系"，"法律应该和国家的自然状态有关系；和寒、热、温的气候有关系；和土地的质量、形势与面积有关系；和农、猎、牧各种人民的生活方式有关系。法律应该和政治所能容忍的自由程度有关系；和居民的宗教、性癖、财富、人口、贸易、风俗、习惯相适应……这些关系综合起来就构成所谓法的精神"[1]。孟德斯鸠这一立场得到了黑格尔的高度赞同，黑格尔认为孟德斯鸠指出了"真正的历史观点和纯正的哲学立场，这就是说，整个立法和它的各种特别规定不应该孤立地、抽象地来看，而应把它们看作一个整体中依赖的环节，这个环节是与构成一个民族和一个时代性的其他一切特点相联系的。只有在这一联系中整个立法和它的各种特别规定才获得他们的真正的意义和它们的正当理由"[2]。法律的尊严建基于知识的广度和思想的深度，法律就是经过各个方面的参照、比较、批判、权衡、综合所得出来的东西，所以，法律也应该是百科全书，一门融会贯通的科学。法学反对门户之见，打破学科壁垒。

法律的核心价值是公平。公平，就要求面面俱到、不偏不倚，要求天网恢恢、疏而不漏，要求万流归宗、天下为公。如果片面、偏狭、极

---

[1] ［法］孟德斯鸠：《论法的精神》（上卷），张雁深译，商务印书馆1993年版，第1页。

[2] ［德］黑格尔：《法哲学原理》，范扬、张企泰译，商务印书馆1982年版，第5页。

端就没有公平。就此而言，法律最忌片面、偏狭、极端，因此法律要不遗余力地追求一个"通"字，融通、贯通、圆通。

可以说，我们的许多法律制度的设计都是为了杜绝偏听偏信、偏见妄言，力求集思广益、兼听则明，在充分说理、证据全面的基础上做出客观公正的判决。法律坚持不懈所追求的就是十全十美。

第四章

宪法哲学

在所有的法律部门当中,宪法应是最哲学化的,在很大程度上也可以说,宪法即是哲学。这是由宪法的属性决定的。

一 宪法与哲学

宪法是宣言,如美国的《独立宣言》,法国的《人权宣言》,都是如此,名副其实。其实,宣言几乎是一切庄严神圣的东西所特有的表现形式,如《世界人权宣言》等。宣言既是政治宣言,也是价值宣示,其背后总有一定的意识形态和哲学信仰以及实现它们的世界观和方法论,所以还是一种哲学主张。宪法是哲学化的,它要表明自己信奉什么哲学、什么主义。如美国的《独立宣言》和法国的《人权宣言》,都以自然法和18世纪的启蒙哲学为基础和指导。美国《独立宣言》认为:"在有关人类事务的发展过程中,当一个民族必须解除其和另一个民族之间的政治联系并在世界各国之间依照自然法则和上帝的意旨,接受独立和平等的地位时,出于对人类舆论的尊重,必须把他们不得不独立的原因予以宣布。"法国《人权宣言》则"决定把自然的、不可剥夺的和神圣的人权阐明于庄严的宣言之中,以便本宣言可以经常呈现在社会各个成员之前,使他们不断地想到他们的权利和义务"。我国《宪法》序言宣告"我国将长期处于社会主义初级阶段。国家的根本任务是,沿着中国特色社会主义道路,集中力量进行社会主义现代化建设","坚持社会主义道路,坚持改革开放,不断完善社会主义的各项制度,发展社会主义市场经济,发展社会主义民主,健全社会主义法制","把我国建设成为富强、民主、文明的社会主义国家"。宪法的序言担当了宣言的性质和意义。

宪法是理念。只要翻开任何一部真正的宪法，都可以清晰地看到，其中写满了有关人类社会的基本理念，如自由、平等、权利、民主、公平、正义、法治，等等，它们是宪法的关键词和主心骨。宪法既是由这些关键词构建的，又是对这些关键词的法定化、条文化。如法国《人权宣言》第1条规定："在权利方面，人们生来是而且始终是自由平等的。除了依据公共利益而出现的社会差别外，其他社会差别，一概不能成立。"第2条规定："任何政治结合的目的都在于保护人的自然的和不可动摇的权利。"第4条规定："自由就是指有权从事一切无害于他人的行为。因此，各人的自然权利的行使，只以保证社会上其他成员能享有同样权利为限制。此等限制仅得由法律规定之。"第6条规定："法律是公共意识的表现。全国公民都有权亲身或经由其代表去参与法律的制定。法律对于所有的人，无论是施行保护或处罚都是一样的。在法律面前，所有的公民都是平等的，故他们都能平等地按其能力担任一切官职、公共职位和职务，除德行和才能上的差别外不得有其他差别"，等等。这些都充分地表明宪法即理念，宪法是对这些基本理念的最高规定和最权威解释。宪法对它们有什么样的规定和解释就有什么样的宪法，宪法的性质就是由这些基本理念决定的，是这些庄严的字眼决定了宪法的神圣性。宪法要正确地规定和权威地解释这些基本理念就离不开哲学，因为哲学是理念之学，理念是哲学的核心，只有哲学才能最好地阐明理念。宪法只有从哲学的高度正确地弄懂弄通上述基本理念以后，才可能成之为优良的宪法，有了正确的哲学理念才会有优良的宪法。

宪法是国家的总章程。宪法具有许多"总"的属性和特征。如法国《人权宣言》第14条规定："所有公民都有权亲身或由其代表来确定赋税的必要性，自由地加以认可，注意其用途，决定税额、税率、客体、征收方式和时期。"第15条规定："社会有权要求机关公务人员报告其工作。"第17条规定："私人财产神圣不可侵犯，除非当合法认定的公共需要所显然必需时，且在公平而预先赔偿的条件下，任何人的财产不得受到剥夺"，等等。但是，如果宪法没有总的精神，不能总揽全局、总揽无遗,不能一总到底、一贯到底,那么宪法就"总"不起来,就成不了总章程。而宪法要把这些东西"总"起来,就不能不哲学化。因为只有哲学才是最高的"总论",哲学是最"总"的学问,"总"之与否即哲学与否。如果宪法没有哲学总括,不能"总"到哲学的高度,形不成"总"理,那就"总"不起来,成不了"总章程"。宪法作为国家的总章程,决定了宪法必须上升到哲学的高度,应该哲学化,有哲学之"总"。

宪法是根本大法,这决定了宪法要哲学化。哲学作为世界观、"科学的总和"以及"科学的科学"等要求,决定了哲学之"大",哲学是"大"学,不是"小学"。一切"大"学都必须哲学化。如果宪法没有哲学概括、达不到哲学高度、形不成哲理,没有哲学之"大",那宪法就"大"不起来,成不了"根本大法",也发挥不了作为"根本大法"的应有作用。如前几年人们还在讨论因"齐玉苓案"而引起的宪法司法适用问题,这种问题之所以会产生,一个根本原因就是,没有真正理解"宪法是根本大法",也不会适用作为"根本大法"的宪法。既然是"根本大法",宪法就理应"至大无外",宪法无处不适、无所不用,能够"大显身手"。宪法是对公民权利和自由的最高保障,是司法审判的最后根据,是当司法审判无其他法律可依之后的最后依据。这也是宪法存在的价值所在,因为宪法既是最高法律,也是最低法律,是"兜底条款"。"我们要依法公正对待人民群众的诉求,努力让人民群众在每一个司法案件中都能感受到公平正义,决不能让不公正的审判伤害人民群众感情、损害人民群众权益。"[①] 这首先是对宪法的要求,也是对宪法司法化的要求,宪法的司法适用大有作为,根本就不存在宪法无法司法适用的伪问题。看看英美法系国家,如美国,法官适用的法律主要就是宪法,那些经典判例都是依据宪法做出的。虽然我们是大陆法系国家,但两大法系已相互趋同,值得我们学习借鉴。宪法是人民权利的圣经,也是国家权力的圣训,宪法是"大学问",无论将来遇到什么情况,人们总能从宪法中寻找到解决它们的智慧和答案。如美国宪法原本只有七条,主要是关于立法权、行政权、司法权、联邦与州的权力以及宪法修正程序等方面的规

---

① 习近平:《在首都各界纪念现行宪法公布施行30周年大会上的讲话》。

定，而对于公民权利并无太多的规定，它们是由后来的 10 个宪法修正案规定的，它们旨在限制国家权力以保障公民权利，所以，这些宪法修正案也被称为"权利法案"。如美国宪法第 1 修正案："国会不得制定关于下列事项的法律：确立国教或禁止宗教活动自由；限制言论自由或出版自由；或剥夺人民和平集会和向政府请愿申冤的权利。"（以下简称为"不得立法条款"）第 5 修正案规定："不经正当程序，任何人不得被剥夺生命、自由和财产。"（以下简称为"正当程序条款"）第 9 修正案规定："本宪法对某些权利的列举，不得被解释为否定或轻视由人民保留的其他权利。"这些宪法条款几乎成了万能条款。虽然宪法条文有限，但其"意犹未尽"，具有巨大的包容性和广泛的普适性，人们总能从中引申出其他各种权利。如后来美国废除奴隶制（1865）、禁止种族隔离（1870）、反对性别歧视（1920）、财产限制（1964）等，这就是宪法作为根本大法的无尽的意义和无量的价值。"有法必依"是法治的基本原则，依宪司法是"有法必依"的首要内容，宪法能否司法适用直接关系到人们能否信仰宪法。"宪法的根基在于人民发自内心的拥护，宪法的伟力在于人民出自真诚的信仰。只有保证公民在法律面前一律平等，尊重和保障人权，保证人民依法享有广泛的权利和自由，宪法才能深入人心，走入人民群众，宪法实施才能真正成为全体人民的自觉行动。"[①] 如果连宪法都不能司法适用，宪法如此无用，那么宪法就是一张废纸，人们还怎能信仰宪法？认为宪法不能直接司法适用是导致宪法虽为根本大法但大而无用的重要原因。当然，这并不是宪法本身造成的，而是我们的一些法律人特别是司法人员缺乏哲学素养、不能从哲学高度去认识宪法、适用宪法造成的。可以说，凡是缺乏哲学素养的法律人和司法者大都是教条主义者、法条主义者，加上怕承担责任，他们适用不了宪法，只会适用那些具体明确的法律。

宪法是一种社会契约、社会公意。宪法颁布要通过大多数表决，有的甚至需要全民公决。宪法作为国家的总章程和根本大法，决定了没有什么比立宪会议或立宪讨论更重要的了。立宪讨论才是真正的全民真理

[①] 习近平：《在首都各界纪念现行宪法公布施行 30 周年大会上的讲话》。

大讨论，目的是为了在大政国是、立宪建国上取得基本共识。如1787年美国费城制宪会议上对于新宪法的争论就是如此。制宪会议代表就建国的基础是民权还是邦权、全国议会是一院制还是两院制、议会席位是按比例确定还是平等分配、行政长官是一人还是多人、任期几年以及立法、行政和司法之间的架构如何以及宪法由谁来批准等问题进行了旷日持久的激烈争论。尽管最后通过的只是区区7个条文，但会期长达近5个月，一共进行过569次表决。即使《联邦宪法》以多数表决通过了，但仍然有埃德蒙·伦道夫、乔治·梅森、艾尔布里奇·格里三位制宪代表拒绝在宪法文本上签字，散会后他们还将自己的反对意见公之于众，企图争取民众反对或者延缓批准宪法。与之针锋相对的是，亚历山大·汉密尔顿、约翰·杰伊、詹姆斯·麦迪逊三人为争取新宪法获得批准而在纽约报刊上共同以"普布利乌斯"为笔名而发表了一系列论文，即后来的《联邦党人文集》，为宪法辩护。但无论正反双方，他们的辩论对于美国联邦制的建立、权力制衡制度的确立都意义重大。在这方面，西方的一句法谚说得很是形象生动："在议会，沉默是一种过错。"我国的临时宪法即《共同纲领》是由中国政治协商会议制定的。"五四宪法"据说是由1.5亿人参加讨论而成，包括在朝鲜战壕里谈论宪法的志愿军，他们占到当时全国人口的1/4。其中有500多位全国政协委员，提出过3900条意见；后又有8000人讨论，提出过5900条意见；短短两个月，共收到118万条意见；宪法中大到基本制度、小到个别用词都进行了反反复复的讨论修改。① 没有这些广泛深入的讨论或争论，就不可能形成正确的宪法思想、宪法文本，即使形成了，宪法思想、宪法文本也不可能深得人心、得到公认，也不可能建立宪法制度。可见，立宪过程是一个集思广益、凝聚智慧的过程，也是一个通向哲学的过程。西塞罗说，法律是最高的智慧，其实宪法尤其如此，宪法是国家和民族的最高智慧，在本性上，它与"爱智"的哲学是完全相通的。

宪法是纲领性文件，如新中国的临时宪法就叫《共同纲领》，这决定了宪法的原则性，宪法是对大政国是的原则性规定。这是由宪法的属性

---

① 参见许崇德回忆文字。

决定的。宪法是国家统一、政治协商、民族团结、全民一致的共同纲领，这种共同纲领只能集中体现在宪法的基本原则上。在芸芸众生中，要维持一个国度，必须要有基本的共识、共同的信奉和共同的纲领。宪法就是国人的基本共识、共同信奉和共同纲领。但人们只能在原则上达成一致，也必须在原则上达成一致，否则"国将不国"。宪法就是这种保证万众成之为国度的基本原则。如美国宪法大约只有4300个单词，之所以如此简约，是因为内涵越小才能外延越大，只有如此简约才能使宪法成为内容宽泛、抽象原则的纲领性文件，才能让各州都可以接受。宪法的基本原则虽然受到统治阶级、执政党派意识形态、党派利益、目标使命的影响，但从根本上说，它们是由人类天性、社会规律、公共选择决定的，前者要服从后者，后者是宪法原则的基础，否则，如此制定出来的宪法就只能是一个阶级之宪法、一个党派之宪法，不可能是一个国度之宪法，不可能成为共同纲领。这些都是宪法原则性的充分体现。宪法抓住的是根本，阐述的是原则，这与哲学的性质是相通的，因为哲学是追根究底的，原则性即是哲学性，宪法的原则性决定了宪法的哲学性。非哲学的宪法成不了共同纲领，也起不到原则性的作用。

但人性是丰富的，事物是复杂的，价值是多元的，认识是渐进的，细节是无尽的，等等。不过，如果这些都无关紧要，无碍大局，那就不必强求划一、定于一尊，而应包容尊重，任其自由。宪法既然是社会契约，就不能不有所让步妥协，只能在让步妥协中寻求社会公意。如果人们纠缠于各个细节，言人人殊，互不让步妥协，就不可能达成一致。这样就会"因小失大"，就没有宪法。因此，宪法必须具有灵活性。如宪法要"抓大放小"，求同存异，大的方面抓住抓好，小的方面放开放活，这样的宪法才既有原则性，又有灵活性。宪法的原则性才能保证宪法的基础性、稳定性、普适性，一部基本原则正确的宪法，才有稳定性、普适性和生命力。相反，一部对基本原则缺乏预见性、真理性认识的宪法，一部基本原则错误的宪法，一定是一部不成熟的宪法，即使后来频繁修改也无济于事，这样的宪法如果不能改革自新，就可能引发社会革命，为革命后的新宪法所取代。宪法的基本原则不容错误，必须坚持正确的宪法基本原则。所以，立宪，至关重要的是确立正确的宪法基本原则。

这就需要哲学,需要哲学的正确理念,需要哲学去把握方向。哲学问题是原则性问题。宪法的灵活性为宪法求真务实留下了空间,保证了宪法的改革开放和充满活力,使宪法能够吐故纳新,与时俱进,而又不对宪法原则伤筋动骨。这也需要哲学,需要哲学的辩证法,需要哲学的具体问题具体分析。哲学是一门自由的学问。毛泽东在制定"五四宪法"时曾说,原则性与灵活性相结合是宪法立法的一个基本原则。如1787年美国费城制宪会议就充分地贯彻了宪法的原则性与灵活性的统一。其中的原则性主要有:一是各邦必须联合统一,组成一个国家;二是建国必须要有联邦宪法,制宪会议必须为此而努力;三是制宪必须充分发扬民主,平等协商谈判,求大同存小异。其中的灵活性表现在许多方面:如在参议院实行席位平等制,允许南方一些邦保留"奴隶制",当然最主要的是"国权主义"与"邦权主义"之间的妥协,最后创造了一种介于它们之间的"联邦主义"的国家形式,这被世人赞为"伟大的妥协"。宪法原则性与灵活性相结合才有宪法的不断自我创新。如我国的"一国两制"就是如此,其中"一国"是原则性,"两制"是灵活性。"一国两制"是一项伟大的创举。保证宪法的原则性与灵活性,要求把握宪法的根本宗旨而又万变不离其宗,这需要大智慧、大思想,需要哲学智慧、哲学思想。宪法的原则性与灵活性与哲学的性质是一致的,因为哲学要追根究底、推本溯源,所以哲学是原则的;同时哲学要概括抽象、提纲挈领,所以哲学又是自由的,而且哲学才是原则性与灵活性的最高统一。在这一点上,宪法与哲学是高度一致的。

宪法是立国之本。从根本上说,一国之本不是议会、政府、法院和军队等国家机器,而是宪法及法律制度。宪法先于、高于国家、政府,立宪即立国,立宪才能立国,立宪是为了设计政府、规范政府。如美国的建国日是1776年7月4日,即《独立宣言》颁布之日,但当时连必备的国家要素都没有,具备它们那是十几年以后的事情,但它们竟然宣布建国了。历史证明,这才是立宪、宪法与国家、政府的正确关系。如果先有国家、政府,并且国家、政府已经掌握了国家权力、占据了统治地位,能够"说一不二",其他人根本无法规范和制约它们,那就没有宪法可言。即使有宪法,这种宪法也蜕变成了既有国家和现存政府的辩护机制，已失去了宪法的本质属性，更不会有宪制和法治。因为宪法和法治是一套制衡国家权力、政府权力以保障公民权利的根本性制度设计。实践也证明，这才是真正意义上的建国，有形的国家机器可以被推翻或更替，并且越是缺乏宪法的国家机器越会被推翻或更替，只有体现永恒真理的宪法才能不朽，建立在此基础上的国家才能永续。所以，真正的国家是建立在宪法上的，建立在永恒真理上的。既然国家之本在宪法，宪法之本在真理，那么宪法就必须抓住这些真理，如立国的原理原则、立宪的根据宗旨、宪制的逻辑关系、宪法的制度构建，等等，这些真理最终都要归结为自由、平等、权利、民主、人权、公平、正义、法治等这些高度哲学化的词汇。它们是宪法之本、宪法之源、宪法之纲，是宪法之上的法。宪法要抓住这些"国之根本"，就必须哲学化，从哲学上对它们追根究底、慎思明辨。哲学才是一种追根究底的学问，哲学是最务本求真的。如美国《独立宣言》宣布："我们认为下面这些真理是不证自明的：人人生而平等，造物者赋予他们若干不可剥夺的权利，其中包括生命权、自由权和追求幸福的权利。为了保障这些权利，人类才在他们之间建立政府，而政府之正当权力，是经被治理者的同意而产生的。当任何形式的政府对这些目标具破坏作用时，人民便有权力改变或废除它，以建立一个新的政府；其赖以奠基的原则，其组织权力的方式，务使人民认为唯有这样才最可能获得他们的安全和幸福。"又如法国《人权宣言》写道："组成国民议会之法国人代表认为，无视、遗忘或蔑视人权是公众不幸和政府腐败的唯一原因，所以决定把自然的、不可剥夺的和神圣的人权阐明于庄严的宣言之中，以便本宣言可以经常呈现在社会各个成员之前，使他们不断地想到他们的权利和义务；以便立法权的决议和行政权的决定能随时和整个政治机构的目标两相比较，从而能更加受到他们的尊重；以便公民们今后以简单而无可争辩的原则为根据的那些要求能确保宪法与全体幸福之维护。"上述宪法表述都是很哲学化的，有其哲学概括、哲学命题、哲学思想、哲学思维、哲学逻辑、哲学话语，等等，并且它们已经成为哲学中的一种典范，宪法特有的一种表述方式。

宪法语言是一种哲学化语言。宪法的特殊性质决定了它特定的语言风格。如《独立宣言》和《人权宣言》的语言风格,就是它们的典型代表。一是它们都特别讲究文字,如美国"大陆会议"任命《独立宣言》起草委员会,他们推举约翰·亚当斯和杰斐逊共同起草,但亚当斯认为杰斐逊的文笔比自己好十倍,于是杰斐逊就成为《独立宣言》起草人。1787 年美国制宪会议还专门成立了"文字排列与风格委员会",对宪法文本进行最后的修改润色定稿。二是史诗叙事、"春秋笔法"。宪法本来就是历史的选择,是历史经验教训和历史规律的总结,是历史性决议和文献,许多国家的宪法都有序言或前言,其中阐述了本国的发展历史和发展目标。如美国《独立宣言》诉说了美国辛酸而悲惨的殖民史:"当今大不列颠国王的历史,是接连不断的伤天害理和强取豪夺的历史,这些暴行的唯一目标,就是想在这些州建立专制的暴政。"并要把"事实向公正的世界宣布","向全世界最崇高的正义呼吁,说明我们的严正意向,同时郑重宣布";美国《宪法》序言则证明了立宪建国的宗旨:"我们合众国人民,为建立更完善的联邦,树立正义,保障国内安宁,提供共同防务,促进公共福利,并使我们自己和后代得享自由的幸福,特为美利坚合众国制定本宪法。"我国《宪法》序言指出:"中国是世界上历史最悠久的国家之一。中国各族人民共同创造了光辉灿烂的文化,具有光荣的革命传统。"然后又具体指出:"1840 年以后封建的中国逐渐变成半殖民地、半封建的国家";"20 世纪中国发生了翻天覆地的伟大历史变革,尤其是 1911 年孙中山领导的辛亥革命,废除了封建帝制,创立了中华民国";"1949 年以毛泽东主席为领袖的中国共产党领导中国各族人民,在经历了长期的艰难曲折的武装斗争和其他形式的斗争以后,终于推翻了帝国主义、封建主义和官僚资本主义的统治,取得了新民主主义革命的伟大胜利,建立了中华人民共和国。从此,中国人民掌握了国家的权力,成为国家的主人"。三是旗帜鲜明,语气斩钉截铁,不容置疑,如美国《独立宣言》这样写道:"我们认为下面这些真理是不证自明的:人人生而平等,造物者赋予他们若干不可剥夺的权利,其中包括生命权、自由权和追求幸福的权利。"法国《人权宣言》这样写道:"组成国民议会之法国人代表认为,无视、遗忘或蔑视人权是公众不幸和政府腐败的唯一原因。"四是提纲挈领,纲举目张。① 美国《独立宣言》在序言中就已经阐明了立国的基础逻辑和国家的根本制度,"为了保障这些权利,人类才在他们之间建立政府,而政府之正当权力,是经被治理者的同意而产生的。当任何形式的政府对这些目标具有破坏作用时,人民便有权力改变或废除它,以建立一个新的政府;其赖以奠基的原则,其组织权力的方式,务使人民认为唯有这样才最可能获得他们的安全和幸福"。法国《人权宣言》"所以决定把自然的、不可剥夺的和神圣的人权阐明于庄严的宣言之中"。我国《宪法》序言指出:"本宪法以法律的形式确认了中国各族人民奋斗的成果,规定了国家的根本制度和根本任务,是国家的根本法,具有最高的法律效力。"五是宪法是宣言,也是誓言,具有庄严性、神圣性。美国《独立宣言》"为了证明所言属实,现把下列事实向公正的世界宣布";法国《人权宣言》"国民议会在上帝面前并在他的庇护之下确认并宣布下述的人与公民的权利"。六是宪法语言,归根结底是一些抽象的大词,如自由、平等、博爱、权利、人权、公正、民主、共和、法治,等等,是一些基本的理念、价值和信仰,如主权在民、有限政府、依法治国、人权保障、社会公正,等等。宪法语言具有深厚的哲学底蕴。总之,宪法语言已经成为一种特定风格的语言,这种语言概括、抽象、原则、大器、确信、庄严、神圣,是一种最接近哲学风格的语言。宪法没有这种风格的语言,就成不了宪法。

立宪是立国的基础,立宪与立国的关系就像地基与建筑物的关系一样,地基不好,不但建筑物根基不稳,而且后来修修补补也无济于事。也像种子与果实的关系一样,种子不好,不仅不可能长出好植物,也不可能结出好果实。美国宪法之于美国的民主自由制度的建设就是如此,对此,美国的开国元勋们不仅为国人做出了重要贡献,也为世界树立了光辉的典范。立宪者是"总设计师",应是大师级人物,是哲学家,最起码应该是哲学修养非常深厚之人,他们洞悉人类天赋禀性、经济秩序原理、政治架构原则、社会发展规律,等等,能够及时地跟踪和准确地认

---

① 1981年7月,彭真同志在给中央关于修宪的报告中曾指出,宪法是根本大法,主要在纲不在目。参见许崇德《现行宪法产生过程的特点》,《法学研究》2003年第1期。

识作为时代精神的哲学。卢梭指出:"立法者在一切方面都是国家中的非凡人物。如果说由于他的天才而应该如此的话,那么由于他的职务也同样应该如此。"① 而且,"为了发现能适合于各个民族的最好的社会规则,就需要有一种能够洞察人类的全部感情而又不受任何感情所支配的最高的智慧;它与我们人性没有任何关系,但又能认识人性的深处;它自身的幸福虽与我们无关,然而它又很愿意关怀我们的幸福;最后,在时世的推移里,它照顾到长远的光荣,能在这个世纪里工作,而在下个世纪里享受。要为人类制定法律,简直是需要神明"②。如《独立宣言》和《人权宣言》的起草人就是这样的人,他们都是 18 世纪启蒙哲学的创立人、发展者或追随者。如杰斐逊,他为自己设计的墓石上刻有以下谦逊的墓志铭:"托马斯·杰斐逊,《独立宣言》的起草人,《弗吉尼亚宗教法案》的起草人,弗吉尼亚大学的创建人埋葬于此。"而人们是这样评价他的:"托马斯·杰斐逊(1743—1826),美国政治家、思想家、哲学家、科学家、教育家。"又如汉密尔顿,他是制宪会议的主要成员,是美国 1789 年宪法的起草人。杰斐逊对他的评价是:"的确,他是一个不同寻常的人物,他有敏锐的理解力,他在所有私人交往中都是无私的、诚实的和荣誉的,在社交界是温厚可亲的,在私生活中有十分令人尊重的道德。"由于在母国深受强权的统治、在北美又遭殖民奴役,所以"北漂们"对政府、权力等本能地厌恶,内心有根深蒂固的无政府主义思想。美国的开国元勋们对权力压迫、剥削和奴役也深恶痛绝,进而处心积虑地要限制权力扩张、防范权力滥用,即使是对于后来他们自己手中掌握的权力也不例外。像华盛顿一帮人丝毫不贪求、留恋权力,总统宝座根本无法与家乡恬静的庄园生活相媲美,因此他念念不忘要解甲归田、告老还乡。但有一些人,一旦他们从无权者变成当权者,即以其人之道,还治其人之身,甚至变本加厉地扩张、滥用自己手中的权力。这只能导致权力的恶性循环,而不能保证权力彻底走上正道。与之不同,美国的开国元勋们考虑的大政国是不是如何赋予自己以权力和权威,而是如何

---

① [法]卢梭:《社会契约论》,何兆武译,商务印书馆 1980 年版,第 55 页。
② 同上书,第 53 页。

保护别人的权利和自由，这才导致权力的性质和宗旨发生了彻底的制度性改变。不仅华盛顿如此，许多制宪会议代表也是如此，尽管他们是国家的缔造者，但他们根本就没有这种"国父"意识，不是居功自傲，而是功成身退，会议一结束就迫不及待地各奔前程了，罗伯特·雅茨、约翰·兰欣、约翰·迪金森、罗伯特·莫里斯、路德·马丁、纳撒尼尔·戈汉姆、乔治·梅森、乔治·韦思、詹姆斯·麦克朗、托马斯·米弗斯、威廉·豪斯通等人均拒绝到新成立的联邦政府任职。其中，有些"国父"们还下场悲惨，晚景凄凉。如罗伯特·莫里斯，他谢绝华盛顿提名他为财政部部长，宁愿从事贸易，结果负债入狱，这位在《独立宣言》《邦联条例》《联邦宪法》三份伟大文献上均有签字的国家英雄，在穷困潦倒中度过了自己的晚年。还有曾担任过制宪会议全体委员会主席的纳撒尼尔·戈汉姆，也是不肯从政而要经商，最后资不抵债，死于穷愁无闻。詹姆斯·威尔逊也是如此，他仕途不顺，转而从事土地投机，但连连失利，最后精神崩溃，不治身亡。有了这些开国元勋们对权力和权利的制度构建以及他们自己的以身作则，即使后来一些政客企图贪权恋栈也不能得逞。这已经成为美国宪政的惯例和传统，后人只能在此基础上不断完善而不能根本逆转。有了这样好的开头才能保证有好的"后"果。这就是宪法的奠基性意义。又如后来的"制宪会议"的代表，个个都是一时之选。除了前面提到的华盛顿和大家耳熟能详的本杰明·富兰克林以外，还有麦迪逊，他是《弗吉尼亚方案》（《联邦宪法》的基干）的草创者，"美国联邦宪法之父"，美国第五任、第六任总统；乔治·梅森是"权利法案之父"；詹姆斯·威尔逊是联邦宪法通过后联邦最高法院的大法官；迪金森不仅提出了"无代表，不纳税"的主张，而且是"美利坚合众国"的命名者，还是把邦联制与单一制折中为联邦制的创造者；威廉·佩特森后来也成了联邦最高法院大法官；奥立维·艾尔斯沃斯则是第三任首席大法官；古文诺·莫里斯是联邦宪法文本的最后定稿者；等等。皮尔斯在《制宪会议代表性格描述》中对他们都极尽赞美之词。可以说，美国制宪会议是一帮伟人在创造伟绩成就伟业。这些开国元勋是一些严于律己、酷爱自由、保护权利、追求民主之人，是一些大彻大悟、有远见卓识的智者，因而也是有哲学素养和智慧的人。这些因素决定了他们的伟大，他们的伟大又直接决定了他们所起草的美国宪法的伟大和他们所奠基的美国国家的伟大。所以有人认为，美国宪法是"一个在上帝领导下的民族所具有的特殊的精神禀赋的产物"，是"神力的活动，这种力量使得宇宙获得统一，使种种事件获得秩序与关联"。而且证明了一条"神祇"："暴政与不义必归于灭亡，而自由与正义纵受猛烈的摧残，终是不可抗衡的，万国的救主是活着的。"

我们无意拔高美化那些美国的立宪先驱们，他们在对待印第安人等方面也是劣迹斑斑的，在计算人口数时，自由人不包括不纳税的印第安人；他们有些人为"奴隶制"辩护，有些人在通过的《联邦宪法》为此让步；在计算人口时把"奴隶"称为"被另作描述的人""所有其他人口"，他们只能按 3/5 予以确定（即著名的"3/5 条款"）；他们基于自己的认识和信仰、出于各邦的权力和利益而针锋相对、斤斤计较。而且必须承认，他们并非神明，也是人，并且是"经济人"。参加美国立宪会议的人虽然大都是当权者和有产者，但也有像麦迪逊这样靠借债度日仍然赴会的制宪代表，他们也许比任何人包括无产者都更清楚财产的得来不易和保护之难，因而殚精竭虑地去构建一套严密的财产保护法律制度。麦迪逊在论述美国宪法时就明确地指出：人类的财产能力是财产权利的源泉，保护这些能力是政府的首要目的。由于获得财产的能力和财产所有的不同以及它们对财产所有者情感和认识的影响，社会遂分裂为不同的利益集团和党派，形成社会上对立的利益集团。调和这些不同的错综的利益成为现代立法的主要任务，在"多数人终会变成无产者的国家里，有产者的财产权在本质上是脆弱的"。而且，"这种脆弱性成了制宪者们对多数人暴政威胁关注的焦点"，于是，"制宪者的基本任务就是设计一种基于共和原则但又确保少数人的财产安全的政府形式"。比尔德认为："宪法在基本上是一项经济文件，它的基本观念是：基本的私人财产权先于政府而存在，在道德上不受人民多数的干涉。"[①] 詹妮弗·内德尔斯基也认为："制宪者们对财产权的保护问题的专注，是他们的某些最深刻的

---

① ［美］查尔斯·比尔德：《美国宪法的经济观》，何希齐译，商务印书馆 2010 年版，第 243 页。

见解的渊源，也是宪法的主要力量和最严重的弱点的渊源。"尽管如此，这也丝毫改变不了他们的伟大以及这种伟大在宪法中的体现。因为真理恰恰就在于各种博弈中，特别是经济利益的博弈中，在这些博弈中，人们相互制衡，任何人都无法为所欲为、自私自利，而必须兼顾他人、互惠互利，从而才有中道中正、公平公正以及实现它们的宪法制度。如在美国制宪会议期间，古文诺·莫里斯共发言173次；威尔逊共发言160次；麦迪逊共发言150多次；汉密尔顿一次发言就长达5个小时，路德·马丁头天没有讲完第二天接着讲；等等。可见当时争论之频繁、之深广、之激烈，可谓唇枪舌剑、剑拔弩张、势均力敌、互不相让。但正是这种频繁、深广和激烈的争论使制宪不断兼听则明、兼收并蓄，最终不但通过了联邦宪法，而且创造了一种超越邦联制和单一制的新的国家形式——联邦制国家，也确立了直至今天的美国政治模式和政治制度。没有利益博弈就没有思想博弈，没有思想博弈就不能发现真理，不能发现真理就没有正当宪法。①

相比之下，我们的一些立宪者却逊色许多。著名法学家李步云研究员曾对全国人大前委员长彭冲同志说，如果万里同志和你两个在台上，能把违宪审查制度建立起来，将功德无量。彭冲同志却说，有那么大的作用吗？他后来又在全国人大法工委新春联欢和工作座谈会上发言，希望法工委的领导同志如果在换届之前，能够把这个违宪审查制度建立起来，是给后任留下了一个良好的政治遗产。② 违宪审查制度是宪法的一项重要制度，是对宪法实施和监督的重要保障，但违宪审查制度的建议一直未被采纳。我认为，我国目前之所以宪法不完善、宪法没能达到宪制的要求，与立宪者的这种认识水平和责任心不无关系。立宪者应该有一种为天地立心、为生民立命的雄心壮志，有一种铁肩担道义、妙手立宪章的雄才大略。

---

① 其中有关美国制宪会议的内容，参见易中天《美国宪法的诞生和我们的反思》，上海文艺出版社2006年版。

② 参见李步云《"八二宪法"的回顾与展望》。

二 宪法修正案与哲学

宪法是对真理的认识和追求，但这种认识和追求深受各种条件的限制，不是一步到位而是日益趋近的，这应是宪法制定的认识论基础。据此，宪法制定不能抱完美主义态度，完美主义是一种虚无主义，追求完美就制定不出宪法。1787年美国费城制宪会议给予世人很大启示。《联邦宪法》就是不完美的，如它未包括"权利法案"，梅森等人认为这是不可原谅的失误，以至于他拒绝在宪法文本上签字。但如果一味地求全责备，制宪会议就只能一事无成。为此，八十多岁德高望重的富兰克林发表了"最后的劝说"。他说，我活了这么大年纪，深知没有人能够一贯正确，相反，年纪越大，越倾向于怀疑自己的判断，更尊重别人的意见。我同意这部宪法，连同它所有的瑕疵。但我们现在制定的这部宪法近乎完美，我们不能指望还有更好的，也没有把握说它就不是最好的。我怀疑，无论召开多少次制宪会议也未必能制定出一部更好的宪法。为了公众利益，我决定牺牲自己认为宪法中还有谬误的私人之见。我也希望制宪会议中每位对宪法或许还有异议的代表和我一起，就此机会略为怀疑一下自己的一贯正确，宣布我们取得一致，在这个文件上签下自己的名字。[①] 他的劝说深深地打动了争论了近5个月的许多制宪代表，最终代表们在宪法文本上签下了自己的名字，通过该宪法。

但正是因为宪法是一时之认识，一时之真理，时移势易，所以宪法必须修正，但宪法修正一刻也离不开哲学。

第一，宪法修正需要有正确的认识论指导。人的认识在特定条件下是有限的、相对的，而不是无限的、绝对的。就此而言，任何宪法都只是相对真理，而不是绝对真理，因而不可能是一成不变的，没有什么宪法是神圣不可修正的，任何宪法都有修正的可能和必要。这种认识论构成宪法修正案的认识论基础，在这种认识论的指导下，才能开展宪法修正，才不会出现类似美国历史上关于立宪会议要废除《联邦条例》而制定新宪法以及质疑新宪法合法性的问题，也不会出现我国历史上所谓的

[①] 参见易中天《美国宪法的诞生和我们的反思》，上海文艺出版社2006年版。

"祖宗之法不可变"的问题，更不会出现"两个凡是"的教条主义。人的认识也不是一步到位的，而是循序渐进的，这就决定了宪法必须紧跟人们认识的进步而与之俱进，宪法是不断修正完善的。如美国宪法一开始主要是关于立法权、行政权、司法权和州、联邦权力以及宪法修正程序的规定，而对公民权利规定太少。按照法国《人权宣言》第16条的规定："凡个人权利无切实保障和分权未确立的社会，就没有宪法。"那么此时美国就还没有宪法。乔治·梅森就是据此拒绝在1787年《联邦宪法》上签字的。但这种情况通过后来的宪法修正案得到了弥补，特别是美国宪法修正案中的前10条，都是关于公民权利的规定，所以它们又被叫作"权利法案"。由于它们是梅森主导和坚持加上的修正案，梅森被称为"权利法案之父"。所以有人说，没有麦迪逊（被誉为"美国宪法之父"），就没有美国宪法；但没有梅森，美国宪法就不完整。正是因为有宪法修正案，美国宪法自通过以来，在200多年里没有修改过一个字。要是没有宪法修正案的话，那么许多宪法都会抱残守缺或者残缺不全，甚至不成之为宪法。

第二，宪法修正是重大的理念变革。修正宪法是一种理念变革，也是一场广泛而深刻的思想解放运动。人的思想问题只能通过思想解放去解决，而哲学是解放思想和解决思想问题的最佳方法，因为只有哲学才能从世界观和方法论、从根本上和总体上、运用理性并以以理服人的方式去解决问题。试想，我国如果没有"真理标准大讨论"，不是十一届三中全会向全党全国各族人民发出"解放思想、实事求是、团结一致向前看"的号召，那我们就摆脱不了"两个凡是"的束缚，也就不可能有"八二宪法"。

第三，宪法修正需要哲学的批判精神。法律作为强制性的行为规范，必须富有理性，经得起理性审判。作为具有最高法律效力的宪法尤其如此，只有最高理性的东西才可能上升为宪法。未经哲学最高理性批判的东西不能上升为宪法，只有经得起哲学最高理性批判的东西才可能上升为宪法。像我国"七零宪法"，直接规定了党和国家的"接班人"，这不但缺乏理性，甚至连法治常识都没有了。所谓的宪法修正，归根结底，就是对宪法中一切缺乏理性、经不起理性批判的东西加以修正，使宪法真正合乎理性、经得起理性批判。

第四，哲学批判是一种理性批判、理性对话、理性交锋，是集思广益、凝聚智慧，它是一切批判中最佳形式的批判，尤其优越于武器批判，以哲学批判代替武器批判，这在和平时代尤为重要。历史上的许多宪法都是革命的产物，是流血牺牲换来的，包括美国的《独立宣言》和法国的《人权宣言》等都是如此。我国宪法序言也指出：新中国宪法是"在经历了长期的艰难曲折的武装斗争和其他形式的斗争以后，终于推翻了帝国主义、封建主义和官僚资本主义的统治，取得了新民主主义革命的伟大胜利，建立了中华人民共和国"以后颁布的。在历史上，经由立宪修宪而实现社会和平变革的不乏其例，如英国的"光荣革命"，我国清末的《清帝逊位诏书》等都是典范，但屈指可数。在和平时期，我们尤其需要通过哲学批判代替武器批判去制宪和修宪，用和平宪法取代革命宪法。

第五，只有哲学批判，才能坚持真理、修正错误。宪法修正的过程是一个去谬存真的过程。我国宪法指出："中国新民主主义革命的胜利和社会主义事业的成就，是中国共产党领导中国各族人民在马克思列宁主义、毛泽东思想的指引下，坚持真理，修正错误，战胜许多艰难险阻而取得的。"其中，我国宪法修正案对于经济制度的修正，修正之多、修正之频、修正之大是十分罕见的，它们是我国宪法修正案的主要部分，在总共30余条宪法修正案中，它们占到了将近一半。通过这些宪法修正案，最终将我国过去的计划经济体制修正为社会主义市场经济体制，即将宪法第15条——"国家在社会主义公有制基础上实行计划经济。国家通过经济计划的综合平衡和市场调节的辅助作用，保证国民经济按比例地协调发展。""禁止任何组织或者个人扰乱社会经济秩序，破坏国家经济计划。"修改为"国家实行社会主义市场经济"，"国家加强经济立法，完善宏观调控"，"国家依法禁止任何组织或者个人扰乱社会经济秩序"。（即宪法修正案第7条）。这是对经济规律和经济科学不懈追求的结果。哲学赋予人们以及宪法以革故鼎新、与时俱进的理由和勇气。

第六，哲学批判是宪法修正的动因。批判是哲学的本性和使命，哲学批判是从根本上批判，是元批判；是从整体上批判，具有全局性；是从理性上批判，富有理性。只有经过哲学批判才能发现宪法的缺陷，才能提出宪法修正案，哲学在批判旧宪法中发现新宪法。宪法就是那些经过哲学批判、经得起哲学批判而升华起来的东西。在历史上，一旦发生重大的社会变革，总是要立宪修宪，宪法的修正是社会变革的根本标志。如美国的《独立宣言》是民族主义（自治主义）对殖民主义的一刀两断，法国《人权宣言》是资本主义对封建专制的彻底批判，我国的"五四宪法"是社会主义对半封建半殖民主义的彻底否定，所以，宪法修正是一种主义取代另一种主义，是一种理念取代另一种理念，因而也是一种哲学取代另一种哲学。哲学批判赋予宪法求真务实以不竭动力。

第七，宪法修正是哲学进步的结果，宪法随着哲学进步而修正。哲学是时代精神的精华，时代发展变化、时代精神要求集中体现在哲学中，宪法随着哲学进步而修正，只有这样，才能保证宪法与时代精神俱进。如随着法治国家、人权保障和社会保障的理念日益深入人心，已成时代精神，我国宪法就分别于 1999 年在宪法第 5 条增加一款、作为第 1 款："中华人民共和国实行依法治国，建设社会主义法治国家"。（即宪法修正案第 13 条）；于 2004 年在宪法第 14 条增加一款、作为第 4 款："国家建立健全同经济发展水平相适应的社会保障制度。"（即宪法修正案第 23 条）；在宪法第 33 条增加一款、作为第 3 款："国家尊重和保障人权"。（即宪法修正案第 24 条）如果我国宪法没有这些修正案，那么我国宪法不仅与时代脱节，而且与世界脱轨。

宪法修正案本身就表明它们是国家社会民族对真理的追求过程。仔细地分析研究各国的宪法修正案，可以看出，它们都受到某种哲学的指导，并把它们体现出来和贯彻下去，哲学变革是宪法修正的先导。时代发展变化了，时代精神变了，作为时代精神精华的哲学变革了，在哲学的统率指导下，宪法也要随之修正，所以宪法修正是为了与时俱进，体现时代精神。宪法修正后，时代精神才能成为其他法律的渊源，成为其他法律制定和修改的根据，在具体法律部门中继续得到贯彻。有了高度哲学化的宪法，不仅以宪法为根据的其他法律更加根深蒂固，而且可以省却或免除那些不必要的哲学探究。如果宪法没有哲学，不能把握哲学，不能紧跟哲学，就会落伍时代，就会妨碍整个法律体系的与时俱进。

但宪法作为国家的根本大法，作为具有最高法律效力的法律，应比一般法律具有更高、更大、更久的稳定性，不宜频繁修正。宪法频繁修正，说明制宪者本无所宗，没有内心的确信，人们就会对他们所制定的宪法产生轻侮心理，会损害宪法的权威性；宪法修正是对国家根本制度的伤筋动骨，宪法频繁修正，折腾来折腾去，会导致巨大的社会损失；等等。宪法频繁修正的一个重要原因可以归结为制宪者没有哲学，没有确信，因而不能高屋建瓴、缺乏远见卓识，不能对宪制做出长久安排。必须努力避免对宪法的频繁修正，为此：一是在制宪时要广开言路、广泛讨论、集思广益，发现和形成正确的哲理和哲思，为制宪提供坚实的哲学基础。一是对宪法要有正确的认识，宪法也是"宣言"，宪法的宣言性质就决定了，宪法不仅仅是现实的写照，也是未来的追求。历史上颁布《独立宣言》和《人权宣言》时，并没有可以记载的"独立"现实，也没有受到保障的"人权"，它们都是要追求的目标，而且将来能否实现或保障它们还是未知数，但人们仍然要把它们宣示出来，作为动员的口号、战斗的旗帜和追求的目标。所以，宪法应该预先把那些看准了的东西上升到宪法中来，也应为那些实践证明是成功的有效的普世的共同的人类社会价值和制度在将来上升为宪法时预留空间。彭真曾说："我们一定要实事求是，民主权利保障能做到的，写进去。做不到的，不要写进去。我们的宪法是为了实施的，不是为了好看的。今天能做到什么程度，就写到什么程度，做不到的别写。"① 他的这种观点在当时那种情况下作为制宪的权宜之计也许是有道理的，但作为真正的制宪方略是不妥的。什么叫"实事求是"？什么叫"做到做不到"？都因人而异，许多民主权利往往都因为当权者或制宪者（主观上）认为"做不到"而没有写进宪法。如人权就是如此。在 2004 年"人权入宪"以前的很长时期，我国的宪法一直不承认"人权"概念，认为人权是资产阶级的口号，是资本主义的专利。这类宪法就不仅是实施的问题了，而且连看都不好看了。列宁说"宪法是一张写着人民权利的纸"，人权无疑是人民权利的总称、统率、基础和核心，当人们看到一部没有人权概念的宪法时，虽然不会简

---

① 参见彭真同志关于修宪的报告说明。

单地认为它是一张废纸,但肯定不会有什么好印象。因此,宪法也要好看,好看不是为了美化自己、欺骗人民,而是因为尽管目前暂时做不到,但一定要让人们从宪法中看到方向、信心和希望。虽然今天做不到,但方向是坚定不变的,信心是十足明确的,希望是能够实现的,基于此,就可以把那些认定的合宪的东西写进宪法,写比不写好,早写比晚写好。这不仅不会影响宪法的实施,而且能减少宪法的修正,是一举多得,何乐而不为呢?!

三 宪制建设与哲学

宪法是大政国是的总安排、总章程。一切重大的国家政治、经济和社会问题最后都要在宪法层次上加以解决,并把解决方案具载在宪法上,否则就不能也不是真正地解决问题。宪法对国家政治、经济和社会的影响是决定性的,在很大程度上可以说,是宪法在塑造着它们,有什么样的宪法就有什么样的政治、经济和社会以及国家或国度。

如我国之所以到目前为止,个体私营经济能够占到全国 GDP 的 3/4,它们大大扩大了社会就业,增加了国民经济的活力,宪法修正案第 16 条功不可没。该修正案将宪法第 11 条"在法律规定范围内的城乡劳动者个体经济,是社会主义公有制经济的补充。国家保护个体经济的合法的权利和利益"。"国家通过行政管理,指导、帮助和监督个体经济"。"国家允许私营经济在法律规定的范围内存在和发展。私营经济是社会主义公有制经济的补充。国家保护私营经济的合法的权利和利益,对私营经济实行引导、监督和管理",修改为"在法律规定范围内的个体经济、私营经济等非公有制经济,是社会主义市场经济的重要组成部分","国家保护个体经济、私营经济的合法的权利和利益。国家对个体经济、私营经济实行引导、监督和管理"。宪法修正案第 21 条将宪法第 11 条第 2 款"国家保护个体经济、私营经济的合法的权利和利益。国家对个体经济、私营经济实行引导、监督和管理",修改为"国家保护个体经济、私营经济等非公有制经济的合法的权利和利益。国家鼓励、支持和引导非公有制经济的发展,并对非公有制经济依法实行监督和管理"。也与宪法修正案第 22 条密切相关,它将宪法第 13 条"国家保护公民的合法的收入、储蓄、房屋和其他合法财产的所有权","国家依照法律规定保护公民的私有财产的继承权",修改为"公民的合法的私有财产不受侵犯","国家依照法律规定保护公民的私有财产权和继承权","国家为了公共利益的需要,可以依照法律规定对公民的私有财产实行征收或者征用并给予补偿"。宪法是经济的总章程,没有这些宪法修正案和宪法对经济制度的最高规定,我国社会主义市场经济体制就不可能建立,我国经济就不可能取得今天的重大成就。

　　宪法适用是宪法的关键,不能适用的宪法形同虚设。但在我国对于宪法条文能否直接为司法适用却存在重大争论。有人借口宪法的属性(如宪法主要是立法的根据而不是裁判的依据、宪法是政治宣言而不是行为规范、宪法是抽象规范而不是具体规则),宪法没有假定、处理和制裁等一般法律适用的前提和后果,没有直接的法律依据,为了防止司法"向一般原则逃避"等,否定宪法的司法适用。但宪法亦法,是法律就必须能够适用,否则就失去了其作为法律的意义,尤其是作为最高法律的意义。不能司法适用的宪法,就无法得到真正有效的实施,这种宪法犹如"屠龙之技"。如前所述,宪法是根本大法,其重要表现之一就是有大用、能大用、可"大显身手",真正的宪法无所不及、无所不用,"宪法不能直接司法适用"不仅违背了宪法的属性,而且是对宪制法治的架空。这样的宪法是"伪"宪法。此外,由于具体法律预见不周、存在漏洞、发生冲突等原因,会导致司法机关无法或不宜适用具体法律,继续适用具体法律会适得其反,在这种情况下,司法机关就可以也理应适用宪法。特别是对于那些疑难案件,往往最终都要诉诸宪法,依据宪法或宪法原则和精神去裁判。即使是一些有法可依的案件也要上溯到宪法,接受宪法的指导,否则难免会对一些违法但不违宪的行为做出合法而违宪的判决。如美国的"焚烧国旗案"就是如此。又如"齐玉苓案",这既是可喜但又可悲的事情。可喜的是,如许多人所认为的,这是我国"宪法司法化第一案","开创了法院保护公民依照宪法规定享有的基本权利之先河",是走向宪制的第一步。可悲的是,新中国成立几十年来,才出现这唯一的"第一案",并且很快最高人民法院就废止了其对齐玉苓案所做的《关于以侵犯姓名权的手段侵犯宪法保护的公民受教育的基本权利是否应承担民事责任的批复》(法释〔2001〕25号)。该案说明中国司法机关只是就法论法、依法司法、无法不司法、不依宪司法。这背后其实是我们的司法机关和司法人员缺乏宪法意识和没有宪法哲学修养。法条主义者是教条主义者,有时甚至沦为明哲保身者、草菅人命者,他们不敢主张正义、不愿为民请命、不会依宪司法。这样的司法机关和司法人员是难以实施宪法和实现宪制的。这也说明,要加强宪法实施和加快宪制实现,一个重要的方面就是要大大提高司法机关和司法人员的宪法哲学修养和宪制哲学水平。

宪法监督是宪制建设的一个重要问题。既然宪法是高度哲学化的,要监督高度哲学化的宪法,那么监督方式就必须更加哲学化,这犹如魔高一尺、道高一丈一样,非哲学化的监督方式不但不能监督宪法,反而妨碍宪法。在许多国家已经建立了完善的宪法监督制度,宪法监督促使宪法发展完善。如200多年来,美国联邦最高法院通过行使司法审查权,对联邦宪法做出解释,改变了许多宪法内容,也确立了许多宪法制度,以此来适应不断发展变化的政治、经济和社会需要。如美国的司法审查制度,原非出于宪法规定,而是由1801年马伯里诉麦迪逊案(Marbury v. Madison)这一判例确立的。它不仅在美国宪法史上极为重要,而且在世界范围开创了违宪审查的先河。一切宪法监督或违宪审查,诉诸最后都是关于是否违反自由、平等、权利、民主、人权、法律、公平、正义之争。如2010年初,奥巴马力促国会通过了"医改法案",但随后遭到了26个州的违宪诉讼。2012年6月28日美国最高法院对奥巴马"医改法案"进行司法审查,结果认为奥巴马"医改法案"的核心内容——"强制参保条款"违反宪法。美国最高法院对该法案所进行的违宪审查,实质上审查的是该法案是否违反了宪法关于国会权力与州权力的界限之争,是否违反了宪法赋予美国人民的自由权利之争,是否违反了美国一直奉行的自由市场价值观念之争。这也是主义之争、世界观和方法论之争,因而也是哲学之争。如果监督者和审查者没有很高的哲学修养、不精通哲学,不能从哲学的高度去审查宪法,那就不知道究竟何谓宪法,进而根本无法监督宪法。

回顾和总结我国几十年的社会主义建设,先是政治建设,包括后来误入"以阶级斗争为纲"的政治建设,再到后来拨乱反正,"以经济建设为中心"的建设,以及目前提出的社会建设及"五大建设",等等。至此,我国正从"以经济建设为中心"过渡到经济建设、政治建设、社会建设、生态建设等全面协同建设上来。但所有这些建设都必须着眼于、落实于制度建设,"要把制度建设摆在突出位置"[①]。而制度建设又首先是宪制建设。人类的宪法历史和宪制实践充分地证明,宪政建设需要大勇气、大智慧、大战略、大构想,因而需要哲学。可以断言,立宪者或修宪者有无哲学、是否哲学家,宪法有无哲学、是否哲学化,是决定一国宪制建设成败优劣的一个关键因素。

---

① 胡锦涛:《坚定不移沿着中国特色社会主义道路前进 为全面建成小康社会而奋斗》。

第五章

行政法哲学

——从授权到控权

行政法的核心是行政权力,如何对待行政权力是行政法哲学的基本问题,中国行政法哲学经历了一个从授权到控权的重大变革。

一 什么是行政和行政法?

行政法,顾名思义,是关于行政之法,要正确地认识行政法首先要正确地认识行政,否则,就不可能正确地认识行政法。

但对于什么是行政,许多行政法学者仅仅引用马克思那句并非专门和严格地为行政下定义时所说的话:"行政是国家的组织活动"①,并据此阐发对行政和行政法的理解,如把行政法理解为"组织法"或"管理法"。但仅此不足为凭,也远远不够。在漫长的人类思想史上还有许多著名思想家对行政有过专门而深入的经典论述。如亚里士多德指出:"执行人员和公民团体只应在法律(通则)所不及的'个别'事例上有所抉择,两者都不该侵犯法律……命令永不能成为通则。"② 洛克认为:"在某种场合,法律本身应该让位于执行权……因为世间常能发生许多偶然的事情。"③ 卢梭断言:"行政权力并不能具有像立法者或主权者那样的普遍

---

① 《马克思恩格斯全集》第1卷,人民出版社1956年版,第479页。
② [古希腊]亚里士多德:《政治学》,吴寿彭译,商务印书馆1981年版,第192页。
③ [英]洛克:《政府论》下篇,叶启芳、瞿菊农译,商务印书馆1993年版,第99页。

性,因为这一权力仅包括个别的行动。这些个别行动根本不属于法律的能力。"① 孟德斯鸠说:"行政权的行使总是以需要迅速处理的事情为对象。"② 这些经典论述可谓是"英雄所见略同",它们都正确地指出了行政的本质和特点,即行政的对象具有特殊性而不具有普遍性,行政关系是一种特殊性的社会关系。

而特殊性的社会关系,按照法律的性质是不宜调整的,因为"法律始终是一种一般的陈述","立法者并不关注那些只发生过一两次的情形","法律的对象永远是普遍的"③,"法对于特殊性始终是漠不关心的"④。所以,那种认为行政法就是调整行政关系,或行政法"调整的是行政机关与行政管理相对人之间因行政管理活动发生的关系"⑤,诸如此类的说法过于简单笼统。如此表述行政法的概念和调整对象,没有揭示出行政的本质和特点,从而也不可能正确理解行政法。

由于对特殊性的社会关系不便立法,甚至不能立法,因而没有相应的法律予以调整,所以,行政在管理特殊性的社会关系时常常无法可依,不能依法行政,从而享有广泛的自由裁量权。行政权力本质上是一种自由裁量权。这对人们权利和社会自由构成巨大的威胁,在一个自由、民主、法治的社会不能不对行政权力有所规制。尽管法律不能规制作为行政作用对象的特殊性的社会关系,但行政主体运用行政权力管理作为行政对象的特殊性的社会关系却有一定规律、有一套程式、有相同的内容、有共同的遵循,如都要涉及行政主体、行政权限、行政程序、行政诉讼、行政责任等问题,它们是具有普遍性的,因而是可以立法的,实际上也有相应的立法,必须进行法律调整,从而形成行政组织法、行政程序法、行政诉讼法、国家赔偿法,等等,这些法律构成所谓的行政法。从这里也可以看出,行政法的核心是程序法而不是实体法,即行政法的核心就

---

① [法]卢梭:《社会契约论》,何兆武译,商务印书馆1981年版,第51页。
② [法]孟德斯鸠:《论法的精神》,张雁深译,商务印书馆1981年版,第161页。
③ 参见[美]博登海默《法理学——法哲学及其方法》,邓正来、姬敬武译,华夏出版社1987年版,第225—226页。
④ [德]黑格尔:《法哲学原理》,范扬、张企泰译,商务印书馆1981年版,第58页。
⑤ 参见《〈中国特色社会主义法律体系〉白皮书》。

是为行政主体行使行政权力规定一套法律程序。所以，伯纳德·施瓦茨指出："行政法的要害不是实体法、而是程序法。"[①] 韦德认为："行政法定义的第一个含义就是它是关于控制政府权力的法。无论如何，这是此学科的核心。"[②] 因此，行政法的宗旨不是行政管理而是管理行政，具体说来，就是通过规定法律程序以管理行政主体及其行政行为，达到制约行政权力、规范行政行为和明确行政责任的目的。这正如《〈中国特色社会主义法律体系〉白皮书》所指出的："行政法是关于行政权的授予、行政权的行使以及对行政权的监督的法律规范。"

二 行政法的原则

上述对行政和行政法的理解，直接决定着行政法的基本原则。《〈中国特色社会主义法律体系〉白皮书》指出，行政法"遵循职权法定、程序法定、公正公开、有效监督等原则"。

行政法之所以要遵循职权法定原则，这是由行政权力的特性决定的。一是行政权力的自由裁量性。行政权力所针对的对象是特殊性的社会关系，行政权力如何管理这些特殊性的社会关系，难以法定，也不宜法定，否则就限制了行政权力优势的发挥。但行政权力作为一种自由裁量权，常常游离于法定之外，具有本能的扩权倾向，对人们权利和社会自由构成巨大的威胁。因此，必须对行政权力尽量加以法定，虽然这种法定只能抓大放小，不是对行政权力具体如何行使加以法定，但必须对它的行使主体、行政权限、行使范围、行使程序、行使方式等加以法定，凡是法律未规定的，任何人不得享有和行使行政权力。这是享有自由裁量权所必受的严格法律约束，只有在严格法律约束的前提下才能有合法的自由裁量。如果行政权力不予法定，那自由裁量权就会泛滥成灾，导致人治盛行，法治不昌，权利自由就没有保障。二是行政权力的主动性。在现代社会，行政权力再也不可能像过去那样仅仅充当"守夜人"了，它肩负着日常的经济调控、社会维护、公共服务等方面的积极责任，以至

---

① ［美］伯纳德·施瓦茨：《行政法》，徐炳译，法律出版社1988年版，译者弁言。
② ［英］韦德：《行政法》，徐炳等译，中国大百科全书出版社1997年版，第5页。

于不可一日、一地无行政。行政权力的日常性、主动性和积极性决定了，它比偶发性的立法权和被动性的司法权更具侵害性，因而需要更加法定。三是行政权力的直接性。行政权力直接管人管钱管物，直接分配各种物质利益，它比"清谈的"立法权和中立的司法权，不仅更容易侵害人们的物质利益，而且更易于被物质利益所侵蚀和腐化，因而需要更加法定。行政权力的上述特性决定了行政权力必须法定，行政权力法定才能限制行政权力。未经法定的行政权力无异于强权和暴力。

行政法之所以要遵循程序法定原则，同样是由行政权力的特性决定的。行政权力所作用的对象具有特殊性，它们千变万化而不能整齐划一，稍纵即逝而机不可失，不能按部就班而必须快捷高效，等等。行政权力的行使要因人因地因时因事制宜，有时要不拘一格，具有很大的灵活性和自由裁量性，法律难以从实体法上做出具体明确的规定，只好转向从程序法上加以法定。实体法与程序法的关系不仅是形式与内容的关系，这是过去人们对它们的误解，这种误解使人们降低或忽视了程序法的地位和作用，其实，两者是相互转化、相辅相成的，实体法的不足经由程序法予以健全。这是法律规定的一般规律。法定程序是行事的必经流程，行政程序法是对行政权力行使的层层过滤、步步改进和道道把关，行政程序的健全保证了行政实体或行政结果的合法，因而能够有效地制约行政权力。其实，行政法控制行政权力，主要就是通过行政程序法予以进行并企及既定目的的，这也是行政法的核心主要是行政程序法的根本原因。可以说，没有健全的行政程序法就没有行政法。

行政法之所以要遵循公正公开原则，这也是由行政权力的特性决定的。行政权力作为一种自由裁量权，实体法不能具体规定，即使是程序法也难以完全规定，而且法律规定再多，天网恢恢，也疏而有漏。实践证明，弥补法律漏洞，不能诉诸法条，而要追及法律的最高理念或最后原则。就行政法来说，这一最高理念或最后原则就是公正公开原则。由于法律是调整社会关系的，社会关系是人与人之间的关系，调整人与人之间关系的最高最后的理念和原则就是公正，它高于平等、自由、博爱等，公正待人是人道之至，也是法律的最高使命。公正更应是行政法的基本原则，因为行政权力是一种公权力，只有公正地对待每一个人，公正行政，天下为公，行政权力才是名副其实的公权力，行政权力才能化解而不是激发社会不公这一切社会问题的总根源。虽然具体的法律规定无法规制行政权力的自由裁量，但公正无处不在，公正统率一切，任何行政权力都逃不出它的法眼和审视。如果说公正堪为所有法律基本原则的话，那么公开对于行政法来说就显得特别重要。因为行政权力具有最大限度的自由裁量性，也最容易产生不公正，要保证行政权力公正行使，又不能完全诉诸法律规定，那就需要特别倚重公开，即行政公开、信息公开、公众参与，让行政权力在阳光下行使，才能驱散黑暗、主观、无能、偏私、贪腐，才能透明、沟通、互信、监督、纠错，等等，一句话，行政公开才能有效监督行政，督促和保证行政主体公正地行使行政权力。并且，公正与公开是密切相关的，公正必须公开，公开才能保证公正。

行政法之所以要遵循有效监督原则，这还是由行政权力的特性决定的。不管法治如何完善，法律都不可能对行政权力一一加以具体规制，它总会或多或少地游离于法律规定之外。为了保证行政权力合法行使，必须加强对行政权力的有效监督。行政法无论是遵循职权法定原则、程序法定原则，还是公正公开原则，目的都是为了有效监督行政权力，行政法本质上就是监督行政权力之法。如果没有有效监督，在很大程度上可以说就没有行政法。

由上可见，行政法的原则是基于行政权力的特性而构建的，其根本宗旨是为了制约行政权力。

三 为什么需要行政和行政权？

既然法律要想方设法制约行政权力，与其如此，不如彻底取缔行政权力，因为这是制约行政权力最彻底的办法。但这是一种极端的方法，不能因为行政权力具有这样或那样的弊端就彻底取缔行政权力，历史和现实反复证明，无政府主义是行不通的，即使是恶政府也好于无政府。人们只能在授予行政权力的同时加强对行政权力的制约。行政权力有其存在的客观基础。

一是社会基础。行政权力是社会的必然要求。社会是众人的聚合，有社会就需要政府，就需要行政权力。恩格斯在《论权威》一文中，以棉纺厂、铁路和航海为例，说明权威的必要性："我们看到，一方面是一定的权威，不管它是怎样形成的，另一方面是一定的服从，这两者都是我们不得不接受的，而不管社会组织以及生产和产品流通赖以进行的物质条件是怎样的。"① 此外，"我们也看到，生产和流通的物质条件，不可避免地随着大工业和大农业而扩展起来，并且趋向于日益扩大这种权威的范围。"② 亚当·斯密也认为，即使是在自然自由的制度下，君主也负有以下应尽的义务：保护社会，使不受其他独立社会的侵犯，以及尽可能保护社会上各个人，使不受社会上任何其他人的侵害或压迫。③ 社会不能是无政府状态，社会需要政府运用行政权力去领导、组织、管理和协调，政府、行政权力有其存在的社会基础。

二是经济基础。行政权力有着坚实的经济基础。在自然经济时期，虽然自然经济的孤立封闭、自给自足，加上"天高皇帝远"，时人认为"帝力于我何助焉？"这些因素限制了行政权力作用的范围和程度，那时的行政权力主要集中在赋税征收、盐铁专营、度量衡统一等方面。但由于皇权至高无上和浩荡无边，又引起了"国家权力的全面的直接的干涉和它的直属机关的全面介入"，导致"行政权支配社会"④。到了存在社会分工、协作交易的商品经济或市场经济以后，人们就再也无法排斥政府干预了。如棉纺厂，其中存在各种社会分工必须加以协调，工作时间必须取得一致，生产过程中出现的各种问题要求马上解决，等等，这些问题都是靠（行政）权威解决的，个人必须服从。"想消灭大工业中的权威，就等于想消灭工业本身，即想消灭蒸汽纺纱机而恢复手纺车。"⑤ 在市场体制下，虽然市场调节起基础作用，而政府干预起辅助作用，但这并不是说政府的作用就无关紧要。李斯特指出："关于国民个人知道得更清楚、更加擅长的那些事，国家并没有越俎代庖；相反的，它所做的是，

---

① 《马克思恩格斯文集》第 3 卷，人民出版社 2009 年版，第 337 页。
② 同上。
③ 参见［英］亚当·斯密《国民财富的性质和原因的研究》下卷，郭大力、王亚南译，商务印书馆 1974 年版，第 252—253 页。
④ 《马克思恩格斯文集》第 2 卷，人民出版社 2009 年版，第 571、567 页。
⑤ 《马克思恩格斯文集》第 3 卷，人民出版社 2009 年版，第 336 页。

即使个人有所了解，单靠他自己力量也无法进行的那些事。"① 由于私人是"经济人"，计较投入产出，追求私人利润极大化，一般不愿从事无利可图或本大利薄的事业，尤其是公益事业。加之私人力量分散弱小，有时也难胜此任。在这方面只能由国家负责起来。这一点，即使是对那只"看不见的手"顶礼膜拜的亚当·斯密也承认，"建设并维持某些公共事业及某些公共设施"，是国家的重要职能。② 约翰·穆勒更是明确指出："在某一时期或某一国家的特殊情况下，那些真正关系到全体利益的事情，只要私人不愿意做（而并非不能高效地做），就应该而且也必须由政府来做。"③ 随着市场经济的不断发展，社会化乃至全球化程度日益提高，政府的经济职能逐步扩大。凯恩斯1926年发表了《自由放任主义的终结》一文，从理论上"终结"了"自由放任主义"，1936年出版了《就业、利息和货币通论》一书，他从宏观经济体系中找出了几个关键因素，如"有效需求""消费倾向""资本边际率"等，认为投资诱导、消费倾向等"可以由中央当局来加以统制或管理"，为此，"政府机能不能不扩大"④。据此，他提出了一套以政府干预为中心的完整的宏观经济理论和政策体系。时至今日，人们对于市场经济与政府干预的关系尽管还存在着不少争论，但这种争论不是两者要不要结合的问题，而是怎样结合、以何种方式、在何种程度上结合的问题。这正如英国著名经济学家米德教授所指出的："实际上，到底是采取自由放任的市场竞争，还是采取对个别经济行为进行必要的社会控制？这二者之间常常发生冲突，要抉择何者更优是不可能的。纵观经济政策的演变，我们可以看出，理论与实践都是在不断地发生变化的，人类有时强调自由竞争市场的作用，有时却又希望政府能进行适当的控制。但是，我们始终如一地认为：当人们

---

① [德] 李斯特：《政治经济学的国民体系》，陈万熙译，商务印书馆1961年版，第169—170页。
② [英] 亚当·斯密：《国民财富的性质和原因的研究》下卷，郭大力、王亚南译，商务印书馆1974年版，第253页。
③ [英] 约翰·穆勒：《政治经济学原理》下卷，胡企林等译，商务印书馆1991年版，第570页。
④ [英] 凯恩斯：《就业、利息和货币通论》，徐毓枬译，商务印书馆1981年版，第323页。

只考虑需要政府对经济进行特别干预而忽视市场机制时,应该提请政府注意竞争性市场机制的功能;当人们虔诚地笃信自由放任可以解决一切问题时,又必须强调社会控制在什么情况下仍然是必要的。"① 萨缪尔森把现代经济称为"混合经济",并形象而生动地指出:对于"混合经济"来说,"市场和政府这两个部分都是必不可缺的。没有政府和没有市场的经济都是一个巴掌拍不响的经济"②。现代市场经济是市场调节与政府干预内在结合的经济形式,是有政府宏观调控的市场经济。这是人们已达成的基本共识。2008年以来发生的席卷全球的金融危机和目前的债务危机、经济低迷等形势,再次证明市场原教旨主义所鼓吹的市场唯一至上而放松政府监管的做法是极其错误和有害的。

三是政治基础。行政权力有着浓厚的政治性质,这集中表现在国家身上。"国家是社会在一定发展阶段上的产物。国家是承认:这个社会陷入了不可解决的自我矛盾,分裂为不可调和的对立面而又无力摆脱这些对立面。而为了使这些对立面,这些经济利益互相冲突的阶级,不致在无谓的斗争中把自己和社会消灭,就需要有一种表面上凌驾于社会之上的力量,这种力量应当缓和冲突,把冲突保持在'秩序'的范围以内;这种从社会中产生但又自居于社会之上并且日益同社会相异化的力量,就是国家。"③ 国家要控制阶级冲突对立、联合团结社会成员、保持社会秩序稳定、促进社会协调发展,就必须要有国家机器和国家权力。行政机关是国家机器的重要组成部门,行政权力是国家权力的重要组成部分。而且,政府和行政权力是政治的日常、具体而集中的体现,世上根本就没有无政府和行政权力的政治。

恩格斯指出:"国家权力对于经济发展的反作用可以有三种:它可以沿着同一方向起作用,在这种情况下就会发展得比较快;它可以沿着相反方向起作用,在这种情况下,像现在每个大民族的情况那样,它经过

---

① [英]詹姆斯·米德:《混合经济》,欧晓理、罗青译,上海三联书店1989年版,第4—5页。
② [美]萨缪尔森等:《经济学》(第12版)上册,高鸿业等译,中国发展出版社1992年版,第87页。
③ 《马克思恩格斯文集》第4卷,人民出版社2009年版,第189页。

一定的时期都要崩溃；或者是它可以阻止经济发展沿着既定的方向走，而给它规定另外的方向，这种情况归根到底还是归结为前两种情况中的一种。但是很明显，在第二种和第三种情况下，政治权力会给经济发展带来巨大的损害，并造成人力和物力的大量浪费。"[1] 行政权力作为国家权力的核心内容，同样具有正反两方面的作用。行政权力的辩证性，要求人们辩证地对待行政权力，因行政权力有其存在的社会、经济和政治等基础，所以不能简单地予以否定而应必要地赋权，但又因其具有反方向的负作用，所以必须予以严格地限制。这就决定了对待行政权力的正确态度应当是寻求赋权与限权之间的辩证统一。这是行政法的基础所在、核心内容和本质规定，《〈中国特色社会主义法律体系〉白皮书》正确地指出："行政法是关于行政权的授予、行政权的行使以及对行政权的监督的法律规范。"

四 行政权力的嬗变

纵观行政权力的发展史，可以看出，从古至今，政府边界和行政权力并不是固定划一的，而是不断变化的，其中主要集中在以下双重变化上：一方面，随着市场经济的发展，政府的边界缩小了，私人越来越独立于政府，市场越来越替代政府。凡是私人、市场能够解决并且解决得更好的，政府就应该、也已经让位于市场。在健全的市场体制下，政府已经处于对市场拾遗补阙的辅助地位。因为所谓的市场体制，是一种市场调节处于基础地位而行政权力处于辅助地位的体制。经济发展史已经证明，经济发展的主要动力应该诉诸市场主体而不是行政主体，中国的经济发展实践也充分地证明了这一点。中国经济之所以能够取得三十多年的快速增长，源于中国的改革开放，源于简政放权，源于从高度集权的计划体制转向市场主治的市场体制，市场主体获得了自由权、自治权，充分地发挥了它们的主动性、积极性和创造性。如"家庭联产承包责任制"这一制度创新，首先是当地农户、农民被迫想出来、偷着干出来的，而不是上面的行政主体设计出来的，只不过经实践证明成功以后由党和

---

[1] 《马克思恩格斯选集》第 4 卷，人民出版社 1995 年版，第 701 页。

政府对它予以确认和推广罢了。历史和现实反复证明，市场主治是比行政主治更为成功有效的经济调节机制，在市场体制下，政府边界必然缩小，行政权力必须限制。如果还是行政主治、行政管制，那就是管制经济、计划经济，没有市场经济可言。这里，我们要特别警惕近来许多人主张的所谓"顶层设计"。因为"顶层"难免高高在上，脱离实际，不了解情况，缺乏感同身受，不能设身处地地"设计"。人们应该相信，饿着肚子的人永远比养尊处优者更会想方设法，也更有办法。对于习惯于"我的地盘我做主"的现代人来说，他们是不愿意、也不需要被别人"设计"的。"设计"别人，往往会侵犯别人的自由和权利。那种企图"设计"别人的人骨子里有着根深蒂固的专制统治思想。而且从根本上说，如此"顶层设计"违背了"人民群众是历史的真正创造者"这一马克思主义的基本原理。我们必须反对所谓的"顶层设计"。

但另一方面政府的边界又扩大了。由于频繁爆发的资本主义经济危机，不断暴露出市场调节的严重弊端，日益要求政府对市场经济进行必要的干预。经由凯恩斯的理论准备，借由1929—1933年席卷资本主义的"大萧条"，自"罗斯福新政"始至今，政府干预市场经济、弥补私人与市场的不足，已成不刊之论和既定实践。凡是私人与市场解决不了或解决不好的，就应由政府解决，如公益事业、公共服务、社会保障、环境保护等。政府对此负有不可推卸的责任，并且民众对政府的要求越来越高，从而政府的责任也越来越大。为此，政府必须享有相当的行政权力，无权的政府一定是无能的政府，"干预越少的政府是越好的政府"未必正确，但不干预的政府是不作为的政府、不负责任的政府，也可以说是不法政府，这种政府没有存在的合法性。而且，政府代表着与市场不同的价值取向，市场可以以利为本、追求利益极大化，可以优胜劣汰、效率优先，但政府要适得其反，政府要以人为本、追求社会公正，要优胜劣存、公平优先。由此决定了现代行政旨在弥补市场不足、管控市场风险、收拾市场败局、保障社会安全。进而决定了现代行政法的核心和本质日益向服务行政法、给付行政法或福利行政法转变。只有市场和政府两种价值取向并存同行协调，一个社会才能健康发展。

行政权力的上述嬗变过程，正是政府边界和行政权力日益正确定位过程，它为人们正确界定行政权力提供了参考标准。

五 评行政立法

行政立法，有的名之为抽象行政行为，还有的叫作"授权立法"或"委任立法"，即原本应有权力机关立的法授权行政机关去立法。在集权体制下，不存在权力划分的问题，因而也就不存在权力机关立法还是行政机关立法的问题。只有存在权力划分的体制下，才有行政立法问题。但真正行政立法的扩大，始于"罗斯福新政"。为了医治资本主义的经济危机，罗斯福就任美国总统以后要求国会授予他"紧急权力"以加强行政立法，并迅速通过了《紧急银行救济法》《银行存款保险法》《国家产业复兴法》《农业调整法》《公用事业法》《全国劳工关系法》《社会保险法》等，这些法律导致美国总统权力的全面扩张，大大加强了政府对社会经济生活的干预。但罗斯福关于救济、改革和复兴即"三R"新政，是"旧民主制度的新运用"，是"在保存资本主义制度和资产阶级民主的前提下，抛弃自由放任、全凭市场机制那只看不见的手自我调整的政策，改变局部的生产关系，那便是新政"。罗斯福还认为，之所以要扩大政府权力，是因为不能"把人民拱手送给大公司任其奴役"，大公司的权力只有通过政府权力的扩展和延伸才能受到钳制。政府权力的扩张有明确的指向，犹如魔高一尺，道高一丈。即使如此，许多"新政"还是遭到了自由市场主义者的反对。如其中的《国家产业复兴法》，由于它规定在各行业中制订公平竞争法典，以确定各行业的生产规模、价格水平、信贷条件、销售定额和雇佣工人条件，工人有权选择参加并组织工会，以及通过自己的代表同资方签订集体合同，雇主须遵守最高工时、最低工资和按规定的条件雇佣工人，成立公共工程署，等等，被指责为侵害了市场自由，于1935年5月被美国最高法院判决为违宪，国家复兴署亦随之撤销。可见，在美国这种三权分立的体制下，行政权力扩张、行政立法是受到法律严格限制的。

在我国，行政权力也是在不断缩小的。"十年来，国务院部门取消调整行政审批事项共计2183项，占原有总数的60%，地方政府取消调整的行政审批事项占原有总数的一半以上。"① 其中,"十届全国人大常委会第十一次会议一次通过9个法律修正案,取消11项行政许可;国务院先后撤销了中央一级的许可事项1749项、改变管理方式121项、下放管理层级46项"②。2012年10月10日,中国政府网公布了《国务院关于第六批取消和调整行政审批项目的决定》。《决定》称,经严格审核论证,国务院决定第六批取消和调整314项行政审批项目。其中,涉及证监会的共29项,包括取消了"证券公司设立集合资产管理计划审批""上市公司回购股份核准"等项目。这些行政审批项目的取消,实质上是在缩小行政权力,减少政府对市场的干预,赋予人们以更多的自由。

即使是行政机关行使法律所赋予的行政权力,也必须遵循法治原则。温家宝总理指出:"发展社会主义民主政治是我们党始终不渝的奋斗目标,依法治国是社会主义民主政治的基本要求。2004年国务院发布《全面推进依法行政实施纲要》,提出了建设法治政府的目标和要求。2010年国务院又下发了《关于加强法治政府建设的意见》。我们强调政府各项工作都必须尊重、遵守宪法和法律,严格按照法定权限和程序行使权力、履行职责。"③ 政府守法是法治的关键,如果政府不守法,将无法治可言。

就行政立法来说,这是目前我国法治建设中最大的问题之一。一是行政立法膨胀,其数量和范围远远超过了其他法律,大有行政法"一法独大"的味道。如环境保护标准,截至2010年底,共颁布1300余项国家环境保护标准。④ 在许多领域都只有行政法规,而其他法律付之阙如。二是行政立法越权立法。一般说来,凡是涉及人们自由与权利的立法,如劳动教养等,都是重大的立法事项,理应由国家权力机关进行立法,制定法律,而不应授权行政立法,制定行政法规。但情况恰恰相反,如1957年《国务院关于劳动教养问题的决定》、1979年的《补充规定》以及1982年的《国务院劳动教养试行办法》等,都是行政法规,它们已经造成了诸如"孙志刚事件""上访妈妈唐慧案"等严重侵犯公民自由权利

---

① 参见温家宝《让权力在阳光下运行》,载《求是》2012年第8期。
② 参见《〈中国特色社会主义法律体系〉白皮书》。
③ 参见温家宝《让权力在阳光下运行》,载《求是》2012年第8期。
④ 参见《〈中国特色社会主义特色法律体系〉白皮书》。

的恶性事件，已经引起了社会各界的严厉批评，要求尽快修改或者废除上述行政法规。三是行政立法已成为行政机关为自己立法以争权夺利的工具，造成部门壁垒、条块分割。目前各级行政机关都有自己的法规司局处，对自己有利的、扩权的，它们就积极立法，反之则拖延推诿。如对行政审批项目的立法就很积极，所以才导致行政审批项目多如牛毛。近年来，我们虽然高呼要建立和健全宏观调控体系，也先后进行了数十次的宏观调控，但诸如《经济稳定增长法》这类宏观调控基本法迟迟没有出台。自己为自己立法，自己为自己赋权扩权，自己首先从立法中受益，如此立法严重违反了宪政和法治原则。四是有些立法不但没有深化细化有关法律或其精神，反而是对它们的歪曲篡改。如国家质检总局根据《国务院关于进一步加强产品质量工作若干问题的决定》（国发〔1999〕24号），制定了《产品免于质量监督检查管理办法》，规定了"免检制度"，以至于连"病从口入"、人命关天的食品都可以免检，导致一些违法经营者钻法律的空子、滥用此制度，生产销售诸"三聚氰胺奶粉""苏丹红食品""瘦肉精猪肉""毒大米""敌敌畏火腿""福尔马林食品""陈馅月饼"，等等，严重危害了人民群众的生命健康。这不是"加强产品质量工作"而是与之背道而驰。这样的立法就是违法的。五是赋予行政机关以过大的立法权，让行政机关享有了本不应该享有的立法权，这与立法机关的失职也有关。立法机关不能因为专业业务问题，更不能因为任务繁重等原因把立法权无原则地授予行政机关，立法是立法机关的本职工作，责无旁贷。既然是立法机关授权行政立法，那么立法机关就理应对行政立法予以审查监督，但实际情况是立法机关授权而不收权，对行政立法处于放任不管的状态。目前这种行政立法状况必须予以改革完善。温家宝同志指出："加强行政立法工作，建立科学立法、民主立法、依法立法的制度和机制，进一步对行政立法进行规范，提高透明度。行政法规和规章草案，除依法不能公开的，都向社会公开征求意见，创造条件让公众广泛参与，使立法更好地体现人民意愿。"

就行政执法来说，应该说它包括两部分，一部分是法律有明确具体规定的，行政机关严格依法行政，这与司法机关依法司法并无本质的区别；另一部分是法律没有明确具体的规定，行政机关享有较大的自由裁量权，严格说来，所谓的规范行政权力主要就是规范这类行政权力。为此，才需要建立一套与保证司法机关依法司法不同的法律制度。温家宝指出："近些年来，我们不断深化行政执法体制改革，完善执法程序，规范执法行为，推进综合执法。建立了行政执法依据、权限、过程、结果等公示制度，有效遏制了暗箱操作和执法腐败。推行行政执法责任制，违法行使职权或行使职权不当的，依法承担责任；损害群众利益的，依法予以赔偿。加强依法行政和法治政府建设，有力推动了行政权力规范运行。"① 2008年国务院发布了《关于加强市县政府依法行政的决定》，要求规范行政执法行为，细化、量化行政裁量标准。

六　转变行政法观念

法哲学之所以重要，就是为了给法律奠定基础、提供观念、厘定原理、确立原则、指示方向，避免犯根本性的错误。诸如"平衡论""抽象行政行为的不可诉"等就是如此。

1940年代至1970年代末，苏联的行政法理论体系都突出强调行政法作为"管理法"的特征，认为行政法是国家管理机关执行活动和命令活动的法②，行政法"就是国家管理法"③。由此形成行政法上的"管理论"。它主张行政机关是管理主体，而公民、法人或者其他组织是管理客体，行政法就是管理法，命令与服从、强制与说服是国家管理的基本方式。苏联的这种行政法观念直接影响了新中国早期"以苏为师"的行政法，它们也将行政法视为"是一切行政管理法规的总称"，"是规定有关国家行政机关的组织活动的法律依据"④。在今天看来，"管理论"已将行政法误入了歧途，它不但假设的前提极其罕见，往往不成立，因为行政主体并非"除了人民的利益以外，没有任何自己的私利"，行政主体也不能"全心全意为人民服务"。而且"管理论"与现代社会关系和行政法的本质也相距甚远。在现代，行政主体与行政相对人之间的关系不再是

---

①　参见温家宝《让权力在阳光下运行》，载《求是》2012年第8期。
②　[苏] 科托克：《苏联行政法概论》，萨大为译，人民出版社1951年初版，第1页。
③　[苏] 马诺辛等：《苏维埃行政法》，黄道秀译，群众出版社1983年1版，第29页。
④　王珉灿主编：《行政法概要》，法律出版社1983年版，第1页。

传统的命令与服从的关系，而是指导与合作的关系，行政法的核心不是授权行政管理而是依法管理行政。以"管理"为名的"长官意志""以政代法""依政行政"，与现代行政法的基本原则是尖锐对立的。

与之相对的是"控权论"。它主张行政法是控制行政权力之法，是管理行政机关活动的部门法，强调必须通过法律来制约行政权力，防止其滥用。"控权论"在我国也有历史传统。早期中华法系的行政法就继承了德日法系的法治主义原则，认为行政法"以限制行政权，故无疑也"[①]。随着"控权论"日益从欧美日行政法中吸收行政程序、行政诉讼、司法审查、正当程序、听证制度、行政透明、信息公开、公众参与、法治政府等概念或理念，建立起了一套严密的控制行政权力的法律制度。俟此，"控权论"不断成熟完善，也日占上风，行政法已经拨乱反正。

介于"管理论"和"控权论"之间的是"平衡论"。它主张在行政法律关系中，行政主体与行政相对人的权利义务在总体上应该平衡，公共利益和个人利益应该均衡，传统的权力—服从关系是非平衡的，应该通过监督行政权力的平衡机制加以矫正。[②] 它被认为是对"管理论"和"控权论"的超越，是中国行政法学中最有影响的一种规范理论，为行政法面临的现代社会诸多问题提供了价值导向和制度安排。但毋庸讳言，这是一种似是而非的理论。

要评析"平衡论"，首先要正确认识行政权力。西方资本主义国家的人们对行政权力的性质有着特别清醒的认识。比如，霍布斯把国家比作"利维坦"，这种圣经中所述及的力大无穷的最凶恶的"巨兽"，这既表明了建立强大国家的必要，但也暗含着别的深义。洛克把国家看作"必要的恶"。潘恩对社会与政府作了区分，认为"社会在各种情况下都是受人欢迎的，可是政府呢，即使在其最好的情况下，也不过是一件免不了的祸害；在其最坏的情况下，就成了不可容忍的祸害"[③]。马克思主义把国家界定为"阶级统治和压迫的工具"，是"阶级镇压的暴力机器"，因而

---

① 白鹏飞：《行政法总论》，上海中华学艺社1928年版，第19页。
② 罗豪才主编：《现代行政法的平衡理论》，北京大学出版社1997年版，第17页。
③ [美] 托马斯·潘恩：《潘恩选集》，马清槐等译，商务印书馆1981年版，第3页。

是社会的"累赘"和"肿瘤","国家再好也不过是在争取阶级统治的斗争中获胜的无产阶级所继承下来的一个祸害",胜利了的无产阶级"不得不立即尽量除去这个祸害的最坏方面,直到在新的自由的社会条件下成长起来的一代有能力把这全部国家废物抛掉"[1]。这些认识不是对国家、政府的辱骂,而是指出了一个深刻的共识:在任何一个社会,国家、政府都掌握着实权,具有任何他人所无可比拟的力量,由于"一切权力都易于滥用","绝对的权力会绝对导致腐败",因此它是侵犯人民权利、破坏社会自由的最大根源和最大危险。如果行政权力不受法律规范、行政权力没有被规范好,那么国家、政府往往就是"利维坦"、就是"恶"、就是"祸害",这种国家、政府必然会侵犯人民权利、破坏社会自由。这里有必要指出的是,这一规律同样适用于社会主义国家。尽管我们的国家是人民的国家,我们的政府有全心全意为人民服务的优良传统,但现实生活也一再告诫人们,好的动机难免走向坏的结果,善的愿望难免被不法之徒伺机歪曲利用扰乱社会,好心人干的坏事有时一点儿也不亚于坏人干的坏事。"文化大革命"的教训、社会上久反不绝的腐败现象是值得我们深思、也足以令我们警惕的。我们不能寄希望于好人政府,而应诉之于制度建设,没有完善的法律制度,好人是靠不住的;有了完善的法律制度,坏人想干坏事也干不了。历史和现实向我们昭示:一个人民的国家政府、一个民主的国家政府、一个法治的国家政府必然是、也只能是一个受法律规范的国家政府,是一个国家政府依法干预的国家政府。

由上可见,行政机关的行政权力与行政相对人的权利天然是不平衡的,前者优位于、强势于后者。在这种情况下,要保证它们之间的平衡,首要的不是"通过监督行政权力的平衡机制加以矫正",而是制约行政权力,能否首先制约行政权力,这是保证行政权力与人们权利之间能否平衡的前提和关键。就此而言,"管理论"当然不足挂齿,而"控权论"比"平衡论"更合行政法的本质和宗旨。现在,许多行政法学者已转变观念并普遍认为,行政法存在的原因是约束、控制行政权力,使其在法律规

---

[1] 《马克思恩格斯选集》第3卷,人民出版社1995年版,第13页。

定的界限、范围内行使，行政法就是对行政权力进行控制的法。①

又如抽象行政行为的不可诉问题。需要首先指出的是，把行政行为分为具体行政行为和抽象行政行为是不正确的，因为行政关系是一种特殊性的社会关系，作用于这些特殊性社会关系的行政行为只能是具体行政行为，而不可能是抽象行政行为，抽象与行政行为不能相提并论，更无法结合起来。目前，不少人认为，法院不审查抽象行政行为是否违法，只审查具体行政行为是否违法。即使是审查具体行政行为，原则上也不审查自由裁量范围以内的具体行政行为，因为在行政机关行使自由裁量权的过程中产生的适当与否的问题，原则上应由于行政机关内部通过行政复议去解决，法院不能代替行政机关做出判断。在中国没有真正建立和完善宪法法院和司法审查制度下，又对抽象行政行为不审查、不可诉，不仅十分荒唐，而且十分有害。具体行政行为的侵害只是一次性的侵害、对特定人的侵害，而抽象行政行为的侵害是多次反复、普遍广泛的侵害，所以，抽象行政行为对人们自由和权利的侵害远比具体行政行为要严重得多，据此理应把抽象行政行为纳入行政诉讼的范围，否则行政诉讼就失去了重要意义。进入 20 世纪以后，随着行政权的不断膨胀，一度动摇了权力制衡这一宪政基石，人们的自由和权利受到威胁，为了维持权力平衡和实现权利保障，必须加大司法对行政权力的控制。按照宪法关于司法权的规定，法院有权审理一切案件和争议，而不管是具体行政行为还是抽象行政行为。只要抽象行政行为影响人们的自由和权利，法院同样有权予以审查。如果经法院审查，认为抽象行政行为违法，可以直接判决并予以撤销。由于行政机关都有扩权滥权的本能倾向，因此行政机关的权力有多大，不能由行政机关自作主张，而需由司法机关来做决定，经由司法审查予以控制，并追究行政机关擅自扩权滥权的法律责任。由于法治对正当程序的重视超过对其他专业知识的重视，法官比行政官更具法律专业优势，他们处于中立、独立的地位，比行政当局能够更好地评判抽象行政行为是否合法。因此，经司法审查以后，更能保证抽象行

---

① 参见张尚鷟主编《走出低谷的中国行政法学——中国行政法学综述与评价》，中国政法大学出版社 1991 年版，第 44、66、695 页。

政行为的合法性。为了加强对抽象行政行为的司法审查，一是要完善一套关于抽象行政行为的审查标准，如行政机关在制定行政法规时必须提出法律依据、阐明客观原因、说明根本宗旨、预测可能后果以及相应补救措施。二是要降低行政诉讼的门槛，让行政起诉变得更加方便易行有效。三是可以借鉴有关国家的法律，规定法院法官不得借口没有相关法律规定而拒绝受理案件。① 司法审查制度是制约行政权力不可或缺的法律机制，如果没有司法审查制度，那么行政法就会异化变质。只有在司法审查制度行之有效的地方，我们才能说它是一个法治政府和法治国家。②

---

① 如《法国民法典》第 4 条："审判员借口没有法律或法律不明确不完备而拒绝受理者，得依拒绝审判罪追诉之。"《瑞士民法典》第 1 条第 2 款："如本法无相应规定时，法官应依据惯例；如无惯例时，依据自己作为立法人所提出的规则裁判。"

② 参见陈端洪《对峙——从行政诉讼看中国的宪政出路》，《中外法学》1995 年第 4 期。

第六章

民法哲学

一 民法的"民"

有些耳熟能详的概念颇具深义，但人们常常视而不见。如民法的"民"就是如此。就单个的"民"字和"法"字来说，中国汉语古已有之，但还没有民法一词，在中国古代法律文献中也无民法一词。把它们组合起来形成"民法"以对译拉丁语的 jus civile，法文的 droit civil，德文的 zivilrecht，英文的 civil law，应归功于日本学者。据考证，日语中的"民法"，是庆应四年（1868）日本学者津田真道将荷兰语 BurgerlykRegt 译为"民法"，在明治之初，学者箕作麟祥翻译《法国民法典》（Code civil）时采用了"民法"一词，20世纪初，清末法学家沈家本受命于晚清政府，聘请日本学者松冈正义、志田钾太郎起草民法，"民法"一词遂从日本传入中国。日本学者精挑细选并重新组合中国汉字以形成新的词汇去对译西方术语，如哲学、科学、社会、国家、民主、团体、组织、干部等许多术语都是如此，这里的民法也是如此。这不仅增加了汉语词汇，而且激活了汉语活力。我们应该承认，日本学者对于中西学术语言的对接、中国文化与世界文明的接轨、中国文化走进世界文化做出了重要贡献。

从上述民法的各种语言表述来看，它们都有一个共同的词根，即拉丁语的 civile，法文的 civil，德文的 zivil，英文的 civil。在罗马法中，拉丁语的 civile 是市民的意思，jus civile 为市民法，这为西方法律特别是大陆法系所继承和沿用，但日本学者在此基础上又成功地把它新译为"民法"。这种新译不仅是词语的转换，更是意义的新赋，是对民法的重新理解、界定和阐释。

（一）"民"的由来

人类学研究表明，人类是从类人猿进化而来的。刚刚从动物界进化而来的人类，身心脆弱，力量微薄，只能臣服于桀骜不驯的大自然，他们敬天畏地，图腾崇拜，信仰自然神。一些先进者在自然神话传说的基础上创立了各种宗教。宗教教义的核心就是教导人们要虔诚地信仰神灵，宗教是一种精神统治，统治了人的精神就统治了人的一切。许多统治者都深知宗教的统治力量，自觉不自觉地把宗教信仰与政治统治结合起来，建立了神权政治，把人置于宗教与政治的双重统治之下，"神"与"君"双双凌驾于人之上。

在中世纪，这种情况发展到了顶峰，人成了"神"和"君"的共同奴婢。文艺复兴是对中世纪神权政治的反弹和反抗，从"神圣"到"人本"，是"人的发现"。它突出人、讴歌人，开始用人的眼光看人（而不是神的眼光鄙视人），颂扬人的世俗化，彼特拉克代表人们发出了"我是一个凡人，我只要求凡人的幸福"的呐喊，这一呐喊唤醒人们不再痴迷那美轮美奂但遥不可及的天国美梦，它根本比不上世俗鄙陋但真切现实的尘世幸福。人自此从神话的说教中和威权的统治下解放出来。后来，马丁·路德进行了宗教改革，它终结了教会对教义的垄断和教会对世人的束缚，人们可以直接与上帝单独交流，可以自己想象上帝，有权按照自己的方式理解和解释经文。宗教改革进一步将人从教会的思想束缚中解放出来，催生了一种人的独立自主的个体意识，人开始了精神独立。紧接着是启蒙运动的开展，启蒙运动的实质就是开启人的心智，运用人的理性，认识到人本身的尊严和力量。笛卡尔的"我思故我在"，促使近代哲学发生了从本体论向认识论的转向。人们开始认识到，是"我思""故""我在"，"我"的存在归因于"我思"，是"我"自己的"思考""思维""思想""理性"，而不是归功于"神灵"和"君主"，更不是别人，后面这些东西只能使"我"为"他们"而存在，甚至使"我"不存在，而无法从根本上使"我"存在——"为我的存在"，"自我的存在"。这就为人的存在、独立和自由奠定了理性的基础。笛卡尔以来的近代哲学不仅开创了主体/客体的二元论传统，更重要的是突出了哲学中的主体性要素——人的因素。至 17 世纪，康德认为"人是目的"①、黑格尔认为"成为一个人并尊敬他人为人，是法的绝对命令"②。至此，人的理性和尊严确立起来了。

哲学转向是政治变革的前奏，哲学思潮是政治革命的指导思想。法国大革命是文艺复兴、宗教改革和启蒙运动的集大成和总结果。法国大革命高举"自由、平等、博爱"的旗帜，革命的主要成就之一是颁布了《人和公民权利宣言》以及《法国民法典》。至此，人不再仅仅是哲学探究和政治议论的主题，而且成为法律权利的主体和制度保障的对象，人在法律制度中确立起来了，人也因此真正站立起来了。

由上可见，人的成长经历了从神到君，再从君到人的发展历程，其意义是十分重大的。民法是基于人的成长而制定出来的，有了独立、平等、自由的人之后，才有民法和民法典。

民法关于人的规定，自罗马法开始就有。罗马法"或是关于人的法律，或是关于物的权利，或是关于诉讼的法律"③。罗马法的重要内容之一就是"人法"。不过，与近现代以来的民法不同的是，罗马法的"人法"依据等级观念把人分为若干等——"关于人的法律地位主要区分如下：一切人不是自由人就是奴隶。"④ 因此在罗马法上，并不是人人皆为主体，也不是人人平等，生物学上的"人"（Homo）与法律上的"人"（Persona）并不一致。罗马法中表达"人"的另外一个词——"Caput"，其含义之一是市民名册一章。⑤ 这种登记是甄别人口的一种治理技术，还不是赋予人主体地位的一种资格规定。但在近现代民法中，人本身就足以获得法律主体地位，作为法律主体的人与生物学意义上的人是完全同一的，所有的人、只要是人都享有法律主体资格。如《法国民法典》第 3 条规定："关于个人身份与法律上能力的法律，适用于全体法国人，即使

---

① ［德］康德：《实践理性批判》，韩水法译，商务印书馆 2010 年版，第 28 页。
② ［德］黑格尔：《法哲学原理》，商务印书馆 1982 年版，第 46 页。
③ ［古罗马］查士丁尼：《法学阶梯》，张企泰译，商务印书馆 1989 年版，第 11 页。
④ 同上书，第 12 页。
⑤ 参见周楠《罗马法原论》（上），商务印书馆 1996 年版，第 97 页。

其居住于国外时亦同。"第 8 条规定："所有法国人都享有民事权利。"[①]《德国民法典》第 1 条规定："人的权利能力，始于出生的完成。"第 2 条规定："满十八周岁为成年。"近现代民法接纳人人，没有限制，人皆主体，无人能外。民法中的所有规范既以人为起点，也以人为目的，是典型的"人法"，离开了人，民法就失去了任何意义。这是民法秉承文艺复兴、宗教改革和启蒙运动以及资产阶级革命的结果和表现。

近代民法担当着反封建专制、限制君主权力和消灭社会等级的历史重任，所以它们的一个重要制度安排就是把人抽象化，规定一般的人，在这种人身上再也看不出人的身份等级差别，人人平等了，民法确认和保障人人平等。在当时的历史条件下，这具有重大的历史进步意义。

但这种抽象的人太一般、太笼统，连人的固有差别都抹杀了或视而不见，以至于体现不出民法应有的属性和特征。其实，只要社会存在，在任何一个社会中必然存在两类人，即官与民，因此必须对人作这种区分，把人区分为官与民。这两类人形成不同的社会关系，处于不同的法域，适用不同的规则，因而才有官法与民法（比叫公法与私法更好）的划分。民法是民之行为准则，是民自然自发、自由自治形成的法律规则，与官法在形成、属性和宗旨等方面都大不相同。如果没有官与民的区分，由于官与民的不同，官优于民，官大于民，必然是官高于民，官侵害民，甚至有官无民，而没有民就没有民法。在历史上，妨碍民法发展的一个最大障碍就是官民不分，以官代民，官本民末，民不自立。因此，要发展民法，根本前提是民区分于官，民独立于官，以民为本，民可自治。民法作为"民"之法，一切都因"民"而来，抓住了"民"，才能抓住民法的根本，理解了"民"才能真正理解民法，不理解"民"就不理解民法。所以，在民法中必须要有民本意识，民法思想仅仅停留在人的阶段或高喊"以人为本"是不够的，还要实现从人到民的进化。

近代民法如 1804 年的《法国民法典》的产生，是由于当时商品经济和资本主义的发展使然，是市场化、城市化使然，民已经在向市民方向发展，其中一部分民已经发展成为市民。商品经济发展的前提是存在社

---

① 参见《拿破仑法典》，李浩培等译，商务印书馆 1979 年版。

会分工和社会交易，存在独立的商品携带者，存在自由的交易主体；同时，资本主义得以存在，也需要摆脱官僚支配的资本家和独立的雇佣劳动者，需要自由的劳动力市场。这两个方面都从经济基础上促进了官与民的分离（立），改变了过去的官民关系，政府对民众的统治方式和管理方式发生了质的变化，开始文明化、自由化了，民众开始独立于政府，可以意思自治了。这不仅减轻了政府管理的负担，而且有利于政府的统治。孟德斯鸠在考察贸易史后认为："人们开始医治马基雅弗里主义，并一天天好起来。劝说诫时，要更加适中温厚了，过去所谓的政治的妙计在今天除了产生恐怖而外，只是轻举妄动而已。"① 市场贸易使政府越来越予民独立、自治，民的自由空间越来越大。另一方面，市场贸易也促使民众独立自治，在很大程度上，民众的独立、自治能力是在市场贸易中练就和习得的。亚当·斯密认为："一般来说，从商业和制造业所赚的工资，比从任何其他方面赚得的工资高，结果人们就变得更诚实。人们如有可能从正当的、勤劳的途径赚得更好的衣食，谁愿意冒险干拦路抢劫等勾当呢？"② 市场贸易使民众勤劳、富裕、诚实、自立和文明，这正是民法所需要的民，是民法的基础。所以，是市场交易真正造就了合格的民——市民，一个能够独立于官、自治于己的市民，在市民的基础上，必然会产生市民法。所以，过去把民法叫作市民法是合理而准确的。而资本主义国家与时俱进，通过制定民法典对市场经济予以进一步的制度化确认。

自文艺复兴、宗教改革和启蒙运动以来，民众的主体地位日益明确。文艺复兴打破了神话思维，人们由关注外在于人的神灵转而关注自己本人，神灵并不能使人幸福，人也不祈求天国的幸福，而只要求凡人的幸福，即使是凡人的幸福也不能诉诸神灵而只能依靠自己，自己是其幸福与否的终极决定者。宗教改革打破了教皇、教士和教会对教义的垄断权，人人都是上帝的子民，人人都可以与上帝直接对话，也有能力与上帝单

---

① ［法］孟德斯鸠：《论法的精神》（下），张雁深译，商务印书馆1982年版，第68页。
② ［英］坎南编：《亚当·斯密关于法律、警察、岁入及军备的演讲》，陈福生、陈振骅译，商务印书馆1982年版，第173页。

独交流，人在上帝面前是平等的，这是人平等的重要基础。启蒙运动是祛除愚昧，特别是祛除各种形形色色的愚民政策，它启发理性、尊重理性、运用理性，认为人人皆有理性，能够理性地处理自己的事情，不需要别人为己操心，替己理事。所有这些归结起来，就充分地奠定了"民"的主体地位。民事行为的正当性，不再像过去那样由社会权威来裁判，这些社会权威曾分别是家长、教士和君主，而现在是民自己，民的独立、平等、理性和自由，使民可以成为自己的主人和社会的主体，也可以成为法律权利、义务和责任的担当者，一个人的权利、义务和责任归根结底由其自由意志和外在行为来决定。这样，人就从对上帝、家长和君主的依附中解放出来了。民主体化了以后才会有民法。

有了主体化的民以后，民与民之间、民众之间自然会形成一个共同体，即民间社会。在这个共同体中，会形成一套民间的风俗习惯、价值观念和交往规则，这正是民法的渊源，也是民法异质于公法的根源。民间社会具有民间性、自治性、协商性和民约性，它区别于政治社会和政治权力，与之划清了界限，并且与政治社会、政治权力分庭抗礼，有力地制约了政治权力对民间社会的介入、干涉和侵犯，以及政治社会对民间社会的僭越、扭曲和侵吞，它坚定而自信地告诫政府和官僚，民可以自己为自己做主、自己为自己立法、自己为自己谋利、自己对自己负责，自己解决自己的问题，不需要他们指手画脚、包办代替。"我无为而民自化，我好静而民自正，我无事而民自富，我无欲而民自朴。"[①] 这正是民法得以运行的社会基础，也是社会民主自由的基础。

在任何一个社会中，只有"民"才是社会成员的绝大多数，也只有当"民"占社会成员的绝大多数时，才是一个民本、民主的社会，也才是一个正常、正当的社会。全民皆"民"是最理想的社会，也是民法所追求的最好社会。"民"是人的最大公约数，是社会绝大多数成员的共同身份，民法可以也必须摒弃其他源于人的生理、经济、政治、社会等身份，但不能摒弃人的"民"的身份，不能"自绝于民"。民法有了人的"民"的身份，才可以抽象掉人的其他各种身份，并且不因此而丧失民法

---

① 老子：《道德经》。

的根本。"民"的身份是民法对人抽象以后所剩下的唯一不能再抽象掉的共同身份。只有"民"的身份才能完全符合民法的形式主义要求，也更能体现民法的本质属性。

总之，"民"比"人"要好得多。"人"太抽象、太笼统，未作区分，尤其是未区分官与民，进而也就混淆了政治社会与民间社会、政治权力与民事权利，民法与公法的界限，窒息了民法的发展活力。作为对此的反思和纠偏，已有越来越多的人更倾向于使用民权而不使用人权。

(二) "民"体现了民法的属性

民法的属性主要体现在民事、民生、民权和民俗上。

民事的由来。在神权政治的统治下，人们的天职主要是默默地诵念经文和虔诚地祷告神灵，人们的幸福寄托于神的恩赐，神要求人们满足于灵魂的洁净和精神的富裕，要求人们过一种禁欲的苦行僧生活。在这种不食人间烟火的情况下，见神不见人，关注来世而忽视现世，只有神事而没有民事，只有圣事没有俗事，没有基本的民事民俗生活，是不可能有民法的。宗教改革要求政教分离，人神两立，把人从神的束缚下解放出来，并告诫人们，凭空地敬神和救赎无济于人事，敬神和救赎的最好方式不是消极无为而是积极作为，如理性有为，专于职业，勇于创业，经商逐利，精于计算，等等。① 神助自助者，自助是最好的救赎，自助者才是神灵最好的子民。人不再是禁欲的僧侣，而是需求的主体，他们有自己的欲望、需求，并有权通过自己的能力和努力去追求和满足它们，这并不是堕落和罪过，而是人的天职和权利。"我欲故我在"，人们开始认识到，来世的幸福不如现世的幸福来得及时、现实和真切，世俗生活比僧侣生活更有意义，更值得过。据此，人开始世俗化，成为世俗的民。人们不再脱离民事而侍奉神事，而是把神事落实于民事，认为做好民事就是最好的神事，民事从神事中解放出来。有了民事才有民法，近代以来的民法本身就是政教分离的产物和世俗化的结果。

民生的内容。民生的最基本内容就是民众的日常生活，包括为人处

---

① 参见 [德] 马克斯·韦伯《新教伦理和资本主义精神》，于晓等译，生活·读书·新知三联书店 1987 年版。

世、待人接物、生产生活、衣食住行、生老病死等各个方面，民生的内容是不断丰富的。这正是民法规范的内容，民法是民生产、生活之法，是民生之法。随着人的独立、平等和自由的确立，以及社会分工和市场交易的存在，导致商品经济或市场经济的发展，民众生活在市场关系之中和市场法则之下，民众过的是市场生活，市场生活是民生的核心内容。这是民法的本源，民法不过是市场关系的记载和表述而已，是一套市场法则。由于官民分立、各就各位、民主法治，决定了民生的要义不是"使民生""保民生"，而是民可自生、民要自生，民生首先是民自己的事情，民要自食其力、自谋幸福，自己照顾好自己的生活。如果民不聊生，一般不可归责于政府官僚而只能责怪民众自己，如自己的懒惰、不敬业、没有"为权利而斗争"，等等。民生的自强不息精神与民法的意思自治原则是一致的。

民权的主张。民权是民事权利或者是其简称，民事是生活之事，是人是民就有民事，民事是最大的人事，无人能外，民事的底线性、普遍性决定了民权的底线性、普遍性，在整个权利体系中，没有哪种权利具有民权这样的底线性、普遍性。人们可以脱离神事、政事、商事，但不能脱离民事，人脱离民事就意味着不食人间烟火，就不成其为人，因此民事是关乎人能否成其为人的大事。民事的必要性决定了民权的不可克减，人们可以不享有其他权利，但不能不享有民权，其他权利的享有无不建立在民权的基础上，人们只有在享有民权之后，才能享有其他权利，或者说享有其他权利才更有意义。民首先要生活，通过民事而生活，或者生活在民事中，然后才能谈得上其他的一切，其他一切诸事都建基于民事。民事生活的先决性决定了民权是民和民事之首要权利，民权是生活的必需品，没有这种权利，就会民不聊生。所有这些都决定了民权主张的天经地义，是民赋民权、民事赋权，没有哪种权利比民权来得那么理由充分、不言而喻和毫不含糊，是民就会主张民权，民权是民第一次主张的权利，民权才是神圣不可侵犯的。

民权是民之权利，不是神之权利，也不是官之权利（力）。在神权统治时期，只有"神圣"，没有"民本"，但没有"民本"就没有"神圣"，因为神圣不神圣归根结底取决于神与民的关系，以及神与民各自相对的态度。神怎样对民，民就怎样对神，"神圣"取决于"民本"，以民为本的神，民才能使之成圣。如果像中世纪那样，只有"神圣"没有"民本"，只有神权没有民权，所谓的神圣只能靠宗教裁判所等残酷暴政来维持，并非源自民众视之为神圣。宗教改革就是要把这种颠倒了的神民关系和态度矫正过来，人的发现、民的确立，才有了独立于神权的民权，民权是从神权中解放出来的。民权与官权相对应，由于官本民末，甚至官民对立，使得民权与官权相比总是处于劣势地位，官权压倒民权，官权排挤民权。通过宗教改革、政教分离，神权已不再干涉民权。但要制止官权干涉民权却困难得多，因为神民毕竟分处两界，原本分离，但官民却混居一块，难分难解。况且，有民就有管民之官，这是社会秩序的必然要求，许多官还因爱民而管民，似乎就更具正当性了。所以，自宗教改革以后，侵犯民权的主要威胁不是来自神权而是来自官权，从而保障民权的重点首先是限定官权，民权不是天赋的，而是民同官斗争得来的。

从抽象的人中区分出具体的民，尤其是弱势的民，这是认识人权的重要方法。如果人人确实都是独立、平等、自由的，那么就不存在什么人权问题，即使存在那也是整个人类的问题，如在社会生产力落后的情况下，整个人类都受到物质条件的制约，不可能享有高标准的生活水准权。人权是比较产生的，正是因为有与官相比较而处于弱势的民，他们仅凭自己的能力和努力不能有人格尊严地生存发展，才提出了人权问题。一个社会的人权问题主要是弱势的民的民权问题，官一般不存在人权问题。民权问题才是人权问题的关键，没有民权问题就没有人权问题。民权是民生的权利，是民为生、维生的权利，没有民权，就会民不聊生。民权是民事的权利，这种权利是民不可不事的权利，民要有所事事就必须享有这种权利，民也只有在有所事事中才能享有这种权利；没有这种权利，民就真的只能无所事事了，但无民事就无民生。民权的性质决定了民权是最低限度的人权，也是检验人权的试金石，民权保障好的社会，其人权保障记录亦好。如果连民权都得不到保障，那么就无人权可言了。

民俗的形成。民与民之间共同生活，分工协作，交流促进，互相影响，联结一块，形成民间社会，久而久之，社会中就形成了一套风俗习惯、价值观念和行为准则，它们相沿成习，形成民俗。民俗是影响、塑造民众的重要力量，一个人诞生、成长于一个社会，首先受到的是民俗的影响，当其成年之时已为民俗所化，民俗已深入其精髓，主导其行为。一个人可以是文盲，但绝不会是俗盲（民俗是文化的核心内容之一，就此而言，根本就不存在文盲）。民俗化的民所要求的民法，必然把民俗视为民法的重要渊源，民法是民俗的法律化或法律表现形式，民俗决定着民法的属性。各国的民法典之所以毫无例外地把公序良俗规定为民法的基本原则，就充分地说明了这一点。其实，整个民法典都是对这一原则的法条化、具体化、逻辑化和系统化，它才是民法真正的"帝王条款"。

　　民俗是民间的习惯法，但也是最有效的法律，不是法律塑造民俗，而是民俗决定法律，一切与民俗相悖的法律都没有生命力。"法度者，所以论民俗而节缓急也。"[①] 民俗是民法的脚本，制定民法典关键是了解民俗、应因民俗、把民俗法律化。在制定德国民法典时，蒂堡与萨维尼之间发生的著名争论，差别并不是要不要制定德国民法典，而是何时制定。萨维尼主张，在对国情民俗没有充分了解、完全熟悉之前，不可急于制定民法典，否则即使制定出来了，也因为时尚早而不合时宜。这不无道理。以此为戒，在制定《中华民国民法典》时，当时的中国政府花了大量的精力调查各地的风俗习惯，目的就是为了制定一部符合中国民俗的民法典。一部民法典好不好，一个重要的标准就是民法与民俗是否合一以及合一的程度如何。民首先生活在民俗中、习惯中，其次才生活在法律中、民法中，与民俗相悖的民法是难以生效的。"风俗之变，迁染民志，关之盛衰，不可不慎也。"[②] 企图通过民法去移风易俗不仅本末倒置，而且徒劳无益，民俗在民（商）法中的地位并未随着过去的殖民化、现在的全球化而式微，反而日隆，这就是重要的例证。如我国台湾地区民法典不仅在总则里对习惯的效力作了概括规定，而且在分则（包括在奉

---

① 《淮南子·氾论训》。
② （宋）王安石：《王文公文集》卷三十二《风俗》。

行物权法定的物权编）中，也有大量的关于习惯效力（往往是优先于法律适用）的规定。在国际统一私法协会（UNIDROIT）制定的国际商事合同通则中，也有很多地方对商事惯例的效力作了规定。这种法律对习俗的尊重和贯彻体现了法律生活化、习俗化的趋势。[①]

（三）"民"体现了民法的方法

法律既然名之为法，就应该是一种方法，不同的法律部门应是不同的法律方法，能够解决不同法律问题的方法。民法亦然，民法就是一种特殊的方法，这种特殊的方法是由民法的"民"所决定的，并集中表现在"民"的方法上。

民法的方法是民的方法，套用一句流行语，叫作"走群众路线"，要求民法"从群众中来，到群众中去"，一切以群众理解不理解、答应不答应、运用不运用为最高标准来考量民法。从民法的源泉来看，民法是民智，是民众集思广益的结晶。在整个法律部门和法学学科中，民法最为发达完善、博大精深，之所以如此，是因为无数民众包括平民百姓、小商小贩等都在为之贡献智慧，而不仅限于专家学者和立法司法人员。许多民法的概念和术语都来自民间，是直接的民间日常用语，如债、合同、契约、担保、抵押、租赁、典当、扶（抚）养、继承等；许多民法难题是在民众的日用常行中不知不觉地产生的，他们身在其中，最为知情；利害攸关，急中生智，最有解决办法。如我国的"农村土地承包经营合同"，其雏形就不是由专家学者想出来的，更不是由领导干部提出来的，而是由快要饿死的安徽凤阳县小岗村18户农民逼出来的。只是后来经由专家学者总结，得到了领导干部肯定，才得以推广而已。许多民法制度都是如此，先由民众自然自发，先行先试，然后由立法或司法确认和确立而已。就此而言，民法的实质不是由国家制定的调整民事关系的法律规范的总称，而是民众自行解决民事关系之约定俗成的总称，民法不是官方方法而是民众方法。无数民众是推动民法发达的无名英雄，但他们无疑是首创者和主动力。从民法的本质来看，民法是民意，在整个法律

[①] 这是保守主义的一个基本观点。参见西塞尔《保守主义》，杜汝楫译，商务印书馆1986年版。韦伯、哈耶克、托克维尔、伯克等思想家也论述了习惯的这一作用。

部门当中，民法是体现民意最充分、最直接的法律部门，民意即民法，民法的意思自治、行为制度和契约自由等无不如此，它们构成民法的灵魂。民之根本在民意，体现民意的民法才能、才是以民为本。这为其他法律所借鉴和贯彻，以至于推而广之，民意即法律。从民法的宗旨来看，民法是民用，民法贵在为民所用、能为民用、促进民用。民法是民所能用的最主要的法律，也是民最常用的法律。民法与民用息息相关，民法要时刻关注自己能否为民所用，要时刻纠正那些不为民用的缺陷，为民着想、为民服务的民法，才是真正合格的民法。

民法中的民，有些人说是"智而强的人"，有些人说是"愚而弱的人"，还有些人说是"无色无味、面目模糊"的人[①]。民法中民的形象决定着整个民法的属性，决定着民法为什么人服务的问题。如果把民法的民想象为"智而强的人"，把"理性的""审慎的""机智的""精明的""认真的""恰当的""勤勉的"等，几乎把一切溢美之词都加在民法的"人"身上，人难道真是这么完美无缺吗？不是的，这种人只是极少数人，没有代表性，是一个拟制的人，甚至是虚假的人。如此设想人，就会排斥一大群，这种人只是社会少数精英，不宜叫之民，也许称之"士"或"贤"更准确，因为民总是包括、代表社会成员的绝大多数。按照这种"民"设计的民法就会成为"智力产品"，甚至像哲学著作一样，只有少数"智而强的人"才能理解和践行，而广大民众是无法知行的。这是一种高高在上脱离大众的"士"法，是一种异化的民法。如果把民法的民想象为"愚而弱的人"，那就贬低了一大群，他们成了特殊的民事主体，类似于被监护人、禁治产人之类的人，他们都不是能够完全意思自治的人，都是一些自己没有办法的人，按照这种"民"设计的民法将异质于已有的民法，这是一种保姆式的法，保障式的法，很容易为国家干预和社会保障提供理由，同样会导致民法的异化，或民法的分化，如劳动法和消费者权益保护法等就是基于此而从民法中分离出来的。如果把人想象为"无色无味、面目模糊的人"，如前所述，这种形象的人过于笼统、模糊，连基本、必要的区别如官与民的区别都抹杀了，导致官与民

[①] 参见谢鸿飞《民法中的"人"》，载中国法学网学者专栏"谢鸿飞文集"。

不分、政治社会与民间社会不分，这是不利于民法的存在和发展的，民法的民并非如此"无色无味、面目模糊"，而是面目十分清晰，处处可见，比比皆是，他们就是你我他，就是现实中的大众，人们不应视而不见。总之，这三类民都不是民法的民，民法的民是"中人""常人"，是海德格尔所说的"常人"，匈牙利数学家、统计学家凯特莱所谓的"平均人"①，是社会绝大多数成员那样的人，他们既不是"智而强的人"，也不是"愚而弱的人"，而是中等智力的人，一个普普通通的成年人。这是民法无论如何想方设法不能脱离的人，否则民法只能是屠龙之技，而不是安民之术。

这样的民决定了民法就是一套常言、常情、常识、常理和常规，它们是民众、民间的根本大法。民法要合乎这"五常"，考量一个概念、原理、规则和制度是否为民法的概念、原理、规则和制度，最终标准就是视其是否合乎这"五常"。民法是民用之法，要以能否为民所用为最高目标。这其实为民事立法、司法和民法研究指明了方向，民法要通俗易懂，要大众化、普及化，能为民所知行的法才是民法、良法。在这方面，《法国民法典》为立法者树立了榜样，它的语言一直受到后人的称赞，有人说法典浅显易懂、生动明朗、文字优美，有人甚至说《法国民法典》是一部"出色的法国文学著作"。这归功于拿破仑明确而坚定的立法思想，因为他希望这部法典能为全体法国人民读懂，法国人民能人手一册。实践证明，这一点差不多做到了。② 但人们对民法（包括其他法律）有一种深刻的误解或强烈的偏见，那就是忘记、藐视这"五常"。1896年《德国民法典》的制定，呈现出与《法国民法典》不同的风格，这似乎给人们忘记、藐视这"五常"提供了更加充分的理由。但这"五常"是一切法学的基础和法理的根据，对于民法来说，认知了"五常"，就认知了民法，所以老子说"知常容，容乃公，公乃全，全乃天，天乃道，道乃久"，总之，"知常曰明"③。有些人不深不休，其志可嘉，但不能为深而

---

① 参见谢鸿飞《民法中的"人"》，载中国法学网学者专栏"谢鸿飞文集"。
② ［德］K. 茨威格特、H. 克茨：《比较法总论》，潘汉典等译，贵州人民出版社1992年版，第166页。
③ 老子：《道德经》。

深,那些不必要的深是多余的,民法中的许多问题就是家长里短、日用常行、衣食住行,其中许多道理就像人要吃饭一样,简单明了,用不着"深研细究","法深无善治"。况且,深入本身并不是目的,真正的目的是为了"浅出",深入深出不是好学问,甚至是伪学问,只有深入浅出才是好学问、真学问。真正的学问是穷极思辨但不离日用常行,如马克思主义就是如此,马克思主义博大精深,但主要和基本的就是"人们首先必须吃、喝、住、穿,然后才能从事政治、科学、艺术、宗教等"。恩格斯在马克思墓前的讲话,盖棺论定地指出,虽然这是"历来为繁芜丛杂的意识形态所掩盖着的一个简单事实",但却是马克思的两大贡献之一。[1] 虽然马克思发现了这一"人类历史的发展规律",但后来我们的一些马克思主义者还是忘记了这一常识,以至于提出了"以阶级斗争为纲","抓革命促生产",甚至"停止生产闹革命",导致祸国殃民。这又应了老子所指出的"不知常、妄作凶"[2] 以及"人弃常则妖兴"[3] 的古训。这些教训是深刻的,足以警示我们要用一种真正合乎民法精神、风格的态度和方式去对待民法和民法方法。

吉登斯指出,现代人生活在专家知识和抽象系统(Abstract system)里[4]。由于专门知识的垄断化以及抽象系统的大量存在,权力向专家学者转移,以至于专家学者的意见就是权威的意见,民众越来越信赖这种权威意见。随着民法的现代化,民法也变得越来越专业化、技术化、学术化或曰科学化,民法成了专家学者,甚至只是民法专家学者所垄断的知识,以《德国民法典》为代表的大陆法系尤其如此,它向来被认为是"法学家的法"。许多人认为民法是不断专业化、技术化的,如果说《法国民法典》诞生于"风车和磨坊"的时代,《德国民法典》制定于"声光电化"的时代,那么往后的民法更是徜徉在高科技之中了,民事生活的高科技化,必然要求民法的专业化、技术化。这里有一个专业化、技

---

[1] 参见《马克思恩格斯文集》第3卷,人民出版社2009年版,第601页。
[2] 老子:《道德经》。
[3] 《左传·庄公十四年》。
[4] See Anthony Giddens: *Modernity and Self-Identity: Self and Society in the late Modern Age*, Stanford University Press, 1991, pp. 31–32, pp. 138–139.

术化和学术化与民本化、大众化和通俗化之间的关系问题。我认为，它们之间并不存在根本性的冲突，它们之间应该能够很好地统一，并且是前者必须统一到后者，为后者服务，而不是相反。正像高端技术为了赢得市场必须"傻瓜化"一样，民法为了赢得民众也必须民本化、大众化和通俗化，一切民法的专业化、技术化和学术化都应以此为依归。事实上，人们之所以需要专家学者把民法专业化、技术化和学术化，是为了使民法尽可能、更好地民本化、大众化和通俗化，而不是适得其反。只有当民法的准确性、严谨性和科学性无法兼顾民法的民本化、大众化和通俗化时，才不得不暂且如此，但一旦能够实现民法的民本化、大众化和通俗化时，还是应该以后者为重。况且，民法的民本化、大众化和通俗化也不一定会损害民法的专业化、技术化和学术化，相反只会使后者更能用得其所。正如白居易的诗通俗易懂、连"老妪都能解"一样，但没有人因此而说白居易的诗就没有诗品，白居易仍然是"诗王"，是与"诗仙"李白、"诗圣"杜甫齐名的中国三大诗人之一；也如《法国民法典》，虽然它通俗易懂，但也没有人因此而把它贬到《德国民法典》之下，而只是认为两者由于时代背景的不同和文化传统的差异而各具特色而已。由于广大民众不易甚至不能知行民法，于是只好花钱咨询专家、聘请律师，导致民法实务繁荣，催生各种谋利阶层。民法成了极少数人的专利，而不再为全体民众所日用，这实质上是民法的异化。诗尚可曲高和寡，但民法要服务民众，那种只有专家学者、高人乃至超人才能掌握和运用的东西，必然脱离民众和大众，没有社会基础，没有生命力，从根本上说是违反民法本质的。一些民法专家总想使民法"超凡脱俗"，但民法的民众基础最终迫使民法"与群众打成一片"，从根本上说民法不是由民法专家制定的而是由广大民众决定的，广大民众不能知行的民法不是真正的民法。后现代主义虽然有一定的反智意味，但这是对故弄玄虚的反感、反思和反弹，是返璞归真，删繁就简，去芜存精，是浮华过后的素朴，是"浪子回头金不换"，后现代主义与民法的本质和精神是高度一致的。

民法的方法是民众的方法、通俗的方法、常识的方法，我们要尊重民众的方法、民间的方法，民法本质上就是民众自主解决自己民事问题的方法，如民与民之间的契约即产生民事权利义务，所以民权不是来自于天赋、君授，而是来自于民创。这本是民法得以产生和存在的根基。一切反其道而行之的方法都不是民法的方法，如许多人对物权行为理论的批判即是如此。民法学者冯基尔克认为："如果我们勉强地将单纯的动产让与分解为相对独立的三个现象时，的确会造成学说对实际生活的凌辱。到商店购买一副手套，当场付款取回标的者，今后也应当考虑到发生三件事情：其一，债权契约，基于契约发生当事人双方的债权债务关系；其二，与此债权契约完全分离的物权契约，纯为所有权的移转而缔结；其三，交付的行为完全是人为拟制，实际上只不过是对于单一的法律行为有两个相异的观察方式而已。今捏造两种互为独立的契约，不仅会混乱现实的法律过程，实定法也因极端的形式思考而受到妨害。"20 世纪 30 年代中期，德国著名学者 Heek 也认为，普通公民在日常生活中，难以理解买卖行为中包括三个行为，这有悖于国民的朴素感情。同时在立法上也是不经济的，因为民众不理解，需要培训法官、律师，导致立法方面的成本增长，故立法的不经济。① 本文无意于评判和臧否物权行为理论，只是指出该理论应该也可以更加通俗易懂。

（四）"民"法比"私"法更好

长期以来，民法又被称作私法，是私法的主体部分。但"民"法比"私"法更好，因为"私"法容易遭到人们的误解和反对，许多社会主义国家以公有制为（经济）基础，曾经与私的东西不共戴天，"公而忘私"，也因为列宁那句话——"我们不承认任何'私人'性质的东西，在我们看来，经济领域中的一切都属于公法范畴，而不是什么私人性质的东西。……对'私法'关系更广泛地运用国家干预；扩大国家废除'私人'契约的权力；不是把罗马法典，而是把我们的革命的法律意识运用到'民事法律关系'上去。"② ——而篡改民法，甚至否定民法，导致民法在社会主义国家长期得不到应有的重视和发展。这都是由于"名不正"

---

① 参见孙宪忠《物权行为理论中的若干问题》，载中国法学网学者专栏"孙宪忠文集"。
② 《列宁全集》第 42 卷，人民出版社 1987 年版，第 427 页。

而导致的"言不顺""理不通"和"事不成"。但"民"法并不会这样的，任何社会都有民，而且民还是社会成员的绝大多数，社会主义国家作为人民当家做主的国家更是以民为本，人民是国家的主人和主体，这与民法的属性原本是相通的。试想如果人民连民事都不能当家做主，怎么可能在政事（治）上当国（政）做主呢？不经由民事的意思自治，怎么能有政事的民主自治呢？民法与民主、特别是与社会主义的民主，在本质是高度一致的。但这一切都因为把民法视为私法而对立起来，因"狠斗私字一闪念"而对私法横加否定。

其实，民法的民并不是"私人"，民法的权利也不是私权，民法的利益也不是私利。因为民法的民是社会中的民、社会化的民，不是孤立的个人、私人，其一举一动都与社会上其他人相关，都会影响到其他人，都处于社会关系网中，谁也无法"私了"，所以民法也把自然人叫作"公民"——民不再是私的了，已是公的了。这是十分准确的。民法是一套市场规则，民法的民是市场主体，是市民，他们必须参与社会分工，进行等价交换，无人能够自给自足、自私自利，谁自私自利，谁就自绝于民、自取灭亡。分工交易，互利互惠，这是市民必须遵循的社会公德，它对私人构成强有力的规训，使人不敢私而忘公。实践证明，越是市场化的市民越有社会公德，越不自私自利，越是合格的公民。民法的民是社会成员的绝大多数，民权是最广泛、最普遍的一种权利，人人享有，无民不享，是最具公共性的权利。当然，之所以把民权叫做私权，主要是因为它仅涉及私事。但自从社会化、特别是市场化以来，个人与社会、私事与公事已难以区分，私事与公事密切相关而且常常相互转化。如婚姻，我们常说这是个人问题，足够"私"了，但不到国家婚姻登记机关登记就不能受到民法的保护，许多人不是把真感情而是把结婚证视为婚姻的保护神，就说明了私的东西也需要公的确认、保护。民权虽说是私权，但民权的行使从来不可能私行，民权总是在社会中行使，在民众之间行使，如合同不仅有相对人，还有第三人。民权之间有互惠的一面，但也有冲突的一面，为此，权利不得滥用是民权行使的基本原则，这一原则为私权注入了社会公德的要求。在现代社会，马克思所批判的那种

"脱离了人的本质和共同体的利己主义的权利"[①] 的私权已经不复存在了,或者说在社会公德的规训和谴责下只能处于潜在状态。关于私权与公权、私法与公法的区分,已没有原初那么重要的意义了。民法是一套平等、自由、交互的利益准则,它保证人人平等自由地逐利,它要求人们等价互惠地获利。这种利已经发生了质变,一种有利人人、全民的利不是私利而是公利,甚至是真正的公利。一种能使人人逐利、获利的法律,一种能使利益互惠、利益均等、利益共赢的法律,不是私法而是公法,而且是最名副其实的公法。我们应该从这个角度去重新理解所谓的"公法"和"私法"。

"民"法是民之法,不是"官"之法。这种区分为市民社会和政治国家之间划了一条畛域分明的界限,"民的归民,官的归官",民法的基本理念就是民众可以自己解决自己的问题,民可自治,民能自理,无须也不让官来干涉。民法也为国家指明了方向,既然以民为本,民能意思自治,那么许多事情就用不着国家操心了,国家甘当"守夜人","无为而治",于民以最大限度的自由去自我奋斗、自我成就,只有当民发生纠纷以后无法私了而诉请国家保护时,国家才进行调整,而且这种调整是第二次调整,不能僭越为第一次调整。国家的这种态度决定了国家对民法留下了广阔的"空白",民法犹如一张"空白授权书",授权民自己去补充,即由当事人依据自己的自由意志决定取得权利的方式和内容。在所有的部门法中,民法的授权性规范是最多的,它把权利授予民众,奉行意思自治原则,让民众意思自治,这是整个民法秩序的基础。民法也为民指明了方向,民法的民是自由之民、自治之民,要民充分利用自己的能力和努力把民法所规定的各种权利转化为现实并予以享有,这就告诫民要自强不息、奋斗不止。民法的民是自我生成的,而不是法律规定的。民法的民也是自觉之民和自律之民,民必须在民法的指引下,遵循诚实信用、公序良俗等原则和规则去实现自己的合法权益。

(五)民法中"民"的另一面

民法的"民"相对于抽象的人来说,更为具体,但"民"依然很笼

[①] 《马克思恩格斯全集》第 1 卷,人民出版社 1956 年版,第 437 页。

统，还是不够具体；民相对于官来说，刻意加以区分，但在民与民之间就不作进一步的区分了。"民法典反映的人像，始终是无色无味，不笑不愠。"① 这样的民才能满足民法形式理性的要求。民法把千差万别的民抽象为平等的、自由的、同样的主体，民法看民是"睁一只眼闭一只眼"，只看是不是民，而不看是什么民。民法的民是"无色无味、面目模糊的人"。这样的民已不能体察民意和体恤民情了。如劳动者、消费者等，在特定的社会关系中他们被认为是"愚而弱的人"，对他们需要制定特别法予以倾斜保护，如《劳动法》《消费者权益保护法》等，这些法律贯彻着与传统民法不同的价值观念，传统民法已包容不了它们，它们从一般民法中区分出来了。民法的民在不断地分化、细化，与此相伴，还有一些法律将从民法中次第分立出来。

民法是一套市场法则，贯彻的是市场逻辑，民法的民是市民，是市场之中的民。那些不能进入市场领域、参与市场分工、进行市场交易、分享市场成果的人，就不是市民，就会被民法无情地抛弃。既然民法的民是市民，就难免有某种市侩气，如利字当头，"利行私事"；讨价还价，斤斤计较；"无因管理"所暗示的"各人只扫门前雪，莫管他人瓦上霜"；以意思自治为名的"事不关己，高高挂起"，等等，这些都与传统的道德伦理观念不太协调。虽然民法的民不能毫不利人专门利己，但他们也不是道德楷模，人们没有理由期望他们毫不利己专门利人。民法的一个基本价值观念就是，世上没有救世主，人们只能自己救自己，民法只要求民独善其身，但不强求其兼济天下，民法并不博爱，它强烈地暗示着：那些不能自救的民就只能自灭了。但人作为一个道德主体、社会作为一个伦理实体，总是不能见死不救的。

民法是市场法则，自然也是竞争法则，它把千差万别的民置于同一规则下，任其自由竞争，优胜劣汰，最终只有少数优胜者才能享有民法所规定的各种权利，这些权利蜕变为少数人的特权，而多数人无法问津。民法的平等、自由都是形式意义上的，不能保证实质意义上的平等、自

---

① 苏永钦：《无色无味的民法人——读谢鸿飞〈现代民法中的"人"〉的一点感想》，未刊稿。

由，民法是一套形式平等、自由但实质不平等、不自由的规则，它具有异化的本能。民法所崇尚的民必然地趋向"智而强"，许多劣汰者将被驱逐于民法之外，失去民法之民的资格。民法将由全民之法走向少数精英之法。民法的民不能也不应仅仅是市民，更不能仅仅是极少数市场竞争的优胜者。民法的这种异化必须被归化，使民法回归为全民之法。

民法是利益的准则，民法中的民首先追逐的是自己的利益，虽然在平等互利、等价交换等原则的规范下，民在追逐自己利益的同时会受一只"看不见的手"的支配，会不知不觉地去促进他人利益和社会利益。但从自己利益到他人利益和社会利益之间有相当多的环节和相当长的过程，使得两者并不能高度因应、完全一致，相反，两者常常存在冲突，此消彼长，并非共赢。如黑格尔认为："市民社会是个人私利的战场，是一切人反对一切人的战场，同样，市民社会也是私人利益跟特殊公共事务冲突的舞台，并且是它们二者共同跟国家的最高观点和制度冲突的舞台。"[1] 所以，要促进他人利益和社会利益，仅有民法是远远不够的，还需要不同于民法之民的其他社会主体去推动，需要不同于民法制度的其他法律制度安排。民法不是万能的，不应该横行霸道，所谓"民法帝国主义"是错误而有害的。

二 民法的性质

民法有其特定的性质，除了人们所论及的民法是私法、意思自治之法、市民社会之法、商品经济或市场经济之法、权利本位之法等性质以外，民法还有其他特定性质，这些特定性质连同上述民法性质都应从人文、政治、经济、社会、宗教、技术等各方面去阐发。

（一）民法的人文性

早在罗马法时期，就有"人法"与"物法"的划分，其中"人法"是指与人的自身属性和特定身份有关的民法规范。虽然罗马法所规定的"人"必须同时具备市民权、自由权和家父权，才能成为法律关系的主体，真正被法律认定为"人"的并不多，更有"奴隶适用法律等同于四

---

[1] [德] 黑格尔：《法哲学原理》，张企泰、范扬译，商务印书馆1982年版，第309页。

足动物"的规定这一历史"污点"。但不可否认,从罗马法开始,民法就已关注人,这是民法的一个传统,这一传统后来被发扬光大了,许多国家的民法典开篇都是"人法"编,民法典不仅对人的自身属性和特定身份做出规定,而且基于此特别是为了人而具有人文精神,民法具有显著的人文性。

如《法国民法典》第 34 条规定:"身份证书应记载作成的年、月、日、时,以及所有证书上涉及之人的姓名、年龄、职业与住所。"身份证书包括:出生证明,它对于确定自然人民事权利的起算点有着重要的意义;死亡证明,它是自然人民事权利终止的标志;作为个人身份之证明,用身份证书的形式,对一个人的出生死亡进行登记,并确认由此引起的法律效果,具有重要意义。在过去,人的出生、死亡,跟猫狗的生死一样,轻如鸿毛,完全是自生自灭,没有任何记录,没有任何法律意义,也不引起任何法律效果。与之相比,身份证书是人的证明,开始记录人的基本情况,这是把人当回事,是对人的尊重和保护。

民法的人是"自然人",顾名思义,就是自然而然的人,是生理学意义上的人,而不是社会学意义上的人,只要具备人形的都是人;民法的人也是最纯粹的人,没有任何附属东西的人,可谓是"赤条条来去无牵挂的人"。民法之所以如此规定人,是为了彻底消除长期以来附加在人身上却与人无关的各种身份、等级和特权,这样才能实现人的全面而彻底的平等。历史和现实证明,附加在人身上的东西与人的独立、平等、自由成反比,附加在人身上的东西越多,人的独立、平等、自由就越少;反之亦然。

从各国民法主体制度来看,成为民法的主体不需要任何条件,或者说是无条件的。人的主体资格始于出生,人一出生就自然、当然是民事主体;终于死亡,只有死亡才能剥夺一个人的民事主体资格。这些都是不以人的意志为转移的自然事实、自然过程,没有人能够取缔一个人的民事主体资格,也没有人能够人为地放弃其民事主体资格。人天生就是民事主体,民法的人文性是天成的。

民法关于民事行为能力、监护制度等的规定,看似对人的限制,其实是限制其他人对限制民事行为能力人、无民事行为能力人、被监护人的侵害，目的是保护他们的权益，是对他们的人文关怀。如何对待社会弱者是考量一个法律部门人文性的重要标准，民法如此关爱限制民事行为能力人、无民事行为能力人、被监护人，正是其人文性的重要表现。

主体的范围和数量是考量一个法律部门是否具有人文性以及具有何种程度人文性的一个根本标准。民事主体是最普遍的主体，是人就是民事主体，没有人可以不是民事主体。这就充分地见证了民法的人文性，民法的人文性是最广阔和最充分的。人成为民事主体是自然而然的，不言而喻的，全人类都是民事主体，所以民法可以赋予外国人、无国籍人与本国人同等的民事主体资格，这是其他法律部门所少有的。民事主体是民事生活主体，民事生活远离政治，去政治化，不管一个人是否参与政治、持什么政治见解，都要过民事生活，民事主体只关民事，不问政治，所以要用非政治的"自然人"概念取代政治性的"公民"概念。剔除了政治等各种因素对人的干扰和限制，使人更加自然、纯粹，更加本色，更成之为人。

民事主体不同于其他主体，其他主体都有各种各样、或多或少的条件限制。如政治主体，要获得政治主体资格，有国籍、年龄、党派、资历等限制，政治主体不仅不具有普遍性，而且不甚真实，对许多人来说，政治主体是一个迷念、一个梦想。唯有民事主体不仅是真切实在的，而且是不可或缺的。此外，政治生活与民事生活是大不相同的，是两种生活，不能混同，决定了政治人格不同于民事人格，有些政治人格还扭曲人性。民事人格要努力避免政治人格的影响和污染，从历史上看，民事人格正是从政治人格中独立、解放出来的。

近代和现代民法是欧洲人文主义启蒙和革命的产物，整个民法制度，包括主体制度、物权制度、契约制度和责任制度等都是人文主义的具体体现，而且是人文主义的创造性实现。

民法就是要为民众构建一套安身立命的法律制度体系，民法的宗旨是使人成之为人。

（二）民法的理性

民法是启蒙思想的产物。伏尔泰、卢梭、孟德斯鸠、狄德罗等启蒙思想家，都纷纷一致地崇尚理性（知性）。"在法国为行将到来的革命启发过人们头脑的那些伟大人物，本身都是非常革命的。他们不承认任何外在的权威，不管这种权威是什么样的。宗教、自然观、社会、国家制度，一切都受到了最无情的批判；一切都必须在理性的法庭面前为自己的存在作辩护或放弃存在的权利。思维着的知性成了衡量一切的唯一尺度。"①。欲如此，就必然要把理性具体化为法律规则，规则理性是最佳理性，理性的规则是理性的最佳载体，也是裁判事物的最佳裁判者。人们对理性的崇尚必然要求法典的制定，并且是用体现理性的新法典取代非理性的陈规陋习。这正如有人所指出的："革命时代，也是一个理性的时代。理性主义在这个时代成了占主导地位的思想力量。理性主义认为，理性支配着人的一切活动，智者们正确运用严密思想之时，也就是一切旧势力的障碍清除之日。悟性的东西至今尚未为人们所识别，历史上非理性的强权统治也不为世人所公认。人们乐观地认为，从无懈可击的自然法中所合理产生出来的新法规，将取代现存的法律和制度。"② 或者"用简单而基本的、从理性与自然法中吸取的法则来取代统治当代社会的复杂的传统习惯"③。

民法的理性是人们处理民事生活的理性，是一般理性，不是高智商；是大众智慧，不是精英智慧；是生活经验，不是奇思妙想；等等，这种理性是人皆具备的。所以，民法的理性是大众理性，人人都有理性，而不仅仅是有身份的人、享有特权的人才有理性。这里，理性平等化了，人人理性平等，才有人人平等，人人在法律上的平等。每个人都有理性，都能生活自理，不必、不应也不让由别人来代理，这就排斥了别人的干预和奴役。这样才有意思自治，才能为民法奠定基础。

民法是意思自治法，它相信每个人都是理性人，都能处理好自己的事务，用不着别人说三道四、指手画脚；民法对许多问题都只作形式规定，具体内容由当事人自由约定，所以，民法的理性更多的是形式理性。形式理性为当事人理性的发挥留下了广阔的空间，是真诚地赋予和相信

---

① 参见《马克思恩格斯文集》第3卷，人民出版社2009年版，第523页。
② [美] 约翰·亨利·梅利曼：《大陆法系——西欧拉丁美洲法律制度介绍》，顾培东、禄正平译，知识出版社1984年版，第18页。
③ [法] 托克维尔：《旧制度与大革命》，冯棠译，商务印书馆1992年版，第175页。

人的理性，可以说，民法理性是人所享有的最充分和最自由的理性。

正是因为人们在处理日常生活中的理性表现，见证了人的理性，使得一切企图否定人的理性的做法都站不住脚了。而且民法理性也锻炼了人的理性，提高了人的理性，使人们练就了从事经济、政治、社会和文化等其他事务的理性能力。民法理性构成了其他理性的基础。

(三) 民法的政治性

马克思曾指出："法国拿破仑法典并不起源于旧约全书而是起源于伏尔泰、卢梭、孔多塞、米拉波、孟德斯鸠的思想，起源于法国革命。"[①] 萨维尼也曾说，在制定《法国民法典》时，较诸立法的技术因素，其政治因素的影响更为强大。马克斯·韦伯曾经把《法国民法典》喻为法国革命的新生儿，对于民法典来说，大革命的影响几乎无处不在。谢怀栻认为，《法国民法典》是一部革命性的法典，开创了一个时代，是资产阶级战胜封建阶级的胜利成果，我们绝对不应该对《法国民法典》有丝毫的忽视，特别是对它所建立的自由解放的精神应该加深认识。[②] 世所公认，《法国民法典》具有独特而强烈的政治性，值得人们去认知和解读。

要了解《法国民法典》为何具有如此独特而强烈的政治性，还得了解法国大革命前的法国是一种什么状况。

一是不平等。当时的法国实行封建等级制度，由天主教教士组成第一等级，由贵族组成第二等级，他们是居于统治地位的特权阶级，资产阶级、农民和城市平民组成第三等级，处于被统治地位。这种不平等不但存在于不同等级之间，而且在每个等级内部，也存在着比较大的差异，如贵族之间、第三等级之间均差别甚大。法国大革命的起因就是，国王路易十六召开三级会议，企图对第三等级征税，以解救政府财政危机，但遭到第三等级的反对。他们成立国民议会，并且宣布增税是非法的，于是路易十六动用军队解散国民议会，激起了第三等级的强烈不满，引发了法国大革命。可以说，法国大革命是等级之间的斗争，是由阶级不平等造成的。

---

① 《马克思恩格斯全集》第 1 卷，人民出版社 1956 年版，第 128—129 页。
② 参见谢怀栻《大陆法国家民法典研究》，载《外国法译评》1994 年第 4 期。

二是不自由。托克维尔曾说：在旧制度下，法国没有一个城市、乡镇、村庄、小村、济贫院、工场、修道院、学院能在各自的事务中拥有独立意志，能够照自己意愿处置自己的财产。政府把全体法国人置于管理监督之下；如果说这个蛮横字眼尚未造出，至少它在事实上已经存在了。①

三是不博爱。当时的法国存在着大量的封建特权，特权对应着无权，为了维护少数人的特权，必然要对其他人实行无情的剥削，特权制度的存在本身就是不博爱的表现。特别是，"自15世纪到法国革命，免税特权一直不断增长"。免税特权，彻底导致了资产者与贵族之间的不平等和相互孤立；为了获得免税特权，资产者设法住进城市并在城市中获得职位，这又导致了资产者和农民的分离。农民成了被遗弃的阶级。不仅其他阶级都离弃农民，而且政府对农民也极其冷酷无情，把各种捐税徭役负担强加给他们，以严酷的司法对待他们。没有牢固的阶级联合和社会连带关系，就没有博爱。各阶级之间彼此隔离的恶果，一方面，政府分而治之，最后各阶级均陷为孤家寡人；另一方面，分裂的不同阶级彼此形同路人甚至仇敌，"在被重重阻碍长期隔绝之后彼此重新接触时，他们首先触到的是他们的伤痛处，他们重逢只不过是为着互相厮杀"②。

法国大革命是对上述不平等、不自由、不博爱的反抗和革命，是对平等、自由、博爱的追求和奋斗。法国大革命推翻了专制制度，确立和贯彻了大革命的平等、自由、博爱原则。

这正如有人所指出的：1789年爆发的法国大革命，确立了自由、平等和财产权利神圣不可侵犯等原则。废除了封建特权，规定任何一部分国民或任何个人都不得再有任何特权。坚决废除了那些损害自由和损害权利平等的制度，规定今后不得再有贵族、爵位、世袭荣衔、等级差别、封建制度、世袭裁判权，也不得有从上述制度中所产生的任何头衔、称号和特权，不得有骑士团，不得有任何根据贵族凭证或出身门第的团体

---

① 参见［法］托克维尔《旧制度与大革命》，冯棠译，商务印书馆1992年版，第91页。
② ［法］托克维尔：《旧制度与大革命》，冯棠译，商务印书馆1992年版，第91页。

勋章，除在执行职务时有官吏的上级之外，别无任何其他上级。①

追求自由是人的天性，法兰西民族尤其酷爱自由。"某些民族越过千难万险顽强地追求自由。他们热爱自由，并不因为自由给他们什么物质利益；他们把自由看作一种宝贵而必需的幸福，若失去自由，任何其他东西都不能使他们得到宽慰；若尝到自由，他们就会宠辱皆忘。"② 所以，在法国大革命后，"基于个人意志，任何人都可以随意地订立契约；公共秩序是对这种自由的唯一的限制，而公共秩序的内容主要是政治的和道德的，而非经济的或社会的，且内容极其有限"③。

作为其记载和表述的《法国民法典》，当然要将平等、自由、博爱确立为自己的基本原则，并将其具体化。因其主事者拿破仑是启蒙哲学家的弟子，他痛恨封建制度、社会的不平等和宗教的不容忍④，深受其影响的《法国民法典》尤其如此。《法国民法典》第1101条规定："契约为一种合意，依此合意，一人或数人对于其他一人或数人负担给付、作为或不作为的债务。"第1123条规定："凡未被法律宣告为无能力之人均得订立契约。"第1134条规定："依法成立的契约，在缔结契约的当事人间有相当于法律的效力。""此项契约，仅得依当事人相互的同意或法律规定的原因取消之。"在《法国民法典》中，契约被奉到了与法律同等的地位，与自由一样的神圣。

长期以来，人们一直没有深思的一个重要问题是，为什么是非政治的民法而不是其他政治的法律，最好地确认和贯彻了政治革命的原则和精神？

这是因为，民事生活是革命的策源地，民事生活恶化是革命的先兆。当人们连民事生活都不能过或者民不聊生之时，恰恰是革命爆发之际。

---

① 参见《十八世纪末法国资产阶级革命》，吴绪、杨人楩选译，商务印书馆1989年版，第47页。

② ［法］托克维尔：《旧制度与大革命》，冯棠译，商务印书馆1992年版，第203页。

③ 参见［法］雅克·盖斯坦、吉勒·古博《法国民法总论》，陈鹏等译，法律出版社2004年版，第93页。

④ ［法］乔治·勒费弗尔：《拿破仑时代》，河北师大外语系《拿破仑时代》翻译组译，商务印书馆1978年版，第72页。

追求幸福生活、过上好日子,这正是革命最充分的理由,而且世上没有什么比这更充分、更根本的革命理由。

封建制度在民事制度中占有重要地位,渗透到了民事生活的方方面面,可以说,民事制度不封建化,大概就没有封建制度。封建制度对民事制度的影响十分深远。"封建制度已不再是一种政治制度,但它仍旧是所有民事制度中最庞大的一种。范围缩小了,它激起的仇恨反倒更大。人们说得有道理:摧毁一部分中世纪制度,就使剩下的那些令人厌恶百倍。"① 要废除封建制度,就必须进行民事生活方式的革命,民事生活方式的革命,能从根本上推动政治制度的革命,与封建制度格格不入的民事生活方式会彻底根除封建制度。从民事生活方式革命,是对封建制度的釜底抽薪。舍此,都不过是扬汤止沸。

人们革命是为了幸福生活,为了过上好日子,这是检验革命成功与否的一个最终标准。否则,革命就是无谓的流血牺牲,就是"穷革命、革命穷",就会引发新的革命,导致不断革命的恶性循环。不断革命本身就是革命失败的表现,因为革命失败,所以需要不断革命。革命之成败最终要由民事生活来检验,革命的胜利成果首先要落实到民事生活中,民事有发展、民生有改善、民权有保障,正是革命成功的根本标志和根本保障。但这些都离不开民法典的制定。所以民法典的制定,是对革命成果的最直接确立,也是对革命付出的最好回报,还是防止再次革命的最佳制度保障。

民生、民事才是最大的政治,因而规范调整它们的民法也是最大的政治法。民法看似远离政治,其实却抓住了政治的根本,并用非政治的方式达到了政治的目的,用非政治的方式也更能达到政治目的。不能不说,民法很懂政治。这就是民法的政治性给予人们的最大启示之一。

(四) 民法的经济性

人是消费者,人通过对物的消费才能生存发展,人的独立、平等、自由都建立在对物的依赖性的基础之上,物之如何,则人亦如何。经济生活是民事生活的核心内容,经济形式从根本上决定着民事生活的方式。

---

① [法] 托克维尔:《旧制度与大革命》,冯棠译,商务印书馆1992年版,第203页。

从这个角度看，民法是商品经济或市场经济的记载和表述。

法国大革命之所以会发生，关键是18世纪资本主义在法国部分地区已相当发达，出现了资本主义的生产方式和生活方式，资产阶级虽然在政治上无权，但在经济上已相当富有。尽管在第三等级中，农民和城市平民是基本群众，是后来革命的主力，但资产阶级凭借其经济实力、政治才能和文化知识处于领导地位。所以，法国大革命本质上是资产阶级革命，旨在摧毁封建专制，建立资本主义制度，促进资本主义经济的发展，为此就需要相应的法律制度为其保驾护航。这是《法国民法典》得以颁布的经济动因。

民法是市场经济关系的记载和表述，从市场经济可以看到民法，从民法中也可以看到市场经济。民法与市场经济是同命运、共兴衰的，民法是市场经济的晴雨表，考察一个国家的市场经济状况，一个重要的指标就看其民法如何，民法不完善，其市场经济就欠发达。长期以来，因为我国的市场经济遭压制和不发达，导致我国民法的不完善；反过来，因为我国民法的不完善，也导致我国的市场经济欠发达。这是一种恶性循环。我国今天如此强烈地期待中国民法典的编纂，也是我国市场经济高度和快速发展的必然要求。

民法包含着发展市场经济的知识、奥秘，民法包含着自己的经济观，即市场经济观，从民法中可以找到发展市场经济的依赖路径和法律制度。市场经济的发展特别倚重民法典、民法知识和民法人才。一个民法知识扎实和民法信仰坚定的人，是发展市场经济的重要人力资源，他们一定会坚持和捍卫市场经济，也最能为市场经济的发展贡献优良的法律制度。在从计划经济向市场经济转型时期，这种人显得尤为重要。我国过去之所以实行计划经济而市场经济不发达，一个重要的原因就是民法人才奇缺，没有坚持市场经济的中流砥柱，没有发展市场经济的人力资源。由于未经长期的市场经济大潮的冲击和洗礼，人们难窥其奥义和真谛，又使得我们至今不可能有丰富深刻的民法知识和民法大师。

民法虽然也有不足或弊端，但不能因此而放弃民法的主导机制、核心价值和根本制度。就像市场有弊端但不能放弃市场是一样的。虽不能抛弃民法法则，但必须改良和优化民法法则。这正是民法的使命之所在。

民法仅仅记载和表述市场法则是不够的，这没有充分体现和发挥民法作为法律对市场经济的超越功能。为了使民法能够更好地发挥功能，就要重构民法原理和修订民法规则，包括所谓的民法社会化等。在当代市场经济条件下，民法功能的发挥，取决于民法如何认识、对待和扬弃其不足。

(五) 民法的世俗性

中世纪以来，实行神权统治，主张神意至上，神权神圣，基督教以"上帝创世说"作为绝对真理，认为一切都是上帝创造的，包括人的身份、地位、权利、义务及关系等都是上帝安排的。但随着12世纪罗马法在意大利境内的重新发现，这一切都受到了冲击，甚至发生了改变。因为罗马法规定，人的身份、地位、权利、义务及关系并不是神的安排，而是契约协定的。对于这些问题，罗马法给出了与神学完全不同的解释，它不是把上帝放在至高的位置让人去臣服膜拜，而是把人视为自身的主宰，人的权利义务是人自己通过契约协定的而不是由神来决定的。人可以不按照神的旨意行事，人有自己的意志，并且可以意思自治，这是对神权统治和专制统治的根本否定。罗马法的重新发现，有力地推动了宗教改革，促进了以后的文艺复兴。

宗教是神本主义，神创造了人，神是至高无上的，而人是微不足道的，所有的宗教都贬低人；宗教本质上是一种精神信仰，宗教生活是一种精神生活，它们忽视乃至鄙视物质生活，教徒的标准形象是清教徒或苦行僧；大多数宗教都是一神教，要求教徒信仰唯一的神，所以宗教生活是一种一元化的生活，缺乏宽容，没有选择自由，没有多元生活；宗教大都有救赎情结，认为人人生而有罪，人生的目的就是赎罪，这样死后才能去见上帝或得到超度。到了中世纪，上述宗教观念被一些教士所篡改和歪曲，变得更为激进和极端。他们把自己当作上帝的化身，盗用上帝的名义传教布道，甚至胡说八道。如他们把自己当作真理的代言人，只有自己才能印刷和解释圣经，与之相悖的都被视为异教徒而加以迫害，人们没有思想自由、意志自由；他们垄断权力，实行政教合一的神权统治，神权高于王权和主权，宗教侵吞了政治生活、社会生活，世俗生活荡然无存；教士是第一等级，是特权阶层，他们垄断利益，为了使教徒们一心一意为自己效劳,以保障自己穷奢极欲、荒淫无度,他们欺骗和要求教徒们物我两忘、清心寡欲,人们不能追求和享受世俗的幸福;等等。所有这些都是对人性的压抑、对人权的否定,是一套与民事生活尖锐对立的生活模式。物极必反,宗教生活越扭曲,人们对民事生活的渴望就越强烈,民事生活是对扭曲的宗教生活的反弹。民事生活肯定人是第一宝贵的,人性是高贵的,人的身体是美丽的,人的权利是天赋的,人的生活是世俗的,人的意志是自由的。人们一旦关注人的世俗生活,就一定会产生解放人的民法规则。中世纪扭曲的宗教生活,更加坚定了人们对民事生活和民事规则的向往和追求。

　　罗马法对于神权统治都敢于反对,那它就没有什么不敢反对的了。罗马法对于神权统治的反对,大大鼓励了人们对君主专制的统治。"君权神授"的神话被打破了,君权没有了正当性、权威性和合法性,相反,"天赋人权"倒是合符自然法。"我们认为下述真理是不言而喻的:人人生而平等,造物主赋予他们若干不可让与的权利,其中包括生存权、自由权和追求幸福的权利。"[①] 这就为私权提供了根据和保障,为私域划出了地盘和空间,从宗教权力、政治统治中划分出了市民社会,其中民众可以意思自治。市民社会、意思自治是从神坛上、权力中独立解放出来的。法国大革命,是平等、自由、博爱思想对等级、专制和特权思想的革命,是平民、农民、资产阶级对教士、贵族、专制君主的革命,是天赋人权、三权分立、民主共和对君权神授、君主极权和封建专制的革命。革命的结果就是《人权宣言》和《法国民法典》,它们被称为"新社会的出生证书"。

　　时至今日,已政教分离、政社分离,宗教已被重新正确定位,民事生活与宗教生活的关系日趋合理。民法与圣经相比,圣经是神的生活,或者说它把人拔高到神抑或要求人像神那样生活,是人们在天国生活的规则,圣经是神法;民法是人的生活,是人的世俗生活的规则,民法是

[①] 参见《宪法资料选编》第4辑,北京大学出版社1981年版,第229页。

人法。民法是民事生活的准则，民法典是民事生活的"圣经"①。但要使民法典成为民事生活的"圣经"，取决于民法典对民事生活的认识、理解和把握程度。如今天人们的民事生活是什么样的？民事生活方式如何？民事生活内容如何？民事生活要求如何？民法典制定得如何，取决于制定者对过去的民事生活总结得如何？对现实的民事生活理解得如何？对未来的民事生活预见得如何？

（六）民法的技术性

自罗马法始，就开创了法律技术上的一个新纪元，如它试图利用法律上的技术来编纂法典。民法典是鸿篇巨制，没有高超精湛的技术是根本无法编纂出来的。

1. 民法的翻译性

恩格斯曾说："在法国，革命同过去的传统完全决裂，扫清了封建制度的最后遗迹，并且在民法典中把古代罗马法——它几乎完满地反映了马克思称之为商品生产的那个经济发展阶段的法律关系—巧妙地运用于现代的资本主义条件；这种运用实在巧妙，甚至法国的这部革命的法典直到现在还是所有其他国家，包括英国在内，在改革财产法时所依据的范本。"②

这段话指出了民法的一个重要性质，即民法能够古为今用、外为中用。之所以如此，不仅是由民法的调整对象——市场经济、民事生活决定的，而且与民法的技术密切相关。其中之一就是民法的翻译技术。翻译结果是由翻译对象决定的，翻译对象相同，翻译结果就相差无几。民法虽然是对市场经济、民事生活的翻译，但也要讲究翻译的技术。一是，民法是民众创造的，是集思广益、约定俗成的，民事立法不过是将民众普遍奉行的规则予以规范化的表述，立法者是翻译者；二是，民法翻译在很大程度上是"直译"，也就是说，要原汁原味地翻译，不能变味走样，只有这样才能保证只要是市场经济国家、民事生活相同的国

---

① 在西方国家，民法或市民法被称为"权利的圣约柜"，参见［德］霍恩《百年民法典》，申卫星译，载《中外法学》2001年第1期。

② 《马克思恩格斯选集》第3卷，人民出版社1995年版，第710页。

家，其民法就大同小异，在此基础上，世界各国的民法才能对译互鉴通用，以及古为今用、外为中用。三是，民法的翻译要求真寓俗。这是由民事生活的性质决定的，民事生活是民众生活、日常生活，这就要求对它的翻译要通俗易懂，可以把民事生活中一些用语俗语直白地翻译为民法的概念术语，如债、抵押、担保、合同、婚姻、继承，等等，都是如此。

2. 民法的抽象性

民法的核心是意思自治。所谓意思自治就是，对于民事法律关系，民法只作原则规定，具体内容由当事人自由决定。意思自治的性质决定了民法只能是抽象性的，抽象性就是扬弃特殊性，抓大放小，"不苟细小"，允许当事人以充分而广泛的意思自治的范围或空间。抽象性才能保证民法的意思自治。

民法在许多方面都体现出从具体到一般的抽象立法模式。如在买卖、合同、租赁、赠与、遗赠、结婚、离婚等形形色色的具体民事行为的基础上，抽象出法律行为的概念。法律行为概念成为德国民法典特别是其总则的灵魂。《德国民法典》在民法史上具有里程碑式的意义。如它的总则的创设，是"以一般而抽象之原则汇总而成"，"为法制史上大胆之创作"，总则的设立，"不仅在立法技术上因避免重复而较为经济，更重要的是让使用者可以如算算术般从一般演绎到特别，乃至借此标示出足以统摄整部民法典的精神……就此而言，首创总则编的德国民法典确实代表民法体系化发展的一个新里程碑"①。

3. 民法的中庸性

法律是利益调整或利益博弈的准则，民法因其当事人追求私利、意思自治、契约自由、平等互利而尤其如此。民法规则和制度之间自有一种约束均衡机制，在很大程度上能够防止自私自利、损人利己、损公肥私。民法的性质决定了民法是很中立和中庸的，中立和中庸的技术是一种很高的技术，堪为艺术。只有中立和中庸才能兼顾双方、平等互利，

---

① 参见苏永钦《民法典的时代意义》，载王利明等主编《中国民法典基本理论问题研究》，人民法院出版社 2004 年版，第 44 页。

一般说来，民法并不偏私和极端，也不允许偏私和极端，许多偏私和极端是人们妄加的。如《法国民法典》第544条规定"所有权是对于物有绝对无限制地使用、收益及处分的权利"，第546条规定"任何人不得被强制出让其所有权"；《德国民法典》第903条规定："物的所有权人可以随意处分其物，并排除他人的任何干涉。"但同时，《法国民法典》第544条规定"法令所禁止的使用不在此限"；第546条规定"但因公用，且受公正并事前的补偿时，不在此限"。《德国民法典》第903条规定"在不违反法律和第三人利益的范围内"。

4. 民法的辩证性

民法不仅是中立和中庸的，不仅要求私人利益的平衡，而且要求私人利益与社会利益的协调，这是民法的与时俱进和不断完善，也使民法由中立和中庸进步到了辩证高度。现代民法已经告别了绝对主义而进化为辩证法。由于民事生活的专业化、技术化、社会化发展，民事特别法日益增多，对民法典构成了冲击。"民法典制定的目的在于赋予当事人权利，以使得私人权利不受国家或者私人权利干涉，而这些民事特别法旨在促使和监控人们为到达一个预定的政治目标行使权利。"[1] 民法典在民事特别法的不断冲击下而变得日益辩证。如在罗马法发源地的意大利，1948年的意大利宪法突出社会本位的立法观念。该宪法第2条规定"私人所有权的行使不得与社会公益相冲突，不得以损害人类安全、人类尊严和人的自由的方式行使私人所有权"；第3条规定"法律制订合理的计划和进行合理的控制，以引导和协调公共和私人生活为实现社会利益而发展"；第42条规定"法律承认和保护私人所有权，规定所有权的取得、享有和所有权的限度，以保障其社会功能和使得所有权的社会功能能为所有民众所享用"。宪法是民法的上位法，也是民法的统率，民法应贯彻落实上述宪法规定和精神，这是民法的发展趋势，民法要自觉地与时俱进，才能自我更新、不断发展。一些人没有认真细致地研究世界各国民法典的发展现状和发展趋势，或者研究了，但由于其民法观念还停留在19世纪，妨碍其接受民法研究的新成果和新发展，反而变本加厉地主张

---

[1] 参见张礼洪《民法典的分解现象和中国民法典的制定》，载《法学》2006年第5期。

"民法帝国主义",这是违反辩证法的。对此,我们需要高度警惕!

上述几个方面综合起来,能够更加全面深入地认知和把握民法的性质。

三 民事生活与民法典

民法是民事生活的百科全书,民法典是民事生活的典范,要科学地制定民法典,关键在于全面、深刻而正确地认知民事生活。

(一) 民事生活的特性

1. 民事生活具有民众性

人是一种群居动物,人必须和别人组成社会一起生活,一起过民事生活。随着社会分工的深细和社会交往的加强,人们的民事生活日益相互交融,民事关系日益密切。如果离群索居,人们就不便民事生活,甚至就无法民事生活。民事生活具有民众性,是一种群体生活、民众生活、大众生活。

民事生活是人人都要过的生活,是人就必须过民事生活,民事生活具有全民性、人类性。民事生活是普通人的日常生活,是生活中的生产生活、分工协作、交游算贷、婚丧嫁娶等,是人都会经历这些民事生活内容,民事生活具有民众性、普遍性。

民事生活是普通人的生活,所以民法应以普通人及其民事生活为立足点、出发点和落脚点。民法的内容是日用常行,是生活常识,人们可以无师自通,一个人只要达到一定年龄、有了一定的生活经验,就可以知道什么是民法。民法如同语法,如同人们无须学习语法就会使用语言一样,人们也无须学习民法就会使用民法,民法就是民事生活的语法,人们有了民事生活经验就知道民法。所以各国民法(典)对民事主体资格的规定都是"顺其自然"的,而没有例外的更高的要求。民法通过民事生活、经由社会化就能成为一个人的生活准则。民法可谓日用而不知,《法国民法典》的学术之父多玛(Domat)曾说,自然法是"小孩子都知道的基本原理"①，民法就是这样的自然法。这就决定了民法必须大众化，它是以普通民众为标准而制定的，要以其能否知行为唯一标准和最高标准。民法要通俗易懂，不要抽象玄奥；要深入浅出，不要深不可测。有人认为民法典是裁判规范而不是行为规范，民法典的预设读者是民事法官而不是民事主体，因而人们既不必"使由之"，也就不必"使知之"。②这种认识是本末倒置的。民法典首先是行为规范，并且是广大普通民众的行为规范，只有当广大普通民众都能知行民法时，民法才能为人们所日用常行，才能成为全民之法。民法的本质决定了民法必须"使知之"，而且"使知之"才能更好地"使由之"。③要是人们对民法典既能"知之"又能"由之"，那么就大大减少了对民事法官、民事律师和民法专家的倚重和依赖，民法就真正成为广大普通民众自己的法律，这正是民法所追求的最高境界。如果只有民事法官才能知行民法，那么民法就会脱离广大普通民众，就会失去民法的本质。不"使知之"就难以"使由之"。正是因为把民法典的读者（知者）预设为民事法官而不是民事主体，所以要强制广大普通民众"使由之"，这不仅没有效益，而且有违民法自愿性、自治性和任意性的特性。也鉴于此，日本著名民法学家星野英一认为，"法律、特别是民法，包含着自罗马法以来 2000 年学术上洗练的相当难懂的技术，具有很多不是司法人员、法律家这样的专家就不懂的部分"，但他还是认为"在法律方面，专家的统治也不是一种好的现象"，因而在从事法学专门人才培育 50 年后，他尽力撰写大众民法学教育著作——《民法劝学》，试图还民法于"劳动者、农民"以及正由他们

---

① Damiano Canale, Paolo Grossiand Hasso Hofmann, eds., *A History of the Philosophy of Law in The Civil Law World: 1600 – 1900*, p.151. 转引自谢鸿飞《民法典与特别民法关系的构建》，载《中国社会科学》2013 年第 2 期。

② 参见苏永钦《寻找新民法》，北京大学出版社 2012 年版，第 47 页。

③ "民可使由之不可使知之"（《论语·泰伯》）这句话本来就存在争议，因不同的标点而引发争议，引发了孔子不同的为政主张，甚至是专制与开明之争。有人认为正确的标点不是"民可使由之，不可使知之"，而应该是"民可使，由之；不可使，知之"或者"民可，由之；不可，使知之"。后两者均强调"知之"或"使知之"的重要性。

转变而来的"小资产者"等"民法的施行者"①。

2. 民事生活具有民间性

民众在民间,民间是他们的生活空间。民事生活在民间,民事生活就是民间生活。

民间是社会的最底层。生活在社会最底层的人、为生活所迫的人、为一日三餐忙碌的人,往往对生活最有切身、切实的感受,知道柴米油盐的人最有发言权,为生活所困的人最能进行制度创新。如我国改革开放之初农村实行的"家庭联产承包责任制"就是如此,"这个发明权属于农民"②。人民群众才是历史的真正创造者。高手在民间,民法在民间。民法之所以比任何其他法律都丰富完善、博大精深,正是因为民法是最接地气的、最立足民间的、最能集思广益的。民法是民间法,民法集中了民间智慧,而且民间智慧是无穷无尽的。

民间是社会的最底层,生活在民间的民众直面生活现实,是当事人,比别人更具当时当地当事的经验和知识,他们更善于运用这些经验和知识去应对生活中发生的各种各样的问题,并把其中行之有效者总结提升为民事生活的基本经验和方法。这正是民法的源泉。"民法典的立法者要作的毋宁是观察、仿真社会生活中常态交易的进行方式,而把这些规则变成条件式的应然规范。"③ 相比之下,那些达官显贵们高高在上,脱离民间生活,不受民间社会的冲击,甚至根本不了解民间生活的实际情况,也体会不到民间生活的疾苦,所以他们缺乏应对民间生活困难的经验和知识。虽然他们也偶尔到民间进行调查研究,但即使是深入民间、与群众打成一片,也难以了解民间生活实际。生活的真谛不可能来源于隔靴搔痒式的调查研究,而只能来源于身在其中的感同身受。对于那些坐在车里转转、隔着玻璃看看的官僚主义者来说,那不过是走过场、作作秀而已,更不可能与民众对民间生活的切身感受相提并论。所以民法要走群众路线,要高度重视民间民众的切身感受,他们的民间经验和生活感

---

① 参见[日]星野英一《民法劝学》,张立艳译、于敏校,北京大学出版社2006年版,前言第7—8页。
② 《邓小平文选》第3卷,人民出版社1993年版,第335页。
③ 参见苏永钦《寻找新民法》,北京大学出版社2012年版,第46页。

受最为重要。民法是民之法，而不是官之法，是民间法，而不是官场法。① 民间民众才是民法的源泉，如果民法脱离了民间民众，那它就不是民法，也没有民法了。

3. 民事生活具有民生性

民事生活就是民生生活，衣食住行、分工协作、交游算贷、婚丧嫁娶等就是民事生活的基本内容。民生才能生民，生民才有民生，所以民生为大、民生为重、民生为本。"哀生民之多艰"，"衙宅卧听萧萧竹，疑是民间疾苦声"，等等，这些都充分地说明，民生也是最大的经济、最大的政治。民事生活的重要性正是源于民生的重要性。

生存生活是人的本能和天性，民生是民心所向。民众有改善民生的强烈愿望和不竭动力，这就决定了民生是最具革命性的。民生从来都是革命的导火索，也是革命的终极目的，可以说一切革命都是民生革命，或者为了改善民生。为什么在法国大革命以后，《法国民法典》能率先很快颁布，正是源于民众有改善民生的不可抑制的迫切强烈愿望，并且它暗合了民众心仪已久的生活范式。民法是民心所向，是民情所系。民法是对民心和民情的记载和表述，民法是民生之法。

"人必须首先解决衣食住行，然后才能谈得上其他的一切。"这一马克思主义唯物史观的基本观点，揭示和强调了民生的基础地位。民法关乎人们的衣食住行，这就奠定了作为民生之法的民法在法律体系中的基础地位。民法的基础地位应从民生去奠定，而不应像有些人那样到什么民族历史、民族意志、民族精神等地方去寻找，它们都是由民生所决定的，不过是民生的各种具体表现而已。

4. 民事生活具有民族性

自从类人猿进化成为人类以后，他们分散在地球的各个角落。由于山高水深、沟壑纵横、天迢路远、相互隔绝，他们分别独立发展，经由氏族、胞族、部落、部落联盟以至后来的种族、民族和国家，他们各自形成了自己的风俗习惯、宗教信仰、思想观念和历史传统。可以说，是长期的隔离封闭历史造就了各自的民族传统，以至于后来的社会开放、

---

① 参见赵玉、江游《论民法的民》，载《当代法学》2012年第6期。

民族融合也难以完全消除各民族传统之间的差异。况且，社会也需要多元化，民族文化传统也需要丰富多彩。

民族发展主要是民事发展，各民族发展史与其民事生活史是高度一致的，历史中形成的民族传统主要是从其民事生活中积淀发展而来的。民事生活传统是众所公认和根深蒂固的传统，是最主要的民族传统之一，是民族传统的主要成分和集中表现。民法是民事生活之法，民法典是由民族传统塑造和形成的。"民法典的每个概念和规则都承载着特别的文化意涵与历史期待，体现了特定社会的道德想象、价值偏好与观念世界。"① 所以萨维尼特别强调民法典要与民族历史、民族传统、民族精神相适应。德国民法典的制定也起到了统一德意志民族、提振德意志民族精神的历史作用。荷兰号称"海上马车夫"，其交通运输业十分发达和极其重要，所以其民法典专列第八篇为"交通工具暨运输"，这是各国民法典所没有的特设篇章，是荷兰民族特性和其民事生活特征在其民法典上的独特反映。

正因为民法具有深广的民族传统，所以民法典的制定不能简单地移植，而必须尊重本民族的传统，要与本民族的传统内在结合、融为一体。如日本在明治维新时期，短短十年期间就制定了《刑法》（1880）、《刑事诉讼法》（1880）、《明治宪法》（1889）、《法院组织法》（1889）、《行政诉讼法》（1890）、《商法》（1890）、《民事诉讼法》（1890）和《民法》（1890）。其中许多法律都是外国法律特别是德国法律的翻译本，唯独民法典例外，日本围绕民法典的制定展开了激烈而持久的论争。有人批评旧民法无视了日本"固有的淳风美俗"，特别是破坏了家族制度。也有人认为，这部民法典破坏了日本立国的基础——绝对主义的家长制和至高无上的家族制度，与《大日本帝国宪法》的精神不符。家长权是神圣的、不可动摇的，正如天皇的皇权是神圣不可侵犯的一样。动摇了家族制度就动摇了"大日本帝国"的立国之基。新民法起草时，维持了日本的旧有习俗，特别是家族制度，参照了《德国民法典》第一草案，于1895年编制完成了总则编、物权编和债权编，并于次年才予以通过。

---

① 谢鸿飞：《民法典与特别民法关系的构建》，载《中国社会科学》2013年第2期。

5. 民事生活具有民俗性

民俗性是民族性的重要表征，民事生活的民族性必然表现为民事生活的民俗性。

民俗是一个民族在长期的生产生活中形成的公认的风俗习惯。人一出生在某一民族中，就会受到其民俗的影响，人的社会化同时也是人的民俗化，民俗已经成为其基本的行为准则。"风俗习惯是法律之母"，就表明风俗习惯是法律的源泉和原型，它们具有深厚的民众基础，具有持久的生命力。民法是民族风俗习惯的提炼和升华，各国民法典均具有深厚的民俗特征。

民俗性表现在民法的许多方面，如在物权方面，永佃权是日本民法所特有的，典权是我们民法所特有的。不过，民俗性集中表现在家庭或家族制度中。家庭关系是重要的民事关系，但又不同于其他民事关系，如生产关系、交易关系，所以调整家庭关系的民事规范不同于调整其他民事关系的民事规范，两者不能混同。"法律不入家门"即有此谓。家庭成员之间的人伦关系不但无法以权利义务进行精确计算，而且不贯彻权利义务平等或一致的原则，还恰恰以忘却它们为前提，因为家庭成员之间以"爱"为基础，"爱"是不讲权利义务的，一旦讲权利义务了，就没有"爱"了，婚姻家庭也就要离散了。[①] 以血缘关系为基础的家庭关系、家庭生活主要靠伦理规范而不是靠法律调整。日本民法典制定时，争论最激烈、最集中的地方就是家族制度，反对者反对将市场规则适用到家族制度，反对取消日本的家族制度传统。我国的民法也没有充分体现我国的民俗。如婚礼，新人当着父老乡亲、亲朋好友公开宣誓，具有重要的誓言性质和公示效果。但我们不承认事实婚姻，反而认为，只有登记的婚姻才是合法的婚姻。但这又有谁看得见呢？又有多少人会去婚姻登记机关查询个人的婚姻状况呢？婚姻是高度私人性的东西，只能自己对自己负责，连父母都管不了，更何况婚姻登记机关呢？所以2003年修订《婚姻登记条例》时，将1994年《婚姻登记管理条例》名称中的"管理"二字删除，这是很有道理的。

---

① 参见 [德] 黑格尔《法哲学原理》，范扬、张企泰译，商务印书馆1979年版，第175等页。

不仅如此，许多民法制度都应切合民俗，合乎民俗的民事制度更有效力。如民事责任就是如此。我国《民法通则》规定了十种承担民事责任的方式，包括：停止侵害；排除妨碍；消除危险；返还财产；恢复原状；修理、重作、更换；赔偿损失；支付违约金；消除影响、恢复名誉；赔礼道歉。但不足之处是没有充分考虑到民事责任与民俗的结合。如某老板一直欠款不还，原告和法院采取了许多办法都未果。后来，原告知道被告要开业志禧，就准备当天在其门口做一堂法事。在当地民俗中，做法事是很不吉利的。这一下子就很奏效，老板乖乖地奉还了全部欠款。某地有一民俗，谁违反了乡规民约，谁就要放一场电影，在放映前要当众向全村男女老少公开认错、深刻道歉、具结悔过，其效果比其他任何民事责任形式都管用。民俗不可违，一些民事禁忌很有约束力，也很有责罚力。只有合乎民俗的民事责任形式才是有效的。民事责任应尽可能合理吸纳和充分利用一些重要的民俗。

民事生活是一种习俗生活，习惯成自然，人们不能违背自然，民事习惯具有强大的自然力，与民事习俗相背离的民法是行不通、无效的。

6. 民事生活具有民主性

民事生活包括交易，如商品交易、市场交易是民事生活的重要内容。交易就得承认交易双方有独立人格，是平等主体，有交易自由，要公平交易。但并非只有商品交易和市场经济如此，一切交易都是如此，只不过商品交易和市场经济使交易内容更加丰富、交易形式更为规范、交易规则更为健全而已。即使是在自然经济、小农经济时期，人们也形成了诚实信用、买卖公平、童叟无欺、不强买强卖、不缺斤少两等交易规则，并将其视为交易的基本遵循。这些都是民事生活民主性的基础和表现。

民事生活包括婚姻生活。两人朝夕相处，从一而终，如果不是两情相悦、情投意合，那是非常痛苦的事情，所以婚姻本质上是自由或自主的，是人就渴望婚姻自由或自主。婚姻自由或自主并非只是少数思想新潮、观念解放者"冲决网罗、恢复自性"之特殊要求。早就有"捆绑不成夫妻""强扭的瓜不甜"等俗谚，中国有"梁山伯与祝英台"、西方有"罗密欧与朱丽叶"的悲剧，许多人为挣脱或逃避不自由的婚姻而离家出走，有的还走向了革命的道路。

民事生活是自己的日子自己过，自己的生活自己负责，生活依靠不了别人，别人也替代不了。人们的民事生活有好有坏，但每个人的民事生活都是自己双手创造的。即使是乞丐，也要自己去乞讨。民事生活培养了人们独立自主的生活态度和负责精神，这是最起码的自主观念。来自于民事生活的自主观念是根深蒂固、强劲有力的，它很容易转化为坚定的民主观念。

民事生活的民主性、自主性直接决定了民法的民主性、自治性。民法是民众约定俗成的，是民众之法、民间之法、民约之法。民法最能体现民众意志。一是民法是约定俗成的，是历史形成的，是代代相传的，已成风俗习惯是难以改变的，除非新的民法更能切合人的本性、更能改善民生、更合人们愿望，如《法国民法典》所倡导的民事生活较之以前身份、专制的民事生活就是如此，所以人们热烈拥护《法国民法典》。这同样是民众意志的体现。二是民生是最大的政治，民不聊生，民众必然会揭竿而起，即使是为了维护自己的统治，统治者也不会改变民众的民事生活习惯，因为这是冒天下之大不韪。在民众看来，民生既是最小的政治，又是最大的政治。民众过自己的日子，"不知有汉，无论魏晋"，只要能让民众过好日子，他们不管"城头变幻大王旗"，管也是白操心、瞎操心。当权者深明此理，不折腾民众，让他们过好自己的日子，就是最好的政治。对许多民众说，干一天活才能吃一天饭，不干一天活就少吃一天饭，他们无暇顾及那些与自己相距甚远、关系不大的政治。统治者也深知，民众过好了日子，安居乐业，民生改善，不但不会影响自己的政治统治，反而有利于自己的政治统治，何乐而不为呢？这正是民事生活得以实行意思自治的重要原因。民法视意思自治为其核心和圭臬，这使得民法成为最民主、最自由之法。

7. 民事生活具有伦理性

民事生活是人的基本生活。人可以不过商事生活、政治生活、文化生活，但人必须过民事生活，是人就要过民事生活。民事生活是人之为人的必要生活，没有民事生活，就没有人的生活，人就不成其为人。民事生活具有底线性质。任何一个社会都必须保障人们能过上民事生活，任何一个国家的法律都要保障人们的民事生活，这是社会和法律的底线伦理。

萨维尼曾认为："法律原则根本不考虑权利行使是否道德，故富人可以拒绝救助穷人，或铁石心肠地对穷人行使债权，任其陷入窘境。救助即使有，其土壤也不是私法，而是公法。"[①] 这样定义民法其实是篡改民法。这不是私法原则，也许是法律原则，甚至连法律原则都不是，只是功利主义的法律原则，而不是社会正义的法律原则。由于民事生活的底线性，不保障民事生活，人就无法生活，人就不成其为人。民法尽管是私法，但就其必须保障民事生活、让人过上民事生活、使人成其为人来说，它比任何公法还公法，因为公法的一切最终都要落实到民众能否过上如意的民事生活上来。德国社会民主党曾批评德国民法典草案不具有"社会性"，普朗克回应道："德国民法从来不是阶级法，以后也不会是，因为对所有人适用同一法律是法律的最高原则之一。但这并不排除对特殊关系中的人、对内容特殊的合同作特别规定。绝对平等观念不考虑这些特殊关系，这会导致不平等或极大的不公。"[②] 普朗克那时也许看不清对所有人适用同一法律所导致的不一和不义的后果，因为那时的人们还相差无几，对所有人适用同一法律是正义的。但后来，人所固有的千差万别在市场规则的支配下日益扩大，人们在许多方面已不再平起平坐了。在这种情况下仍然无视差别而对所有人适用同一规则就不正义了。如"私有财产神圣不可侵犯"对资产者与无产者还能同一适用吗？经营者与消费者之间还能契约自由吗？等等。与之不同，同等情况同等对待，不同情况不同对待，针对社会弱者予以倾斜保护，这才合乎正义。民法观念不是固定不变的而是与时俱进、有序发展的，民法观念已受到公序良俗、权利滥用、社会正义等原则的制约和校正。

---

① Friedrich Karlvon Savigny, System de sheutigen römischen Rechts, Bd. I., Berlin: Veitund Comp, 1840, S. 371. Comp, 1840, S. 371. 转引自谢鸿飞《民法典与特别民法关系的构建》，载《中国社会科学》2013 年第 2 期。

② G. Planck, Dasbürgerliche Recht und diearbeitenden Klassen, Deutsche Juristen - Zeitung, Jg. 14, 1909, S. 23/24. 转引自谢鸿飞《民法典与特别民法关系的构建》，载《中国社会科学》2013 年第 2 期。

8. 民事生活具有自然性

民事生活是人的自然要求，是人性的必然要求。人性如何，民事生活就如何，民法就应如何。

民法是约定俗成的，也可以说是自然形成的或自然选择的结果，可称为"自然规律"或"自然规则"。

民法也是自然法。民法的许多规定都是人性使然、顺其自然，是对民事生活的原样翻译和自然写照。《法国民法典》的起草者甚至坚持认为，真正的法典不是由理性制定的，而是对现实生活的表达。① 有人还提出了一套"新民事自然法"的概念和理论，意指民法是在历史经验与现实社会生活中自然形成的、达成社会共识的规则。②

长期以来，人们情系民法典、膜拜民法典，都把制定民法典视为法律和法学研究的崇高使命。但民法典更多是天成的而不是人定的。对于民法典来说，需要的不是创造而是发现，因为它就像自然法一样，早已存在那里，存在于民众的民事生活中，只是需要立法者去发现、揭示、总结它而已。从这个意义上说，"编纂"这个词用于法典更为贴切，而说"制定"法典就不准确了。民法典应是人工最少的法律，它最忌人定胜天。立法者在编纂民法典时要时刻注意自己所写定的民法规则是否合乎自然人性、自然生活、自然规律。自然法是民法之母，自然法对民法起着指导和评判作用，就像自然法是最高法，对其他法具有指导和评判作用一样。

(二) 民事生活的场域

1. 民事生活不尽是市场生活

长期以来，在法学界都认同马克思和恩格斯对民法的论述，认为民法是商品经济关系的记载和表述，直至今天，也有人总是企图"维持民法典作为市场经济基本法的地位"。许多人正是借口中国历史上商品经济、市场经济不发达而认为中国民法不完善，甚至否定中国古代存在民

---

① [德] 克里斯蒂·冯·巴尔：《欧洲：多部民法典的大陆，或者走向单一民法典的大陆？》，张小义译，《法学家》2004 年第 2 期。

② 谢鸿飞：《民法典与特别民法关系的构建》，载《中国社会科学》2013 年第 2 期。

法，因而一谈民法，就言必称古罗马法德意日等国民法。但这样界定民法是不确切的。因为民事生活不能简化为经济生活，更不能简化为商品经济、市场经济生活，尽管它们在民事生活中无疑处于基础和核心地位。如果按照这种界定，民法是有了商品交换、市场经济以后才有的法律部门，而商品经济特别是市场经济是人类社会发展后期才出现的经济形式，那么民法就是很晚才出现的法律部门了。这与历史事实是完全不符的。实际情况是，自有人类以后，就有民事生活，就有民法（只是起初表现为民事风俗习惯而已），在自然经济时期就有民法，在计划经济时期也有民法（如在苏联和我国计划经济时期，尽管民法被限制、扭曲，但还是有民法。也许可以废除民法，但不能废除比民法更为本源的民事风俗习惯），因此可以说，有人类社会、有民事生活就有民法，而不能说只有到了商品交换、市场经济以后才有记载和表述它们的民法。虽然民法随着商品经济、市场经济的发展发达而得到了极大的丰富和完善，以至于成为许多法律制度的原型和法律部门的母法以及整个法治的基础。①

民法并不是市场经济的基本法。因为其所谓的"基本法"相当于"根本法""核心法""主干法""统率法"一样，说"民法原本是市场经济的基本法"，与说"宪法是根本法"是同一层意思。准确地说，民法是市场经济的基础法。这里的"基础"相当于原初、初级的意思，相当于"基础教育"的"基础"。民法原本是简单商品交易之法，是古罗马时期的简单商品交易的记载和表述，这一历史成因决定了后来的民法万变不离其宗。

民法原本就不是市场经济的基本法。众所周知，民法源于罗马私法，而罗马私法是罗马社会小商品生产和简单市场交易的记载和表述。后来发展到《法国民法典》和《德国民法典》，民法成为社会化大生产和发达市场交易的记载和表述，这种发展其实是一种变异，改变了民法的罗马私法性质，附加上了许多异质的东西，市场化就是其重要内容之一。

传统民法建基于"人与人在交易中地位的互换性、交易双方的相似性"。但在现代市场经济社会，由于生产经营的专业化、资本规模的巨额

---

① 参见张文显《中国步入法治社会的必由之路》，载《中国社会科学》1989 年第 2 期。

化、准入门槛的壁垒化、社会结构的板结化,人们只能成为"单向度的人",经营者恒为经营者,消费者恒为消费者,还有诸如"官二代""商二代""星二代""富二代",以及与之相对的"民二代""农二代""工二代""贫二代"等阶层固化和利益固化的樊篱。市场竞争、优胜劣汰会使一些经营者沦为消费者,但很难把众多消费者提升为经营者。在社会分化、差异悬殊、身份固化、垄断形成的格局下,"人与人在交易中地位的互换性、交易双方的相似性"已不复存在,传统民法存在和作用的基础动摇了。有人寄希望于强调连带与共生的特别民法去直接回应这种社会转型。[①] 但这种回应不仅是有限的,而且民法从独立与自治转向连带与共生,必然要改变民法的属性与机理。这种改变了的民法已经很特别了,特别到甚至都不应该叫民法了。

在一致认同民法是市场规则的情况下,民法被市场化了。比如民事行为的交易化、契约化,以至于连婚姻都被视为契约,将非民法的领域也纳入到民法中去调整了。这跟市场化有关。正如社会不能完全市场化一样,法律也不能完全民法化。中国民法典必须坚持民法典的传统属性,扬弃现代民法典的泛市场化的趋势和倾向,依据市民生活的不同场域,对"人"在不同场域之下的行为,预设其不同的性质,加以具体的调整。在民法典中要注意区分民事行为、商事行为、家事行为等不同类型的行为。[②] 目前,民法观念越来越被市场观念所腐蚀,越来越商业化了,越来越缺乏民情和人味了。这已经引起了人们的注意,有人批判当代民法太现代了,因而主张民法要回归后现代主义。[③]

众所周知,民法是调整财产关系和人身关系的法律规范的总称。但财产关系和人身关系以及调整它们的财产法和身份法差异甚大。如财产法建立在产权明晰(甚至财产私有)、契约自由和个人责任原则的基础之上,而身份法建立在家产共有、家长制、共同责任原则的基础之上。这两部分在许多方面不仅互不相关,而且互相冲突,不能把财产法的原则

[①] 谢鸿飞:《民法典与特别民法关系的构建》,载《中国社会科学》2013年第2期。
[②] 薛军:《民法与宪法关系的演变与民法的转型》,载《中国法学》2010年第1期。
[③] 参见章礼强《后现代主义与民法方法论》,载《安徽教育学院学报》2003年第2期。

照抄照搬到身份法中去。这也是民法典编纂中"总则不总""通则不通"的根源所在。市场规则与家庭伦理是冲突对立的,把市场规则引入到民事领域进而侵入家庭领域,必然会颠覆民事伦理,出现穗积八束所认为的"民法出,忠孝亡"的情况。

民法现在更不是市场经济的基本法了。民法是源于小商品生产和简单市场交易的法律规则,一旦面对社会化复杂化的市场经济之后,民法就会捉襟见肘。如民法的主体平等已不符合差异悬殊的市场主体,民法的私人自治已解决不了市场经济的宏观调控问题,民法的归责原则已保障不了个人和社会的安全,民法的个人主义已冲击社会公正的基本要求,等等。这些都说明,民法的基本原理和主要制度与市场经济的基本要求不尽吻合,其实,许多问题恰恰是源于民法的调整而产生但民法自身又无力解决。民法的属性也决定了民法不应为解决它们而无原则地篡改自身,而应由其他法律部门去解决那些游离于民法之外的问题,如商法、经济法等。商法调整了市场经济高度商业化、技术化、专业化的部分或领域,经济法通过市场监管和宏观调控为民法的存在和调整奠定了基础。所以,要说市场经济的基本法,民法已越来越让位于商法、经济法等新兴法律部门。

2. 民事生活不同于政治生活

公域与私域的划分、公权力与私权利的划分、政治生活与民事生活的划分,是民法存在的基础,民法原本就是它们划分的结果。如果没有它们的划分,就会私域公域化,私权利(为)公权力(消)化,民事生活政治化,结果就会民法政治化,就会扭曲民法、最终没有民法。

民法是对公域与私域、公权与私权、政治与民事的基本划分,也是对官与民的划分。民法是民之法,而不是官之法,民法将官与民区别开来,以保障民免受官之侵害。民法是民免受官之侵害和政治侵入的一套盾牌。仅此而言,民法是政治的,但更是非政治的,民法使民众远离政治,去过他们所向往的民事生活。

民法的制定是为了限制政治权力、排除政治权力。民法在限制国家权力方面起着非常重要的作用。如民法典对于私有财产权的规定,特别是关于所有权排他性的规定即是如此。《法国民法典》第 544 条规定:

"所有权是对于物有绝对无限制地使用、收益及处分的权利,但法令所禁止的使用不在此限。"第546条规定:"任何人不得被强制出让其所有权;但因公用,且受公正并事前的补偿时,不在此限。"又如契约自由,《法国民法典》第1134条规定:"依法成立的契约,在缔结契约的当事人间有相当于于法律的效力。"它要求国家要像尊重法律一样尊重当事人的意志。这些规定有效地排除了国家权力对私人财产权和当事人意志的违法干预和非法侵犯。

虽然绝大多数民众并不直接参与政治,但在"政治决定一切"的体制下,政治影响着每一个人,以至于"人是一种政治动物",民众的民事生活深受政治生活的影响。民法非政治之法,但由于民法易于为政治所侵蚀因而又是政治的晴雨表。当民法幸运时,民生改善;当民法厄运时,往往民不聊生。这是民法的一个重要价值。民法价值观体现为民生第一,民生是最大的政治。

政治生活与民事生活有许多不同。政治生活是公共生活;民事生活是私人生活。政治生活的核心是公权力的配置和运用;民事生活的核心是私权利的享有和行使。政治生活影响公众生活,所以"凡是法律未允许的,都是禁止的";民事生活无碍别人,可以"凡是法律未禁止的,都是允许的"。政治生活是少数参政议政者的生活,是小众生活;民事生活是人人都要过的生活,是大众生活。政治生活是上层生活;民事生活是民间生活,等等。这些不同,要求政治生活与民事生活实行不同的法律规则。

民法就是政治生活与民事生活之间的一条分界线,要求政治的归政治,民事的归民事,两者不能混同。如果混同,结果必然是政治凌驾于民事之上,政治生活冲击民事生活。像"文化大革命"那样,全民搞政治运动,"抓革命,促生产",甚至"停止生产闹革命",完全颠倒了政治生活与民事生活的关系,弄得民不聊生。也像我们过去那样,一切都政治化,"以阶级斗争为纲",以至于连恋爱结婚这样极其个人化的私事都要请示批准,按政治方法处理。民法是政治的清醒剂,一个民法发达的社会、一个民法文化深厚的社会,往往是一个权力节制、政治清廉、法治昌明、民众自由的社会。①

3. 民事生活不同于社会生活

民事生活与社会生活存在许多重要的区别。民事生活要求人们独立自主、自力更生，而社会生活是由于社会问题的存在，使得人们仅凭自己的能力和努力无法有人格尊严地生活，人们有权通过获得社会保障而生活。民事生活是一种独立生活，而社会生活是一种连带生活。民事生活的理念是独立自主、自力更生，人们没有理由不去努力生活，不对自己的生活负责。社会生活的根据是社会连带关系、社会权利等，由于社会问题的客观存在，个人无法民事生活时，不但没有过错和责任，反而有获得社会保障的权利。

但民事生活与社会生活也密切相关。人们首先要依靠自己的能力和努力去过好自己的民事生活，这是前提和基础。果如此，就没有社会生活和社会保障问题了，最起码大大减少或减轻了社会保障的压力。相反，如果人人都不努力民事生活，都依赖社会保障，那么社会保障也就难以保障了。但由于社会问题的客观存在，总有一些人仅凭自己的能力和努力无法有人格尊严地生活，这个时候就需要社会保障。社会保障是对社会成员的后卫和兜底，社会保障保障全社会成员均能有人格尊严地生活，保障所有人均成为社会主体，主体社会化了，这为民法奠定了社会基础。如果没有社会保障，许多社会成员将丧失主体资格，民法的社会基础将受到侵蚀，民法将难以为继。

在《德国民法典》制定时就提出了这个问题。那时候人们谈论得最多的是 Soziale Frage，即社会问题，如主体地位不平等的问题、交易不公平的问题、所得分配不均的问题，等等。据此，有人就批评在这种情况下制定一个规范平等主体之间权利义务关系的民法典，与这个社会严重脱节。但普朗克认为，民法典并不要解决这个问题，那是其他法律的任务，民法典解决的是最基本问题，民法典不受社会政策的影响。② 这不是

---

① 参见张文显《中国步入法治社会的必由之路》，载《中国社会科学》1989 年第 2 期。文中对此有全面详尽的论述。

② 参见苏永钦《大陆法系国家民法典编纂若干问题探讨》，载《比较法研究》2009 年第 4 期。

说社会问题不重要，而是表明民法解决不了社会问题，社会问题应留由其他法律部门去解决更好。这其实就表明了民法只调整民事生活，不解决社会生活。解决社会生活需要有与民法不同的原理和规则，从法律部门的划分来看，解决社会生活的法律部门主要是劳动法、社会保障法等法律部门。这正是德国民法典制定者的明智和节制所在，他们无法也无意于制定包括万象、大而全的民法典，这对于当前我国民法典的编纂有着重要的启示意义。

（三）民法是民事生活的典范（式）

民法典作为人们民事生活的大典，必须认真审视什么样的民事生活才是人们真正想要过的、才是人们值得过的。民法典的真正意义在于为人们提供一套正当正确的民事生活价值观念、合理可行的民事生活范式。许多学者认为，民法要贯彻"人文主义"，"人的保护"是民法的根本宗旨，民法要有人文关怀，等等。但还应进一步指出的是，为人们提供良好的民事生活范式、确保人们过上良好的民事生活，这才真正实现了人的保护。民法的真正意义在于对纷繁复杂、各式各样的民事生活及其风俗习惯进行总结、归类、甄别和定型。民法典是民事生活的典范，编纂民法典是为人们提供最普遍、最基本、最典型、最恒定的民事生活范式，不必涉及那些比较特殊、无关本旨、不够典型、变动不居的民事生活现象。否则，民法典就无法保持其应有的稳定性、权威性、典范性，就会"法而不典"。

为此，民法必须把握民事生活的核心要素，这些核心要素直接决定着民事生活的内容、性质和范式。这些核心要素主要包括：

1. 人本

这是由民事生活的性质决定的。民事生活是人人都必须过的生活，人人皆是民事生活的主体，民事生活具有全民性、人类性，要以人人为本、以一切人为本。各国民法典都赋予人人以主体资格，是人皆是民事主体。如它们都规定"人始于出生"，出生是人成为民事主体的唯一条件。即使这一条件也被突破了，以至于连受精卵、胎儿也被视为民事主体。其实，民法对人的主体资格毫无限制，在现当代，民法关于民事权利能力的规定已无现实意义。即使有民事行为能力的限制，将人分出限制民事行为能力人和无民事行为能力人,也并非为了限制他们,而是为了更好地保护他们的民事权利。人本要求民法规则要源于人的本性,要符合民众对于人性、公平的法感。事实上,民法中那些超越时空、经政、人文的共同规则,几乎都是共同人性的反映,也符合人们对于人性、公平的直观感受和自然法感,如信守诺言,不害他人,各得其所,等等。①

整个民法体系就是以人为本的,民事权利的核心无非是人格权和财产权,过去认为无财产即无人格,所以侧重保护财产权,这并非什么忽视人的"物文主义"。恰恰相反,由于人的独立自由建基于财产的基础之上,因而保护人的财产权才是实实在在地保护人和人格。所以耶林指出:"谁侵害了他人财产,就侵害了他人人格。"② 但后来人们发现,仅仅保护财产权是不够的,在市场规则的支配下,并非人人均能拥有财产,法律保护不到无产者的财产权,其人格权也岌岌可危。与财产权相比,人格权更具根本性、普遍性和人道性,因为是人未必有财产,但是人就一定有人格,保障人格权是人道和人权的基本要求,于是人们开始注意保护人格权。"人格权保护的强化的确是 20 世纪民事立法的一个趋势,包括人格权的内涵,从具体类型的增加到承认概括的一般人格权,保护方法,从侵权的损害赔偿,扩张到妨害排除请求,和加害给付的损害赔偿,以及损害赔偿的范围,从财产上的损害扩张到非财产上的损害。"③ 人格权不以财产权为基础,无财产者,也有人格,而且鉴于其人格权没有财产为基础和作保障,因而更加需要法律保护。

2. 平等

人类,就表明人是类似、类聚的,人是同类,人们类同。这是人类平等的"种类"基础。

人性是相通的,好人之所好,恶人之所恶,人们对于民事生活有共同的要求,"彼人也,吾亦人也;彼能是,吾乃不能是?"人们对于民事

---

① 参见苏永钦《寻找新民法》,北京大学出版社 2012 年版,第 91—92 页。
② [德] 冯·耶林:《为权利而斗争》,郑永流译,法律出版社 2007 年版,第 21 页。
③ 参见苏永钦《寻找新民法》,北京大学出版社 2012 年版,第 65 页。

生活有本能的平等诉求，人们的民事生活是大同小异的，是可以而且应当平等的。

平等相待是为人处世、待人接物的基本民俗，平等也合乎民俗，是民俗的要求。平等容易避免民事生活冲突，使民事生活和谐。平等才能丰富民事生活内容和提高民事生活质量。亚当·斯密早就指出，奴隶的劳动是成本最高的，因为他们处于奴仆的地位，既自卑没有主体意识，也缺乏主动性、积极性和创造性。我们今天民事生活内容的极大丰富和民事生活质量的普遍提高，都是平等主体主动积极创造的，以及他们之间互利合作的结果。

尽管在相当长的历史时期内，人们的民事生活并不平等，但这种民事生活是由当时的社会生产条件决定的。如社会生产条件不可能为人们提供平等的民事生活条件，一些人会利用各种有利条件谋求优越于其他人的民事生活，但这种不平等的民事生活是不人道的，要维持它往往要诉诸暴力统治和剥削压迫，代价是巨大的，也是难以维持的，迟早会被平等的民事生活所取代。在现当代，歧视已经成为反人类的罪行，对于现当代人来说，没有平等，就没法过民事生活，他们容忍不了不平等的民事生活，无法过受歧视的民事生活。

基于此，平等被视为各国民法的基本原则。

3. 自由

自由是人的天性，"人是生而自由的"。自由是人的重要价值追求，"不自由，毋宁死！"不仅是革命的态度，也是生活的态度，而且革命的态度是由生活的态度决定的。

人的自由天性和对自由的不懈追求必然要落实到民事生活中。只有这样，自由才能落到实处。民事生活的自由是私人、私事和私域的自由，无碍别人，是最可放任的自由；民事生活的自由是最低限度的自由，自由首先是民事生活的自由，许多人并没有享有其他更多、更高的自由；民事生活的自由是检验自由的试金石，没有民事生活的自由就没有一切自由；民事生活的自由是一切自由的出发点和落脚点，自由必须民事生活化，能够民事生活化的自由才是真实的自由；民事生活的自由关系到人之有无自由，人们对于民事生活的自由会不惜一切去争取；等等。民事生活的自由性必然要在民法中充分地反映出来。

　　自由是民法的基本原则，它贯彻在民法的各个方面。如物权制度，如《法国民法典》第544条规定"所有权是对于物有绝对无限制地使用、收益及处分的权利"；《德国民法典》第903条规定"在不违反法律和第三利益的范围内，物的所有权人可以随意处分其物，并排除他人的任何干涉"。又如契约制度，《法国民法典》第1123条规定："凡未被法律宣告为无能力之人均得订立契约。"第1134条规定："依法成立的契约，在缔结契约的当事人间有相当于法律的效力。""此项契约，仅得依当事人相互的同意或法律规定的原因取消之。"财产自由和交易自由以及由它们衍生出来的婚姻自由、遗嘱自由，确立和保障了民事生活的自由。

　　历史上具有里程碑式意义的民法典都肩负着并完成了当时的历史使命。它们"洞明世事、练达人情"，并用自己的智慧把民事生活的真谛创造性地转化为民法规则和制度。如《法国民法典》通过其主体制度、物权制度、契约制度、责任制度等使人本、平等、自由等启蒙思想落实到民事生活、日用常行之中，从而很好地实现了人本、平等、自由等启蒙思想。《法国民法典》起到了打破身份、解除束缚、废除特权，使人独立、平等、自由起来的历史作用，成功地为人们确立了新的民事生活的范式。

　　人们追求美好民事生活的意志和动力是不可抑制的，也是无穷的。我们常说"人民群众才是历史发展的动力""走群众路线""尊重人民群众的首创精神""全心全意为人民服务"，等等，所有这一切都可以聚焦到民法中。人民群众是民事生活发展的动力，聚焦民事生活才是走群众路线，尊重民众的民事生活才是尊重民众意志，改善民事生活才是全心全意为人民服务。民众的意志和力量首先、集中、最终体现在民事生活上面。《法国民法典》就充分地运用了这一点，顺应了人们改善民事生活的愿望，运用了人们改善民事生活的力量，不仅大获成功，而且垂范久远。

　　一代又一代民法典的编纂都是对民事生活的不断探究和对民事生活范式的日益完善。但其中那些传承至今的部分是世人对民事生活内容和规则所达成的普遍共识。各国民法典都坚持了这些共识，这些共识也构成了检验民法典的标准。民事生活是平常生活,是常规生活,"平平淡淡才是真"。由于人性是共同的,民事生活内容是相通的,如人们都要衣食住行、分工协作、交游算贷、婚丧嫁娶等,差别只在某些形式和个别细节上。这就像民事生活都有油盐酱醋茶一样,只是它们之间的分量差异和搭配不同,产生了多滋多味一样。民事生活也需要多滋多味,但这并没有否定民法规则的普遍性和趋同性。法律是一种普遍性的规范,民法规则的抽象性扬弃了民事生活的细枝末节,只抓住民事生活中本质性、规律性和共同性的东西予以规定,这就使得民法规则能够成为民事生活的"世界语",成为跨越时空的共同规则。① 我们要坚持民法典的那些共识,否则我们的民法典就会背离民事生活,就是异类,就不是民法典。

当然,我国民法典的编纂也要体现中国特色,中国民法典应该谱写在中国大地上。② 中华民族是世界上唯一有着绵延五千年历史而不坠的民族,之所以如此,一个重要的原因就在于其特有的民事生活范式,是其特有的民事生活范式使中华民族生生不息、新新不已。中华民族特有的民事生活范式是我们承前启后、继往开来的宝贵财富,我们要利用中国民法典编纂这一难得的历史机遇对其进行挖掘、总结和升华,使其成为民法典的源泉和原型,并为世界民法典贡献中国元素,提供新的民事生活范式。中国民法典不仅要面向21世纪、体现世界文明的进步趋势,而且要总结中国历史、反映中国民事生活的特殊要求。

(四)民法典要与民事生活齐头并进

尽管民法典是民事生活的典范,民法典不能封闭固化,要与民事生活齐头并进,不断地总结和吸收民事生活发展过程中出现的新元素、新

---

① 谢鸿飞:《民法典与特别民法关系的构建》,载《中国社会科学》2013年第2期。
② "中国民法学理论体系是立足于中国实践、内生于中国文化传统、回应中国社会现实需求、展示民族时代风貌的理论体系。"参见王利明《我的民法梦》,载《北京日报》2015年1月18日。

范式,并随之而日益发展完善。① 但民法典只是对民事生活中本质性、规律性和共同性的规定,并不能对发展变化了的民事生活照单全录,而必须对其予以甄别扬弃,择优而定。民法典必须在民事生活范式上下工夫、做文章,民事立法不能脱离对常态民事生活的想象和预期。找出民事生活中那些具有本质性、规律性和共同性的因素并做出新的民法规定,才是当代民法典编纂的任务所在。

那么,当代人们的民事生活出现了哪些新元素、新范式呢?

1. 技术化

技术是人的本质力量之一。随着技术的不断发展进步,如生物技术、医疗技术、克隆技术、电子技术等的发展进步,人类进入了一个技术化时代。技术化改变了人类的生存模式,人的存在已经是技术化存在。技术化改变了人类的民事生活,民事生活技术化了,如它们大大提高了人们改造和利用物质对象的能力,民事客体随之扩大丰富了,对民法产生了深刻的影响。过去我们常说,农业时代(工业化初期)产生了《法国民法典》(1804),工业化时代产生了《德国民法典》(1900),电子化时代产生了《荷兰民法典》(1992),意指不同时代的技术条件对民法典的影响。当代是技术化时代,当代民法典应该正确反映技术化的时代要求。由于技术是"双刃剑",技术在给人们带来极大便利的同时,也导致了许多弊端,民法典必须对之予以甄别扬弃。如在民事客体方面,哪些可以作为民事客体?哪些禁止作为民事客体?需要科学确定。如一些转基因食品对人体是有益的,可以成为新的民事客体,但有些就是有害的,应禁止成为民事客体。有些原来的民事客体还改变了其属性,甚至要升格为民事主体或与之类似。如《德国民法典》第 90 条 a 规定"动物不是物"。

2. 专业化

在历史上,正是由于社会分工,导致社会交往,以及由此而来的商

---

① 中国台湾学者苏永钦致力于"寻找新民法",多次举办"新世纪民法典的新元素"两岸学术研讨会。他认为,知识产权的凸显、管制革新的浪潮、契约关系的实质化、信息化对交易成本的变革,等等,这些新世纪的新元素都将使民法典不可能再一味因循守旧。参见苏永钦《寻找新民法》,北京大学出版社 2012 年版,自序。

品交易和市场经济,促进了民事生活的改变和民法的发展。随着社会分工越来越深细,专业化程度也不断提高,专业化影响了人们的民事生活。有的民事生活已经高度专业化了,民事生活日益依赖专家、专业知识和专业技能。如人们的衣食住行,像购物、看病、买房、出行等,都离不开专业知识,专业化带来许多民事问题。专业化在使民事生活便利的同时,也使民事生活不甚方便。由于一般民众缺乏相关的专业知识和专业技能,专业化造成了专家、生产者和经营者的垄断特权,对人们的民事生活构成了宰制,所以要突出专家责任、生产者责任和经营者责任等。

3. 电子化

人类已经进入了电子化时代,出现了商务电子化、销售电子化、金融电子化、政务电子化等。它们改变了人们的民事生活,已经成为民事生活的重要内容和基本范式,它对于民事主体、民事客体、交易方式、契约形式等,都提出了挑战,也导致了一些民法制度的变革。如由于电子化使登记和查询成本大幅度下降,《荷兰民法典》以"登记物"和"非登记物"的二分取代了原来传统的"不动产"和"动产"的二分,并放松了"物权法定主义"原则。

4. 网络化

随着网络的普及,人类进入了网络化时代,网民越来越多。如目前,已建立了当当网、卓越亚马逊、京东商城、淘宝网等各种网站,出现了网络化制造、网络化销售、网络化办公、网络化管理等各种网络形式。许多人生活在网络上,网络是其基本的生活内容和生活方式,离开网络他们就不便生活,甚至无法生活。网络改变了人们的民事生活,其影响正反两面都有。

民事生活多姿多彩但其底色永恒不变,民事生活千变万化但万变不离其宗。当代民事生活比以往任何民事生活都更加丰富多样、复杂多变,尤其需要透过现象看本质。上述那些变化,顾名思义都是技术性的变化,并非本质性、规律性和共同性的变化,只是民事生活形式上的变化而非实质上的异化。那些变化并没有动摇民法人本、平等、自由的基本原则,也不足以动摇民法典的既定原理和规则体系,作为对民事生活本质性、规律性和共同性规定的民法典能够普及延用于它们。因为民事生活没有发生实质性的变异,所以"一切后来的法律都不能对它做任何实质性的修改"①,而只需一些无关宏旨、不碍大局的小修小补。如将格式合同增加为有名合同,可把电子邮件、电子签名、数据电文等,通过新增列举的方式纳入合同法的调整范围。如我国《合同法》第 11 条规定"书面形式是指合同书、信件和数据电文(包括电报、电传、传真、电子数据交换和电子邮件)等可以有形地表现所载内容的形式。"为了应对因网络、技术带来的侵权责任,我国《侵权责任法》第 36 条规定:"网络用户、网络服务提供者利用网络侵害他人民事权益的,应当承担侵权责任",第五章规定了"产品责任",第七章规定了"医疗事故责任",第九章规定了"高度危险责任",等等。

但有些民事生活的变化是实质性的异化。

1. 民事主体的分化

如个人既有愚而弱者,也有智而强者;企业既有小微企业,也有巨无霸公司;交易主体既有经营者,也有消费者;等等。它们之间已不能简单划一地抽象为无差别的人(包括自然人和法人)了,它们之间的重大差别已经动摇了它们之间的平等地位,也打破了民法的平等原则。

2. 财产的两极分化

"朱门酒肉臭,路有冻死骨";有的富可敌国,有的一文不名;80%的财产归 20%的人所有;富人喂养猫狗的食物都胜过穷人哺育他们后代的食物;等等。在这种情况下,民法还能保持价值中立,拒谈财产权的所有权性质,而将它们偷换为中立的自物权、他物权、用益物权、农地使用权、基地使用权等概念吗?而不触及"私有财产神圣不可侵犯"的根本吗?应该说不可能的。《意大利民法典》第 869 条、872 条等的规定,就已经做出了新的重大突破。如有人认为《意大利民法典》中的所有权高度社会化了。②

3. 契约死亡了

当人们地位不平等、力量不相当,加上贫富悬殊、两极分化时,在

---

① 《马克思恩格斯全集》第 21 卷,人民出版社 1965 年版,第 454 页。
② 苏永钦:《寻找新民法》,北京大学出版社 2012 年版,第 57 页。

市场竞争规则的支配下，必然优胜劣汰，甚至弱肉强食，已无原本意义上的契约自由了。在这种情况下，如果继续放任契约自由，无疑是强者单方面滥用自由、恣意妄为。这无异于为虎添翼和雪上加霜。契约自由的异化必然要求契约的实质正义化。

这些变化使民事生活发生了异化，甚至使人无法民事生活。它们动摇了民法人本、平等、自由等基本原则，对民法提出了尖锐严峻的挑战。

对此，人们提出了形式法治或纯粹法治的应对主张。即将法律与现实隔离开来、纯粹起来，不考量法律的经济、政治、社会、文化等因素；法官只对法律进行形式推理，不作价值判断，以保证法律可以无条件地适用于任何情况。与之相关，这种主张在民法上具体表现为民法技术中立（也许叫政策中立和价值中立更恰当），即民法的概念、原理、原则、规则与制度超越时空、语境、民族、经济、政治、社会和文化等一切特定限制，具有真理性、永恒性和普遍性，可以放之四海而皆准。[①]

但形式法治和纯粹法学一直遇到来自各方面的质疑和批判，如法律是纯粹的吗？法律是形式的吗？法律能够拒绝价值判断吗？难道真有只是技术判断而无价值判断的司法审判吗？民事技术中立也同样如此。它既不准确，也令人误解。

法律规则不是技术规则，立法技术也不同于一般技术，特别不同于科学技术。法律中的技术充其量只是抽象的技术、逻辑推理的技术，但这里的技术更多是艺术，也应该提升为艺术，达到艺术境界。

民法的技术中立，无视当事人的任何差异，当事人如同毫无区别的棋子一样，从而可以自由而顺畅地演绎出如围棋游戏般的民法基本结构与规则体系。非如此，必然使民法典的演绎推理无法进行。民法技术中立是为了构建民法典，但我们不能为法典而法典、为体系而体系，法典、体系都是手段，是为人服务的。当它们不合手时，就应该改造法典体系，而不是对其束手无策或削足适履。

技术中立的民法典无法反映它所依存的特定社会的经济模式、政治体制、社会制度和文化观念。这与民法的属性不尽相符。民法典具有共

---

① 谢鸿飞：《民法典与特别民法关系的构建》，载《中国社会科学》2013 年第 2 期。

同性，但这主要体现在市场交易规则方面，连财产规则都不能完全如此，许多人都认为，"物权法具有本土性"①，"社会政治原则是物权法的一个基本原则"，"一个国家的物权法及其法律秩序，因其是否或在何种程度上承认公有制或者私有制而有所不同"②。更不用说家庭亲属制度了。民法典还有明显的民族性、国别化特征，这是民法无法保持中立的。

技术中立的民法典只规定了各种人们可期待的权利，而不考虑不同人们实现它们的能力。但有些民事权利是人们民事生活所必需的，没有它们，人们就无法民事生活。所以，对于一些基本的民事权利，民法不能仅仅使人期待，还应该保障其既得。

人们看到了民法典的不足，但在"民法典中心主义"甚至"民法帝国主义"观念的支配下，仍然认为可以通过特别民法去弥补民法典的不足，于是特别民法应运而生。特别民法追求实质平等，不仅考虑抽象的当事人，还区分出具体的消费者和劳动者，它们以实质平等为终极价值，不仅要考量抽象法律关系中当事人的社会角色（如出租人与承租人、"巨无霸"公司与小微企业等），还要权衡具体法律关系中当事人的实际能力，等等。技术中立的民法已经做出了各种各样的规则补充和制度调整，如试图用雇佣合同代替劳动合同来保护劳动者，用买卖合同、信贷合同、承揽合同等代替消费合同来保护消费者，《德国民法典》还界定了消费者（第13条）与经营者（第14条）。但在民法固有的规则体系和制度框架下，这些努力并没有达到预期的效果。如，虽然有关消费者保护的规则散见于《德国民法典》的债编各处，但德国债法的改革遭到了许多恶评。如有人认为，"对于消费者的民事保护实质上并不会有所增益，但对德国民法典体系的破坏，也就是体系效益的减损，却难以估量"③。之所以如此，是因为这些日益分殊的民事生活已经动摇了民法的存在基础，改变了民法的价值准则，突破了民法的原则，甚至脱离了民法的范畴，许多

---

① 参见崔建远《物权：规范与学说》（上卷），清华大学出版社2011年版，第3页。
② 参见王泽鉴《民法物权·通则·所有权》（总第1册），台北三民书局2003年增补版，第15页。
③ 苏永钦：《现代民法典的体系定位于建构规则——为中国大陆的民法典工程进一言》，《交大法学》2010年第1期，第67页。

特别民法已不再是民法，它们不能顺乎逻辑、合乎体系地纳入民法典。

民法规则不是技术规则而是行为规则。民法规则要适应、保障民事生活的多元性、自治性和自由性，就必须具有普遍性、授权性和任意性。所有这些都取决于民法的抽象性。准确地说，不是民法的技术中立而是民法的抽象规定才适合民事生活的本性。民法的抽象规定，就是民法规定要抽象掉民事生活的各种具体因素、细枝末节、各种特性，抓住其本质性、规律性、共同性的东西，不受特殊性的影响，以保证民法的统一适用。但这里的问题是抽象到什么程度。这种抽象性既不能抽象到不食人间烟火，如民法技术中立所主张的那样；但也不能放弃抽象性而为特殊性所支配，把许多有别于民法的规范也纳为特别民法。因此，笔者主张中度的抽象性。这种抽象性既能吸纳民事生活的那些具有本质性、规律性和共同性的新元素、新范式，但同时又扬弃了民事生活中那些特殊性、偶然性和差异性的东西。笔者认为，这才是民法对待民事生活的应有立场和基本态度，也是当代民法典制定需要努力的主要方向和重要方面。

第七章

商法哲学

——从资本到人本

公司原本就是人与资的集合，人与资的关系是公司最核心的关系之一，人资是否匹配和谐关系到公司能否生存发展，实践证明，只有人力与物力合力才能充分发挥公司的力量。但仔细考察公司的发展历史，人资关系在公司中并不都是匹配和谐的，而常常是对立冲突的，主要是以资为本而不是以人为本，这种现象至今也未完全改变。但从公司未来的发展趋势来看，公司必将从资本走向人本。

一 以资为本时代的公司

劳动是人的本能，也是人的本性；自然资源天赋人人，人人可以分享。因此，起初，人的劳动与自然资源是自然结合的，人们通过劳动作用于自然资源使其满足人的需要，如人们耕而食、凿而饮，等等。但经过资本原始积累以后，社会成员发生了分化，极少部分人跃升为资本家，垄断了进行社会生产的生产条件，使之成为自己独占的资本，而绝大多数人失去了生产资料，沦落为无产者，只能靠出卖自己的劳动力为生。如此分化的结果是劳动者与生产资料相分离，迫使无产者必须为资本家劳动，接受资本的剥削。这正如马克思所说："凡是社会上一部分人享有生产资料垄断权的地方，劳动者，无论是自由的或不自由的，都必须在维持自身生活所必需的劳动时间以外，追加超额的劳动时间来为生产资料的所有者生产生活资料。"① 至此,"资本发展成为一种强制关系"②,劳动是在资本控制下的劳动,是在为资本生产剩余价值而劳动,"作为剩余劳动的榨取者和劳动力的剥削者,资本在精力、贪婪和效率方面,远远超过了以往一切以直接强制劳动为基础的生产制度"③。这就形成了资本的统治地位和剥削本性,在公司中是以资为本,而不是以人为本,工人是无足轻重的。

"资本人末"是由资本的本质所决定的。资本的本质是追逐剩余价值,作为资本人格化的资本家为了追逐更多的剩余价值,必然要求榨取工人更多的剩余劳动,超过工人的身体界限和社会界限来延长工作日,在历史上,资本犯下了"过度劳动的文明暴行"④。在资本家看来,"不言而喻,工人终生不外就是劳动力,因此他的全部可供支配的时间,按照自然和法律,都是劳动时间,也就是说,应当用于资本的自行增值。至于个人受教育的时间,发展智力的时间,履行社会职能的时间,进行社交活动的时间,自由运用体力和智力的时间,以至于星期日的休息时间——这全都是废话!"⑤ 资本把人的一切合理需要都当作无用的东西加以扼杀了,把人变成纯粹的劳动工具。

"资本人末"也是由资本主义生产所决定的。"资本主义生产——实质上就是剩余价值的生产,就是剩余劳动的吮吸——通过延长工作日"⑥。"资本由于无限度地盲目追逐剩余劳动,像狼一般地贪求剩余劳动,不仅突破了工作日的道德极限,而且突破了工作日的纯粹身体的极限。它侵占人体成长、发育和维持健康所需要的时间。它掠夺工人呼吸新鲜空气和接触阳光所需要的时间。"⑦ 工人只不过是资本增值的工具,如同牛马、机器一样,为了资本增值这一最高目标,哪怕牺牲工人这一

---

① 《马克思恩格斯文集》第5卷,人民出版社2009年版,第272页。
② 同上书,第359页。
③ 同上书,第359页。
④ 同上书,第273页。
⑤ 同上书,第306页。
⑥ 同上书,第307页。
⑦ 同上书,第306页。

工具也在所不惜。但工人的劳动时间总是要受到工人身体生理等客观因素的限制，如工人总要吃饭、休息，它们都必须要占有一定的时间。但在急功近利的资本家看来，"给他饭吃，就如同给锅炉加煤、给机器上油一样。资本把积蓄、更新和恢复生命力所需要的正常睡眠，变成了恢复精疲力尽的机体所必不可少的几小时麻木状态"①，因为"没有这种休息时间，劳动力就根本不能重新工作"②。即使如此，资本家也要通过"偷占几分钟时间""夺走几分钟时间"，或者"啃吃饭时间"等方式"零敲碎打地偷窃"工人吃饭时间和休息时间。③ 只要工人还有一块肉、一根筋、一滴血可供榨取，吸血鬼就决不罢休。④ "资本人末"到了资本吃人的残酷地步。

资本家总是尽量延长工人的剩余劳动时间，但同时又竭力克减工人的工资，因此，"资本主义生产的总趋势不是提高工资的平均水平，而是降低这个水平"⑤。此外，资本家把原本由工人劳动创造的剩余价值视为仅由其不变资本产生的利润而统统收归己有，没有给予工人应得的部门，导致社会分配不公，贫富悬殊，两极分化。

二 从资本到人本的动因

"资本人末"导致资本"对剩余劳动的狼一般的贪欲"，"毫无拘束地压榨劳动力"，严重地损害了工人的身体健康，劳动力未老先衰，缩短了工人的寿命，大大地影响了劳动力的可持续发展，"正像贪得无厌的农场主靠掠夺土地肥力来提高收获量一样"⑥，这是竭泽而渔，劳动力的衰竭最终会危及资本的增值。人们已认识到，"如果不先限制工作日，不严格地强制贯彻工作日的法定界限，要想在社会改革方面采取进一步的措

---

① 《马克思恩格斯文集》第5卷，人民出版社2009年版，第306页。
② 同上书，第305—307页。
③ 参见《马克思恩格斯文集》第5卷，人民出版社2009年版，第281页。
④ 《马克思恩格斯文集》第5卷，人民出版社2009年版，第349—350页。
⑤ 《马克思恩格斯文集》第3卷，人民出版社2009年版，第78页。
⑥ 《马克思恩格斯文集》第5卷，人民出版社2009年版，第305—307页。

施，是决不可能有任何成功希望的"①。同时，工人们"为了'抵御'折磨他们的毒蛇"，"必须把头聚在一起，作为一个阶级来强行争得一项国家法律，一个强有力的社会屏障"，"从法律上限制工作日的朴素的大宪章，代替了'不可剥夺的人权'这种冠冕堂皇的条目"，"使自己不致再通过自愿与资本缔结的契约而把自己和后代卖出去送死和受奴役"②。至此，"资本终于受到法律的约束"③。限制工人的工作日，这是保护工人的开始，也是以人为本的初步。

虽然资本家也认识到了靠毫无拘束地延长工作日受到了工人身体的限制和社会道德的谴责，因而大都放弃了这种绝对剩余价值的生产方式，转而通过提高生产率缩短必要劳动时间从而延长剩余劳动时间以榨取相对剩余价值的生产方式。但"由于社会劳动生产率的增进，花费越来越少的人力可以推动越来越多的生产资料"，导致"工人阶级中贫苦阶层和产业后备军越大，官方认为需要救济的贫民也就越多。这就是资本主义积累的绝对的、一般的规律"④。这就说明，只要是以资为本，即使是依靠提高生产率的生产方式也不可能彻底地解决工人的问题，真正实现以人为本。

劳资常常是对立冲突的，劳资双方一直围绕工作日而展开斗争。由于"资本是不管劳动力的寿命长短的。它唯一关心的是在一个工作日内最大限度地使用劳动力"⑤。因此，什么是一个工作日？资本对这些问题的回答是："工作日就是一昼夜24小时减去几小时休息时间。"据此，资本家要坚持他作为买者的权利，他尽量延长工作日，如果可能，就把一个工作日变成两个工作日。另一方面，工人也要坚持他作为卖者的权利，他要求把工作日限制在一定的正常量内。于是这里就出现了权利同权利相对抗，所以，在资本主义生产的历史上，工作日的正常化过程表现为规定工作日界限的斗争，这是全体资本家即资本家阶级和全体工人即工

---

① 参见《马克思恩格斯文集》第5卷，人民出版社2009年版，第348页。
② 《马克思恩格斯文集》第5卷，人民出版社2009年版，第349—350页。
③ 同上书，第282页。
④ 同上书，第742页。
⑤ 同上书，第305—307页。

人阶级之间的斗争。① 这种斗争持续不断、日益扩大,最终演化为一种变革社会的重要力量,是实现以人为本的根本动力。

"资本人末"导致在资本家一极是财富的积累,同时在无产者一极,"是贫困、劳动折磨、受奴役、无知、粗野和道德堕落的积累"②,"资本的积累就是无产阶级贫困的增加"③。这种两极分化,使得资产阶级与无产阶级的斗争空前尖锐和不可调和,最终"资本主义外壳就要炸毁了。资本主义私有制的丧钟就要响了。剥夺者就要被剥夺了"④。只有消灭了资本的私有制性质、消除了资本对劳动的剥削本性,才能彻底解放工人,真正实现以人为本。

所有这些因素结合起来,必然导致从资本到人本的转化。

三 从资本到人本的根由

自从大自然进化出人以来,人就成了万物的主宰,"人是万物的尺度","万物皆备于我",人与物的关系确定为一种主客关系、目的与手段的关系,与一切它物相比较,人的主体地位、人的目的性确立起来了,人的类本位确立了。

但人是会分化的,人会分化为不同的团体、阶层和阶级,人与人之间存在差别,如身份、财产、权力等,这些差别足以使一些人剥削、压迫另一些人,一些凌驾于另一些人之上,一些人成为另一些人的手段,人的类本位被人的阶级本位代替了。自从人类进入阶级社会以后,形成了统治阶级与被统治阶级,奴隶主、地主、资本家是统治阶级,奴隶、农奴和工人是被统治阶级,前者因其垄断生产资料而剥削、压迫和奴役后者,导致前者为本,而后者为末,这并不是以人为本、人人本位。如前所述,这种情况在资本主义社会表现得特别明显。顾名思义,资本主义就是以资为本的主义,其"主义"(世界观、价值观)是"一切向钱看""金钱本位""资本位",以及以资本人格化的资本家为本,而不是

---

① 参见《马克思恩格斯文集》第5卷,人民出版社2009年版,第271—272页。
② 《马克思恩格斯文集》第5卷,人民出版社2009年版,第743—744页。
③ 同上书,第709页。
④ 同上书,第874页。

以工人为本、以人为本。

资本家有他们的一套逻辑,他们认为资本的核心是生产资料、货币等不变资本,甚至资本就是生产资料、货币投资等不变资本,剩余价值是由不变资本创造的,是不变资本长期积累的结果,甚至是资本家节欲的结果,只有资本家才能充分发挥资本的作用。按照他们这种逻辑,剩余价值就应归资本家所有,与工人无关,发给工人工资就足够了。如果没有资本,工人就无工可做,就没有工资,就只能饿死,因此是资本养活了工人,而不是工人创造了资本。这套逻辑必然导致以资为本,资本凌驾于工人之上。但这是资本的异化——资本本来是工人创造的,现在却反过来统治奴役工人。

但自古就有"劳动是财富之父"的格言,意指财富是人的劳动创造的,"资本是积蓄的劳动"①。马克思更是深刻、充分、正确地揭示了,资本是死劳动,工人的劳动才是活劳动,资本区分为不变资本和可变资本,剩余价值的真正源泉是工人的劳动,是由可变资本创造的。因此资本家借口剩余价值仅由不变资本创造而自我独占,是没有根据的,这不仅导致社会分配不公、贫富悬殊、工人阶级的普遍贫穷无钱消费,而且违背了生产是为了消费的根本目的,这种生产是为钱而生产而不是为人消费而生产,是不合理、不可持续的。马克思主义对资本的批判,有力地批判和矫正了资本主义的资本观。

人是第一生产力,一切财富都是通过人力创造的;人力资本是最大的资本,其他资本只有经由人力才能增值。所以,要创造财富、使资本增值必须充分发挥人的主动性、积极性和创造性,为此应该有一套相应的制度安排。但由于资本主义生产对剩余价值的贪婪,使得工人的劳动是一种异化劳动——劳动对工人来说是外在的东西,不属于他的本质,他在劳动中不是肯定自己,而是否定自己;不是感到幸福,而是感到不幸;不是自由地发挥自己的体力和智力,而是使自己的肉体受折磨、精神遭摧残;他的劳动不是自愿的劳动,而是被迫的强制劳动。② 异化劳动

---

① 《马克思恩格斯文集》第 1 卷,人民出版社 2009 年版,第 130 页。
② 参见《马克思恩格斯文集》第 1 卷,人民出版社 2009 年版,第 159 页。

是资本主义的掘墓人,要挽救资本主义,就必须消灭这种异化劳动,消灭异化劳动的核心和宗旨就是使工人劳动是一种主动性、积极性和创造性的劳动,而这又必须消灭资本对劳动的剥削,要从以资为本走向以人为本。

马克思对资本主义的批判,也是对资本的批判。马克思尖锐地批判了资本主义那种见物不见人、"物本人末"的资本观,这种资本观充满了对人的误解和偏见。马克思深刻地指出了资本的核心是可变资本,是工人的劳动,而不是不变资本,人力资本重要于物质资本。因此,即使是以资为本,只要是正确的资本观,也内在地理应以工人为本、以人为本。

马克思在《资本论》中揭示了剩余价值的真正根源。马克思的剩余价值理论"已经证明,无偿劳动的占有是资本主义生产方式和通过这种生产方式对工人进行的剥削的基本形式"①。工人阶级认清资本对自己的剥削压迫,才激发了无产阶级反抗资产阶级的斗志和斗争,社会革命才有了阶级力量和实现途径,社会主义取代资本主义才具有了合理性和必然性。在此基础上,社会主义才实现了从空想到科学的发展。社会主义就是以社会为本位,以社会每一个成员、所有社会成员为本位,而不是以极少数有钱人——资本家为本位。社会主义消灭了资本对劳动的统治、物对人的奴役、资本对工人的剥削,这正如邓小平所指出的:"社会主义的本质,是消灭剥削,消除两极分化,最终达到共同富裕。"② 社会主义就是以人为本,就是人本主义、人人主义。

马克思深刻地看到了"社会上一部分人对另一部分人的剥削是过去几个世纪所共有的事实"③,贫富悬殊必然导致富人对穷人的剥削和压榨,资本主义社会也是如此。只要资本家垄断了生产资料,资本家就可以凭借其所拥有的资本奴役那些一无所有只靠出卖劳动力为生的人,导致资本对人的统治,物对人的奴役,"物是人非",工人创造的财富越多他就

---

① 《马克思恩格斯选集》第3卷,人民出版社1995年版,第740页。
② 参见《邓小平文选》第3卷,人民出版社1993年版,第373页。
③ 《马克思恩格斯文集》第2卷,人民出版社2009年版,第51页。

越贫穷,"物的世界的增值同人的世界的贬值同成正比"①。基于此,马克思提出了共产主义,认为"共产主义是对私有财产即人的自我异化的积极扬弃,因而是通过人并且为了人而对人的本质的真正占有;因此,它是人向自身、也就是向社会的即合乎人性的人的复归"。以私有制为基础的资本对劳动的剥削既是不自然的,也是不人道的。所以,"这种共产主义,作为完成了自然主义,等于人道主义,而作为完成了人道主义,等于自然主义"②。但共产主义不会从天而降,要实现共产主义必须进行共产主义革命,"共产主义革命就是要同传统的所有制关系实行最彻底的决裂"③。共产主义的目标是消灭私有制,尤其是消灭富人利用其资本去剥削压迫穷人。在马克思主义看来,真正的共产主义社会,是一个"自由人的联合体","在那里,每个人的自由发展是一切人的自由发展的条件"。④

虽然马克思主义没有成为西方资本主义国家统治阶级的指导思想,但不能据此认为马克思主义在西方资本主义国家失败了。恰恰相反,马克思主义正确地指出了资本主义的病根,如频频爆发的资本主义经济危机等,并开出了有效的救治方案,如"有计划的自觉组织代替社会生产内部的无政府状态"⑤,等等。马克思高呼"资本主义的丧钟就要响了",警醒了还在噩梦中昏睡的资本主义。为了资本主义的丧钟不会响起,资本主义国家不同程度上地采取了马克思主义的方案来救治自己的疾病,如凯恩斯主义等。可以说,如果没有马克思主义的警告,也许资本主义的丧钟早就响了。就此而言,资本主义国家应感恩于马克思主义。如熊彼特虽然表面上不赞成马克思的思想理论,但他从投资机会的减少、利润的消失以及利率的趋零、企业家创新功能的丧失、生产和管理的机械化和自动化、机关和委员会的工作取代个人的活动等方面论证了资本主

---

① 《马克思恩格斯文集》第 1 卷,人民出版社 2009 年版,第 156 页。
② 同上书,第 185 页。
③ 《马克思恩格斯文集》第 2 卷,人民出版社 2009 年版,第 52 页。
④ 同上书,第 53 页。
⑤ 参见《马克思恩格斯选集》第 3 卷,人民出版社 1995 年版,第 634 页。

义存在不下去。① 如他所说:"完全官僚化了的巨型工业单位不但驱逐中小企业,'剥夺'其业主,而且到最后它还会撵走企业家,剥夺作为一个阶级的资产阶级。在这个过程中,资产阶级不但失去收入,而且丧失远为重要的它的职能。社会主义的真正开路人不是宣扬社会主义的知识分子和煽动家,而是范德比尔特、卡内基和洛克菲勒这类人。"② 这个结论不仅与马克思的结论一致,甚至连字眼和逻辑都相同,大有异曲同工或殊途同归之感,以至于他自己也说:"这个结论不论从哪个方面都不合马克思主义社会主义者的口味,更加不会适合通俗的那类社会主义者的口味。但就预测本身来说,它和他们的预测并无不同。"③ 即使当资本主义发展到垄断阶段,资本与劳动的这种对立关系也为根本改变。美国经济学家哈里·布雷弗曼在《劳动与垄断资本》一书中,研究了垄断资本主义条件下的劳动过程,探讨了劳动和管理、科技革命、垄断资本、现代公司、市场与国家、工人阶级等的发展演变,并着重指出,上述各项发展演变的原因是资本追求最大的剩余价值。保罗·M. 斯威齐在该书的序言中写道:"我必须承认:对我来说,读这本书在感受上很不平静。我认为,这种感受和千百万读者读《资本论》第一卷时的感受有点儿相像。我国大多数同胞和世界上其他大部分地区里和他们处境相似的人们,被迫去过的劳动生活状况,是可悲的、可怕的、令人伤心的。这种状况,难以忍受、不能忘怀,已深深地印入我的思想意识之中,一切才能和精力,天天用于发明那些使他们的苦难更加深重的方法和手段,名义上是为了提高效率和生产率,实际上是为资本这个天神谋求更大的繁荣。每当我想到这种情况时,我对人类竟然愿意继续忍受这种对人类幸福显然具有破坏性的安排感到惊异,这种惊异的程度超过了我对人类有能力创造这样一种可恶的制度所感到的惊奇。如果这种努力,或者只是一半的努力,用于使工作尽可能地成为令人愉快的、创造性的活动,那么这个

---

① [美] 熊彼特:《资本主义、社会主义与民主》,吴良健译,商务印书馆1999年版,第209—214页。

② 同上书,第209—214页。

③ 同上书,第214页。

世界该是多么美好啊！"①

虽然目前资本主义垂而不死，但资本的剥削性质并未改变，资本对工人的态度也没有完全改变，"资本主义生产方式按其本质来说，只要超过一定的限度就拒绝任何合理的改良"②。当前社会主义正在改革，还存在诸如"血汗工厂""黑砖窑"、拖欠民工工资、不与工人签订劳动合同、不给工人上保险等普遍现象，这些正是社会主义改革的重要内容之一，保护劳动者的合法权益、建立和谐的劳资关系、让发展成果人人共享、实现社会共同富裕，是社会主义的本质和目标。可见，在当下，马克思主义依然具有强大的生命力和深刻的现实意义。从长远来看，虽然共产主义还遥不可及，马克思主义的个别结论可以修正，但它的基本原理并未过时，仍然可以给予人们重要的告诫和深刻的启示。如人们应该认识到，资本具有普遍的社会属性，是社会共同财富，应该承担社会责任③，必须用资本来造福全社会成员，使之成为每一个人自由发展的基础。资本不应是某人的私有财产，不能由少数人垄断成为剥削多数人的工具。那样的话，总有一天资本会血本无归，"剥夺者会被剥夺"，在历史上剥削阶级的统治被不断推翻就已经证明这是一条铁律。

马克思（主义）对资本（主义）的批判对后人有积极的影响和深刻的启示，一些人在马克思（主义）的基础上提出了许多重要的概念和理论，如1924年美国学者谢尔顿提出的"公司的社会责任"、1960年美国经济学家舒尔茨提出的"人力资本"等重要的概念和理论，它们已构成

---

① 参见［美］哈里·布雷弗曼《劳动与垄断资本》，方生等译，商务印书馆1979年版，斯威齐序。

② 《马克思恩格斯文集》第5卷，人民出版社2009年版，第554页。

③ 许多国家的公司法对此都有规定，如美国《示范公司法》第4条第m项规定："每一公司得为公共福祉、慈善、科学或教育之目的捐赠"。此外，美国多数州的公司法都有"其他利害关系人条款"，如纽约州《商事公司法》第717条第6项规定，公司董事于决策时，得考虑公司采取之行为，对股东以外的各种其他利害关系人之影响。英国1985年《公司法》第309条规定，董事执行其职务时，"必须"考虑公司员工之利益。我国《公司法》第5条规定："公司从事经营活动，必须遵守法律、行政法规，遵守社会公德、商业道德，诚实守信，接受政府和社会公众的监督，承担社会责任。"应该说，公司职工是公司最为密切的"其他利害关系人"，保护职工合法权益是公司应该承担的最低限度的社会责任，一个连职工合法权益都不能保护的公司，是不可能承担什么社会责任的。

职工权益保护和实现以人为本的新的理论依据,并直接影响到资本主义国家公司法的修改。通观各国公司法的修订,明显地体现出一条从资本到人本的主线。

四 从资本到人本的制度变革

资本家与工人、资本与劳动一直是工厂以及后来公司的基本元素,他(它)们之间的矛盾也一直是工厂以及后来公司的主要矛盾。早期的工厂法就企图解决这些矛盾,一个重要的表现就是那时的工厂法都有关于限制劳动时间、合理工资、禁止雇用童工、采取安全措施、建立清洁卫生设施、强制性教育、检查监督等条款[①]。虽然它们是恶法,但它们在某种程度上毕竟还是"工人阶级的身体和精神的保护手段"[②]。但到了公司法的时代,有关工人劳动保护方面的规定大都分离出来由劳动法和社会保障法去规定了,公司法几乎成了纯粹资本的规定,如我国的公司法进行了几次修订,现行《公司法》的体例是:第一章总则;第二章有限责任公司的设立和组织机构,第一节设立,第二节组织机构,第三节一人有限责任公司的特别规定,第四节国有独资公司的特别规定;第三章有限责任公司的股权转让;第四章股份有限公司的设立和组织机构,第一节设立,第二节股东大会,第三节董事会、经理,第四节监事会,第五节上市公司组织机构的特别规定;第五章股份有限公司的股份发行和转让,第一节股份发行,第二节股份转让;第六章公司董事、监事、高级管理人员的资格和义务;第七章公司债券;第八章公司财务、会计;第九章公司合并、分立、增资、减资;第十章公司解散和清算;第十一章外国公司的分支机构;第十二章法律责任;第十三章附则。从中几乎看不出有关职工权益保护的规定,可以说这种公司法是"无人公司法",与"人去楼空"无异。虽然我国《公司法》在总则的第 17 条规定:"公司必须保护职工的合法权益,依法与职工签订劳动合同,参加社会保险,

---

[①] 马克思在《资本论》第 1 卷中有大量"关于工厂立法"的摘引和评述,参见《马克思恩格斯文集》第 5 卷,人民出版社 2009 年版。

[②] 《马克思恩格斯文集》第 5 卷,人民出版社 2009 年版,第 576 页。

加强劳动保护，实现安全生产。公司应当采用多种形式，加强公司职工的职业教育和岗位培训，提高职工素质。"第 18 条规定："公司职工依照《中华人民共和国工会法》组织工会，开展工会活动，维护职工合法权益。公司应当为本公司工会提供必要的活动条件。公司工会代表职工就职工的劳动报酬、工作时间、福利、保险和劳动安全卫生等事项依法与公司签订集体合同。公司依照宪法和有关法律的规定，通过职工代表大会或者其他形式，实行民主管理。公司研究决定改制以及经营方面的重大问题、制定重要的规章制度时，应当听取公司工会的意见，并通过职工代表大会或者其他形式听取职工的意见和建议。"[1] 按理说，在一部法律中既然有了总则性的规定，接下来就应该有贯彻、落实它们的一些具体化的规定，但纵观整部《公司法》，除了这两条总则性的规定以外，就再没有下文了，连必要的指引都没有，即使在法律责任一章中，对于侵害职工合法权益的法律责任，也只字未提。可以说，这两条总则性的规定显然是一些虚文，是对保护公司职工合法权益的敷衍。即使与早期被批评为恶法的工厂法相比，这都是一种严重的倒退，因为最起码那时的工厂法里面，或多或少、或好或坏，还有保护工人权利的规定，还有这方面的企图，而现在的公司法见资不见人，嫌贫爱富，有"公司董事、监事、高级管理人员的资格和义务"的规定，但没有职工权益保护的具体规定。虽然可以把这方面的内容分离出来由劳动法、社会保障法等去规定，但这种分离状态不利于劳动者权益的保护，最终也不利于公司的发展。比较一下我国 1993 年、1999 年、2004 年以及 2005 年公司法，几经修改，但其立法宗旨基本未变，都是"为了规范公司的组织和行为，保护公司、股东和债权人的合法权益，维护社会经济秩序，促进社会主义市场经济的发展"（分别参见其第 1 条）。从其语义分析来看，这里的公司是股东的公司、债权人的公司，即是出资人或有钱人的公司，而不是职工的公司，职工没有被看作公司的自己人，而是被视为公司的外人。

---

[1] 应该说，这条规定与修改前的规定相比，还是有进步的。此前的规定是：第 15 条规定："公司必须保护职工的合法权益，加强劳动保护，实现安全生产。公司采用多种形式，加强公司职工的职业教育和岗位培训，提高职工素质。"第 16 条规定："公司职工依法组织工会，开展工会活动，维护职工的合法权益。公司应当为本公司工会提供必要的活动条件。"

"保护公司"也难以扩大解释为包括了保护公司的职工,保护职工游离于公司法的立法宗旨之外。这种立法宗旨与我国的国情是相符的。因为长期以来,我国短缺的是资本特别是货币资本,富裕的是劳动力,因此国家对资本的保护远高于对劳动力的保护,我们有各种招商引资的优惠政策,但少有甚至没有保护劳动者的优惠措施,能够保护劳动者的合法权益就不错了。我国的公司立法一直就偏向资本一方,而对劳方未予足够的重视。这种劳方缺场的公司法、见资不见人的公司法不仅未能体现出以人为本的时代精神,甚至连赫然写上的"促进社会主义市场经济的发展"的立法宗旨也实现不了,因为"社会主义"以及"社会主义市场经济"不能仅仅是以资为本,而必须是以人为本,保护劳动者的合法权益、使每一个劳动者都能有人格尊严地生存发展不仅是社会主义的本质和宗旨所在,也是社会主义较之资本主义的优越之处,也只有如此才能"促进社会主义市场经济的发展"。历史和现实一再证明,从来就没有过无视劳动者而能促进公司、经济的可持续发展。就此而言,我国的《公司法》是落伍的,没有与时俱进,应该本着从以资为本到以人为本的理念和制度的继续予以修改。

五 从资本到人本的制度安排

从资本到人本的实现需要相应的制度设计和制度保障,这些制度安排最起码包括以下五方面:

一是在公司中树立以人为本的理念。可以参照人民是国家的主人、人民当家做主的理念,在公司中树立职工是公司的主人,维护职工在公司中的主人翁地位。公司怎样对待职工,职工就会怎样对待公司,公司尊重职工、关心职工,职工就会反过来热爱公司、关心公司,这样的公司才是有生命力、竞争力的公司。这是正确的公司价值观和经营观。在日本被称为近世儒商的涩泽荣一,他一生创办了五百多家企业,被尊为"日本工业之父"。他认为义利合一是儒商的经营原则,他的著作《论语加算盘》被许多日本人奉为商业经典。他认为,义是利的基础,利是义的结果;义是利的指导,利是义的实现;义是企业通过其正当合法的生产经营活动为社会谋福利,利是社会获得企业满意服务后以利润形式给予企业应有的回报。美国福特汽车公司之所以能够成为世界最大的汽车企业之一，也是与其公司经营理念有关，其中之一就是"服务第一，利润第二"，因此，早在1914年1月5日，亨利·福特就宣布公司八小时工作制的最低日工资为5美元，是当时工资水平的两倍以上（取代了9小时2.34美元的日工资标准）。中国福耀玻璃集团的创始人、董事长曹德旺说："员工也是我们的客户，怎样留住员工？就要考虑薪酬福利、企业的发展愿景、员工的个人发展愿景、企业的价值观和文化。什么是文化？中国最有价值的文化就是立德，德的核心就是仁慈。企业虽然不是员工的，但他有份。我们的员工不仅享有一般的福利，生病了我们也可以给他看，我们为北京的临时工治病花了一百多万元，在我们工厂生病必须送医院，送医院就不惜代价，治好为止。这样做不单单是一点儿钱的问题，而是形成一种文化，对公司价值的认同，你应该给他们解除头上这把剑，什么时候掉下来，集团都可以帮你解决。"① 这是福耀"2011年净资产收益率到35%、位居中国第一"的根本原因之一。无数的成功事例都说明，一个公司之所以能够做大做强，应归功于公司对职工的尊重、厚爱和善待。相反，一些公司之所以出现这样或那样的问题，甚至破产倒闭，一个重要的原因就是压迫、剥削和虐待职工。如一些公司之所以缺乏竞争力，是因为它们不尊重、关心职工，从而不能充分调动职工的主动性、积极性和创造性；一些公司经常出现产品质量问题，究其根本原因是职工缺乏主人翁地位，他们认为自己是为别人打工而不是为自己工作，深感自己在公司中受压迫剥削，所以就缺乏事业心、责任心，甚至还希望公司早日倒闭；一些家族式的公司，公司老板六亲不认，同样无情地剥削自己的亲人、朋友，导致亲情、友情都没有了。一个不尊重劳动者的公司，也不可能尊重消费者，甚至不尊重任何人。这样的公司是不可持续的。正反两方面的事例都说明，以人为本应该成为公司的价值观、经营观和企业文化。

二是在国有或国家控股的公司中应坚持职工的主人翁地位。其实，1988年颁布的《全民所有制工业企业法》就有这方面的规定，如其第9

---

① 参见曹德旺2012年4月26日在北京光华管理学院的演讲。

条规定:"国家保障职工的主人翁地位,职工的合法权益受法律保护。"第 10 条规定:"企业通过职工代表大会和其他形式,实行民主管理。"这是非常好的做法,应该坚持和发扬。但在《公司法》中职工的地位就大大下降了,职工不再是主人翁而只有代表了,由个别代表代表全体职工。如《公司法》第 45 条规定:两个以上的国有企业或者其他两个以上的国有投资主体投资设立的有限责任公司,其董事会成员中应当有公司职工代表;其他有限责任公司董事会成员中也可以有公司职工代表。董事会中的职工代表由公司职工通过职工代表大会、职工大会或者其他形式民主选举产生;第 68 条规定:国有独资公司设立董事会,董事会成员中应当有公司职工代表。董事会成员中的职工代表由公司职工代表大会选举产生;第 71 条规定:国有独资公司监事会中应该有职工代表,职工代表由公司职工代表大会选举产生。由于各种原因,职工代表并不能真正有效地代表职工行使权利(力),更不能影响公司决策。更有甚者,一些国有企业在公司改制过程中,把职工视为是负资产、一种负担,通过提前退休、内部退养、买断工龄等方式将其"一剥了之",企业被贱卖,职工被扫地出门,或者把解雇职工当作合资、投资的先决条件,等等。这些都严重地损害了职工的权益和国家的利益,必然会引起职工的反对乃至反抗。如 2009 年 7 月发生的"通钢事件"就是典型一例。① "通钢事件"向人们警示,企业重组必须让职工参与,要尊重职工的合理诉求,保护职工的合法权益。

三是在资本制度上,应尽可能地扩大人力资本的比重。人们已经达成共识,科技是第一生产力,人力资本是第一资本,现代经济是知识经济,人力资本与物质资本一样具有确定性、价值性、增值性和可转让性,因而是可以作为出资资本的。这在国外也不是一律禁止的。大陆法系国家的公司立法以保护债权人利益为其出发点,强调资本的担保功能而忽视资本的经营功能,所以德国《股份公司法》第 27 条第 2 款仅规定无限

---

① 建龙集团以 10 亿元现金和其持有的通钢矿业有限责任公司股权,向通钢集团增资控股,持股 66%,吉林省国资委直接持有通钢集团的股权降至 34%。股权调整引发群体性事件,刚刚任命的通钢总经理被工人打死。

公司或股份两合公司的无限责任股东可以人力资本出资；在1982年以前，法国《公司法》禁止有限责任股东以人力资本出资，今虽予以许可，但是人力资本的出资不能成为公司注册资本的构成部分，只能作为其享有股东权利、承担股东责任的依据。英美法系国家对股东出资方式的规定比较灵活，在其公司立法中对人力资本出资没有禁止性限制。英国的ReEddystone Marine Insurance Co. （1893）议案认为，公司提供劳务以换取股权的协议是可以接受的，可以作为公司股权的约因；美国的《上市公司法》规定"任何有形或无形资产或其他公司的利益，包括现金、支票、已履行的劳务、劳务合同，或者其他公司证券"都可以成为股份的对价。2005年我国新修订的《公司法》第27条规定："股东可以用货币出资，也可以用实物、知识产权、土地使用权等可以用货币估价并可以依法转让的非货币财产作价出资。"这一规定较之以往放宽了对出资形式的限制，但对于人力资本能否出资依然没有提及。不过，一些地方性法规已经出台，如1997年江苏省《关于推进技术股份化的若干意见》、2001年上海市政府制定的《关于张江高科技园区内内资企业设立登记的实施细则》、2003年南京市工商行政管理局规定的《关于进一步放宽市场准入条件》、2005年上海市工商行政管理局制定的《浦东新区人力资本出资试行办法》等都有关于人力资本出资的规定。我国《公司法》应该顺应潮流，在借鉴国外和地方立法经验的基础上早日对人力资本出资做出明确规定。人力资本的制度化是对以人为本的制度保障。

四是真正把《公司法》第17条、第18条的规定落到实处，如把它们列入公司章程和股东大会、董事会和监事会的议事日程中，但从目前我国《公司法》的具体规定来看，还尚付阙如。如我国《公司法》第25条规定："有限责任公司章程应当载明下列事项：（一）公司名称和住所；（二）公司经营范围；（三）公司注册资本；（四）股东的姓名或者名称；（五）股东的出资方式、出资额和出资时间；（六）公司的机构及其产生办法、职权、议事规则；（七）公司法定代表人；（八）股东会会议认为需要规定的其他事项。股东应当在公司章程上签名、盖章。"第38条规定："股东会行使下列职权：（一）决定公司的经营方针和投资计划；（二）选举和更换非由职工代表担任的董事、监事，决定有关董事、监事的报酬事项；（三）审议批准董事会的报告；（四）审议批准监事会或者监事的报告；（五）审议批准公司的年度财务预算方案、决算方案；（六）审议批准公司的利润分配方案和弥补亏损方案；（七）对公司增加或者减少注册资本做出决议；（八）对发行公司债券做出决议；（九）对公司合并、分立、变更公司形式、解散和清算等事项作出决议；（十）修改公司章程；（十一）公司章程规定的其他职权。"从这些规定来看，好像职工权益保护方面的事情根本就不必载入公司章程和进入股东大会的议事日程。果如此，又怎能保护公司职工权益呢？

　　五是协调法律部门之间的关系。现代社会关系越来越复杂，现在的法律部门愈分愈细，公司关系不可能一法包办了，公司法必须与相关法密切配合协调。就公司职工权益保护来说，公司法必须与劳动法、劳动合同法、社会保障法、刑法、民事诉讼法等密切配合协调，便于它们之间能够相互参照、指引和援用，如上引《公司法》第18条的规定一样："公司职工依照《中华人民共和国工会法》组织工会，开展工会活动，维护职工合法权益。"这样才能建立起一个保护公司职工权益的法律之网，真正做到法网恢恢，疏而不漏。

六　正确处理资本与人本的关系

　　我所主张的从资本到人本，只是强调与资本相比，人本更为根本，但这并不等于说资本就无足轻重了。恰恰相反，资本的内在功能和历史地位是不容抹杀的。马克思虽然对资本进行了深刻而充分的批判，但马克思也对资本予以高度评价。如马克思认为，资本"创造了这样一个社会阶段，与这个社会阶段相比，一切以前的社会阶段都只表现为人类的地方性发展和对自然的崇拜。只有在资本主义制度下自然界才真正是人的对象，真正是有用物；它不再被认为是自为的力量"[①]。人类对自然的改造和经济奇迹的创造，都离不开巨大资本的运作。而且，"资本按照自己的这种趋势，既要克服把自然神化的现象，克服流传下来的、在一定界限内闭关自守地满足于现有需要和重复旧生活方式的状况，又要克服

[①]《马克思恩格斯文集》第8卷，人民出版社2009年版，第90页。

民族界限和民族偏见。资本破坏这一切并使之不断革命化，摧毁一切阻碍发展生产力、扩大需要、使生产多样化、利用和交换自然力量和精神力量的限制。"① 资本的逐利性、扩张性才发展出市场经济并形成世界市场。当然，最著明的评价还是出自《共产党宣言》："资产阶级在它不到一百年的阶级统治中所创造的生产力，比过去一切时代创造的生产力还要多、还要大。自然力的征服，机器的采用，化学在工业和农业中的运用，轮船的行使，铁路的通行，电报的使用，整个大陆的开垦，河川的通航，仿佛用法术从地下呼唤出来的大量人口——过去哪一个世纪料想到在社会劳动里蕴藏着有这样的生产力呢？"② 资本的现实价值也是无法否定的。资本特别是货币资本依然是人们从事任何经济活动的本钱。"资本主义的商品生产——无论是社会地考察还是个别地考察，要求货币形式的资本或货币资本作为每一个新开办的企业的第一推动力和持续的动力。特别是流动资本，要求货币资本作为动力经过一段短时间不断地反复出现。全部预付资本价值，即资本的一切由商品构成的部分——劳动力、劳动资料和生产资料，都必须不断地用货币一再购买。"③ 其他形式的生产也是如此，实践证明，要实现经济发展，一个国家必须有较快的资本积累。20世纪60年代东亚一些国家和地区以及中国保持了20多年的经济高增长，与其资本存量快速增加密切相关，相反，战后半个多世纪，非洲国家之所以没有实现经济增长，一个重要原因就是其储蓄率过低、资本积累不够，现在欧洲一些国家面临的经济衰退，也源于此。鉴于此，我们应该对资本保持应有的尊重，并给予依法保护，依法保护资本是依法保护各种合法财产的应有之义。所以，目前我们能做的只是通过社会改革、建立健全法制去要求、保证人们树立正确的资本观，防治资本的偏颇和弊端。

就目前来说，实现马克思所主张的"剥夺剥削者"还为时尚早。在资本主义国家，人们的注意力"已越来越不集中于资本主义的深刻的内

---

① 《马克思恩格斯文集》第8卷，人民出版社2009年版，第91页。
② 《马克思恩格斯文集》第2卷，人民出版社2009年版，第36页。
③ 《马克思恩格斯文集》第6卷，人民出版社2009年版，第393页。

在性质和工人在其中所处的地位，而集中于它的各种多事之秋的事态和危机。尤其是，对生产方式的批判已让位于对作为一种分配方式的资本主义的批判"，"他们在参与工人争取改善工资、工作时间和工作条件的斗争时，往往使自己适应那种认为现代工厂是劳动过程的一种虽然有待改善但不可避免的组织形式的看法"①。无产阶级还缺乏"剥夺剥削者"的条件、能力和途径，资本的存在依然有其必要性和合理性，因此，现在的问题不是"剥夺剥削者"，而是"制衡剥削者"，实现从劳资对立到劳资两利的转变。

资本家也应该充分认识到可变资本的"可变"性质，它的增值是必然的，否则资本家也不会雇佣它，但增值的幅度是可变的。"劳动这种东西像铸币一样有其正反两个方面：资本家在购买能做许多事情的劳动力的同时，也买得了很不确定的质和量。他所买的东西的潜力是无限的，但是实现这种潜力时受到工人的主观情况、工人以往的历史、工人工作的一般社会条件、企业的特殊条件，以及工人劳动的技术环境等方面的限制。实际进行的劳动，将受这些因素和许多其他因素的影响，其中包括劳动过程的组织和对劳动的种种监督形式。"② 应该说，当资本与劳动处于对立冲突状态时，工人虽然不再像过去那样破坏机器、组织罢工和武装斗争了，但他们会消极怠工、疏于职守、不思进取，前者还可以监督预防，但后者根本无法监督，也防不胜防。这不仅使劳动增值的幅度大大减小，而且大大增加了管理和监督的成本，通盘计算起来，代价是很高的。其实这一点，亚当·斯密早就指出过："我相信，一切时代、一切国民的经验，都证明了一件大事，即：奴隶劳动虽表面上看来只需维持他们生活的费用，但彻底通盘计算起来，其代价是任何劳动中最高的。"③ 资本家是最精通、讲究投入产出、成本收益计算的，他们自会像涩泽荣一、亨利·福特和曹德旺那样做出最佳选择，使可变资本向好的

---

① ［美］哈里·布雷弗曼：《劳动与垄断资本》，方生等译，商务印书馆1979年版，第13—14页。

② 同上书，第53页。

③ ［英］亚当·斯密：《国民财富的性质和原因的研究》（上卷），王亚南等译，商务印书馆1983年版，第74页。

方向变化，越变越好。

总之，在从资本到人本的过程中，我们要不断消除资本对劳动的剥削性以及由此而来的资本与劳动的对立性、冲突性，要寻求资本与人本的和谐和共赢。资本与人本之于公司来说，犹如车之两轮、鸟之双翼，两者相辅相成，缺一不可，否则公司是不能持续发展的。

第八章

经济法哲学

——经济法的世界观与方法论

理论的核心是世界观和方法论，只有能够上升为世界观和方法论的东西才是真正的理论。法学理论亦然，法学的世界观和方法论是法学对世界以至自身的总体观点和基本方法，经济法学的世界观和方法论是经济法学对世界以至自身的总体观点和基本方法，它们构成经济法哲学的核心内容。

中国经济法学经过几十年曲折前行的发展，在经济法学的世界观和方法论方面做出了自己的特有贡献。

一 经济观

经济法既然冠以"经济"二字，就应该是有关"经济"之法，问题是这里的"经济"是何种经济？要理解经济法，贵在理解其"经济"，只有正确地理解了其"经济"，才能正确地理解经济法，有什么样的经济观，就有什么样的经济法。

在经济法学史上，德国经济法学者赫德曼提出了一种经济法学说，叫作"世界观说"。他认为："经济法的发生与18世纪自然法的出现同出一辙，犹如18世纪对自然的憧憬给学术带来重大影响一样，值此之时，自然科学兴起，在自然哲学、自然宗教的支配下，一切都自然化地登场于当时的舞台。这与现代相同，一切都具有经济性的基调，呈现出经济化：经济哲学、经济政策、经济史、经济地理、经济部、经济议会、经济法庭等不胜枚举。于是与上述并列登场的新的法概念即是经济法。"①在赫德曼看来，19世纪的经济性与18世纪的自然性一样，是一种"时代思潮""时代基调"或"时代精神"，它渗透贯彻到了各个方面，成为人们的一种世界观，人们从经济的立场或角度观察世界。因此，经济法并不是与亲属法、继承法、国家法、教会法、国际法等并列的一个法律部门，而是所有这些法律的基础、基调和精神，一切具有经济性基调的法律都是经济法。

尽管赫德曼的"世界观说"跟同时期的其他经济法学说一样都处于前（潜）科学状态，不仅不够精确，而且不太明了，还有许多可以争论的地方，但它无疑具有世界观的意义，它为人们观察、认识和把握经济法提供了一个重要的观点。往后的经济法发展史也充分地证明了这一点。

如苏联的经济法就是如此。苏联的经济法建立在计划经济的基础之上，它从计划经济的立场观察经济法，必然会得出与之相应的经济法学理论与经济法制度。如A.伊萨也夫指出："二十年代产生苏维埃经济法（作为一个法和科学的部门）的客观前提条件，是当时已形成了强有力的社会主义经济成分，并且在领导全国国民经济方面加强了计划原则。"②由于当时苏联存在着社会主义经济成分和私有经济成分，分别由经济法与民法调整，所以才出现了斯图契卡等提出的"两成分法"的经济法学理论。随着社会主义计划经济成分不断扩大，而私有经济成分、商品货币经济关系日益缩小，该理论又认为，经济法与民法存在着此长彼消的关系。③又如B.B.拉普捷夫等的"纵横经济法学理论"也是如此。他们认为，在社会主义经济中，进行经济活动和领导经济活动方面的关系是统一的，不应当以它们中的一些关系是商品关系，而另一些不是商品关系为理由把它们分割开来。社会主义经济关系的主要的和最典型的特征，不是它们的商品性，而是它们的计划性。社会主义社会的经济关系，按

---

① 转引自张世明《经济法学理论演变研究》，中国民主法制出版社2002年版，第74页。
② ［苏］A.伊萨也夫：《20年代苏维埃法学体系中的经济法》，载《国外法学参考》1982年7月，西南政法大学科研处编。
③ 参见［苏］国立莫斯科大学、斯维尔德洛夫法学院合编《经济法》，中国人民大学出版社1980年版，第1章。

其性质是计划关系,但它们具有财产内容,而这种财产内容是由利用物力和财力来达到经济目的的社会主义经营管理决定的。[①] 马穆托夫也认为,商品货币关系不是社会主义经济的本质,社会主义企业的经济独立性不是主要的,而它们在社会主义所有制体系中的统一性以及在国家计划原则领导下的活动才是主要的。不论是纵的经济关系,还是横的经济关系,都是产品的生产和流通方面有计划的直接关系。因此,经济法主张把它们看成是统一的整体而作为法律的调整的对象,其基础是统一的社会主义所有制、统一的计划以及作为社会主义经济范畴的经济核算制。[②] 随着苏联的解体,苏联高度集权的计划经济体制瓦解,自由市场经济抬头,这为经济法提供了新的经济基础,经济法又有了新的解说,即使是一些旧经济法学理论也有了新的说辞。如 B. B. 拉普捷夫就指出:"经济法观念确曾为行政命令的管理体制辩护了吗?一点儿也没有!恰巧相反,在行政命令体制的条件下它多次论证扩大企业的权利,提高经济合同的作用和加强经济管理中法制的必要性。当然,在那种体制的条件下这样的建议是注定遭到失败的,但是就在那个时候已经制定好后来在向市场经济过渡时采用的那些经济法设计。有趣的事实是在苏维埃政权存在的时期里,经济法的观念通常是在集中管理削弱和企业的经营自主性扩大的各个时期发展的……其奥妙就在于,经济法观念是把企业之间的关系(横向关系)和企业与管理机关之间的关系(纵向关系)看成统一的整体的,这就为这些关系的协调和一致创造了条件。因而在经济管理关系中限制了侵犯企业权利的可能性……给行政管理体制中上级任命的官员们的官僚主义的肆意妄为设置了障碍。"他还进一步指出:"在由计划经济向市场经济过渡的时候,经济活动正在成为经营活动","在社会主义经济法观念中这曾经是有计划有组织成分和财产成分结合在一起的有计划性质的关系,现在已经谈不上这种结合","作为宏观范畴的计划工作已被有意识地抛弃","这也就决定了经济法的新内容,经济法也

---

① [苏] B. B. 拉普捷夫主编《经济法》,中国社会科学院法学研究所译,群众出版社 1987 年版,第 8 页。

② [苏] B. K. 马穆托夫:《调整经济关系的各种法律主张》,载《苏维埃国家与法》杂志,1979 年第 5 期。

就正在成为经营活动法"①。实,拉普捷夫无需为自己的理论辩白,只要一种理论具有足够的包容性和解释力,就完全可以"旧瓶装新酒",或曰与时俱进,根据新的经济情况赋予旧经济法学理论以新的内容。因为经济观变了,经济法学理论亦随之而变。

人是一种观念的动物,其观念支配其知行以及由此而来的一切,观念具有决定性的作用。比如有什么样的经济观就有什么样的经济体制,进而就有什么样的经济法。如美国是自由市场经济法、德国是社会市场经济法,日本是政府主导型经济法,北欧是福利性经济法,中国是社会主义市场经济的经济法,等等,均是由不同的经济基础和经济观决定的。这再次印证了马克思主义法学的一个基本观点,法律只不过是经济关系的记载和表述。

中国经济法的兴起,也回应了赫德曼的"世界观说"。正是因为中国的改革开放实现了"以阶级斗争为纲"到"以经济建设为中心"的转变,在中国,经济建设成为时代基调,成为人们的世界观,借此经济法才应运而生。但中国经济法的发展也走过了一些弯路,如大经济法、综合经济法、经济行政法、纵向经济法、纵横经济法、学科经济法,等等,这些经济法学说都有这样或那样的缺陷,都是由其经济观不太正确所导致的。归根结底,这些经济法学理论都是以计划经济为基础,是计划经济的法律表现,都不同程度地打上了计划经济体制的烙印。随着社会主义市场经济体制的确立,建立在计划经济体制基础上的上述各种经济法学理论都先后纷纷瓦解或改弦易辙了。尽管中国的经济法始于1980年代,但中国经济法真正寻到根、站稳脚、立起来还是1990年代以后的事情。因为这正如江平所指出的:"绝对的计划经济不需要经济法,绝对的市场经济容不得经济法,而改革开放起步恰恰在于二者的结合,这就是中国强大的经济法思潮的客观原因。"② 只有在市场经济的基础上才能建立起正确的经济法学理论,随着人们对市场经济体制认识的不断深化以及我

---

① [苏] B. B. 拉普捷夫:《经济法——经营活动法》,李亚南译,载《外国法译评》1993年第4期。

② 参见《佟柔文集》,中国政法大学出版社1996年版,第397页。

国社会主义市场经济体制的不断完善，中国经济法取得了前所未有的发展。

经济法的经济观对于经济法的发展来说犹如方向盘和指南针，没有正确的经济观，经济法就会犯方向性的错误。人们只有树立了正确的经济观、对经济有正确的观点，才能有正确的经济法。尽管经济法不可能空穴来风、突兀而起，在各种经济形式中都有点点滴滴的经济法因素，但经济法的真正基础是市场经济，经济法的经济观是市场经济观，人们只有对市场经济有正确、全面而深刻的认识以后，才能有科学的经济法。经济法应该在市场经济观的正确指导下科学发展。

这里需要特别指出的是，中国经济法是社会主义市场经济体制的记载和表述，由其所决定，中国经济法的经济观是社会主义市场经济观，中国经济法应该在社会主义市场经济观的正确指导下科学发展。人类经济思想和经济政策的历史演变经历了从亚当·斯密的自由放任到凯恩斯的国家干预、从凯恩斯的国家干预到新自由主义、从新自由主义到华盛顿共识（市场原教旨主义）、从华盛顿共识到本次金融危机。不可否认，本次金融危机是华盛顿共识所酿造的恶果，至今还在危害世人。这充分地说明，发展市场经济必须把市场调节与国家干预内在地结合起来，社会主义市场体制即是如此。社会主义市场经济观把市场与社会、效率与公平、自由与秩序、市场调节与国家干预有机地结合起来，真正为经济法奠定基础、赋予内涵，使其法制合理、科学发展。

二 现代观

经济法的现代观认为，经济法是一种现代法，具有显著的现代性。这是中国经济法学界一个较为普遍的观点。[①] 它为观照、认识和阐释经济法提供了一个新的重要的维度。

经济法的现代性是由经济法产生和存在的现代背景决定的。这种现

---

① 参见张守文《论经济法的现代性》，载《中国法学》2000 年第 5 期；李昌麒、鲁篱：《关于中国经济法现代化的若干思考》，载《法学研究》2003 年第 6 期。

代背景包括：一是现代经济背景。经济法是传统市场经济发展到现代市场经济以后的产物。现代市场经济，经过激烈的市场竞争，优胜劣汰，不断集中，形成垄断，垄断反过来限制市场竞争，为了促进市场经济公平自由竞争地发展，必须依法反垄断。二是现代市场经济日益社会化，是社会化的大经济，它突破了市场调节和私人自治的界限，频繁爆发的经济危机充分地说明，市场经济的自由放任是行不通的，必须依法加强和完善宏观调控。与此同时，凯恩斯主义、宏观经济学、社会市场经济学派、市场规制理论、福利经济学等经济理论也在不断发生影响。这些经济现象和经济理论是以往不曾存在和未曾有过的，与以往相比，它们具有明显的现代性。作为对这种现代性经济关系记载和表述的经济法，无疑也具有现代性。三是现代政治背景。资本主义的政治一直为抽象的平等、自由、民主等支配，但无论是平等、自由、民主都具有强烈的个人主义、自由主义的基调和色彩，是个人主义和自由主义的政治，这种政治是一种排斥、限制政府权力的政治，认为政府权力是对个人平等、自由和民主的威胁和侵犯，排斥、限制了政府权力就扩大、保护了个人的平等、自由和民主。在这种政治架构中，个人或人民与政府是敌对的。但经过几个世纪的发展演变，人们逐步发现，虽然政府一直处于"守夜人"的地位，政府给予了人们足够的平等、自由和民主，甚至放任人们去追求平等、自由和民主，但结果政治也是一个市场，政治市场与经济市场一样，也受竞争铁律的支配，优胜劣汰，只有少数人能够实现平等、自由和民主，而多数人未能如愿。实践证明，在政府不介入、政府不作为情况下的平等、自由和民主，并不能确保所有人、一切人的平等、自由和民主。于是人们开始要求扩大政府权力，加强政府干预，政府负有重要的政治职能。过去抽象地宣称人的平等、自由和民主为现代确保所有人、一切人的平等、自由和民主所取代，后者成为新的政治宣言。为此，就需要改变传统的政治法治框架，法治不能像过去那样只是一味地限制政府权力，虽然这是必要的，但不能使政府无所作为。在法治条件下，完全可以在限制政府权力的同时授予政府权力，让政府大有作为，关键是要有一套能够让政府依法履职的法律制度。在这种情况下，一些体现政府干预的法律出台了，如罗斯福新政时期颁布的《紧急银行法》《农业调整法》和《国家工业复兴法》等法律即是如此。这些法律体现和贯彻的是与传统政治大有不同的现代政治。四是现代社会背景。人类社会的发展经历了从传统社会到现代社会的转变。传统社会是一个个人本位的社会，如资本主义社会就是如此。资本主义，顾名思义，它是以有资本的人即资本家为本位的主义。资本的集中趋势和资本的剥削本性，必然导致资本与社会的矛盾以及劳资冲突，导致许多社会问题，如贫富悬殊、两极分化、劳动异化、社会冲突、环境破坏，等等。社会问题只能由社会解决，社会解决必须有社会代表去组织，而社会代表只能是政府。实践证明，最坏的社会状态不是专制状态而是无政府状态。政府作为社会的代表应该承担相应的社会管理职能。于是一些具有社会管理性质的法律包括经济法应运而生了。如《财政法》《金融法》《公平劳动标准法》《社会保险法》《环境法》等。五是现代价值观念。近代价值观念如资本主义的价值观念是个人本位，它要求个人自食其力、自求平等、自争自由、自我做主。但由于人们之间存在着千差万别，他们在同一规则下竞争，优胜劣汰，不能确保所有人本位、一切人本位，这种个人本位实质上是少数人本位，而不是社会本位。现代社会是社会本位，是以所有社会成员为本位，是所有人本位、一切人本位。过去人们求诸自己，但现在由于"人在社会，身不由己"，个人仅凭自己的能力和努力无能为力、无济于事，在这样的社会格局下，已没有理由再诉诸个人本位了。在人道主义日益深入人心、人权保护已成世界大势的情势下，公民越来越理直气壮地认为，自己作为一个社会成员，当自己仅凭自己的能力和努力不能有人格尊严地生存发展时，有权诉诸社会、要求社会保障个人有人格尊严地生存发展。这样一来，人们的价值观念就发生了重大变革，由过去的"政府别管我"，发展为现代的"政府要管我"，并且"政府要多管我"，"政府要管好我"，否则就是政府的失职。在这种现代价值观念的支配下产生了一系列的国际公约，如联合国的《经济、社会和文化权利国际公约》，一系列的法律，如《广告法》《产品质量法》《食品安全法》等。总之，因为现代社会出现了各种各样的"现代性问题"，传统的法律部门不能或不宜解决，需要一个新的法律部门来解决，这样经济法就产生了，经济法就是一个旨在解决现代性问题的法律部门。

当然，经济法的现代性主要是法律的现代性，与传统法律部门相比的现代性。一是时间的现代性。法律是时代的产物，是时代精神的定在，有什么样的时代精神就要求有相应的法律部门。如在自由放任的市场经济时期，与之相应的法律部门是民商法，当其发展到现代市场经济时期，与之相应的就是经济法。经济法是在民商法的基础上产生的，是为了弥补民商法的不足而存在的。相比较而言，民商法与经济法之间有着时间上的先后关系以及内在的传统现代关系。二是法域的现代性。传统法律部门大都一分为二，即分属公法和私法两大法域。但现代社会关系的错综复杂，使得公私不再如此泾渭分明，有相当一部分社会关系是公私高度融合的，它们构成了一个新的法域——现代法域。经济法所调整的社会关系就是如此，如税收关系，直接与纳税人有关，但又与国家利益和社会公共利益有关；又如反垄断关系，直接规制的是垄断者，但又致力于促进整个市场的竞争秩序。经济法就是一种公私融合的现代法。三是调整方法的现代性。传统法律部门的调整方法分别是私的方法和公的方法，前者是自治的方法，后者是强制的方法，但经济法的方法与它们均有不同，是它们的综合和折中。由于经济法所作用的对象和服务的目标是市场经济，因而必须以市场调节为基础，为此必须保持市场主体的自治性。但市场经济不再是放任自流的，而是受市场规制和宏观调控的，如果没有必要的强制性，市场规制和宏观调控就没有权威性和约束力。经济法的方法是自治基础上的强制和秩序条件下的自由。它在自由与强制中间揳入了市场这一中介环节，本质上是一种"国家调节市场，市场引导企业"的现代市场方法。四是内容的综合性。传统的法律部门大都是实体法和程序法分开，如刑法与刑诉法、民法与民诉法。但由于经济法所调整的现代市场经济关系，是一种高度复杂化、知识化、技术化的社会关系，对此人们深感理性有限。为了更有效地调整它们，必须集体讨论、集思广益、科学决策，这就需要一定的法律程序作保障。经济法是实体法与程序法的结合和综合，如反垄断法、预算法、金融法等都是如此。其中程序法的内容占有相当大的比重。如货币政策主要是程序性的规定，因为市场经济变动不居，法律不能规定具体的比率，如法定存款准备金比率、利率等，只能规定确定该比率的法定程序，经过法定程序做出的比率就是合法有效的。五是实施机制的现代性。由于市场规制的对象是垄断者，它们处于市场优势地位，这不是其他市场主体所能撼动的，而必须借助公权力，以强权对强权才能反垄断成功；宏观调控作用的对象是宏观经济社会秩序，它关系国计民生，影响国泰民安，这不是任何私人所能办到的，必须由作为整个社会总代表的政府才能胜任。所以，经济法的实施主要诉诸国家机关运用公权力去实施。也正因为如此，许多经济法问题不是诉诸司法诉讼裁判，而是通过行政职能在诉讼外解决。

还需要特别指出的是，经济法的现代观认为，经济法的现代化是不断进行的，与之相应，经济法的现代性也是不断发展的。如经济法从最初的"危机对策法""经济统制法"现代化为"经济宪法""自由企业的大宪章"。

三 社会观

经济法之所以到了市场经济阶段以后才真正产生和发展，这是由市场经济的性质决定的。市场经济是一种以商品生产和交换为核心内容的经济形式，商品为卖而生产，并且卖得越远越好，"有路必有丰田车"，它导致商品大流通，人员大流动，资本四处逐利，市场经济是一种外向型、社会化的大经济，市场化导致社会化乃至全球化，这对法律提出了特定的调整要求。

社会化的市场经济不同于过去自给自足的自然经济，自然经济要求"听民自便"、国家"无为而治"，也不同于自由放任的资本主义经济，自由放任的资本主义经济限制甚至排斥国家的经济职能，使国家仅处于"守夜人"的地位。社会化的市场经济要求国家站在整个社会的立场、本着社会公共利益对市场经济进行组织、管理和调节，因而提出了一套新的法律要求，这种要求就是经济法。所以哥尔德斯密特认为，经济法是

"组织化经济所固有之法"①。邓尼斯特央斯基也将经济法视为"社会中共同经济的法"②。泽良雄指出,经济法是适应市民社会中社会协调要求而产生的一系列法律。③今村成和也指出:经济法是"以依靠政府的力量支持因垄断发展而失去其自主性的资本主义经济体制为目的的法律之整体"④。

社会观作为经济法的世界观,是经济观的自然发展和必然要求,如金泽良雄认为,赫德曼的经济性即是社会协调的要求。⑤这是因为:

一是市场经济是一种社会化的大经济,市场化与社会化是同步的,市场社会是大社会,芸芸众生,性趣各异,利益多元,方向不一,尽管社会自身具有一定的协调功能,能够维持一定的社会秩序,但社会就像汪洋中的一条船,虽然能够随波逐流,但还是需要舵手才能劈波斩浪,平稳航行,社会需要组织、管理和协调,所以,自有社会以后就有国家或政府,需要它们进行社会协调。实践证明,社会不能处于无政府状态,即使是恶政府也优于无政府,正如过去人们不可一日无君主,现在人们不可一日无政府。

二是市场经济是一种竞争经济,在竞争铁律的支配下,优胜劣汰,生产集中,形成垄断,少数垄断寡头控制国计民生,攫取超额垄断利润,市场经济的发展趋势是少数人经济、专制经济,而不是大众经济、民主经济,它必然会走向社会化的对立面,垄断具有反社会性。这正如列宁所指出的:"集中发展到一定阶段,可以说就自然而然地走到垄断","从竞争到垄断的转变,不说是最新资本主义经济中最重要的现象,也是最重要的现象之一",是"现阶段资本主义发展

---

① Goldschmidt, Reichs Wirtschaftsrecht, 1923. S. 7f. 参见张世明《经济法学理论演变研究》,中国民主法制出版社2002年版,第80页。

② [德]邓尼斯特央斯基:《经济法在法律体系中的地位》,参见张世明《经济法学理论演变研究》,中国民主法制出版社2002年版,第84页。

③ [日]金泽良雄:《经济法概论》,满达人译,甘肃人民出版社1985年版,第89页。

④ [日]今村成和:《关于经济法》,载《北海道大学法学论文集》第18卷第2号,参见张世明《经济法学理论演变研究》,中国民主法制出版社2002年版,第118页。

⑤ 参见张世明《经济法学理论演变研究》,中国民主法制出版社2002年版,第116页。

的一般的和基本的规律"①。今村成和也认为:"纯粹的市场竞争在现实中是不存在的,自由竞争是产生垄断的要因,而经济力量集中是资本主义社会中必然的倾向。"② 为了矫正市场经济,使其能够朝向社会、代表社会和服务社会,就必须反垄断,反垄断是实现和维持市场经济社会化的根本途径之一。

三是市场经济是一种社会化的大经济,市场范围大大扩大了,每个市场主体都"身在市场,身不由己",在这种大背景下,"各个业主自由竞争,他们是分散的,彼此毫不了解,他们进行生产都是为了在情况不明的市场上去销售"③。这就使得市场自由竞争是在一种无法总体控制的未知环境下进行的,必然处于盲目和无序的状态,资本主义周期性地爆发的经济危机就是例证。这也充分地说明,市场经济不能放任自流,必须依法加以宏观调控,为此而颁布的一些法律被称为是"危机对策法"。金泽良雄就认为,经济法是"适应以自由为基调的资本主义经济自动调节作用的限度及其矛盾,因时代和社会不同而表现为种种不同的方式"④。

社会化必然要求国家的出场,社会化是国家产生的重要原因,国家是随着社会化而产生的,是维持社会协调所必需的。尽管国家存在种种缺点,但与其他相比,还只有国家才能最好地代表社会化的要求和体现社会性的属性,如无论是反垄断还是宏观调控都只有通过国家职能才能完成。这样,经济法的社会观就自然地过渡为经济法的国家观,它要求国家体现社会化的要求,具有社会性的属性,从社会整体的角度去看待问题,整体主义是经济法的基本精神,国家要履行社会协调的职能,通过国家职能去实现社会化的要求。经济法是与国家有关的法律,凡是与国家无关、没有国家因素的法律不是经济法。如峰村光郎认为,经济法是以调整国民经济中的需要与供给为目的,以国家对私人企业实行统制为内容的法域,它的形成与资本主义由自由竞争阶段向垄断阶级过渡、国家实行统制经济相适应,是对自由资本主义之法——市民法作修正的

---

① 《列宁选集》第 2 卷,人民出版社 1995 年版,第 585、588 页。
② 参见张世明《经济法学理论演变研究》,中国民主法制出版社 2002 年版,第 118 页。
③ 《列宁选集》第 2 卷,人民出版社 1995 年版,第 592 页。
④ 参见张世明《经济法学理论演变研究》,中国民主法制出版社 2002 年版,第 116—117 页。

产物。① 在我国也有学者认为，经济法以社会公共利益为本位，本质上是一种社会整体调节机制的法律。②

中国经济法也是如此。随着中国市场经济的发展，带来了社会波动、两极分化、社会不公等社会问题，为了维持市场经济健康发展所必需的社会秩序、社会公平和社会民主等社会公共利益，经济法才得以产生和发展。这正如《中国特色社会主义法律体系》白皮书所指出的："经济法是调整国家从社会整体利益出发，对经济活动实行干预、管理或者调控所产生的社会经济关系的法律规范。"

经济法的社会观与国家观不仅是一致的，而且经济法要特别努力保持两者的一致。

四 干预观

国家的介入，是要国家扮演与市场不同的角色和功能，是为了克服和弥补市场机制的缺陷和不足。国家干预的介入改变了市场经济完全自由放任的性质，国家干预提出了与市场调节不同的法律调整要求，需要与之相应的经济法。所以，经济法的国家观又自然地演化为经济法的干预观。可以说，没有国家干预，就没有经济法。

经济法是国家干预经济之法，德国经济法学者如伯姆、林克等人所主张的"机能说"就是如此，这种学说以经济统制或国家对经济的干预为经济法的中心概念。如伯姆主张，作为经济法的中心概念，必须考虑到在国家统制经济和特定经济政策意义上的经济秩序以及相关的经济制度；林克认为，经济法是为了追求总体经济的正确性和社会的正义性而对独立的营利行为加以促进和限制的法律及国家诸措施的体系，简言之，经济法是经济指导与管理之法。③ 日本经济法学者今村成和试图根据政府介入经济的方法或方式来构筑经济法体系。宫坂富之助认为，经济法反映在垄断资本主义阶段以国家介入经济，维护资本主义经济体制为目的

---

① ［日］峰村光郎：《经济法》，三和书房出版，昭和28年，第144页。参见张世明《经济法学理论演变研究》，中国民主法制出版社2002年版，第112页。
② 参见王保树《市场经济和经济法的发展机遇》，载《法学研究》1993年第1期。
③ 参见张世明《经济法学理论演变研究》，中国民主法制出版社2002年版，第91、93页。

的经济政策的法律的整体。① 丹宗昭信也认为，经济法是国家统制市场支配的法，所谓"市场支配"是指限制自由竞争的状态。② 在田中诚二看来，所谓经济法，一般来说，是伴随着资本主义的发展的私法变迁和作为补充方法运用的国家暨公法的变迁之中而形成的，其中"中义的"经济法，是指适应社会调和之要求，作为国家干预市民社会的经济之法。③ 我国经济法学家李昌麒也认为，经济法是国家干预经济的基本法律形式。④

但在过去相当长的时期内，经济法学都是依据市场失灵——国家干预这样的逻辑来构建经济法的基础理论，把凯恩斯的国家干预理论作为经济法的主要立论基础。其逻辑是市场失灵必然要求国家干预，国家干预一定能够弥补市场失灵，为了消除市场失灵，甚至不惜以国家干预取代市场机制。这导致许多人对经济法的成见或误解，认为经济法强调国家干预，具有反市场的倾向，这使经济法背着破坏市场、反市场的恶名。⑤

随着 1970 年代资本主义经济出现"滞胀"以来，凯恩斯主义失灵了，资本主义经济学开始了对"凯恩斯革命"的再革命，供应学派、公共选择学派、货币主义学派等新自由主义经济学派从各个角度、运用各种方法纷纷论证了这样一点：市场会失灵，但国家也会失灵，并且国家失灵比市场失灵更严重、危害更大，因此用国家干预去弥补市场失灵，不但不能弥补市场失灵反而造成更大的失灵。自此国家干预的神话破灭了。有人甚至走极端，把国家干预与市场机制完全对立起来，如有人认为："中国的经济生活中到处存在着管制，与其说是为了解决市场失败，不如说是为了消灭市场。"⑥ 有人还企图彻底否定国家干预，提出（中

---

① 参见张世明《经济法学理论演变研究》，中国民主法制出版社 2002 年版，第 120 页。
② 同上书，第 125 页。
③ 参见张世明《经济法学理论演变研究》，中国民主法制出版社 2002 年版，第 127 页。
④ 李昌麒：《经济法—国家干预经济的基本法律形式》，四川人民出版社 1995 年版。
⑤ 陈云良：《政府干预市场方法之批判》，载《新东方》2002 年第 4 期。
⑥ 张维迎：《中国：政府管制的特殊成因》，载《21 世纪经济报道》2001 年 3 月 12 日。

国）经济要去国家化。① 这样一来，建立在国家干预基础上的经济法学理论似乎也随之摇摇欲坠了。

但世界上没有什么东西是完美无缺、自给自足和包办一切的，无论是市场还是国家都是如此。对于都不完善的市场与国家来说，使自身完善的最好办法就是相互包容、密切配合、取长补短、相得益彰。这正如英国著名经济学家米德教授所指出的："实际上，到底是采取自由放任的市场竞争，还是采取对个别经济行为进行必要的社会控制？这二者之间常常发生冲突，要抉择何者更优是不可能的。纵观经济政策的演变，我们可以看出，理论与实践都是在不断地发生变化的，人类有时强调自由竞争市场的作用，有时却又希望政府能进行适当的控制。但是，我们始终如一地认为：当人们只考虑需要政府对经济进行特别干预而忽视市场机制时，应该提请政府注意竞争性市场机制的功能；当人们虔诚地笃信自由放任可以解决一切问题时，又必须强调社会控制在什么情况下仍然是必要的。"② 萨缪尔森把现代经济称之为"混合经济"，并形象而生动地指出：对于"混合经济"来说，"市场和政府这两个部分都是必不可缺的。没有政府和没有市场的经济都是一个巴掌拍不响的经济"③。尽管关于市场机制与国家干预的争论还会继续，但人们已有基本的共识，即市场机制与国家干预对于市场经济的发展来说，是缺一不可的。

因此，国家干预是否定不了的，这是由市场失灵决定的，也是市场经济内在需要的。从整个人类经济发展史来看，虽然国家干预的范围和

---

① 姚洋：《中国经济应该去国家化》，但姚洋也提倡"中性政府"，在《作为制度创新过程的经济改革》一书中，他还提到"中国经济奇迹的关键原因就是中国有一个中性政府"，他并不是一个无政府主义者。国家干预不能等同于国家化，他只是认为"不需要凯恩斯式的国家干预。我觉得国家干预不能一概否定。刚才我说了，国家直接去干预经济，甚至把经济国家化了，这是绝对要不得的。但国家拿出老百姓的税收来投资于民，来改善收入分配，我觉得是应该做的"。《网易财经》2010－06－01，12：32：32。

② [英] 詹姆斯·米德：《混合经济》，欧晓理、罗青译，上海三联书店1989年版，第4—5页。

③ [美] 萨缪尔森等：《经济学》（第12版）上册，高鸿业等译，中国发展出版社1992年版，第87页。

程度变化不定,但国家对经济生活的干预还是不断加强的。① 当然,我们并不否认国家干预的缺陷,如国家干预导致权力滥用,滋生社会腐败,侵害私人自由,妨碍市场机制,影响效率提高,等等。但国家干预的缺陷不是否定国家干预的充分理由,而是指出必须用比对待市场失灵更严格更谨慎的态度对待国家干预,必须改进和完善国家干预,竭力防范国家干预失灵,其中一个重要的方面就是要依法确认和规范国家干预,实现国家干预的法治化。

国家干预失灵并没有否定经济法学理论的基础,恰恰相反,它构成了经济法学理论的基础。正因为国家干预也会失灵,所以需要对国家干预依法予以规范,如依法规定国家干预的范围、方式和程度,等等,实现国家干预的法治化。法律对国家干预的规范,是对国家干预的把关、改进和完善。法律是民主的产物,是集思广益的结果,更具科学性,国家依法干预经济能够更好地反映市场经济的客观规律;法律是一种程序,这些程序是道道把关、步步完善和层层改进,国家依照这些法定程序进行干预能够优化干预。国家干预的法治化,是对国家干预的改良和优化,这种国家干预不但不会妨碍市场机制,而且是对市场机制的有益补充,在这种国家干预的配合下,市场经济才能健康协调有序地发展。如果没有法律规范,国家干预往往是违法干预、滥加干预,这种国家干预才会妨碍市场机制。可见,国家干预失灵不但没有否定经济法学理论的基础,反而进一步加强了经济法学理论的基础。准确地说,是市场机制的缺陷和国家干预的缺陷,即有人所称的"双缺陷"② 共同构成了经济法学理论的基础。所以,经济法不仅是确认国家干预经济之法,而且是规范国家干预经济之法。这已经得到了各界的公认,如《中国特色社会主义法律体系》白皮书认为:"经济法为国家对市场经济进行适度干预和宏观调控提供法律手段和制度框架,防止市场经济的自发性和盲目性所导致的弊端。"

---

① 参见 [美] 托马斯·麦格劳《现代资本主义——三次工业革命中的成功者》,赵文书、肖锁章译,江苏人民出版社 1999 年版,第 384 页。

② 参见张守文主编《经济法学》,北京大学出版社 2006 年版,第 11—13 页。

五　对象观

法律的调整对象是法律存在和划分的根据，只有客观存在某种社会关系需要某种法律去调整，该法律才有存在的根据，也才能存在；否则，无以立足。所以，法律的调整对象是法律的"生死存亡"的重大问题，对于法律本身来说，具有十分重要的意义。因此，经济法的调整对象对于经济法来说是首要的、先决的重大理论问题。

关于经济法的调整对象一直是诸论并存，众说纷纭，既有"旧诸论"——综合经济法论、纵向经济法论、经济行政法论、纵横经济法论和学科经济法论，等等。① 也有"新诸说"——协调关系说、国家调节说、需要干预说、管理经营说和社会公共说，等等。② 这就说明，人们对经济法持有怎样的对象观，相应的就有怎样的经济法理论。这里的关键是要研究经济法所立足的社会关系，这种社会关系必须是真实、客观而公认的。

目前中国经济法学界普遍认为，虽然在自然经济时期存在着一些经济法的元素，如古代的专营制度、禁榷制度等，但由于自然经济是一种落后的、自给自足的、分工简陋的小农经济，决定了与自然经济相适应的法律模式是"诸法合体，以刑为主"，自然经济时期不存在真正意义上的现代经济法。中国历代法典从《秦律》《唐律》《宋刑统》《大元通制》一直到《大明律》和《大清律例》，尽管它们名称不一，但究其实质，都是"诸法合体，以刑为主"。其中，在我国法制史上具有承前启后和典范作用的《唐律》就是如此。《唐律》是在过去历代法典的基础上取其精华锤炼而成的，被誉为"得古今之平"。但对于《唐律》的内容及其属性，《唐六典》言简意赅地做出了认定"凡律以正刑定罪"，所以，《唐律》在《名例篇》中首列五刑（笞、杖、徒、流、死），并解释说："名者，五刑之罪名；例者，五刑之体例。"这些都说明，《唐律》是有关犯罪和刑罚的法律规定。对于这一点，我国著名学者陈寅恪在《隋唐制度渊源

---

① 参见《中国经济法诸论》编写组编著《中国经济法诸论》，法律出版社1987年版。
② 参见王保树主编《经济法原理》，社会科学文献出版社2000年版。

略论稿》刑律章中更是直接指出，《唐律》"成为二千年来东亚刑律之准则"①。唐代以后的历代法典直至《大清律例》，都是以《唐律》为蓝本而制定的，其属性也"一准乎此"。因此，我国古代法主要就是刑法以及刑法化了的其他法。

西方古代法的发展与我国的有所不同，但由于当时的社会经济条件基本相同，也决定了西方古代法同样体现出"诸法合体、以刑为主"的特点。这正如孟德斯鸠所指出的，在专制主义统治着的国家，很少谈到民法②，梅因也指出："大体而论，所有已知的古代法的杂集都有一个共同的特点使它们和成熟的法律学制度显然不同。最显著的差别在于刑法和民法所占的比重。我以为可以这样说，法典愈古老，它的刑事立法就愈详细、愈完备。这种现象常常可以看到，并且这样解释无疑地在很大程度上是正确的。"③ 这说明西方古代法也是"诸法合体（杂集）"的，其中占主导地位的法律也是刑法而不是民法（更不是后来的经济法）。

商品经济或市场经济的发展经历了资本原始积累时期、自由竞争时期和垄断时期三个阶段。

在资本原始积累时期，由于受重商主义的影响，新兴的资本主义国家对社会经济的干预达到了登峰造极的地步。但由于资本原始积累"不是资本主义生产方式的结果，而是它的起点"④，因此，这种国家干预仅限于积累原始资本，为建立资本主义生产方式创造条件，还未介入商品经济的整个领域和各个环节，因而它并不具有多少管理社会经济的职能。此外，由于资本原始积累一方面受到自然经济日益崩溃而商品经济尚未发展起来这种青黄不接所带来的社会财富十分匮乏的制约，另一方面又受到来自反动落后的旧势力的极力抵抗和人们旧的生产方式和生活观念的阻扰，因而难以一蹴而就。为了"促进从封建生产方式向资本主义生

---

① 陈寅恪：《隋唐制度渊源略论稿》。参见《中国现代学术经典·陈寅恪卷》，河北教育出版社2002年版，第116页。

② 参见［法］孟德斯鸠《论法的精神》（上册），张雁深译，商务印书馆1995年版，第74页。

③ ［英］梅因：《古代法》，沈景一译，商务印书馆1981年版，第207页。

④ 《马克思恩格斯全集》第23卷，人民出版社1975年版，第781页。

产方式的转变过程,缩短过渡时间"①,国家只能"利用集中的有组织的社会暴力"②,来掠夺社会财富。历史也表明,资本原始积累"在真正的历史上是征服、奴役、劫掠、杀戮……暴力起着巨大的作用"③。资本原始积累时期的国家干预,其突出特征就是暴力的滥用,它同自然经济时期的暴力干预并无二致,其实质都是国家依仗严刑峻法掠夺社会财富,这时的经济立法依然是刑法或变相刑法,如"十五世纪末和整个十六世纪,整个西欧都颁布了惩治流浪者的血腥法律",这些古怪恐怖的法律,通过鞭打、烙印、酷刑,来迫使人们习惯于雇佣劳动制度所必需的纪律。④ 而严格意义上的经济法并未产生。

经过资本原始积累,为资本主义生产方式奠定了基础,创造了条件,资本主义已能自行运转、自由发展了,从此,资本主义进入了自由竞争时期。在自由竞争时期,当时的社会生产条件符合商品经济发展的客观要求,推动了社会生产力的发展。资产阶级深明此理,国家不干预成为"重商"的经济政策,"私法自治"成为"治商"的法制原则。国家的经济职能仅仅是充当"夜警""仲裁员",维护商品经济自由竞争的外部秩序,这时的国家干预也尚未介入社会生产的全过程而只是凌驾于社会生产之上,这时的社会经济关系主要就是各经济主体在自由竞争中形成的平等经济协作关系。这种社会关系的本质必然要求把"自由贸易被宣布为立法的指路明灯!"⑤ 因此,调整这种社会经济关系的"专利"法——民法应运而生了。以1804年《法国民法典》为代表的各国民法典即是适时的产物,而经济法的产生还为时尚早。

当市场经济经自由竞争发展到了垄断时期,市场经济的竞争必然导致垄断和不正当竞争以及盲目无序性。

市场经济具有自由竞争的本质属性以及由此而来的各种派生属性。当市场经济发展到垄断阶段以后,市场经济的自由竞争导致市场的垄断、

---

① 《马克思恩格斯全集》第23卷,人民出版社1975年版,第819页。
② 同上书,第819页。
③ 同上书,第782页。
④ 同上书,第803、805页。
⑤ 马克思:《资本论》第1卷,人民出版社1975年版,第314页。

不正当竞争等限制竞争性以及市场的盲目无序性。无论是市场的限制竞争性还是盲目无序性，都会严重地影响市场经济社会健康、有序、稳定、协调、可持续地发展，必须加以反对和克服。实践证明，这只有诉诸国家干预进行市场监管和宏观调控才能达到目的。这样就形成了一种新的特定的社会关系，即由国家干预而形成的市场监管关系和宏观调控关系。由于已有的法律部门如民商法和行政法不能或不宜完全调整这两类新的特定的社会关系，因而它们构成经济法的调整对象。

六　体系观

经济法到底包括哪些构成要素？这就是经济法的体系观。人们对经济法持有怎样的体系观，不仅体现出经济法的内在构成要素和外在概貌，而且反映着经济法的理论内容，因此，经济法的体系观是经济法理论的重要内容。

法律体系的构建根据只能是法律的调整对象，即法律所调整的社会关系。一个法律部门的体系实质上就是其所调整的社会关系的具体展开及其规则化、逻辑化、系统化。经济法体系的构建根据也只能是经济法的调整对象，即市场监管关系和宏观调控关系，因此，经济法体系就是调整市场监管关系和宏观调控关系的具体法律法规的逻辑化、系统化。总括地说，经济法体系由调整市场监管关系的市场监管法和调整宏观调控关系的宏观调控法所共同构成。其中市场监管法由调整市场监管关系的一些密切相关的法律规范有机构成，具体包括反垄断法、反不正当竞争法、产品质量法、广告法、消费者权益保护法等。宏观调控法由调整宏观调控关系的一些密切相关的法律规范有机构成，具体包括规划计划法、财政法、金融法、产业政策法等。当然，经济法的体系是开放的，还可以包括其他相关的法律规范。

市场监管法和宏观调控法作为经济法体系的两个构成要素，两者具有密切的关系：一方面，市场监管法必须以宏观调控法为条件。如宏观调控法所创造和维护的宏观秩序，不仅是市场监管法得以实行的大环境、大前提，而且是市场监管法具体实行的指导思想和基本原则；只有宏观调控好了，微观的市场监管才能行之有效；宏观调控法为市场监管法指明了方向，市场监管法是对宏观调控法的具体落实。另一方面，宏观调控法应以市场监管法为依归。如宏观调控法所确立的发展目标，必须依靠各微观领域、各市场主体以及对它们的市场监管去实现；市场监管法为宏观调控法提供了缓冲制约机制，使宏观调控不至于蜕变成经济集权和经济专制；宏观调控法的总体纲领需要市场监管法将其具体化和现实化；市场监管法所维持的自由竞争是实现宏观调控法产业结构优化的根本措施。

七　地位观

经济法学理论的一个核心内容就是如何看待经济法的地位，尤其是怎样正确处理经济法与民（商）法、行政法的关系，这就是经济法的地位观。

由于经济法是在民法和行政法的"夹缝"中挤出来的，一直就受到民法和行政法的打压和排挤。在既有"民法帝国主义"又有"行政法霸权主义"的情形下，经济法要求得立足之地，就必须构建一套与民法、行政法不同的理论体系出来。这是关乎经济法生死存亡的重大理论问题，这个理论问题解决不了，经济法就无立足之地。为此，经济法学理论一直是在同民法、行政法理论的比较和区别中构建的，正确说明、处理经济法与民法、行政法的关系一直是经济法学理论的核心内容。能否正确说明、处理它们之间的关系也是检验经济法学理论科学与否的试金石。

经济法与民法都是调整市场经济关系的基本法律部门，它们既有区别，又有联系。

其区别是：（1）两者的调整对象不同，民法调整的是平等主体之间的财产关系和人身关系，这种社会关系的特点，一是它的平等性，二是它的私人性，三是它的自治性，四是它的微观性；而经济法调整的是市场监管关系和宏观调控的关系，这种社会关系的特点，一是它的监管性，二是它的公共性，三是它的宏观性，四是它的干预性。（2）两者的主体不同。民法的主体主要是公民和法人，这两者都是私人；而经济法的主体是与市场监管和宏观调控有关的当事人，主要是市场监管机构和宏观调控机构，这两者都是社会公共性机构或国家职能机构。（3）两者的权利（力）不同。民法的权利是一种私权利，可以约定，自由行使，也可以放弃或转让；而经济法的权力是一种社会公共性权力，它依法规定，有序行使，不可放弃或转让。(4) 两者的构成要素不同。民法包括物权法、债权法、知识产权法等要素；而经济法主要由市场监管法和宏观调控法构成。(5) 两者的法律属性不同。民法是一种典型的私法，它以私人为主体，以私权为本位，以意思自治为圭臬，以保护私权为目的，本质上是一种自主性调整机制的法；而经济法具有社会法的属性，它以公职机构为主体，以全局为本位，以社会协整为宗旨，以促进社会公共利益为目的，本质上是一种社会整体调整机制的法。

其联系是：民法与经济法共同扎根于市场经济，它们有共同的经济基础。现代市场经济既不是纯粹的市场调节经济，也不是片面的国家干预经济，而是市场调节与国家干预密切结合的混合经济。民法与经济法分别是这种混合经济的两个方面的必然产物和法律表现，混合经济的内在统一性决定了民法与经济法存在着内在的联系，并且必须相互配合。在市场体制下，必须把市场调节和国家干预结合起来，但这种结合必须以市场调节为基础，国家干预应依存于、服务于市场调节。这就决定了根源于市场调节的民法和根源于国家干预的经济法的基本关系，即经济法应依存于、服务于民法。从根本上说，经济法就是要为民法发挥作用奠定基础和创造条件，从而使民法沿着正确的轨道继续有效地发挥作用。综上所述，民法与经济法的关系可以打个比方：如果说民法是红花的话，那么经济法就是绿叶；如果说民法是发动机的活，那么经济法就是方向盘。两者缺一不可。

经济法与行政法的关系又如何呢？这取决于人们对行政和行政法的正确理解。对于什么是行政，许多行政法学者仅是引用马克思那句并非专门和严格地为行政下定义时所说的那句话："行政是国家的组织活动。"[1] 但在人类思想史上还有许多著名思想家对行政有过专门而深入的论述，如亚里士多德指出："执行人员和公民团体只应在法律（通则）所不及的'个别'事例上有所抉择，两者都不该侵犯法律……命令永不能

---

[1] 《马克思恩格斯全集》第1卷，人民出版社1956年版，第479页。

成为通则。"① 洛克认为："在某种场合，法律本身应该让位于执行权……因为世间常能发生许多偶然的事情。"② 卢梭说："行政权力并不能具有像立法者或主权者那样的普遍性，因为这一权力仅包括个别的行动。这些个别行动根本不属于法律的能力。"③ 孟德斯鸠指出："行政权的行使总是以需要迅速处理的事情为对象。"④ 韦德认为："行政法定义的第一个含义就是它是关于控制政府权力的法。无论如何，这是此学科的核心。"⑤ 这些论述真确地指出了行政的本质和特点。归纳上述种种权威的论述可见，行政的对象具有特殊性而不具有普遍性，是一种特殊性的社会关系。

而特殊性的社会关系，法律不宜调整，因为"法律始终是一种一般的陈述"，"立法者并不关注那些只发生过一两次的情形"，"法律不理琐事"，"法律的对象永远是普遍的"⑥，"法对于特殊性始终是漠不关心的"⑦。所以，那种认为行政法就是调整行政关系的说法是简单化的、不准确的，不能笼统地这么认为。

由于对特殊性的社会关系不能立法，所以，行政在管理特殊性的社会关系时常常无法可依，从而享有广泛的自由裁量权，这对公民权利和社会自由构成巨大的威胁，在一个自由、民主、法治的社会不能不对其有所规制。尽管法律不能规制作为行政作用对象的特殊性的社会关系，但行政机关行政人员运用行政权力管理行政对象却有一定规律、有一套程式、有相同的内容、有共同的遵循，如都要涉及行政主体、行政权限、行政程序、行政诉讼、行政责任等问题，它们是具有普遍性的，因而可以立法，也有相应的立法，形成行政组织法、行政程序法、行政诉讼法、国家赔偿法，这些法律构成所谓的行政法。从这里也可以看出，行政法的核心是程序法而不是实体法，即行政法的核心就是为行政机关行使行

---

① [古希腊] 亚里士多德：《政治学》，吴寿彭译，商务印书馆1981年版，第192页。
② [英] 洛克：《政府论》下篇，叶启芳、瞿菊农译，商务印书馆1993年版，第99页。
③ [法] 卢梭：《社会契约论》，何兆武译，商务印书馆1981年版，第51页。
④ [法] 孟德斯鸠：《论法的精神》，张雁深译，商务印书馆1981年版，第161页。
⑤ [英] 韦德：《行政法》，徐炳等译，中国大百科全书出版社1997年版，第5页。
⑥ 参见 [美] 博登海默《法理学——法哲学及其方法》，邓正来、姬敬武译，华夏出版社1987年版，第225—226页。
⑦ [德] 黑格尔：《法哲学原理》，范扬、张企泰译，商务印书馆1981年版，第58页。

政权力规定一套法律程序。这正如伯纳德·施瓦茨所指出的:"行政法的要害不是实体法、而是程序法。"① 因此行政法的宗旨不是行政管理而是管理行政,具体说来,就是通过规定法律程序以管理行政机关及其行政权力的运行,达到制约行政权力、规范行政行为和明确行政责任的目的。

如果持这种观点,我们就能够正确地理解经济法与行政法的关系。经济社会的演进以及由此所导致的法律变迁大体上呈以下发展趋势:在自然经济阶段,行政权力支配一切,在这种情况下,"诸法合体,以'行'为主",法律主要是行政法,行政法包罗一切,几乎不存在其他真正独立的法律部门,这是法制不发达、不完善阶段。在商品经济(市场自由竞争)阶段,由于私权利与公权力的划分,市民社会与政治国家的分离,特别是资本主义国家三权分立的确立,立法权、司法权从行政权中分立出来,行政权的范围日益缩小,行政权的行使不断受到制约。在这种情况下,行政法由于行政权的缩小而缩小,许多法律部门从行政法中分离出来,如宪法、民法、商法等。这在法律进化史上就是公私法的划分,主要是私法从行政法中分离出来。在市场经济的垄断阶段,由于在市场经济自由竞争基础上形成了市场监管关系和宏观调控关系,提出了进行市场监管和宏观调控的普遍要求,要满足这种普遍要求,仅靠过去那种临时性的、个别性的、行政性的管理是远远不够的,也是不尽适当的,必须进行经常性的、普遍性的、法律的调整,在这种情况下,一个新的法律部门从行政法中分离出来了,这个法律部门就是经济法。

经济法从行政法中分离出来以后就相对独立于行政法,这是由经济法和行政法的区别所决定的:(1)两者的调整对象不同。行政法调整的是行政机关和行政人员在管理各种特殊性的社会关系的过程中所形成的行政关系,主要是一种行政程序关系。而经济法的调整对象是市场监管关系和宏观调控关系,这种社会关系不是行政管理特殊性社会关系的产物,而是普遍存在的市场经济的必然结果,它具有普遍性,是一种普遍存在的具有普遍性的社会关系。(2)两者的主体不同。行政法的主体是行政机关和行政人员。而经济法的主体主要是与进行市场监管和宏观调

---

① [美]伯纳德·施瓦茨:《行政法》,徐炳译,法律出版社1988年版,译者弁言。

控有关的当事人，介入其中的国家机关也不尽是行政机关、行政人员，甚至主要不是行政机关和行政人员，在理想状态下，他们与行政机关应是相互独立的，是准行政机关，具有较大的独立性，如中央银行，一般说来，他们只按相关法律规则行事，与司法无异，不受行政命令的束缚。(3) 两者的权力不同。行政法的权力是一种行政权，这种权力所管理的社会关系具有特殊性，法律要么无从规定，要么只能原则规定，因而它的行使不能恪守严格规则，只好自由裁量，行政权本质上是一种自由裁量权。在行政法关系中，行政权是一种主导性权力，它决定、支配其他行政相对人的权利。而经济法的权力不尽是行政权，这种权力作用的社会关系具有普遍性，法律可以做出较为详尽的规定，经济法权力必须依法行使，自由裁量权不大。在经济法关系中，经济法权力不是本位性的权力，这种权力依存于、服务于其他经济法主体的权利。(4) 两者的构成要素不同。为了防止行政权力的自由裁量侵犯人们的合法权益，必须对其加以规范和约束，规定行政主体的资格，规范行政权力行使的程序，维护行政受害人的诉权，保障行政受害人获得赔偿，这样，行政组织法、行政程序法和行政诉讼法、国家赔偿法就成了行政法的基本构成要素。而经济法调整的是市场监管关系和宏观调控关系，其构成要素主要是市场监管法和宏观调控法。(5) 两者的法律属性不同。众所周知，行政法是公法。而经济法，由于其主体主要不是国家行政机关，而是与进行市场监管和宏观调控有关的当事人，如国家反垄断委员会、国家宏观调控机构，等等，他们是社会公共职能部门；其体现的意志不是行政机关的意志，而是社会公共意志；其追求和保护的利益不是行政机关的利益，或者行政机关把自己的利益所宣称的国家利益，而是社会公共利益；其法规不是公法的强制性规范，不完全实行"凡是法律未允许的都是禁止的"公法原则，经济法规范具有一定的灵活性，是一种弹性规范；其干预的方式和程度不是直接的、微观的而是间接的、宏观的；其调整机制不是行政管理的强制命令，也不是公法的他律调整，而是法律化的经济手段，一种社会整体调整机制，因而经济法具有社会法的属性。(6) 两者的本位和宗旨不同。行政法是政府本位法。为了启动行政管理，必须赋予政府权力，树立政府权威。在行政管理关系中，政府是管理主体，相对方是管理受体，两者是一种命令与服从的关系。在行政管理过程中，政府可能侵吞相对方的主体人格。为了避免这种现象，作为行政法主要构成部分的行政组织法、行政程序法和行政诉讼法从许多方面界定了政府权力、规范了政府行为、明确了政府责任。行政法关注的核心和重心是政府本身，其宗旨是限制政府权力、管理行政机关。这正如《美国百科全书》所指出的："行政法是指以限制政府官员和机构在与私人和私人组织关系中的权力为目的的法。"① 著名行政法学家威廉·韦德更是明确地指出："行政法定义的第一个含义就是它是关于控制政府权力的法。无论如何，这是此学科的核心。"② 而经济法通过依法设立市场监管机构和宏观调控机构并赋予它们相应的市场监管权和宏观调控权，来进行市场监管（如反对垄断和不正当竞争）和宏观调控（如克服盲目性和无序性），其关注的核心和重心是市场秩序，其宗旨是进行市场监管和宏观调控。（7）两者追求的利益不同。行政法是国家利益法。在市场体制下，利益格局多元化，既有私人利益，也有国家利益，还有社会公共利益，这三者密切相关但也有所区别。私人利益是由私人所享有的利益，国家利益虽然要兼顾全社会的利益，但从根本上说主要是统治阶级的利益，至于社会公共利益，李普曼的定义是："当人们能看得清楚，想得合理，行不偏私且乐善好施时，他们所选择的就是公共利益。"③ 这是一种与全社会成员密切相关且为他们共同而公平享有的利益。很显然，国家利益与社会公共利益并不完全一致，这种不一致也许只有到了遥远的共产主义社会才会消灭，因为在共产主义社会，人和人的利益才不是彼此对立的而是高度一致的，"利益的共同"才会成为基本原则。④ 而在其他社会，所谓国家利益与社会公共利益的一致，只不过是统治阶级"为了达到自己的目的就不得不把自己的利益说成是社会全体成员的共同利益"⑤ 而已。行政法通过行政管理实现国家利益，但由于行政管理针对特殊性的

---

① 《美国百科全书》第 1 卷，1980 年版，第 172 页。
② ［英］威廉·韦德：《行政法》，徐炳等译，中国大百科全书出版社 1997 年版，第 6 页。
③ Lippmann, *The Public Philosophy*, Boston, Little Brown, 1955, p. 42.
④ 《马克思恩格斯选集》第 1 卷，人民出版社 1972 年版，第 53 页。
⑤ 《马克思恩格斯选集》第 1 卷，人民出版社 1995 年版，第 100 页。

社会关系，自由裁量，会受到私人利益压力集团的影响，难免成为追求统治阶级的集团利益甚至私人利益的政治行动，行政法不一定能真正实现社会公共利益。行政法的首要目标是限制行政权力，其次才可能是社会公共利益。要真正实现社会公共利益应当依靠一种反映市场规律同时又克服市场缺陷的法律制度。

尽管经济法分离、独立于行政法，但这并不等于说经济法与行政法就不再相关，实际上两者的分离、独立都是相对的，它们之间仍然是关系紧密的，并且要相互配合。这是由社会经济关系的性质所决定的。社会经济关系大致可以分为两类：一类是具有普遍性的，另一类是具有特殊性的，前者中的市场监管关系和宏观调控关系由经济法调整，后者主要由行政管理并对行政管理进行行政法调整。社会经济关系的上述双重性质以及法律和行政的属性决定，社会经济关系的法治化，必须经济法和行政法并立同行，和衷共济，取长补短，相互配合，相得益彰，为共同促进社会经济的发展而努力。此外，经济法是一种国家或政府干预社会经济之法，经济法与政府干预紧紧相连，与行政权力密切相关，而政府干预、行政权力是行政法规制的核心，这就决定了经济法与行政法必然有着千丝万缕的联系，经济法与行政法内容交叉，具有共识，互相交融。

市场经济关系是十分丰富、复杂的，任何一个法律部门都不可能一统天下、包打天下，甚至不可能一法独秀、独领风骚，而必须由各法律部门密切配合，共同调整，其中，民法、行政法和经济法是拉动市场经济发展前进的"三驾马车"。

八 辩证观

法律是定纷止争的准则，是化解矛盾的工具。在经济法中包含着一系列的矛盾，如市场机制与国家干预、既要确认国家干预又要限制国家干预、经济自由与经济秩序、经济民主与经济集中，等等，这些矛盾都是关系国计民生、影响国泰民安的重大的经济社会矛盾，必须妥善解决。辩证法是解决矛盾的不二法门，经济法只有树立辩证观才能妥善地解决这些矛盾。

经济法是调整市场经济关系的法律部门，市场经济是充满活力、变化无穷的，市场经济的具体情况变了，调整它们的经济法也应随之而变，所以经济法是"废、改、立"最频繁和实施最灵活的法律之一。经济法的这种因变性正是经济法辩证性的体现，辩证的经济法才具有强大的应变力和适应性。金泽良雄认为："经济法是随着各种经济情况的变化而变化，是一种废立频繁的法律领域。追随着这种演变进而探求其时代意义，这对经济法的研究来说，尤为必要。"[1]

由于国情的不同，各国的经济法也有所不同。如德国具有深厚的团体观念和秩序意识，所以，第二次世界大战前的德国常常赋予卡特尔以合法性，因为"对帝国当局来说，并没有什么不名誉的集中，恰恰相反，集中化被视为走向一个更为合理的经济体系的重要一步"，这种"有组织的资本主义"，是克服无政府状态的有效途径。[2] 当时德国颁布了许多支持卡特尔的法律，如1878年颁布的《德意志公司》中规定："在不干预集中的条件下，国家只安排征收结构合理的品种和严格的品种数量，并承认卡特尔协议具有法律效能。"1897年德国法院在"木料工厂"一案的判决中，本着契约自由，承认卡特尔属合法有效。1910年钾矿业法的颁布，标志着这个工业成了由政府规定强制企业参加的卡特尔。[3] 而美国奉个人主义、机会均等和自由竞争为立国之本，所以从来都是反垄断的。如《谢尔曼法》把任何垄断行为都认为是犯罪行为；《克莱顿法》规定："对于影响商业的不正当的竞争方式，均就此宣布为非法。"经济法具有鲜明的国别性，但它们又能够融为一体，特别是第二次世界大战后各国经济法均把反垄断以促进市场自由竞争进而实现经济自由、经济民主作为经济法的一个核心，正是源于经济法的辩证观。经济法的辩证观使经济法不拘一格，灵活多样，兼容并包。

反垄断法是经济法的核心之一，垄断是一种非常复杂的经济社会现象，必须辩证地对待。市场经济自由竞争、优胜劣汰的规律必然导致经

---

[1] ［日］金泽良雄：《经济法概论》，满达人译，甘肃人民出版社1985年版，第85页。
[2] 参见张世明《经济法学理论演变研究》，中国民主法制出版社2002年版，第30、35页。
[3] 同上书，第31页。

济集中，出现具有巨大规模、处于垄断地位的大企业。一方面，按照反垄断法的要求应该解散、分割这种大企业，使之成为分散的、规模适度的竞争性企业，以实现经济自由和经济民主。这正如著名经济学家舒马赫所告诫人们的，不要过分崇拜大规模，"今天我们尝到了普遍盲目崇拜巨大规模的苦头，所以必须强调在可能采用小规模的情况下小规模的优越性"，"尽可能从小规模的灵便、人性化与易于管理等特点中得益"[①]。他甚至明确主张"小的是美好的"。不过，需要指出的是，反垄断法并不是一概反对经济集中和大企业，就像在政治上既要民主又要集中一样，适当的经济集中也是必要的，因为大企业之所以能够成为大企业，往往有其自身的优势，是市场竞争的必然产物，而且大企业人才荟萃、资金雄厚、技术先进，所以大企业易于引起技术革新，采用新生产方法和生产出新商品，这对于避免重复生产，节约资源，优化产业结构以及提高和改善人们的生活水平都具有重要意义。此外，为了提高本国企业的国际竞争力，也要求适度的经济集中和大企业。正是在这个意义上，熊彼特认为"大企业已经成为经济进步的最有力的发动机，尤其是已成为总产量长期扩张的最有力的发动机"[②]。我国之所以鼓励企业联合和企业兼并，原因也在这里。因此与经济民主相对立的是那种滥用市场支配地位的大企业，禁止它们可能带来的市场霸权和阻碍自由竞争。另一方面，反垄断又要求国家通过恰当而有效的法律或政策大力扶持中小企业，培植它们的竞争力，只有当大多数中小企业能够自由竞争时才真正实现了经济民主。但是，扶持中小型企业也不是盲目的而是有选择的，也就是说，只是扶持那些值得扶持的企业而不是那些类似阿斗的企业，因为阿斗是扶不起来的。总之，反垄断要妥善处理经济民主与经济集中、大企业与中小企业的关系，这正如萨缪尔森所指出的："创新与市场力量之间的关系是复杂的。许多大厂商对研究与创新做出了重大贡献，这使得那些想彻底摧毁大厂商的人或宣称大就是绝对坏的人举棋不定。同时，小

---

① ［英］E. F. 舒马赫：《小的是美好的》，虞鸿钧等译，商务印书馆1984年版，第39—40页。

② ［美］熊彼特：《资本主义、社会主义和民主主义》，吴良健译，商务印书馆1979年版，第134页。

企业或个人也做出某些最富有革命性的突破。为了促进迅速的创新,一个国家应该允许各种不同的方法与组织并存,要实行百家争鸣。"① 经济法的反垄断是辩证的,要具体分析各种垄断然后再决定反与不反以及如何去反,而不是机械地不加区分地一反了之,反垄断法的实施具有高超的艺术性。

宏观调控法是经济法的另一核心。社会经济的发展变化,市场经济的周期性波动,使得调整它们的宏观调控法(包括其中的宏观调控政策,如财政政策和货币政策及其组合等)具有明显的政策性。如在经济萧条时期,国家就要采取积极的财政政策和宽松的货币政策;当经济过热时,国家就要采取紧缩性财政政策和稳健的货币政策。这种政策性就是一种辩证观,因为没有区别就没有政策,不懂得具体问题具体分析就不懂得辩证法。经济法的政策性正是经济法辩证观的体现。宏观调控法的政策性也直接决定了宏观调控法的法律规定。由于法律不能随时修改、任意变更,不能在经济萧条时与经济过热时采用两套不同的法律程序,而只能要求法律程序能够同时兼容和适应这两种情况。实践证明,只有程序性的法律才能兼容并包,所以宏观调控法更多的是程序性的规定而不是实体性的规定,如它只规定货币政策的制定必须遵循的法定权限和法定程序而不规定货币政策的具体内容是什么。

上述经济观、社会观、干预观、对象观和辩证观是经济法世界观的核心内容,经济法以此来观察世界特别是其所调整的领域和所适用的法域。它们密切相关、逻辑自洽、融为一体、自成体系,综合起来就构成了经济法的总体面貌和基本精神,它们在观察世界的同时也形成了经济法的世界,并要求人们从这些方面去观照它。

九 方法论

方法是理论的要素之一,真正的理论内在地包含着方法论,一种理论只有能够启示和提供方法,才是具有实践力、生命力的理论,否则只

---

① [美]萨缪尔森、诺德豪斯:《经济学》(第12版)下册,高鸿业等译,中国发展出版社1992年版,第900页。

能是无用的、僵死的教条。

法律，从名称上看，既然名为"法"，就应该是一种方法；从实质上说，法律就是一套解决纷争冲突的方法。法律要名副其实，要有效地解决纷争冲突，就必须讲究方法。方法和方法论是法律、法学的固有、应有之义。

法律到底采用什么样的调整方法，不是任意的，而是深受许多因素的决定。其中最重要的因素就是法律所调整的社会关系和法律所要救济的权利，核心就是个人与社会之间的权利义务关系。法律调整它们的角度不同，会导致法律调整方法的不同。这些方法大致包括个体（人）主义方法（论）和整体主义方法（论）以及折中主义方法（论）。

如果认为个体是唯一真实的，而社会是虚构的，社会没有独立存在的意义；个人是社会的基础，社会是个人的集成，社会最终要还原为个人；先有个人后有社会，有个人才有社会，无个人即无社会；个人是唯一的目的，而社会只是手段，社会为个人服务；个人具有理性，会追求自己的利益，人们在追求个人利益的同时会促进社会利益；个人在进入社会之前就先天或天赋地享有一些基本权利，他们集合成社会以后，社会及其代表如国家的宗旨就是更好地保护这些权利；社会关系的核心是个人与个人之间的关系，个人之间通过契约自由会自动地形成他们所欲的社会关系和社会秩序，只是在不能如此时，国家才代表社会予以必要的干预；等等。这种方法被称为个体主义方法。

如果认为人是社会化的人，人生活在社会之中；社会先于个人，有社会才有个人；社会决定个人，个人从属于社会；社会是一个有机整体，个人是构成社会的个体；社会有自己的目的，个人目的应服从社会目的；社会是大我，个体是小我；社会为个人提供条件，个人对社会负有责任；社会有其协调者，以维护社会秩序；等等，那么这种方法就是整体主义方法。

人们在尝试了个体主义方法与整体主义方法之后，发现它们两者各有缺陷，于是人们试图在它们两者之间走一条中间道路，这就是折中主义方法。在这种方法看来，个体与整体为一体，两者不是独立的、冲突的，而是并立的、交融的；由个人所构成的社会有其自己的发展规律，但这是无数个人意志相互作用所产生的合力的结果；尽管社会对个人有决定作用，但个人仍然具有独立性和能动性；社会超越于个人，但这种超越是为了使社会更好地服务于个人、每个人及人类；个人与社会的关系，要从个人与社会、个体与整体进行双向互动的解释；它克服了极端的个体主义方法和极端的整体主义方法的缺陷，能够把个体主义方法与整体主义方法的优点综合起来，是一种折中的方法、辩证的方法。

  法律方法经过了一个辩证的发展过程。在自由竞争时期，人们反感把政府说成家长的理论，认为让个人享有最大限度的自由，让他和他的财产受到最充分的保障，这既是对政府的限制，又是政府的义务，所以法律所保障的自由，在私人经济关系领域内成了政府放任政策的同义语，法院也常常否定与自由企业制度观念不相适应的社会立法。那时的法律方法主要就是私人自治、自由放任、个体主义的方法。但到了福利国家时期，法律方法发生了改变。法律从抽象的平等到实际的平等；当事人的自由意志形成他们之间的法律，这种观念消失了，大量的标准化契约开始取代那些具体条款是自由协商的契约，契约自由受到了限制，让位于社会福利和对一个更公平的工作和生活水准的维护①；所有权也不再是绝对的，法律日益强调所有权的社会方面而不是个人方面，所有者不得以反社会的方式行使所有权②；社会开始根据某种关系而非根据自由意志组织起来，法律愈来愈倾向于以各种利害关系和义务为基础，而不是以孤立的个人及权利为基础。20世纪的经济秩序、商业、工业和政府的活动已成为占支配地位的活动。③ 此时，集体主义取代了个人主义，国家干预取代了自由放任，整体主义方法开始盛行。但这时的整体主义不同于过去的整体主义，不是与个体主义对立起来的整体主义，而是与个体主义相融合、包含着个体主义的新的整体主义方法，是一种折中主义方法。如20世纪初，人们强调的是保护赢利的安全。一旦需要，甚至不惜以社会利益为代价。但随着20世纪的进步，这些目标越来越受到怀疑。20世

---

  ① ［美］施瓦茨：《美国法律史》，王军等译，中国政法大学出版社1990年版，第211页。
  ② 同上书，第214—216页。
  ③ 同上书，第213页。

纪下半叶，我们似乎正从个人突出的理想移向彼此合作的理想。作为价值尺度，抽象的不受限制的个人至上，已为人类最大限度地控制自然以满足社会需要所代替，发展中的法律正以满足人类需要作为自己的口号，法律的任务被视为协调彼此冲突的人类要求或期望，以便以最少的矛盾和最小的浪费去获取文明的价值。①

　　这种方法是对传统法律方法的变革，众所周知，传统的法律方法主要是私法方法和公法方法，其中私法方法主要是个体主义的方法，公法方法主要是整体主义的方法。折中主义方法的出现和形成导致法律方法的创新和法律制度的变革。其表现，一方面，是私法公法化、公法私法化，旨在把私法方法与公法方法融合起来。但由于它们的"化"并没有达到真正"化"的程度，即发生质变，从而异质于私法而同质于公法，或异质于公法而同质于私法，它们只是融入了一些公法方法或私法方法，但它们本质上还是私法（方法）或公法（方法）。况且，任何法律部门及其方法在特定法域都有其特效，如私法方法在私法领域、公法方法在公法领域依然是有效的，并且仍然是主要的方法。另一方面，是在它们的基础上出现了一些以折中主义方法为基础的新的法律部门，如经济法即是如此。由于传统的法律部门，如私法方法以个体主义的方法为主，公法方法以整体主义的方法为主，这些方法有其作用的特定法域，但它们不能作用于一切法域，不能完全有效地调整某类社会关系和救济某种权利。如要保护社会公共权利，一方面要充分调动人们的主动性、积极性和创造性，让人人出力，各尽其能，这就必须诉诸个体主义方法、私法方法；另一方面要协调人们的行动，保持秩序，形成合力，整体有效，这就必须诉诸整体主义的方法、公法方法，而且这两种方法还不能是两张皮，而必须把它们内在统一、整合起来，不分彼此，如车之两轮、鸟之双翼，因而要进行法律方法的创新。这种方法能够以个体与社会为双重本位，共同保护私人权利和社会公共权利，兼容个体主义方法和整体主义的方法，融合私法方法和公法方法，是一种折中的方法、辩证的方法。这样的方法为现有的法律部门所不完全具备，必然导致法律制度和

---

① ［美］施瓦茨：《美国法律史》，王军等译，中国政法大学出版社1990年版，第330页。

法律方法的创新，产生一种充分体现折中主义、辩证方法的法律部门，其中就包括经济法。

　　经济法的方法就是折中主义方法。这种方法在经济法中表现为许多方面。如经济法中的竞争法，它的首要目标是维护市场的自由竞争秩序，所以，竞争法中有句名言——"竞争法保护的是竞争而不是竞争者"，说的就是竞争法保护的是整个市场的竞争秩序，首先是整体而不是个体，这就是一种整体主义的方法。经济法就源于并体现了这种方法，如拉德布鲁赫指出："经济法产生于国家不再任由纯粹私法保护自由竞争，而寻求通过法律规范以其社会学的运动法则控制自由竞争的时候。"[①] 但由于保护了整个市场竞争秩序，自然有利于竞争者，所以，竞争法也间接地保护了竞争者，因为竞争总是通过无数的竞争者的竞争表现出来的，竞争秩序也是由此形成的，没有竞争者，就没有竞争和竞争秩序。可见，竞争法也间接地保护竞争者，如它监管市场优势企业、扶持中小企业，豁免市场弱者的联合行为等，这又体现了它是一种个体主义的方法。再如，经济法中的宏观调控法，顾名思义，宏观调控法就是从宏观的立场、整体的角度来调控国民经济和社会发展的，它从"国民经济生产率的角度观察经济关系"[②]，所以经济法被认为是"组织起来的经济法律"[③]，它意味着"国家将整个经济生活置于自己的控制之下"[④]。整体主义的方法体现在宏观调控法的许多方面，它的调控措施是宏观调控工具，如计划规划、财政政策、货币政策、产业政策等，它们都是宏观着眼、大处着手、整体协调，目的是为了实现国民经济和社会发展能够稳定协调有序健康持续地进行。这体现的就是一种整体主义的方法。但这里的宏观调控大大不同于过去那种高度集权的计划体制、行政管制，它以市场调节为基础，赋予市场主体以高度的自治权利，充分调动人们的主动性、积极性和创造性，这体现的又是个体主义的方法。所以，经济法的方法是

---

　　① ［德］拉德布鲁赫：《法学导论》，米健、朱林译，中国大百科全书出版社1997年版，第77页。

　　② 同上书，第80页。
　　③ 同上书，第78页。
　　④ 同上。

一种折中个体主义与整体主义的方法。

经济法的这种折中主义方法体现在经济法的许多规范上。经济法规范不是私法规范，私法规范比较概括从而有利于私权推定和私权保护，私法规范的任意性有利于保障私人意思自治；经济法规范也不是公法规范，公法规范比较具体从而有利于权力制约，公法规范的强制性有利于保障国家意志的贯彻和对国家权力的制约。经济法规范介于两者之间，它寻求个体主义与整体主义、私人自治与国家强制的最佳结合，经济法规范比较适中从而有利于社会私权利与国家公权力的合理行使，经济法规范是一种弹性规范，尤其有利于国家公权力根据具体情况，审时度势、灵活自如地自由裁量。如反垄断法有"合理原则"，宏观调控法要求宏观调控要原则性与灵活性相结合。折中主义是经济法的一个基本特征。

当然，所谓的折中主义方法，并不是个体主义与整体主义各半斤八两，平均主义，相反，它会根据调整对象、调整目标的需要而调整，有所侧重。如在经济法中，其折中主义方法，侧重的主要是整体主义方法，只是这种整体主义方法内在着个体主义方法，或者说是一种内在着个体主义方法的整体主义方法。

这种方法是经济法调整机制的基本特征。私法的调整机制是意思自治，私法本质上是一种自主调整的法律，这是市场调节在私法中的反映；公法的调整机制是命令服从，公法本质上是一种他律调整的法律，这是由权力支配的本性所决定的。经济法的调整机制是监管调控，经济法本质上是一种社会整体调整机制的法律，这是由市场调节与国家干预相结合的产物。具体而言，一是经济法调整机制必须着眼于市场秩序、社会整体、体现社会公意、维护社会公益，经济法的根本目的之一就在于促使和保证市场调节机制沿着社会整体要求的方向进行，使市场调节优化成有国家干预的市场调节，那种着眼于私人局部的调节必然是微观的、盲目的、失控的。二是经济法调整机制必须立足于市场秩序。在市场体制下，真正的社会整体只能是市场秩序，经济法的根本目的之一就在于督促和保证国家干预通过市场调节而进行，使国家干预完善为以市场调节为基础的国家干预，那种僭越市场调节的国家干预必然是具体的、直接的、强制的。比如，宏观调控法的一个核心内容是保证产业结构优化，但国家并不能直接指令某个企业从事什么产业或不从事什么产业，也不能完全放任企业自由从事各种产业，而只能通过计划、税收、利率等宏观调控政策法律去加以引导。可见，经济法是一种社会整体调整机制的法律。

真理往往在两极之间，与个体主义方法和整体主义方法相比，折中主义的方法是一种最优的方法，它是经济法的调整方法，它体现在经济法的许多方面，是对法律方法的重要创新。

十 特色论

中国经济法学理论已经形成了自己的特色：

一是立足市场经济。纵观我国经济法的发展历程，可以发现，我国经济法是随着我国经济体制的发展而发展的。在计划经济体制下，计划高于一切，计划就是命令，无所谓法律，也没有经济法可言。1978年我国实行改革开放，经济体制改革从计划经济到有计划的商品经济，从有计划的商品经济到商品经济新秩序，从商品经济新秩序到"国家调控市场、市场引导企业"，从"国家调控市场、市场引导企业"到社会主义市场经济。经济法跟随经济体制改革的路线走，经济体制改革了，经济法就随之而改。为此，经济法走了不少弯路，也浪费了许多精力，但这是一个不断通向市场经济体制的过程，也是一个日益趋近科学真理的进程。当社会主义市场经济体制确立以后，经济法就找到了立足之本，经济法原本就是市场经济之法，市场经济才有需要经济法调整的特定社会关系，有经济法存在的客观基础，通过揭示市场经济的本质和概括市场经济的规律，才能建构经济法学理论，通过记载和翻译市场经济关系才能制定经济法规则。由于立足于市场经济，经济法的许多理论问题都迎刃而解。如经济法学理论之所以能够从众说纷纭走向统一，首先要归功于经济体制从计划经济到市场经济的转变，人们找到了并共同立足于市场经济这一客观公认和公理性的基础，在这个基础上经济法学理论去伪存真，日益趋同，达成共识。即：经济法立足于市场经济，由于市场经济具有自由竞争的本质属性，而这一本质属性又派生出垄断、不正当竞争等限制竞争和盲目无序等妨碍市场经济健康有序发展的现象，因此，要发展市场经济国家就必须依法进行市场监管和宏观调控，但源于民法机理和行政法的特性，使得它们不宜对其加以调整，而需要产生其他法律部门，实践证明，这个法不是民法，也不是行政法，而是对它们予以补充和促进的经济法，经济法就是调整市场监管关系和宏观调控关系的法律规范的总称，经济法的体系由市场监管法和宏观调控法统一构成。这是经济法最基本、最集中的理论。市场经济是我们研究经济法时必须反复和时刻研读的一本大书。无论是我们对经济法调整对象、基本原则、主要范畴、体系构建等经济法的基础理论问题的认识，还是对市场竞争、不正当竞争和限制竞争的认定和反对等市场监管法问题的认识，以及对宏观调控、计划法、财政法、金融法和产业政策法等宏观调控法的认识，从根本上说都取决于我们对市场经济的认识。只有当我们读懂了、读好了市场经济这本大书以后，我们才能科学地认识上述诸问题，进而我们才能科学地认识什么是经济法，并构建科学的经济法学理论。人们对市场经济的认识水平直接决定着经济法的理论水平。一旦脱离市场经济这一立足点，经济法学理论就会离经叛道。

二是体现社会主义。经济法自古就与社会主义有不解之缘。为什么经济法首先由空想社会主义者提出来，在摩莱里、德萨米、蒲鲁东等人的著作里都对经济法作了描述，他们都把经济法视为实现社会主义或共产主义的法律手段。其中，1755年摩莱里在其名著《自然法典》中提出的。在该书第四篇，作者勾画了一幅"合乎自然意图的法制蓝本"，其中的第二部分标为"分配法或经济法"，共12条。从所含条文的内容来看，他所谓的"分配法和经济法"，是指在作者所设想的未来理想的公有制社会中，用以"调整自然产品或人工产品的分配"的法律规定。① 1842年，另一位法国空想共产主义者德萨米出版了《公有法典》一书，其中的第三章题为"分配法和经济法"，其含义与摩莱里的大致相同。德萨米所谓的"经济法"包括各种经济法律制度，但他把"分配法和经济法"看作"公有法典"的重要组成部分，也把经济法和分配法等同起来。② 1865

---

① ［法］摩莱里：《自然法典》，黄建华译，商务印书馆1959年版，第108页。
② ［法］德萨米：《公有法典》，黄建华等译，商务印书馆1959年版，第112页。

年，蒲鲁东在其名著——《工人阶级的政治能力》一书中也使用了"经济法"这一概念。蒲鲁东认为，法律应该通过"普遍和解"的途径解决社会生活中的矛盾，但是，不改组社会，"普遍和解"就无法实现，而且，构成新社会组织基础的，就是"经济法"。因为公法和私法都无助于实现这一目标，一个会造成政府过多地限制经济自由的危险，另一个则无法影响经济活动的全部结构。因此，社会组织将建立在"作为政治和民法之补充和必然结果的经济法"的基础之上。其目的在于维护社会正义。[①] 这些见解是意味深长的，影响深远的，它们为经济法开启了一条科学的发展道路，经济法至今仍在沿着这条道路前进。我国是一个社会主义国家，社会主义是经济法的理论根基。今天我们对社会主义有了更科学的理解，所谓的社会主义，就是以社会为本、以社会上人人为本、以所有人为本，消灭剥削压迫，消除两极分化，实现共同富裕。社会主义的实行和实现离不开经济法，因为经济法是一种社会法，它以社会为本位，以人人为本；经济法是一种市场校正法，它克服市场调节所导致的弱肉强食等各种弊端，保障人权；经济法是一种分配法，它通过税收征管和财政转移支付缩小贫富差距，实现共同富裕；等等。经济法特别能够体现社会主义的内在性质，符合社会主义的基本要求，经济法是社会主义法律体系的主导部分。《中国特色社会主义法律体系》白皮书指出，我国为了保障和促进社会主义市场经济的健康发展，在规范市场主体、维护市场秩序、加强宏观调控、促进对外开放等方面，先后制定或修改了一系列经济法方面的法律和法规，形成了中国特色的社会主义经济法体系。如制定和修改了全民所有制工业企业法、乡镇企业法、个人独资企业法、企业国有资产法等法律以规范市场主体；制定和修改了反不正当竞争法、反垄断法、消费者权益保护法、产品质量法、广告法、价格法、城市房地产管理法等法律以加强市场监管、维护市场秩序；制定和修改了预算法、企业所得税法、个人所得税法、车船税法、税收征收管理法、增值税暂行

---

① 参见[法]阿莱克西·雅克曼、居伊·施朗斯《经济法》，宇泉译，商务印书馆1997年版，第2—3页。

条例、营业税暂行条例、城市维护建设税暂行条例等法律，以不断健全税收制度，实现社会分配公平；制定和修改了商业银行法、中国人民银行法、证券法、银行业监督管理法等法律，以对金融行业的安全运行实施监督管理；制定了农业法、铁路法、公路法、民用航空法、电力法等法律，对重要行业实施监督管理和产业促进；制定了土地管理法、森林法、水法、矿产资源法、节约能源法、可再生能源法、循环经济促进法、清洁生产促进法等法律，以规范重要自然资源的合理开发和利用以及促进能源的有效利用和可再生能源开发；制定或修改了中外合资经营企业法、中外合作经营企业法、外资企业法、对外贸易法、政府采购法等法律，以适应改革开放和加入世界贸易组织的需要。"截至2011年8月底，中国已制定经济法方面的法律60部和一大批相关行政法规、地方性法规。"至此，中国已经建立了与社会主义市场经济相适应的市场监管和宏观管理的法律体系。由上述法律构成的经济法体系都以"社会主义市场经济"为主导并旨在为其服务，体现出鲜明的社会主义特色，特别是在市场经济方面的社会主义特色。

三是自主创新。我国的经济法学理论先是向苏联学习，后是向西方资本主义国家学习，实践证明，照抄照搬的学习是不成功的。由于经济法在全世界都是一门新兴的法律部门，各国在经济法学理论方面都刚刚起步，相差无几，别国也好不到哪去，这一点只要看看无论是过去还是现在从国外翻译过来的经济法著作就可以充分地证明这一点。经济法不像民法等传统学科，有悠久的历史，可以言必称罗马，但对于经济法学理论来说，即使想照抄照搬都没处可抄没处可搬，这就逼迫经济法学者自主创新。第一，经济法与一国的国情密切相关，深受一国的经济、政治、文化等影响，具有显著的国别性。如同样是市场经济体制，但各国管理市场经济的模式并不一样，一些国家是偏重放任型的市场经济，一些国家是偏重管制型的市场经济，东亚各国与欧美各国就存在差别。经济法不仅与市场经济的共性有关，更与管理市场经济的个性有关，因为经济法本质上是国家管理市场经济之法。这就决定了经济法学理论不能照抄照搬，只能参考借鉴。这也迫使经济法学者自主创新。当然更重要的是，我国经济法学理论的自主创新有得天独厚的本土资源。第二，我国的法律传统是大陆法系，注重法学理论研究，对探讨法的对象、法的概念、法学范畴、法的原理、法的体系等有不竭的理论旨趣和不懈的理论追求，这与英美法系是不同的，它们更注重实用。所以英美等国虽然其市场经济发达，但其经济法学理论并不发达，其成就主要是在各个具体的经济法部门，如反垄断法、金融法、财政法等方面，但它们缺乏在它们的基础上再去建构一套统一的经济法学理论的旨趣。第三，我国社会经济政治体制与西方资本主义国家的有所不同。西方资本主义国家从根本上说是资本家的国家，资本家较之雇佣工人占有强势地位，所以他们偏好市场调节，因为市场调节就是资本家与雇佣工人之间的自由博弈，实质上是恃强凌弱，这对强势的资本家是有利的。而国家干预不仅会平衡劳资关系，还可能干预资本经营，这是对强势资本家的抑制，必然会遭到他们的反对。只有当劳资冲突恶化为社会革命、危及整个资本主义国家的统治时，资本主义国家才被迫进行适度干预。资本主义国家是在市场体制的基础上引入国家干预，但鉴于市场原教旨主义的根深蒂固，它们对国家干预抱有本能的抵触情绪，一贯要求减少政府干预和放松金融监管，长期以来诺贝尔经济学奖一直授予新自由主义经济学家就是明证，直至酿成本次金融危机。西方资本主义国家对国家干预的歧视，直接导致经济法在它们国家中处于次要地位，经济法只是当作危机对策法和障碍排除法来对待，当发生危机或出现障碍时，才把经济法中的某些方面如反垄断法予以特别强调。我国体制的演变是从计划体制向市场体制转变，但这种转变不是从政府专制向市场专治转变，这是从一个极端走向另一个极端，都是错误的。尤其是中国有自己的具体情况，如疆域辽阔，地区发展不平衡；人口众多，贫富差距较大；经济转轨，社会重大变革；对外开放，与国际接轨。在这种国情和世局下，要实现国家发展和民族复兴，绝不能仅仅诉诸市场机制，让市场放任自流。我们已日益达成这样的共识：我们要实现科学发展、共同富裕、社会和谐，立足中国，走向世界，就必须把市场调节这只"看不见的手"和国家干预这只"看得见的手"密切结合统一起来，缺少任何"一只手"，都孤掌难鸣。如我国1993年对宪法的部分内容进行修改，《中华人民共和国宪法》第15条规定："国家实行社会主义市场经济。国家加强经济立法，完善宏观调控。国家依法禁止任何组织或者个人扰乱社会经济秩序。"党的十七大报告指出："必须坚持统筹兼顾。要正确认识和妥善处理中国特色社会主义事业中的重大关系，统筹城乡发展、区域发展、经济社会发展、人与自然和谐发展、国内发展和对外开放，统筹中央和地方关系，统筹个人利益和集体利益、局部利益和整体利益、当前利益和长远利益，统筹国内国际两个大局。"为此，要"深化财税、金融等体制改革，完善宏观调控体系"，"发挥国家发展规划、计划、产业政策在宏观调控中的导向作用，综合运用财政、货币政策，提高宏观调控水平"。2012年政府工作报告也要求"综合考虑各方面情况，要继续实施积极的财政政策和稳健的货币政策，根据形势变化适时适度预调微调，进一步提高政策的针对性、灵活性和前瞻性"，"全面做好今年的工作，必须坚持突出主题、贯穿主线、统筹兼顾、协调推进，把稳增长、控物价、调结构、惠民生、抓改革、促和谐更好地结合起来"。凡此种种，不仅离不开国家干预，而且是国家干预的重要方面，还是国家干预的基本方式，它们为国家干预提供了正当性、合法性的牢固基础。所以我们的社会主义市场经济体制是市场调节与政府干预内在统一的体制，我们有国家干预的传统，在社会主义市场经济体制下并没有否弃国家干预，而是按照市场规律改善国家干预，使国家干预更加科学、合理、规范和有效。只要看到了国家干预"这只手"的重要性，就会看到经济法的重要性。正是因为我国有正视和强调国家干预"这只手"的重要性的历史传统，并在日益改良完善它，随着国家干预的科学化将决定并促进经济法的科学化。所以，我们说，也许中国才是催生和促长经济法的最好土壤。国家干预是经济法的基础，国家干预更加科学、合理、规范和有效有利于经济法的创新，经济法就是随着国家干预的科学化、合理化、规范化和有效化而不断创新发展的。目前我国的经济法基础理论之所以能够后来居上，在中国法学各部门法中较有自主知识产权，正是源于经济法的自主创新。

最后我们必须指出的是，人的认知能力与客观对象之间存在相当差距，人类有限的认知能力决定了人类不可能在一段时间内完全认知客观对象。但随着时间的推移，人类对客观对象的认知会不断趋近。人们对经济法的认知亦然，中国经济法学理论还在不断地发展完善中。

第 九 章

社会法哲学

一 "看不清的手"——社会协调

大致说来,各类调整机制可以分为市场调节、国家(政府)干预和社会协调三种。其中,人们把市场调节比作"看不见的手",把国家干预比作"看得见的手",至于社会协调,至今人们还没有很好的比喻,只是有人把"社会结构转型"比作是"另一只看不见的手"①。对此,我把社会协调比作"看不清的手"。

(一) 社会协调是一只"看不清的手"

与社会协调相比,市场调节之所以是一只"看不见的手",是因为:

经济关系比较复杂,不易分析。马克思在《资本论》中指出:"分析经济形式,既不能用显微镜,也不能用化学试剂。二者都必须用抽象力来代替。"② 经济关系是市场调节的对象,对象的性质决定了市场调节的性质,市场调节也需要用抽象力去分析,抽象力分析的东西是抽象的、看不见的东西,故市场调节是一只"看不见的手"。

市场表现为庞大的商品堆积,"最初一看,商品好像是一种很简单很平凡的东西。对商品的分析表明,它却是一种很古怪的东西,充满形而上学的微妙和神学的怪诞。"③ 由于商品的监护人隐藏在商品的背后,商

---

① 参见李培林《社会结构转型:另一只看不见的手》,载《中国社会科学》1992年第5期;《再论"另一只看不见的手"》,载《社会学研究》1994年第1期;《另一只看不见的手——社会结构转型》,社会科学文献出版社2005年版。
② 马克思:《资本论》第1卷,人民出版社1975年版,第1版序言,第8页。
③ 马克思:《资本论》第1卷,人民出版社1975年版,第87页。

品形式把人们之间的劳动社会关系转换成了人们之外的物与物之间的社会关系，物与物的关系掩盖了、歪曲了人与人的关系，这样一来，商品"成了可感觉而又超感觉的物"①，于是就产生了商品拜物教。商品拜物教，"这只是人们自己的一定的社会关系，但它在人们面前采取了物与物的关系的虚幻形式"②。由于货币是"商品之王"，商品拜物教必然会演变为货币拜物教，"货币拜物教的谜就是商品拜物教的谜，只不过变得明显了，耀眼了"③。货币拜物教使人狂热错乱，神志不清，以至于"被货币所愚弄的人比被爱情所愚弄的人多得多"。无论是商品拜物教还是货币拜物教都是人为物所弱化、模糊、异化和愚弄，使人更加看不见市场调节那只手了。而且这种情形还将长期存在，"只有当社会生活过程即物质生产过程的形态，作为自由结合的人的产物，处于人的有意识有计划的控制之下的时候，它才会把自己的神秘的纱幕揭掉。但是，这需要有一定的社会物质基础或一系列物质生存条件，而这些条件本身又是长期的、痛苦的历史发展的自然产物"④。看来，人们要想看见市场调节这只手还为时尚早。

市场调节具有许多假象和骗局，如等价交换，特别是可变资本。长期以来，资本家、工人包括一些经济学家都认为，给一天工资干一天活，是等价交换、公平合理的，不存在什么剥削。但马克思深刻地分析了资本主义的劳动过程和价值增值过程，揭示了劳动力与劳动的不同，劳动力是一种特殊的商品，工人在劳动中，不仅能够生产出劳动力本身的价值，而且能够创造出比劳动力本身的价值更大的价值，实现价值增值，但该增值部分被资本家无偿占有，成为其剩余价值。虽然可变资本是剩余价值的唯一源泉，资本家的不变资本并没有创造剩余价值，但剩余价值统统被资本家剥削去了，这是不公平的，必然会遭到工人阶级或无产阶级的反抗和革命，进而推翻资产阶级的统治。这就揭露了资本主义内在的不可克服的矛盾和必然灭亡的规律以及社会主义的终将胜利。所以

---

① 马克思：《资本论》第1卷，人民出版社1975年版，第89页。
② 同上书，第87页。
③ 同上。
④ 同上书，第97页。

恩格斯说：马克思所发现的唯物主义历史观和通过剩余价值揭示资本主义生产的秘密，才使社会主义从空想变成了科学。① 正是马克思的发现才使人们"豁然开朗了"，而"先前无论是资产阶级经济学家或者社会主义批评家所做的一切研究都只是在黑暗中摸索"②。

市场调节受许多人们无法预知和不可控制的因素所影响或支配，如市场信息不明、企业分散生产、盲目自由竞争等，结果，各个业主"彼此毫不了解，他们进行生产都是为了在情况不明的市场上去销售"③，这就使得市场调节是在一种无法总体控制的未知情形下进行，人们只能听命于那只"看不见的手"的支配，茫然不知所措，必然具有盲目无序性。

市场调节是无意识、无目的的，许多结果都是不可意料的偶然偏得。这正如亚当·斯密所说的：市场中的人们是"经济人"，他"所盘算的只是他自己的利益"，"他通常既不打算促进公共的利益，也不知道他自己是在什么程度上促进那种利益"，但"在这场合，像在其他许多场合一样，他受着一只看不见的手的指导，去尽力达到一个并非他本意想要达到的目的"。尽管"事非出于本意"，但并不"对社会有害"，因为"他追求自己的利益，往往能比在真正出于本意的情况下更有效地促进社会的利益"④。但"宣称私人利益和社会利益必定会相互一致，这是没有根据的，上天并非是如此来统治世界的。说两者在实际上是一致的，这也是不真实的，在现实生活中并非是照此来管理社会的。断言开明的自利必定会促进公共利益，也不是根据经济学原理得出的正确推论。而所谓自利一般是开明的，同样也是不符合实际情况的"⑤ 所以市场调节的结果是不确定的，这种不确定性，决定了市场调节这只手是看不见的。

市场调节受商人影响，商人运用经济知识去影响市场调节。经济知识是一种非常专业的知识，只有少数商人或经济专家才能充分知晓和有

---

① 《马克思恩格斯选集》第 3 卷，人民出版社 1995 年版，第 740 页。
② 参见《马克思恩格斯选集》第 3 卷，人民出版社 1995 年版，第 776 页。
③ 《列宁选集》第 2 卷，人民出版社 1995 年版，第 592 页。
④ [英] 亚当·斯密：《国民财富的性质和原因的研究》下卷，郭大力、王亚南译，商务印书馆 1983 年版，第 27 页。
⑤ [英] 凯恩斯：《预言与劝说》，赵波等译，江苏人民出版社 1999 年版，第 313—314 页。

效运用它们。不过,这并不说明商人就能看见市场调节之手,因为市场调节主要是受利益法则的支配,"私人利润的打算,是决定资本用途的惟一动机"①。利令智昏,它使人看不见市场调节那只手。此外,对很多人来说,人在市场之外,市场是外在于自己的,他们缺乏经济知识,也难以掌握和运用经济知识,人们只能被动地、盲目地受市场支配,为"看不见的手"所支配。此次金融危机就给了人们许多深刻的教训,其中之一就是人们对市场调节缺乏远见卓识。2008年11月,英国女王伊丽莎白二世在视察伦敦经济学院后耐人寻味地发问:"为什么当初就没有一个人注意到它?"2009年7月25日,英国一批顶尖经济学家集体向女王郑重道歉:"抱歉!女王陛下,我们没能预测到国际金融危机的到来。"在长达3页的道歉信中,他们解释了为什么没有预测到的原因,是听信了金融界的劝说。②但从根本上说,是因为市场情形的复杂,市场调节是一只"看不见的手"。

市场调节经常导致经济波动,甚至经济危机,经济危机远比社会危机频繁,社会危机常常是由市场危机造成的。尽管人们竭力减轻经济波动、避免经济危机,但它们仍然不时地发生,其中一个根本的原因就在于市场调节是一只"看不见的手",人们对它看不见,摸不着,难以控制。

与市场调节相比,社会协调是"看得见的手"。这是因为:

社会协调有许多看得见的东西,如社会中的人、社会组织、社会代表机构、社会准则等。如果说在市场调节的情形下人是在商品之后的话,那么在社会协调的情形下人是在社会之中。人在社会之中,如鱼饮水,冷暖自知,人们对社会协调都有一些切身感受。每个人都在社会之中,都被社会化了,都对社会有"一知半解",都有一定的社会知识,有的社会知识已经成为社会常识,社会常识是人们最主要的行为准则,人们主要是依据社会常识而行动和生活,社会常识从根本上决定着社会和社会

---

① [英]亚当·斯密:《国民财富的性质和原因的研究》上卷,郭大力、王亚南译,商务印书馆1983年版,第344页。

② 参见《中国社会科学报》2009年9月24日第3版。

协调，社会是依据社会常识而协调有序。社会知识的常识性、通识性和普及性使人们能够看清社会和社会协调。

社会协调虽然也受很多未知和不可控因素的影响，但人的本性以及由其所决定的社会性质决定了，社会协调不会像市场调节那样盲目失控，如人是一种社会存在物，人是在社会关系、社会纽带、社会伦理、社会准则和社会秩序下生活的，这些因素规训着人，给人们以比较确切的预期，能够协调人们的行为，把人维持在社会中，构成和谐有序的社会，所以社会危机远不如经济危机那么频繁，即使发生了经济危机也不一定能够引发社会危机，偶尔发生的社会危机也往往是由经济危机促成的。之所以如此，其中一个根本原因就是社会协调比市场调节更加可控、更有控制力。

社会协调是人的有意识、有目的的活动，是为了使社会朝着可期望、已预定的方向和目标发展。马克思在分析人的行为与动物的活动的区别时指出："蜘蛛的活动与织工的活动相似，蜜蜂建筑蜂房的本领使人间的许多建筑师感到惭愧。但是，最蹩脚的建筑师从一开始就比最灵巧的蜜蜂高明的地方，是他在用蜂蜡建筑蜂房以前，已经在自己的头脑中把它建成了。劳动过程结束时得到的结果，在这个过程开始时就已经在劳动者的表象中存在着，即已经观念地存在着，他不仅使自然物质发生形式变化，同时他还在自然物中实现自己的目的，这个目的是他所知道的，是作为规律决定着他的活动的方式和方法的，他必须使他的意志服从这个目的。"[①] 人类富有理性，能够用理性指导自己的行为，从事有意识、有目的的社会活动，使社会协调按预定的目标进行，并取得预期的社会协调结果。这就决定了社会协调是看得见的。

社会协调受"力的平行四边形"的支配。恩格斯在 1890 年 9 月 21 日—22 日致约·布洛赫的信中，阐明了"力的平行四边形"。他指出："历史是这样创造的：最终的结果总是从许多单个的意志的相互冲突中产生出来的，而其中每一个意志，又是由于许多特殊的生活条件，才成为它所成为的那样。这样就有无数互相交错的力量，有无数个力的平行四

---

① 《马克思恩格斯全集》第 23 卷，人民出版社 1975 年版，第 202 页。

边形,由此就产生出一个合力,即历史结果,而这个结果又可以看作一个作为整体的、不自觉地和不自主地起着作用的力量的产物。因为任何一个人的愿望都会受到任何另一个人的妨碍,而最后出现的结果就是谁都没有希望过的事物。所以到目前为止的历史总是像一种自然过程一样地进行,而且实质上也是服从于同一运动规律的。"①"各个人的意志使他向往的东西——虽然都达不到自己的愿望,而是融合为一个总的平均数,一个总的合力,然而从这一事实中绝不应作出结论说,这些意志等于零。相反地,每个意志都对合力有所贡献,因而是包括在这个合力里面的。"②"力的平行四边形"是一种平衡力,平衡力不仅使社会协调得以可能,而且使社会协调保持平衡,不会失控。

但以下原因又使社会协调是看不见的:

意识形态等偏见影响人们对社会问题的认识。恩格斯在《马克思墓前的讲话》中指出:"马克思发现了人类历史的发展规律,即历来为繁芜丛杂的意识形态所掩盖着的一个简单事实:人们首先必须吃、喝、住、穿,然后才能从事政治、科学、艺术、宗教等;所以,直接的物质的生活资料的生产,从而一个民族或一个时代的一定的经济发展阶段,便构成基础,人们的国家设施、法的观点、艺术以至宗教观念,就是从这个基础上发展起来的,因而,也必须由这个基础来解释,而不是像过去那样做得相反。"③这么简单的一个事实尚且如此,其他复杂得多的社会问题就更不用说了。人的偏见、既得利益、思维习惯和意识形态等都会模糊人们的视线、限制人们的认识、扭曲人们的思想,使人们看不清社会问题的本质。

自然规律具有普遍性,甚至放之四海而皆准,而且可以实验,可以在同等情况下予以再现。但社会问题却不是如此。社会知识是一种地方性知识,社会规律具有地域性,不能照抄照搬。尽管人们常说社会实践,但严格说来,许多社会问题并没有实践过,甚至不能实践。许多社会问

---

① 《马克思恩格斯选集》第 4 卷,人民出版社 1995 年版,第 697 页。
② 同上书,第 697 页。
③ 参见《马克思恩格斯选集》第 3 卷,人民出版社 1995 年版,第 776 页。

题都是事后经验的结果，准确地说是试错的结果，叫作"吃一堑，长一智"。许多号称是实践证明了的社会问题其实并没有实践过，因为所谓实践，不仅有主观臆断的问题，而且要看是什么人实践、在什么范围、什么情况下实践的问题。所谓"实践证明"很多是一种语气强调，甚至是一句套话。社会问题比自然问题要复杂得多，更难以看清楚。

人们只是社会的一分子，人们身在社会，分处社会各隅，视野狭隘，信息不灵，限制众多，面对整个社会，必然具有盲目性、无知性。"不识庐山真面目，只缘身在此山中"，人们要想看清社会必须跳出社会，但这是不可能的，"这里是罗陀斯，就在这里跳吧"，人们只能身在社会去认识社会，这决定了人们对社会的认识不可能很清楚。

特别是与国家干预相比，社会协调更是"看不见的"。国家干预是国家在干预，无论是国家干预的主体，还是国家干预的措施都是十分看得见的，如国家干预的主体包括国家权力机关、国家行政机关以及具体的执行人员，国家干预的措施包括国家法令、国家政策等，都是十分看得见的。而且，国家干预具有明确的规范性、确定性和目标性，国家干预就是国家依法把受干预的对象干预到预定的方向或目标上去。在一个法治社会，国家干预的事由、依据、权力、程序、措施和目标等都必须是公开透明的，必须是看得见的。但社会并没有一个固定的代表机构，（尽管许多机构都说自己是代表社会的，包括一些独裁专制的国家都说自己是代表全社会的），社会是抽象而模糊的，可以说社会是你我他，但又不全是你我他，社会协调是无数的社会成员、社会组织及其他社会因素在相互作用，他们作用的方式、方面、方向和结果都不是很确定的，远不如国家干预那么明确。

可见，社会协调介于市场调节"看不见的手"与国家干预"看得见的手"之间，与市场调节相比，它是"看得见的手"，与国家干预相比，它又是"看不见的手"。鉴于它既看得见，又看不见，时而看得见，时而看不见，所以我把它比作"看不清的手"。

（二）社会协调是如何进行的？

人是一种类存在物，人必须和自己的同类一同存在，人与人之间存在着天然的关系纽带。但人与人要一起生活，就要求人们相互尊重、相互适应、相互合作。人与人的这些相互关系即是一种社会协调。人是一种社会存在物，人只能存在于社会中，社会是人们赖以存在的共同体，是大家共同的家，人们必须融入社会中，社会是一个大熔炉，自然能够把人的个性、偏好和利益融合好、协调好，使其各得其所、各安其分。这也是一种社会协调。人具有社会属性，人的社会属性决定了人必然社会化，社会化的过程就是使人缔结社会、融入社会、认同社会，按照社会的要求行事，把自己塑造成为一个社会认可的合格的社会成员。人的社会化的过程就是一种社会协调的过程。可见，人的类本质、人的社会属性是社会协调的基础，它们使社会协调成为可能和必然。

人是社会的关键因素，人的属性决定社会的功能。人有理性，知是非、会判断；人有德行，知礼节、明荣辱；人有善性，有恻隐之心、博爱之心；等等。人的这些属性使人能够调适自己、礼让别人、关爱弱者，这是社会协调的人性基础。社会因为其成员具有上述属性而能够发挥协调功能。

人们之间存在着千丝万缕的联系，社会纽带把人们紧紧地联结在一起，人们休戚相关、命运与共。社会是一个共同体，人们置身于社会，犹如风雨同舟，只有以社会公共利益为重，同舟共济，人们才能共同抵达幸福的彼岸。如果人们为私利而战，同舟操戈，就会被凶涛恶浪所吞噬。在全球化的今天，经贸问题、政治问题、环境问题、气候问题等都必须从人类整体利益去考量，如果各国一味自私自利，不能合作共赢，那将毁灭地球这个人类共同的家园。所以社会公共利益、人类整体利益已经成为评判社会问题、人类问题的首要标准，其他一切都将等而下之，这是人类社会前所未有地强调和重视社会协调的一个时代背景。

社会成员分为男女，并由他们共同构成。男女之间有天然的亲和力，男女结合，阴阳平衡，使社会协调。男女不仅是两种性别，而且由此衍生出两种相辅相成的世界观和方法论，社会事务兼听男女双方的观念和办法才能做到中立公正，社会关系才能协调。平等才有平衡，平衡才能协调，人是生而追求平等的，男女平等，男女各顶半边天，人类才能普天同庆，社会才能协调。男女关系是社会关系的基本内容，男女之间有内在的协调力，男女关系协调了，社会关系才能协调，社会才能协调。

男女关系的一个重要方面就是婚姻关系,以及由此而来的家庭关系。家庭以爱和婚姻为基础。所谓的爱,就是使自己不专为自己而孤立起来,而是意识到自己和别人的统一,"爱是伦理性的统一"。如果说爱还是一种主观感觉的话,那么婚姻就是"具有法的意义的伦理性的爱"了,"这样就可以消除爱中一切攸忽即逝的、反复无常的和赤裸裸主观的因素","婚姻的伦理性"维持着婚姻和家庭的统一,家庭是一个统一体,"在家庭中,人们的情绪就是意识到自己是在这种统一中"①。爱、婚姻和家庭固有一种统一力、团结力和稳定力。家庭是社会的细胞,家庭稳定才有社会稳定,在家庭稳定和社会稳定的基础上才有社会协调,社会协调就是经由千千万万的家庭稳定和协调而实现的。

人类组成社会以后,社会就自成一体,社会在长期的发展过程中逐步形成了自己的风俗习惯和典章制度,它们对社会成员具有前置、强制、教化和规训作用。社会风俗习惯和典章制度的核心是教人正当地待人接物、为人处世、安身立命、适应社会。它们为社会成员所认同、维护和遵循,它们给人们以强制的规则、有效的指导和稳定的预期,能够规范人们的行为,协调社会关系,形成社会秩序,使社会协调。

社会存在着分工,分工使人专于一业,不能自给自足,人们为了满足各自的需要,必须互通有无,相互交易,交易使人互相依赖。而且分工越深细,交易越频繁,人际关系越紧密,社会合作越密切。由于社会分工,各人可以按照自己的天赋、兴趣和条件等扬长避短去专于一业,并精于一业,这远比"样样通样样松"更能发挥各人的特长和专长。同时,交易又能够充分利用社会分工的优势,实现高质量的互通有无,能够更好地满足人们的需要。这就使得社会离不开分工与交易,分工与交易是社会的重要因素和核心内容,社会的发展过程是一个分工与交易不断发展的过程。分工使人不必样样精通,人们可以专于或精于一业就能够好好地生存发展,这使人解放、独立和自尊,也使人互利、合群和团结,这不仅是人之为人和社会健全的标志,而且是社会协调的基础和目标。而交易是互通有无,等价交换,自愿让渡,其中隐含、滋生出平等、

---

① [德]黑格尔:《法哲学原理》,范扬、张企泰译,商务印书馆1961年版,第175—178页。

自由以及和平等社会交往的重要因素和基本规则。分工与交易是一种重要的协调机制，社会因为内存着分工与交易，所以能够发挥社会协调的作用。还需特别指出的是，分工与交易也是市场经济的存在前提、发展基础和重要内容，市场机制之所以能够发挥调节作用，一个根本的原因就是源于分工与交易的社会协调作用，这也是市场社会比已有的任何其他社会都更能实现社会协调的重要原因。

社会具有巨大的包容性，有包容性才有协调性。社会包容有各种社会因素。这些因素之间，有的存在内在的亲和力，如男女两性之间，这样就有婚姻，继而是齐家治国平天下；有的存在着作用与反作用，如历史唯物主义所揭示的生产力与生产关系、经济基础与上层建筑之间，它们之间的作用与反作用推动着社会协调发展[1]；有的存在矛盾关系，如卖方与买方之间，他们之间的对立统一促进了交易的完成和市场的发展；等等，社会因素之间在自然自发地进行着协调。社会是一种协调机制，协调是社会各因素的生存和发展的条件和方式，不协调它们就无法生存和发展。如劳方与资方，如果双方不协调，只能两败俱伤，只有节制资本，保护劳方，劳资两利，才能两全其美。社会各因素实现协调的主要方式是合约，合约是双方或多方意志相对，平等协商，讨价还价，妥协折中，最后在共同认可的中介点上实现协调。社会中的许多协调都是通过合约实现的，合约机制使社会协调。社会具有融合力量，使人社会化，尽管社会化会磨掉人的某些棱角甚至个性，使人世故，这令人反感。但人是一种社会存在物，其社会本性决定了他（她）命中注定要归属社会，人们可以远离经济、政治，但不能离开社会。因为人们只有在社会中才有广泛的社会关系、丰富的人生经历，才能充分地利用社会分工，有效地满足自己的需要，才有健全的人格和完善的人性，才能成为真正的人。这就决定了社会与个人之间有一种牢不可破的纽带，它把各社会因素联结起来、协调一致、融为一体，使得社会不会是一盘散沙，而是一个有机整体。这正是社会协调的巨大作用。

社会不但有社会因素，而且把社会因素结构化了，形成社会结构。

---

[1] 参见《马克思恩格斯选集》第2卷，人民出版社1995年版，第32—33页。

社会是由经济、政治和文化等要素构成的有机整体，它包括经济结构、政治结构和文化结构等，这些结构又包括更细的结构，如经济结构包括生产结构、交换结构、分配结构、消费结构等，政治结构包括阶层结构、权力结构、统治结构等，文化结构包括语言结构、逻辑结构、思想结构等，社会就是由经济结构、政治结构和文化结构等构成的一个庞大复杂的有机整体结构。有一定的结构就有相应的功能，就像生理结构具有生理功能一样，社会结构也具有社会功能。社会结构具有结构性、整体性、自调性和转型性。社会结构作为一个整体在社会各构成要素的综合作用下自我调节地发展，社会中的任何一种因素，仅凭其自身不能改造社会并使社会转型，而只能被社会加以结构性、整体性地改造和转型，并使其社会化，嵌入社会结构之中，成为社会整体结构的有机组成部分，这就是社会结构的社会协调功能。社会结构具有社会结构力、构造力和协调力，使社会结构各构成要素之间能够相互关联、制衡、适配、组合、同构、转化等，从而实现社会协调。这种社会协调不仅发生在社会结构的各结构内部，如生产结构与消费结构是相互协调的，既可以生产结构决定消费结构，也可以消费结构决定生产结构；而且发生在社会结构的各结构之间，如上述生产力与生产关系、经济基础与上层建筑的关系即是如此。社会结构决定着社会协调，有什么样的社会结构就有什么样的社会协调，社会结构转型必然导致社会变迁以及社会协调的变化，要实现社会协调，根本方法是要调整社会结构。

社会结构对社会主体有决定作用，同时社会主体对社会结构也有能动作用。经过长期的社会发展，人类愈来愈认识到，社会的发展应该是而且必须是一个社会从不协调不断走向协调的历史进程。由于个人主义以个人为本位，个人私利至上，视他人为地狱，它不可能把社会上的个人协调起来。历史和现实中的阶级斗争、社会冲突和社会革命等种种社会不协调都与个人主义息息相关。个人主义也许适合于经济领域，但人们错误地把它推广到社会领域。要把社会上的个人协调起来，必须以社会为本位。所谓的社会本位是以人人为本位，以每个人为本位，社会是每个人共同发展的舞台，我为人人，人人为我，一个人的发展不能妨碍其他人的发展而应有利于其他人的发展，社会发展成果不能由少数人所独占而应为社会上的人人所共享；社会是自由人的联合体，"在那里，每个人的自由发展是一切人自由发展的条件"[1]。社会本位已经成为人类的共识和社会的精神，所以，要对话不要对抗，要合作不要冲突，要和平不要战争，已经成为人类的关键词和社会的通用语。人类在这种共识和精神的指导下能动地作用于社会，必然会使社会协调起来。

二 社会法的基础理论

（一）社会法的社会含义

社会是社会法的关键词，只有正确地认识了社会以后，人们才能正确地认识社会法。

一般来说，任何法律部门都是以社会为基础的，都是调整特定社会关系的，因而都具有某种社会性，都可以或多或少地称为社会法。但人们并不如此称谓它们，而唯独把一个法律部门特别称作社会法。之所以如此，是因为该法律部门与其他法律部门相比，具有更为重要的社会内容、更为突出的社会属性和更为重大的社会意义。正如《元照英美法词典》对社会（立）法的解释，"是对具有显著社会意义事项立法的统称，例如涉及教育、住房、租金、保健、福利、抚恤、养老等方面的法律"[2]。与之相比，其他法律部门都不宜叫作社会法，而只有它配称社会法。

那么，人们应该怎样理解社会法的社会含义呢？

社会有广狭等义，广义的社会包括经济、政治、文化和狭义的社会等领域，狭义的社会仅指除经济、政治和文化以外所余下的领域。这一领域与经济、政治和文化等领域均不相同。与经济领域相比，经济领域包括生产、分配、交换和消费等部分，其核心是产出，"做蛋糕"。在市场经济时期，经济领域实行自由竞争、优胜劣汰的法则，它追求的是效率，甚至效率至上。但社会领域与此不同，社会领域主要涉及的是分配和消费部分，核心是分配，"分蛋糕"，与生产、交换部分关系不大，而

---

[1] 参见《马克思恩格斯选集》第1卷，人民出版社1995年版，第294页。
[2] 薛波主编：《元照英美法词典》，法律出版社2003年版，第1267页。

且社会领域的分配与消费与经济领域的分配与消费也不相同，它不是按照市场法则进行分配和消费，而是贯彻社会公平、天下大同的法则，它追求的是公平。与政治领域相比，政治领域关注的是公共权力的设置、运行、规范和监督，实行的是依法行政、权力制约的原则，它追求的是权力为公。而社会领域主要涉及的是社会成员之间的联结、合作、互助和共进，贯彻的是我为人人、人人为我的原则，它追求的是社会和谐。与文化领域相比，文化领域主要包括历史传统、意识形态、大众传媒等，主要是精神层面的内容，它实行的是百花齐放、百家争鸣的方针，追求的是文化多元化。但社会领域关注的主要是社会成员的保障问题，更多地处于物质层面，甚至是温饱问题，它追求的是平等化。

不管社会有什么含义，但有一点是必须具有的，即社会应该是全体社会成员、最起码是绝大多数社会成员的代表或代名词。只有能够代表全体社会成员或绝大多数社会成员的才能称为社会，否则非也。就经济领域来说，社会上总有许多人不能从事经济活动，如老弱病残者；或者没有机会从事经济活动，如失业者；资源的稀缺性以及经济效益的追求也要求把有限的资源配置到最能使其效益极大化的少数人手里，而不宜采用"撒胡椒面"的方法。在市场经济条件下，由于自由竞争、优胜劣汰，导致许多劣汰者被淘汰出经济领域，市场经济的发展趋势是经济不断集中在少数垄断者手中，许多人被驱逐出经济领域之外，越来越不具社会性。所以以市场经济为基础，作为其记载和表述的法律部门所保护的只是少数人的私权，没有足够的社会性。在政治领域，尽管政治影响社会公众，但政治从来都是少数人的事情，是极少数政治家或政客的专业，不可能人人从政，而且大多数人还不关心政治，或者无从关心政治。所以与经济相比，政治更加缺乏广泛的社会性。在文化领域，文化是人的高层次的精神要求和表现，对于文化的生产、传播和消费来说，主要是文化人的事情，对于那些文盲、文化水平不高或者处于生存阶段的大多数人来说，他们处于文化的边缘，过着无文化的生活。文化本质上是高雅的，曲高和寡，文化难以社会化。由于人是一种社会存在物，人必须也只能在社会中生存发展，人可以处于经济领域、政治领域和文化领域之外，但人不能处于社会领域之外，因此，社会包括并代表所有的社会成员，社会是人人之社会、所有人之社会，只有社会领域才真正具有广泛的社会性。

社会具有其特定的性质，即社会性，它与经济性、政治性和文化性都不尽相同，这种社会性具体表现在以下许多方面。只有社会性才能最充分地表达人的属性。

由于人是一种社会存在物，人人都必须在社会中生存发展，社会是人人之社会、所有人之社会，社会不能被私有，社会只能是人人的、公共的。人的社会本性决定了人离不开社会，人离开了社会就不成其为人，社会具有保障人权的功能和性质，因而是神圣的。社会是人们的最后归属，社会领域具有底线或兜底的性质，关系到社会存续、社会稳定、社会和谐和社会人道，具有重大的社会意义。

社会是所有社会成员共同生存发展的舞台，在这个公共舞台上，人人都必须、都能够生存发展，不能一部分人生存发展，而不让另一部分人生存发展，或者以牺牲一部分人的生存发展来换取另一部分人的生存发展。尽管社会历史曾经如此，但社会发展证明不能如此。为了所有人都能共同生存发展，人们必须克己、互让、妥协、相助，社会反对自私自利、损人利己，如果人人都自私自利，有己无人，那就没有社会。社会是大家共同的家，人们在社会中才有安全感，才有保障。作为社会成员，一个人应自力更生，自我保障，但个人是十分脆弱的，仅靠个人力量是不够的，不足以抵御人生的各种风险。每当此时，他（她）作为一个社会成员，有资格和权利要求社会对他（她）提供应有的保障。这种保障跟市场经济的等价交换、跟政治领域的权义对等、跟文化领域的贡献大小都一概无关，社会领域实行的是无偿、无因和人道、平权的原则。

社会应该抓住社会的核心问题，使其成为社会的抓手。社会的核心是社会问题，而社会问题的核心是社会弱者的生存发展问题。大致而言，社会成员分为社会强者与社会弱者，但社会是一个连带体，社会成员之间存在着紧密的连带关系，社会不能分化发展、片面发展而必须协调发展、共同发展。如果一群人不能生存发展，其他人也就不能生存发展，人们会同归于尽，社会将分崩离析，这是决定社会全局的重大事情。所以当社会弱者不能生存发展时，社会强者必须对他们予以救济和提供保障。历史经验反复证明,这既是保障社会弱者,也是保障社会强者。如果社会弱者也能有人格尊严地生存发展,那么社会就没有问题了。所以抓住了社会弱者的生存发展问题就抓住了社会问题的核心,这个问题解决了,其他社会问题都能迎刃而解,甚至不成其为问题。

上述社会含义不仅是理解社会法的关键,而且决定着社会法的属性。

(二) 社会法的重要基础

社会法之所以能够产生、存在和发展,是因为社会法具有以下重要基础:

一是人性的基础。人是一种类存在物,一种社会存在物,人必须和自己的同类共同缔结社会并在社会中一起存在,社会是人类存在的基础,人只有在社会中才能与别人交往,形成各种社会关系,充分利用社会分工的优势,才能提高自己的能力、丰富自己的个性、健全自己的人格,人只有在社会中才能使自己成之为人,没有社会就没有人本身。因此,人本能地需要社会、归属社会,人也会积极地维护社会、建设社会。人的本性与社会法的性质和宗旨是高度一致的,社会法不仅是人性的必然要求,而且是人性的实现途径,社会法是一种社会组织法、社会维护法和社会建设法。

二是伦理基础。人之所以优异于其他物种,一个根本的原因就是人具有伦理性,人是有道德的。人类同类,情同手足,对同类有恻隐之心、友善之情、协助之意。当人们看到自己的同类处于水深火热、陷入生存危机之中时,他们愿意挺身而出、施以援手,使其摆脱困境,重整生活。这是社会和社会法得以生存发展的伦理道德基础。如果没有这种伦理道德基础,"他越少同情就越像一头动物,并且越少真正地接触人类生活"[①],那么社会和社会法就难以为继。

三是宗教基础。社会法有深远的宗教基础,社会法的法理与宗教的教义有许多相通之处。哪里有苦难,哪里就有宗教;哪里不救济苦难,哪里就没有宗教,宗教普度众生,这与社会法保障社会成员是一致的。如圣经教导人们"富人想进天国,比骆驼穿过针眼还难""施比受更有

---

① [美] 库利:《人类本性与社会秩序》,包凡一译,华夏出版社1989年版,第90页。

福""一个人在富裕中死去是一种罪恶",等等,这些教诲都旨在敦促人们仗义疏财、好善乐施、助人为乐,救济穷人被视为是基督徒的重要责任。西方的社会法深受这种宗教教义的影响,所以它从济贫法开始,认为济贫是一种慈善事业,也是一种宗教事业,教会将什一税或其他财产收入用于救济穷人,修道院往往又是济贫院。社会法在其发展过程中得到了宗教的大力支持,社会法的许多内容是宗教教义的世俗化、法律化,它具有宗教情怀、慈善性质,是一种扶危济困、普度众生之法。

四是社会基础。人人都要在社会中生存发展,人人都只能在社会中生存发展,人们要自己生存发展,也必须让别人生存发展,如果不让别人生存发展,最终自己也不能生存发展,这就是社会的整体性、发展的共同性。所以人类社会发展不能分化发展,分化发展只能使社会分崩离析,社会必须团结起来,社会团结才有社会保障,才有社会法。反过来,社会法的核心使命就是使社会团结、社会互助、社会协调,使社会成员之间团结互助协调地共同发展,当一部分社会成员的生存发展出现困难的时候,其他社会成员对他们予以援助。社会法是社会团结法、社会互助法、社会协调法。社会是一个交易体系,人们在社会中能够互通有无,互利互惠。之所以要保障人权和社会弱者的权利,追根究底,也是出于互利互惠,只有利人才能利己、立人才能立己,因为人们有不可遏止的生存欲望,人们不保障他们的权利就无法保障自己的权利,当人们把别人逼入生存绝境的时候,自己也就岌岌可危了,这就是社会的互利性。因此,人们保障别人并不是对别人的施舍,而是一种互利互惠、等价交换,保障别人是为了保障自己。许多统治阶级都深谙此道,因为他们深刻地认识到,保障被统治阶级等社会弱者的权利有利于维护和巩固自己的统治权力。早在19世纪80年代,俾斯麦就指出:"对抗社会主义的目的并不仅是压制社会民主势力而已,更重要的应当是积极地促进劳动者的福祉。"① 他在谈到1883年德国《社会保险法》实施的意图时说"一个期待领取养老金的人,是最守本分的,也是容易驯服的","伤残和养

---

① 参见黄越钦《劳动法治》,台北三民书局1993年版,第45页。

老保险是削弱革命的投资"①。

五是风险基础。天有不测风云，人有旦夕祸福，全人类都面临着各种风险，这些风险对人的打击是巨大的，只是不知道这些风险什么时候降临到谁的头上。这就是风险的未知性，这种未知性也可以说是机会均等性。既然风险人人有份，无人幸免，因此人们能够抛弃侥幸心理，愿意分担风险，互相保障。这就是社会保险的基础，如果没有风险的未知性，风险注定在一定时间降临到某人的头上，那就不可能实现社会保险。集社会力量保障有风险的社会成员，是社会保险的基本原理和理念。社会法的核心是社会保障法，社会法是一种统筹社会力量保障社会成员化险为夷之法。

社会法就是在上述基础上建立起来的。

（三）社会法的历史启示

一般认为，社会法始于英国中世纪的"济贫法"。1349年英国颁布了第一个《劳动条例》，它规定所有有劳动能力者都必须在其居住地工作，拒绝劳动者将被投狱，禁止救济流浪者和行乞者。这种法律把劳动与济贫紧密地结合起来，劳动是济贫的唯一方式，不劳动者不救济，而劳动又无异于劳改。1601年伊丽莎白颁布了《济贫法》，该法对贫困者加以区分，有劳动能力者要求劳动，对没有劳动能力者给予救济，对贫穷孩童进行学徒训练；开征济贫税，确立以教区为济贫单位（"户内救济"），但教区之间可以互济（"户外救济"），政府开始负担起济贫的责任。到了18世纪后期，随着自由市场经济的发展，古典经济学大行其道，诸如亚当·斯密、边沁等人都反对《济贫法》，认为《济贫法》增加人口、鼓励懒惰、减少储蓄、加重贫穷、扩大支出，不再适合社会发展的要求，如《济贫法》规定教区救济为主，限制人们迁徙，固定工资和物价，就与自由市场经济的思想相冲突。在这种思想的冲击下，英国对《济贫法》进行了改革，并于1834年颁布了新《济贫法》。新《济贫法》规定社会救助是公民的一项基本权利，国家对其负有应尽的义务；建立了全国性的中央济贫法委员会指导全国的济贫工作，济贫工作由经过专门训练的工

---

① 参见陈国均《社会政策与社会立法》，台北三民书局1984年版，第14页。

作人员从事。但是，新《济贫法》废除了户外救济，有劳动能力者接受救济的唯一途径就是进入"贫民习艺所"，它还规定领取救济金的人将丧失尊严和自由。这些苛刻的救济条件，使得许多贫民宁肯穷死，也不愿领取救济金，导致该《济贫法》难以推行，遂于1929年宣告废止。1941年，英国成立社会保险和相关服务"部际协调委员会"，着手制订战后社会保障计划。经济学家贝弗里奇爵士出任社会保险和相关服务"部际协调委员会"主席，负责对现行的国家社会保险方案及相关服务（包括工伤赔偿）进行调查，并就战后重建社会保障计划进行构思设计，提出具体方案和建议。第二年，贝弗里奇爵士根据"部际协调委员会"的工作成果提交了题为《社会保险和相关服务》的报告，这就是著名的《贝弗里奇报告》。该报告确立了一是普遍性原则，即社会保障应该满足全体居民不同的社会保障需求；二是低保性原则，即社会保障只能保障每一个公民最基本的生活需求；三是统一性原则，即社会保险的缴费标准、待遇支付和行政管理必须全国统一；四是对等性原则，即享受社会保障必须以劳动和缴纳保险费为条件，权利与义务对等。在《贝弗里奇报告》的基础上，英国政府于1944年发布了社会保险白皮书，并制定了《国民保险法》《国民卫生保健服务法》《家庭津贴法》《国民救济法》等一系列法律。1948年，英国首相艾德礼宣布英国第一个建成福利国家。英国的社会福利制度影响到了整个欧洲，瑞典、芬兰、挪威、法国、意大利等国也纷纷效仿英国，致力于福利国家的建设。①

德国也是世界上最早实行社会保障法律制度的国家之一。俾斯麦1862年被任命为德国首相，从1883年到1889年他颁布了一系列社会保障法规，如1883年的《疾病保险法》、1884年的《工伤事故保险法》、1889年的《老年残疾保险法》，这三部社会保险法对社会保险的基本原则、保险范围、资金来源、享受条件、待遇标准和管理机构等做出了规定。其中，基本原则包括权利义务相一致原则，雇主责任原则，雇主、雇工和国家共同责任原则，强制性原则等。俾斯麦模式主要有三个特征：一是受当时历史条件的限制，实施范围主要局限在就业人员的范围之内，

---

① 参见百度百科。

参保人的社保待遇与其职业和职务状况紧密相连；二是社保制度具有相当的"保险因素"，即待遇水平与参保人的工资收入及其缴费比例紧密相连；三是社保制度与资金的管理由雇主和雇员双方共同参与。1919年德国的《魏玛宪法》第151条规定："生计生活之秩序应与公道大原则，人类生存维持之大目的相合，在此范围内，各个人享有生计上之自由。"[①]这就把社会（保障）法条款上升到了宪法的高度，给予了高度重视。

法国福利制度的起源可以追溯到法国大革命之前，其福利制度是对法国大革命直接产物的继承，例如法国大革命之后的1793年诞生了《人权宣言》，也正是在这期间诞生了针对公务员等群体的一些福利制度。1793年，法国宪法第21条规定："每个社会都有给予其人民工作之义务以及当人民陷于不能工作时，社会也有给予人民生活之资之义务。"由于法国的国民性格和文化传统，使得法国的社会保障法律制度具有显著的特点。[②]

长期以来，美国奉行个人主义和自由放任，相信"天助自助者"，要求个人自保，勿求他人。如胡佛总统就认为，"救济是道德救济，并不只是经济救济，私人慈善是好事，但是公共救助特别是联邦政府救助则是一个悲哀"，因此对于社会保障，联邦政府应该"少管闲事"。[③] 但1929—1933年美国等资本主义国家爆发了一场空前规模的经济危机，导致大批银行倒闭，企业破产，市场萧条，生产锐减，失业人数激增，人民生活水平骤降，各种人群纷纷罢工游行示威。各主要资本主义国家为了摆脱危机，加强了对经济的干预。1933年，罗斯福就任美国总统后，立即实施"新政"，颁布了许多法律以救治危机，如《全国工业复兴法》，它是整个"新政"的核心和基础，其中包括许多社会法的内容，如该法规定了工资水平和工作日时数，规定工人具有集体谈判的权利，规定了资本家必须接受的最高工作时数和应付工资额，设最低工资和最高工资。

---

① 参见张嘉森《新德国社会民主政象记》，商务印书馆1922年版，第159页。
② 参见郑秉文《法国社保：历史与现实——选择与无奈—2007大罢工感言》，http://www.cnpension.net/2008-06-10.11:34:56。
③ [美] 威廉姆·怀特科等：《当今世界的社会福利》，解俊杰译，法律出版社2003年版，第197页。

罗斯福特别重视社会保障法制建设，他指出"在早先的日子里，安全保障是通过家庭成员之间的相互依赖和小居民点各个家庭之间的相互依赖实现的。大规模社会和有组织行业的复杂情况，使得这种简单的安全保障不再适用。"因此，"我认为，解决这个问题，采取分散的办法是困难的。我坚信，社会保障应在全国范围内予以解决"[①]。1935 年美国《社会保障法》开宗明义规定，"本法案旨在增进公共福利，通过建立一个联邦老年救济金制度，使一些州能够为老人、盲人、受抚养者和残疾儿童提供更为可靠的生活保障，为妇幼保健、公共卫生和失业补偿法的实行做出妥善安排。"1935 年 8 月 14 日，罗斯福在《社会保障法》通过后又评论道："早先，安全保障依赖家庭和邻里互助，现在大规模的生产使这种简单的保障方法不再适用，我们被迫通过政府运用整个民族的积极关系来增进每个人的安全保障；实行普遍福利政策，可以清除人们对旦夕祸福和兴衰变迁的恐惧感。"[②] 美国的《社会保障法》具有深远的社会改革意义，罗斯福在评价 1935 年的《社会保障法》时还说："这项法律照顾了人的需要，同时又向合众国提供了极其健全的经济结构。"[③]

从上述主要国家社会法的历史进程中，我们能够得到许多重要的启示：

1. 社会保障法深受社会发展的影响

如"工厂法的制定，是社会对其生产过程自发形式的第一次有意识、有计划的反作用。正如我们讲过的，它像棉纱、走锭精纺机和电报一样，是大工业的必然产物。"[④] 社会法之所以在英国最早产生，是因为英国是世界上工业革命最早的国家。14 世纪随着农奴制的解体，新兴的资产阶级为了发展工业开始了圈地运动，他们利用暴力把农民赶出土地，失地农民流入城市，流离失所，成为贫民，影响社会稳定，需要救济，所以英国才颁布了许多《济贫法》；为了使流浪者成为资本主义的雇佣劳动者，政府又颁布了许多血腥法令对他们予以惩治。"这样，被暴力剥夺了

[①] 《罗斯福选集》，关在汉编译，商务印书馆 1982 年版，第 78 页。
[②] 同上书，第 80 页。
[③] 同上书，第 85 页。
[④] 马克思：《资本论》第 1 卷，人民出版社 1975 年版，第 527 页。

土地、被驱逐出来而变成了流浪者的农村居民，由于这些古怪的恐怖的法律，通过鞭打、烙印、酷刑，被迫习惯于雇佣劳动制度所必需的纪律。"[1] 社会法也与文化传统相关，如法国的社会保障法之所以不同于英国和德国，形成所谓的区别于"贝弗利奇模式"与"俾斯麦模式"的"法国模式"，是由法国的历史文化传统决定的。法国大革命之后形成的理想主义、无政府主义和价值虚无主义决定了法国人对福利国家、福利社会和福利制度的认识，如"罢工永远在先，谈判始终在后"便成为一种文化。在法国，有一本流传和启蒙了几代法国人的社会保障法教科书，即让—雅克·迪贝卢的名著《社会保障法》，这本书在其第 13 版描述社保制度的起源与法国大革命之间的关系时说："随着 1789 年大革命的爆发，个人与社会之间的关系出现了一个崭新的概念，事实上这个崭新的概念就是救助。"即个人有权向国家要求"救助"，确立了社会成员的"救助权"，后来"救助权"最终被扩展到"工作权"，并常常高于"工作权"，且在相当程度上替代了"工作权"。法国前总理巴拉迪尔也曾指出："在欧洲各国中，法国人出工最晚、收工最早、假期最多，但他们还老是不满意。"[2] 这也是由法国的文化传统决定的。

2. 尽管各国的社会保障法律制度多种多样，也存在这样那样的问题，还处在不断的改革完善之中，但重视和加强社会保障法律制度是一致的

这已经成为世界趋势，成为国际公约的重要条款，如《世界人权宣言》第 22 条规定："每个人，作为社会的一员，有权享受社会保障，并有权享受他的个人尊严和人格的自由发展所必需的经济、社会和文化方面各种权利的实现，这种实现是通过国家努力和国际合作并依照各国的组织和资源情况。"第 23 条规定："（1）人人有权工作、自由选择职业、享受公正和合适的工作条件并享受免于失业的保障。（2）人人有同工同酬的权利，不受任何歧视。（3）每一个工作的人，有权享受公正和合适的报酬，保证使他本人和家属有一个符合人的生活条件，必要时并辅以其他方式的社会保障。（4）人人有为维护其利益而组织和参加工会的权

---

[1] 马克思：《资本论》第 1 卷，人民出版社 1975 年版，第 805 页。
[2] 参见 2005 年 5 月 30 日《中国青年报》。

利。"第25条规定："(1)人人有权享受为维持他本人和家属的健康和福利所需的生活水准，包括食物、衣着、住房、医疗和必要的社会服务；在遭到失业、疾病、残废、守寡、衰老或在其他不能控制的情况下丧失谋生能力时，有权享受保障。"《经济、社会及文化权利国际公约》第11条第1款规定："本公约缔约各国承认人人有权为他自己和家庭获得相当的生活水准，包括足够的食物、衣着和住房，并能不断改进生活条件。各缔约国将采取适当的步骤保证实现这一权利，并承认为此而实行基于自愿同意的国际合作的重要性。"有无社会法制、社会法制是否健全是现代法治国家、文明社会的重要标志，那种否定社会法制、无视社会保障的认识和做法，是冒天下之大不韪，逆世界潮流而动。

3. 社会保障法的覆盖范围不断扩大、保障水平不断提高

如19世纪80年代初俾斯麦所建立的社会保障制度，受当时历史条件的限制，其实施范围主要局限在就业人员的范围之内，参保人的社保待遇与其职业和职务状况紧密相连。到了1945年《贝弗利奇报告》所确立的社会保障制度，实行的是"普惠制"，即社会保障覆盖所有社会风险和所有人口，无论居民的工作性质和收入水平如何，所有居民在有可能降低或消除其生活来源的风险面前（疾病、衰老、失业、家庭负担等）都受到福利制度的保护，即国民资格就是参保资格，国民皆有保障，人皆享有一个最起码的生存条件，社会保障实行国民待遇和资格统一的原则。[①] 这已经成为欧洲各国通行的社会保障模式。又如1935年美国的《社会保障法》只保障工业和商业领域的从业人员，并未覆盖农业从业人员。1950年《社会保障法》修正案才将农业工人和家庭佣工纳入养老保险的范围。从1950年到1998年，根据美国的社会经济发展水平，美国的社会保障范围和标准先后被修改了32次，养老保险待遇水平不断提高。[②]

4. 社会保障法的制定和实施是一种利益博弈的过程，包括不同利益阶层之间的博弈、公民与政府之间的博弈

[①] 郑秉文：《法国社保：历史与现实——选择与无奈》，http://www.cnpension.net/2008-06-10.11：34：56。

[②] 参见龙翼飞《完善我国的社会保障法律制度》，中国人大新闻网，2006-02-28。

如劳动法中关于工作日的规定,"是几个世纪以来资本家和工人之间斗争的结果"①,"正常工作日的确立是资本家阶级和工人阶级之间长期的多少隐蔽的内战的产物"②。又如美国1935年《社会保障法》在起草时,所有工薪阶层包括农业劳动力均被纳入保障范围,然而由于管理上的困难,特别是南方农场主的坚决反对,结果它只保障工业和商业领域的从业人员,而未覆盖农业从业人员。1939年美国《社会保障法》修正案进一步扩大了"农业劳动力"定义的范围,使从事清洁、分类、打包和运输等中间环节的工厂人员,以及从事蔬菜和水果前期销售服务环节的工作人员均被纳入"农业劳动力",从而将他们排斥在社会保障范围之外,其背后的推手即是农场主,他们对社会保险持反对态度,因而组织起来向美国政府施压。③ 再如最近美国的医改法案也是如此。世界上几乎所有发达国家都先后建立了全民医保制度,连一些不那么发达的国家也都建立了水平不一的全民医疗保险制度。但作为世界上最发达且最热衷于讲人权的美国,至今却有几千万人没有基本医疗保险。世界卫生组织的一份报告显示,在被统计的191个国家中,美国人均医疗支出排名世界第一位,而国民总体健康水平排名却只有第72位,医疗筹资分配公平性排名在第55位左右。有研究表明,美国家庭因病致贫、企业因不堪医保费用而破产或亏损的比例相当高。为此,自1946年杜鲁门总统提出建立全民医保体系以来,其后的几位民主党总统如肯尼迪、约翰逊、克林顿都先后做出过各种努力,但都没有成功。之所以如此,一个根本原因就是一部分人不愿为其他人的医保付费,这是个人财产权与社会利益、市场作用与政府职能的较量。美国的传统价值观是个人主义,它认为个人自保是最好的社会保障,政府没有义务对个人提供社会保障,否则必然要扩大政府职能,而这样就会侵犯个人财产权和自由。这也是美国拒不签署《经济、社会和文化权利国际公约》的重要原因。本次奥巴马总统的医改法案旨在让每个美国人都享受医疗保险,但任何改革都会引发既得利益

---

① 马克思:《资本论》第1卷,人民出版社1975年版,第300页。
② 同上书,第331页。
③ 胡务:《美国城乡社会养老保险接续模式的演变》,http://www.gdcct.gov.cn/2011 - 06 - 08。

者的反对。2009年11月7日美国众议院经过了长达11小时的激烈辩论，最后以220对215的投票结果险胜通过了医改法案；2009年12月24日美国参议院又以60对39的结果通过了里程碑式的医改法案。这些过程充满了利益博弈。

5. 从危机对策法到社会保障法的转变

社会法总是从社会危机开始的，社会危机是社会法得以产生的重要契机。英国的济贫法如此，《工厂法》也是如此。马克思指出："第一个劳工法（爱德华三世二十三年即1349年）的颁布，其直接借口（是借口，而不是原因，因为这种法律在这个借口不再存在的情况下继续存在了几百年）是鼠疫猖獗，死了很多人，用一个托利党著作家的话来说，当时'要用合理的价格（即能保证雇主得到合理的剩余劳动量的价格）雇用工人，已经困难到了实在难以忍受的地步'。因此，在法律上强制地规定了'合理'工资和工作日界限。"① 这即是说，由于资本家的杀鸡取卵、竭泽而渔导致无人可顾的危机时才想到要有劳动法。美国1935年的《社会保障法》也是如此，是由于美国1929—1933年爆发的经济危机促成的，《社会保障法》是罗斯福新政的重要内容，在应对当时经济危机时发挥了重要作用。总结历史经验，许多资本主义国家的社会法学者都是这样来理解社会法的，如日本学者佐藤孝弘认为："在一个国家之内的公民之间的贫富差距拉开以后，这些贫富差距在一定程度上影响社会的稳定局势时，为了改善社会的不公平而国家需要制定的新的法律体系为社会法。"② 另一位日本学者片冈景也认为：社会法"乃是基于资本主义之构造性矛盾的受损阶级的实践要求，通过国家的有限让步，以确保此等阶级之生存为价值理念，所成立的法体系"③。德国学者汉斯·察哈尔认为，"社会法可以理解成反映社会政策的法律。社会政策主要意味着：保证所有人的生存合乎人的尊严，缩小贫富之间的差距，以及消灭或限制经济上的依赖关系。"④ 但这种意义上的社会法还只是社会危机对策法，

---

① 马克思：《资本论》第1卷，人民出版社1975年版，第301—302页。
② [日] 佐藤孝弘：《社会法法律范畴区分之我见》，载《财经界》2007年第1期。
③ 参见樊启荣等《社会法的范畴及体系的展开》，载《时代法学》2005年第2期。
④ [西德] 汉斯·察哈尔：《德意志联邦共和国的社会法》，载《外国法译丛》1984年第3期。

并没有完全体现社会法的应然属性。法律应具有预期性，应防患于未然，真正的社会法不是消极地防御，而是积极地保障，是社会保障法，社会法的主要功能不是解燃眉之急，而是要防患于未然。社会法是人权保障法，它构筑了人的生存底线，是社会的最后一道防线，没有了这条底线和这道防线，就会人将不人，国将不国。实践证明，社会法是社会的稳定器，凡是社会法制健全完善、社会保障有力的国家和社会，大都是稳定和谐的国家和社会。时至今日，人类已高度认识到，要促进社会的稳定和谐可持续发展，就必须建立健全社会法制。

6. 从道德诉求到权利主张的转变

这是权利发展的一般规律。没有道德上的义愤填膺、群情激奋，就不会有正义的诉求，进而也就没有法律权利。社会法中的权利尤其如此。社会法关系到社会成员特别是社会弱者的生存保障，触及道德底线，最能引发人们的道德议论，也最能将道德诉求上升为法律权利，道德诉求成为其法律权利的基础。把道德诉求上升为法律权利，是对道德诉求的法律认可，同时也是对这种道德诉求的强化。社会法是从济贫法开始的，"伊丽莎白女王一次巡视英国之后叫喊说：'穷人到处受苦。'在她执政的第四十三年，终于不得不通过征收济贫税而正式承认有需要救济的贫民。"英国女王对穷人的道义同情，是英国《济贫法》产生的重要原因之一。① 马克思的《资本论》是对资本残酷剥削工人的揭露，是对资本主义的道德谴责，正如马克思所指出的："资本来到世间，从头到脚，每个毛孔都滴着血和肮脏的东西。"② 借此，无产阶级和其他先进阶级才起来同资产阶级及其统治国家进行斗争和革命，其结果是把违反道德要求的义务加以废除，同时把合乎道德诉求的东西上升为法律权利。如结社权就是如此。"我们看到，五百年来，英国议会一直卑鄙无耻地自私自利地保持旨在反对工人的永久的资本家'工联'的地位，后来只是在群众的压力下才迫不得已地放弃了反对罢工和工联的法律。法国资产阶级在革命风暴一开始，就胆敢再把工人刚刚争得的结社权剥夺掉。它在 1791 年 6

---

① 马克思：《资本论》第 1 卷，人民出版社 1975 年版，第 789 页。
② 同上书，第 829 页。

月 14 日颁布法令，宣布工人的一切结社都是'对自由和人权宣言的侵犯'，要课以 500 利弗尔的罚金并剥夺公民权一年。残酷的禁止结社法于 1825 年在无产阶级的威胁性行动面前取消了。"① 后来又经过多次反复，结社权才最终成为一项法律权利。法律可以低于道德，但不能违背道德，违背道德的法律迟早会被废止。

7. 一部社会法的历史，是一部法律进化史、人类文明史

一开始的劳动法，不是为了保护劳动者的权益而是为了强迫劳动者劳动，如亨利八世时期，对身强力壮的流浪者加以鞭打和监禁，他们要被绑在马车后面，被鞭打到遍体流血为止，然后要发誓回到原籍或最近三年所居住的地方去"从事劳动"；亨利八世二十七年，不仅重申了以前的法令，而且加上了新的更加严厉的条款，如果在流浪时第二次被捕，就要再受鞭打并被割去半只耳朵；如果第三次被捕，就要被当作重罪犯和社会的敌人处死。② "十五世纪末和整个十六世纪，整个西欧都颁布了惩治流浪者的血腥法律。"③ 为了"根除懒惰、放荡和对自由的奢望"，同时也为了"减轻济贫税、鼓励勤勉精神和压低手工工场的劳动价格"，当局把需要救济的贫民关进"理想的习艺所"，在这种"理想的习艺所"里，工人每天应当劳动 14 小时，"这种习艺所应当成为恐怖之所"④。资本家为了榨取更多的剩余价值，总是最大限度地延长工人的工作日，"资本经历了几个世纪，才使工作日延长到正常的最大极限，然后越过这个极限，延长到 12 小时自然日的界限。此后，自 18 世纪最后三十多年大工业出现以来，就开始了一个像雪崩一样猛烈的、突破一切界限的冲击。道德和自然、年龄和性别、昼和夜的界限，统统被摧毁了。甚至在旧法规中说得十分简单明了的关于昼夜的概念，也变得如此模糊不清，以致 1860 年一位英国法官为了对昼和夜做出'有判决力的'解释，竟不得不使出真正学究式的聪明"⑤。所以，劳动法"自始就是为了剥削工人，而

---

① 参见马克思《资本论》第 1 卷，人民出版社 1975 年版，第 809—810 页。
② 同上书，第 803 页。
③ 马克思：《资本论》第 1 卷，人民出版社 1975 年版，第 803 页。
④ 参见马克思《资本论》第 1 卷，人民出版社 1975 年版，第 306 页。
⑤ 同上书，第 307—308 页。

在其发展中一直与工人为敌的关于雇佣劳动的立法，揭露了资本主义法律最主要的本质"[1]。只有由于后来圣西门、傅立叶、欧文等空想社会主义者和马克思、恩格斯等马克思主义者对资本主义剥削的揭露和批判，以及由它们启蒙和指导的无产阶级的斗争和革命，才迫使资产阶级妥协让步，资产阶级为了不至于在阶级斗争中与无产阶级同归于尽，也开始节制资本、兼顾劳方，这样，劳动法才转而开始保护劳动者的合法权益，并有了社会保障法。社会法是社会道德的试金石，是社会文明的指示器，看一个社会是否道德、文明，一个重要的方面就是看其社会法是否健全完善以及社会法是否真正贯彻实施。社会法与社会的文明发展进步是同步的。

（四）社会法的本质特征

一是社会法的社会性。每一个社会成员都可能面临生存发展的问题，因而都需要社会保障，社会保障与人人有关，无人能外；人是社会中的人、社会化的人，人们之间存在着千丝万缕的社会连带关系，休戚相关，唇亡齿寒，一个人的生存发展问题会影响到其他人的生存发展问题，进而演化成社会问题；社会保障是保障人人，是社会事业，社会事业需要社会办，仅凭个人能力、私人力量和国家职能是不够的，需要全社会的力量，需要全社会同心协力、同舟共济；社会保障惠及每一个社会成员，"一个都不能少"，要实现天下大同。但要实现这一社会目标，仅靠亲缘关系、道德训诫和宗教教化是不够的，要把它常态化、规范化、制度化，就需要建立一套法律制度，这套法律制度能够实现社会成员之间的相互保障，用社会力量保障困难社会成员也能有人格尊严地生存发展。这套法律就是社会法。所以，社会是社会法的立足之基、力量之源和服务之的。社会法之所以名为社会法，就是为了揭示其社会性，要求从社会整体去理解它，依靠社会力量去实施它，在社会全体中实现它。

二是社会法的平等性。平等是人类的本能要求，但人们之间先天存在和后天产生的千差万别使平等大打折扣。这就令人反思平等是何种意义或何种程度上的平等？如何实现这种平等？人们逐渐认识到，无论在

---

[1] 参见马克思《资本论》第1卷，人民出版社1975年版，第806页。

政治上、经济上、文化上和社会上，人们都不可能达到平等，哪怕是相对的平等，但有一个方面能够实现平等，而且必须保证平等，那就是社会法方面的平等。这是由人的类本性决定的，"彼人也，吾亦人也，彼能是，吾乃不能是？"人本能地要求平等，人的类本性决定了社会不能两极分化，社会具有大同性。这也是由社会法的对象、内容和性质所决定的。社会法关注、立足社会弱者，旨在保护他们的权利，为此而构建自己的法律制度。如劳动法基于劳方与资方的不平等，更多地站在劳方的立场上节制资本，保护劳动者的合法权益，以实现劳资平等。为了保护社会弱者的权利，国家依法抑强扶弱，对社会强者的权利予以限制，以富济贫，从社会强者那里依法征取一部分资财转移支付给社会弱者，以保障他们也能有人格尊严地生存发展，以实现社会平等。奥格斯说，"从社会的富有层向贫困层进行资源再分配，是20世纪许多工业化社会的一项国策"[1]。社会法所保障的平等是底线的平等，是生存线上的平等，是人权保障的平等，这种平等是必不可少的，没有这种平等，一切平等都无从谈起；社会法所保障的平等是最低限度的平等，它不会引起平均主义，也不会滋生懒惰，更不会导致劫富济贫，它包容其他方面的差别乃至不平等。

　　三是社会法的自由性。安全是人的基本需要，也是自由的主要前提，没有安全就没有自由，一个陷入生存危机、惶惶不可终日的人是没有自由可言的。社会法是一道安全阀，它保障人的生存发展，给人以安全，因而也给人以自由。德国劳工部部长吕姆曾说："自由和社会保障是一对双胞胎。因为没有社会保障和没有自由的条件一样，人们的安全是不可想象的——社会保障意味着摆脱贫困，并由此赋予人们高度的自由。"[2]

　　四是社会法的公益性。社会法保障社会成员生存发展的基本权利，实现的是社会公共利益，具有公益性。这种公益性得到了庇古福利经济学和帕累托定理等的佐证。庇古认为，一个人拥有的收入越高，其收入

---

[1] 参见〔美〕路易斯·亨金、阿尔伯特·J. 罗森塔尔编《宪政与权利》，郑戈等译，生活·读书·新知三联书店1996年版，第155页。

[2] 参见史探径《社会保障法研究》，法律出版社2000年版，第405页。

效用就越低，把收入从高收入者转移到低收入者，能提高收入的效用，增加社会福利，如同样的 1 英镑收入，其效用对富裕者就不如对贫困者来得大。因此，提高穷人所得的绝对份额，一般说来将增加社会福利。① 并且，国民收入分配越平均，则社会福利就越大。② 帕累托定理也认为，个人是其福利的最好判断者，社会福利取决于所有社会成员的福利，如果有一个人的境况好起来，而同时没有一个人的境况坏下去，那么整个社会的境况就算好起来了。这些理论都说明，依法从富人身上征收税费以转移支付给穷人，犹如"拔一毛以利天下"，拿富人的九牛之一毛就能大大地改善穷人的境况，社会效益如此巨大，何乐而不为呢？

　　五是社会法的文明性。社会法保障社会弱者，使其也能和其他社会成员一样有人格尊严地生存发展，当一个社会人人均能有人格尊严地生存发展时，这个社会就是一个文明的社会。在促进社会文明的进程中，社会法起着至关重要的作用，因为社会法触及社会文明的关键——劳动和社会保障。马克思的《资本论》揭示了资本是如何形成的？资本怎样剥削工人？以及资本主义的发展规律何如？其中的关键点是资本怎样剥削工人？实质上是《劳动论》。马克思主义对资本主义社会的批判是从对雇佣劳动的批判开始的。马克思在《资本论》第 1 卷中引用了大量的翔实的资料来叙述和评论"工作日"及其有关的立法。如"什么是一个工作日呢？"表面上是资本支付劳动力的日工资以后可以在多长的时间内使用劳动力？但实质上是，"在劳动力本身的再生产所需要的劳动时间以外，可以把工作日再延长到什么程度呢？"资本的本性决定了，资本唯一关心的是在一个工作日内最大限度地使用劳动力，因此资本对这一问题的回答是："工作日就是一昼夜 24 小时减去几小时休息时间。"资本之所以还会考虑这几个小时的休息时间，是因为没有这种休息时间，劳动力就根本不能重新工作。这就如同给锅炉加煤、给机器上油一样。至于其他时间，如"个人受教育的时间、发展智力的时间、履行社会职能的时间、进行社交活动的时间、自由运用体力和智力的时间，以至于星期日

---

① ［英］庇古：《福利经济学》，朱泱等译，商务印书馆 2006 年版，第 123 页。
② 同上书，第 89 页。

的休息时间",等等,在资本看来,"这全都是废话!""资本由于无限度地盲目追逐剩余劳动,像狼一般地贪求剩余劳动,不仅突破了工作日的道德极限,而且突破了工作日的纯粹身体的极限。它侵占人体成长、发育和维持健康所需要的时间。它掠夺工人呼吸新鲜空气和接触阳光所需要的时间"[1]。只要工人还有一块肉、一根筋、一滴血可供榨取,吸血鬼就绝不罢休。"为了抵御折磨他们的毒蛇,工人必须把他们的头聚在一起,作为一个阶级来强行争得一项国家法律,一个强有力的社会屏障,使自己不致再通过自愿与资本缔结的契约而把自己和后代卖出去送死和受奴役。从法律上限制工作日的朴素的大宪章,代替了'不可剥夺的人权'这种冠冕堂皇的条目,这个大宪章'终于明确地规定了,工人出卖的时间何时结束,属于工人自己的时间何时开始'。多么大的变化啊!"[2]《资本论》论证了劳动者的劳动是一切剩余价值的根本来源,但除了支付给劳动者生存所必需的最低工资以外,其余的都被资本家剥削去了,所以资本主义社会是不人道、不公平的,无产阶级必然起来进行暴力革命以推翻资产阶级的统治,建立无产阶级统治,无产阶级统治实质上是劳动者统治。劳动者是社会的创造者和建设者,理应得到社会的尊重和保障,成为国家和社会的主人。怎样对待劳动者是检验道德是否良善、政权是否公正、社会是否文明的根本标准。这正是社会法的宗旨,所以社会法是人类文明的标志。

(五)社会法的法域属性

自古罗马以来,法律大体分为私法与公法两大法域。私法与公法基于特定的社会关系,各有其内在规定、本质要求和适用领域。到了19世纪,随着工业化、市场化的发展,出现了社会化,社会性的要求日益突出。一是工业化分工协作的生产生活方式改变了传统小农经济的生产和生活方式,人们不能像过去那样"鸡犬之声相闻,老死不相往来"了,而是成为生产流水线上的一员,成为社会化大生产中的一员,人们的生产生活都社会化了。商品生产是为卖而生产,并且卖得越远越好,市场

---

[1] 参见马克思《资本论》第1卷,人民出版社1975年版,第294—295页。
[2] 同上书,第334—335页。

化是外向化、全球化，导致市场大发展、商品大流通、人员大流动，人们进入了一个"陌生人的世界"，"熟人社会"的规则已不能完全适用于"陌生人的世界"，如亲缘关系疏远了，家庭保障不力了，而只能诉诸社会保障。要使陌生人之间相互保障，不能依靠熟人关系，而只能诉诸法律规则。市场化导致"只承认市场竞争的权威，而不承认任何别的权威"，市场竞争的"铁律"导致优胜劣汰，贫富悬殊，两极分化，形成垄断，产生霸权，社会环境发生了重大变化。此时的人们已不再平等，亦无自由了，私法的主体平等、意思自治（契约自由）原则已没有存在的基础和实施的条件了，私法的产权私有已日益成为少数优胜者的特权，而许多劣汰者已无私有财产。私法所要求的自己责任，对许多劣汰者来说无异于自生自灭，在弱肉强食的"丛林法则"支配下，他们仅凭自己的能力和努力已无法自己对自己负责了。私法的基本规则实质上是互通有无、等价交换，但在存在社会强者与社会弱者的社会环境下，问题已不是他们之间的互通有无、等价交换，因为他们之间已不能互通有无、等价交换了。现在的问题是要求社会强者保障社会弱者，但社会强者对社会弱者的保障不是基于互通有无、等价交换，而是基于以富济贫、无偿援助，这已经冲破了私法的内在规定和本质属性。

就公法来说，公法的主旨是规范和限制公共权力，其基本原则是"凡是法律未允许的，都是限制的"，在一个法治社会，公共权力是有限的，它没有能力包揽社会事务。长期的正反两方面的实践都证明，公共的不等于社会的，公共权力未必能实现社会利益，失控的公共权力必然损害社会利益，政府办不了、办不好社会，因此不能完全照抄照搬公法来解决社会问题。如劳动问题，国家不能像干预自己的隶属单位那样干预企事业单位、干预劳资关系，而只能处于中间调停人的地位，维护劳资平等、实现劳资两利；又如社会保障问题，国家不能像全额投资公共事业那样包揽社会事业，而只能分担一部分社保基金，社保基金主要是"取之于民、用之于民"。等等。凡此种种，都说明私法与公法各有自己的内在规定和适用领域，不能包办一切，也不能包治百病。在这种情况下，一个适应社会化和社会性要求的法律就应运而生了，这个法律就是社会法。

过去人们套用"上帝的归上帝,恺撒的归恺撒"的说法,主张"市场的归市场,政府的归政府"。但这样的两分法已不能包揽无余了,现在不得不加上"社会的归社会"。市场、政府和社会是三种不同性质的调节手段,它们分别是"看不见的手""看得见的手"和"看不清的手",这三手合手才能促进经济、政治和社会的健康发展。它们对法律都有自己的特定要求,它们的法律化分别是私法、公法和社会法。其中,私法是私人自治法,公法是权力规范法,社会法是社会互助法。

三 关于劳动及劳动法的再思考

要认识某个法律部门,首先要认识其对象,认识了其对象,才能更好地认识该法律部门。劳动法亦然,要认识劳动法,首先要认识劳动。

恩格斯说:"劳动是整个人类生活的第一个基本条件,而且达到这样的程度,以致我们在某种意义上不得不说:劳动创造了人本身。"[1]

劳动在从猿到人的过渡过程中起着决定性的作用。首先是猿的手和脚实现了分工,手从帮助脚走路,到"从事其他活动",如"手主要是用来摘取和抓住食物","用手在树上筑巢","用手拿着木棒抵御敌人,或者以果实和石块掷向敌人","用手做出一些简单的模仿人的动作",等等。[2]"我们的祖先在从猿过渡到人的好几十万年的过程中逐渐学会的使自己的手能做出的一些动作,在开始时只能是非常简单的","但是具有决定意义的一步迈出了:手变得自由了,并能不断地掌握新的技巧,而由此获得的较大的灵活性便遗传下来,并且一代一代地增加着"[3]。这样一来,"手不仅是劳动的器官,它还是劳动的产物。只是由于劳动,由于总是要去适应新的动作,由于这样所引起的肌肉、韧带以及经过更长时间引起的骨骼的特殊发展遗传下来,而且由于这些遗传下来的灵巧性不断以新的方式应用于新的越来越复杂的动作,人的手才达到这样高度的完善。"但是,"手并不是单独存在的。它只是整个具有极其复杂的结构

---

[1] 参见《马克思恩格斯文集》第 9 卷,人民出版社 2009 年版,第 550 页。
[2] 同上书,第 551 页。
[3] 同上书,第 551—552 页。

的机体的一个肢体。凡是有益于手的，也有益于手所服务的整个身体，而且这是以二重的方式发生的"①。于是，"随着手的发展、随着劳动而开始的人对自然的支配，在每一新的进展中扩大了人的眼界"②。特别是手会制造工具，"劳动是从制造工具开始的"③，人会制造工具了，劳动就真正开始了。劳动改造了世界，与此同时，也改造了人本身。"由于劳动的发展使互相支持和共同协作的场合增多了，并且使每个人都清楚地意识到这种共同协作的好处。一句话，这些正在生成中的人，已经达到彼此间不得不说些什么的地步了"，这样就产生了语言，"语言是从劳动中并和劳动一起产生出来的"④。语言和劳动一起，"成了两个最主要的推动力，在它们的影响下，猿脑就逐渐地过渡到人脑"，"脑和为它服务的感官、越来越清楚的意识以及抽象能力和推理能力的发展，又反作用于劳动和语言，为这二者的进一步发展不断提供新的动力"⑤。自此，人猿揖别。那么，"人类社会区别于猿群的特征在我们看来又是什么呢？是劳动"⑥。"由于手、说话器官和脑不仅在每个人身上，而且在社会中发生共同作用，人才有能力完成越来越复杂的动作，提出并达到越来越高的目的。"随着"劳动本身一代一代地变得更加不同、更加完善和更加多方面了。除打猎和畜牧外，又有了农业，农业之后又有了纺纱、织布、冶金、制陶和航行。伴随着商业和手工业，最后出现了艺术和科学；从部落发展成了民族和国家。法和政治发展起来了，而且和它们一起，人间事物在人的头脑中的虚幻的反映——宗教，也发展起来了"⑦。可见，劳动创造了一切，人类社会的一切都是人类劳动的结果。没有劳动，就没有人类，就没有人类社会，就没有农业、工业、商业、科学和艺术，就没有国家、法、政治和宗教，就没有一切。

---

① 参见《马克思恩格斯文集》第9卷，人民出版社2009年版，第552页。
② 同上书，第553页。
③ 同上书，第555页。
④ 同上书，第553页。
⑤ 同上书，第554页。
⑥ 同上书，第555页。
⑦ 同上书，第557页。

但后来，人类从原始社会进入了阶级社会，出现了阶级划分和阶级剥削。在剥削制度下，劳动异化了，劳动过程变成剥削过程，变成人与人分化的过程，劳动者劳而不获，而不劳动者获而不劳，变成贫富悬殊、两极分化的过程。结果，"以自己的劳动为基础的私有制，必然进一步发展为劳动者丧失财产，同时一切财产越来越集中到不劳动的人的手中"①。

这到底是怎么回事呢？直到马克思的《资本论》才真正彻底地发现了这个秘密。

马克思的《资本论》从分析商品开始，商品是资本获得利润的载体和媒介，资本家通过生产和出售商品才能获得利润。但这只有当资本家购买到了一种特殊的商品时，才有可能。这正如马克思所说的："要从商品的消费中取得价值，我们的货币占有者就必须幸运地在流通领域内即在市场上发现这样一种商品，它的使用价值本身具有成为价值源泉的独特属性，因此，它的实际消费本身就是劳动的对象化，从而是价值的创造。货币占有者在市场上找到了这样一种独特的商品。这就是劳动能力或劳动力。"② 工人的劳动力是资本构成中的可变资本，或者人力资本，商品的利润主要是由可变资本创造的，可变资本即资本家购买工人劳动的工资，工人劳动创造的价值大于资本家支付给工人的工资，超出部分即剩余价值，被资本家无偿独占了。《资本论》揭示了商品利润和剩余价值的真正来源，揭示了资本主义雇佣劳动制度对工人劳动的剥削本性和剥削秘密。马克思在《资本论》里面，大量列举了有关劳动时间（区分为必要劳动时间与剩余劳动时间）、剩余价值（区分为绝对剩余价值和相对剩余价值）的生产，以及工厂法的例子，所有这些都旨在说明资本的利润来源于工人的劳动。所以马克思的《资本论》实质上是"劳动论"。认识了资本主义制度下的劳动，就认识了资本的本性及资本主义制度的本质。

恩格斯的《在马克思墓前的讲话》中指出，马克思除了发现了唯物史观以外，"马克思还发现了现代资本主义生产方式和它所产生的资产阶

---

① 《马克思恩格斯文集》第 5 卷，人民出版社 2009 年版，第 563 页。
② 同上书，第 194—195 页。

级社会的特殊的运动规律。由于剩余价值的发现,这里就豁然开朗了,而先前无论资产阶级经济学家或者社会主义批评家所做的一切研究都只是在黑暗中摸索"①。马克思对剩余价值的发现,揭示了劳资冲突的根源,揭示了资本主义社会的基本矛盾,也使社会主义从空想变成了科学。

恩格斯指出:"现代社会主义,就其内容来说,首先是对现代社会中普遍存在的有财产者和无财产者之间、资本家和雇佣工人之间的阶级对立以及生产中普遍存在的无政府状态这两个方面进行考察的结果。"② 但空想社会主义者并不能科学揭示资本主义社会的基本矛盾,如圣西门主张"人人应当劳动"③,但他没有具体分析劳动本身,如劳动是怎样进行的?劳动的性质如何?为谁劳动?劳动成果如何分配?等等;傅立叶认为:"在文明时代,贫困是由过剩本身产生的。"④ 但他没有认识到(工人、社会)贫困的真正根源,贫困并不是由过剩本身产生的,对于贫困的工人来说,根本就不存在过剩,存在的是紧缺,这种紧缺是由社会财富分配不公引起的,是资本家无偿占有工人劳动成果引起的;欧文是当时欧洲最为成功、最有名望的资本家,但他依然指出:"他给他的工人创造的生活条件,在他看来还远不是合乎人的尊严的,他说,'这些人都是我的奴隶';他给他们安排的比较良好的环境,还远不足以使人的性格和智慧得到全面的合理的发展,更不用说允许进行自由的生命活动了。果实也应当属于劳动阶级。在欧文看来,到目前为止仅仅使个别人发财而使群众受奴役的新的强大的生产力,提供了改造社会的基础,它作为大家的共同财产只应当为大家的共同福利服务。"⑤ 欧文正确地指出了,劳动不能仅仅为个别人发财致富,而应为大家的共同福利服务。⑥ 但怎样实现它,欧文还说不清楚。

所以,恩格斯评论道:"以往的社会主义固然批判了现存的资本主义

---

① 参见《马克思恩格斯文集》第3卷,人民出版社2009年版,第601页。
② 参见《马克思恩格斯文集》第9卷,人民出版社2009年版,第523页。
③ 同上书,第530页。
④ 同上书,第532页。
⑤ 同上书,第534页。
⑥ 同上书,第535页。

生产方式及其后果，但是，它不能说明这个生产方式，因而也就不能对付这个生产方式；它只能简单地把它当做坏东西抛弃掉。它越是激烈地反对同这种生产方式密不可分的对工人阶级的剥削，就越是不能明白指出，这种剥削是怎么回事，它是怎样产生的。但是，问题在于：一方面应当说明资本主义生产方式的历史联系和它在一定历史时期存在的必然性，从而说明它灭亡的必然性；另一方面应当揭露这种生产方式的一直还隐蔽着的内在性质。这已经由于剩余价值的发现而完成了。已经证明，无偿劳动的占有是资本主义生产方式和通过这种生产方式对工人进行的剥削的基本形式；即使资本家按照劳动力作为商品在商品市场上所具有的全部价值来购买他的工人的劳动力，他从这种劳动力榨取的价值仍然比他对这种劳动力的支付要多；这种剩余价值归根到底构成了有产阶级手中日益增加的资本量由以积累起来的价值量。这样就说明了资本主义生产和资本生产的过程。"① 马克思通过分析工人的劳动，揭示剩余价值的源泉，揭露劳资矛盾，唤醒无产阶级的阶级意识，组织无产阶级政党，激发无产阶级革命来推翻资本主义，进而实现社会主义，使社会主义由空想变成了科学。

　　资本主义，顾名思义，以资为本，以劳为末。鉴于人的生存发展均离不开物质资料，而工人的物质资料均需要工资去购买，而只有资本家雇用工人时，工人才有工资。这就从根本上决定了资本家与工人、资本与劳（动）力是失衡的，劳力无力抗衡资本。资本成为一种社会统治力量，它支配着、剥削着无产者及其劳动。劳动服务于资本，而不是服务于劳动者本人，劳动成为资本获取利润的工具。"在这种占有下，工人仅仅为增殖资本而活着，只有在统治阶级的利益需要他活着的时候才能活着。"② 资本统治人、剥削人、奴役人，资本是否雇用工人，雇用多少，取决于资本家能否赢利的盘算，只有有利可图的时候，资本才会雇用工人。"现代的工人只有当他们找到工作的时候才能生存，而且只有当他们

---

① 参见《马克思恩格斯文集》第3卷，人民出版社2009年版，第545页。
② 参见《马克思恩格斯文集》第2卷，人民出版社2009年版，第46页。

的劳动增殖资本的时候才能找到工作。"①

工人劳动创造的财富不为工人所有，却集中到资本家手里，形成强大的资本，资本反过来雇用工人、剥削工人，工人越劳动，就越受剥削，越是贫困，以至于赤贫。由于"雇佣劳动的平均价格是最低限度的工资，即工人为维持其工人的生活所必需的生活资料的数额。因此，雇佣工人靠自己的劳动所占有的东西，只够勉强维持他的生命的再生产"②。工人根本无法通过劳动而致富，更不可能通过劳动而改变自己的命运。所以，"现代的工人……并不是随着工业的进步而上升，而是越来越降到本阶级的生存条件以下。工人变成赤贫者，贫困比人口和财富增长得还要快。"另一方面，"资产阶级生存和统治的根本条件，是财富在私人手里的积累，是资本的形成和增殖"③。这就使得劳动不自由，劳动者无尊严，被逼上绝路的无产阶级必然要起来斗争或革命。

历来的社会革命都是劳动者革命，如奴隶革命、农民革命，无产阶级革命（工人革命）都是如此。劳动者不仅是社会生产力的代表，而且是社会革命的主力军。其革命的根本目的是改变劳动的性质、劳动的方式、劳动的条件和劳动成果的分配。总之，劳动者是为劳动、为劳动得更好或更好地劳动而革命。

无产阶级革命要消灭资本占有制、私有制，消灭私有制的剥削性质。"无产者只有废除自己的现存的占有方式，从而废除全部现存的占有方式，才能取得社会生产力。无产者没有什么自己的东西必须加以保护，他们必须摧毁至今保护和保障私有财产的一切。"④ 俗话说，"巧妇难为无米之炊"，一切劳动都必须与生产资料、物质资本相结合，甚至由它们所决定，财产、资本的性质改变了，劳动的性质也就改变了。财产、资本不是剥削无产者劳动的手段了，而是解放无产者的工具了，劳动的性质就由剥削人变成解放人了。劳动解放人，人在劳动中得到了解放。

原本，劳动创造财富，劳动使人摆脱贫困，劳动使人过上幸福美满

---

① 参见《马克思恩格斯文集》第2卷，人民出版社2009年版，第38页。
② 同上书，第46页。
③ 同上书，第43页。
④ 同上书，第42页。

的生活。但资本主义的劳动异化了。"现代的资产阶级私有制是建立在阶级对立上面、建立在一些人对另一些人的剥削上面的产品生产和占有的最后而又完备的表现。"① 因此,"难道雇佣劳动,无产者的劳动,会给无产者创造出财产来吗?没有的事。这种劳动所创造的资本,即剥削雇佣劳动的财产,只有在不断产生出新的雇佣劳动来重新加以剥削的条件下才能增殖的财产。现今的这种财产是在资本和雇佣劳动的对立中运动的。"② 无产阶级革命要改变这种剥削性质的劳动制度,改变这种制造社会对立、两极分化的劳动性质,使劳动不是为少数资本家发家致富,而是造福劳苦大众,富裕劳动人民,解放劳动人民。

资本主义经过几百年的发展,发展成为现代资本主义。现代资本主义与原始积累时期的资本主义,一个重大的区别就是,资本主义对于劳动和劳动者的态度改变了、端正了。具体采取了以下措施:"节制资本""劳资两利""扶助劳工""组织工会""社会保障"等等。这些措施使得今天的资本主义与过去的资本主义大有不同了。像北欧一些资本主义国家已经是福利国家了。这也是资本主义能够生存下去的根本原因——"资产阶级除非对生产工具,从而对生产关系,从而对全部社会关系不断地进行革命,否则就不能生存下去。"③ 资本主义确实对劳动制度和分配制度从而对社会关系进行了不断革命或改良。这应该主要归功于马克思对资本剥削劳动的批判以及由此而来的无产阶级对资产阶级的斗争和革命。

劳动的性质决定了社会的性质。社会的性质取决于它怎样对待劳动和劳动人民。要改变社会的性质,首先要改变劳动的性质,或改变社会对待劳动的性质。社会进步就表现为劳动的进步和对劳动者的保护。社会主义的优越性应集中表现为它改变了资本主义社会的劳动性质,劳动者不是为别人劳动,而是为自己劳动;劳动不再是受剥削、被奴役的过程,而是发展自己、实现自我的过程;人们不再厌恶劳动,而是热爱劳

---

① 参见《马克思恩格斯文集》第 2 卷,人民出版社 2009 年版,第 45 页。
② 同上书,第 45—46 页。
③ 同上书,第 34 页。

动，视劳动为生活之必需；人们不再因为别人创造剩余价值劳动而消极怠工，人们因为自己劳动而能充分发挥其主动性、积极性和创造性。这样才决定了，社会主义社会是劳动人民的社会，社会主义国家是劳动人民的国家。

但我们目前的劳动，还存在许多类似于原始积累时期资本主义的情况。工人特别是农民工，他们还未得到应有的尊重，许多人的工资很低，还常被拖欠，劳动条件很差，劳动福利不高，劳动缺乏安全，工人劳动的主动性、积极性和创造性没有充分发挥出来，甚至没有劳动热情，工作无法尽心尽力尽责。这引发了许多问题。如安全事故频发，直接导致产品质量问题，影响产品的市场竞争力和国际竞争力。社会主义要消灭剥削，包括消灭资本对劳动的剥削。资本是物，是死的，人才是活的，物尽其用，取决于人尽其才，特别是人们劳动中发挥出来的聪明才智。社会怎样对待工人，工人就会怎样对待劳动和劳动产品。只有以人为本，尊重劳动者，保障劳动者的合法权益，工人才能反过来认真对待劳动及其劳动产品，其劳动产品才有质量和品牌，才有生命和灵魂。认真对待劳动及劳动者，是解决一切劳动问题、生产问题、产品质量问题及社会问题的关键所在。

社会主义之所以还存在劳动异化的情况，源于人们对劳动的认识还存在偏差。要彻底消灭这种情况，需要继续转变人们的劳动观念和社会对待劳动的态度。

"土地是财富之母，劳动是财富之父。"劳动是一切财富的源泉。一切都是劳动创造的，劳动创造一切。没有什么财富是天赋的，即使是天赋的自然资源，也需要人们的劳动去挖掘开采，最起码需要人们去保护或维护。"世上没有免费的午餐"，只有自力更生，自己动手，才能丰衣足食。

劳动是一切知识的源泉。我们常说，"实践是检验真理的唯一标准"，这里的实践包括生产劳动、阶级斗争和科学实验等等。由于科学实验也要（是）生产劳动，阶级斗争是由于劳动制度不合理和劳动成果分配不公平引起的，也与劳动有关，所以生产劳动是最主要的实践。因此，"实践是检验真理的唯一标准"，说到底，劳动是检验真理的唯一标准。一切都要付之劳动实践,接受劳动的检验,只有能够服务劳动和造福劳动者的知识才是真理。自然科学知识如此,社会科学知识也是如此,甚至更是如此。爱因斯坦指出:"如果你们想使你们一生的工作有益于人类,那么,你们只懂得应用科学本身是不够的。关心人的本身,应当始终成为一切技术上奋斗的主要目标;关心怎样组织人的劳动和产品分配这样一些尚未解决的重大问题,用以保证我们的科学思想的成果会造福于人类,而不致成为祸害。"他诚恳地告诫:"在你们埋头图表和方程时,千万不要忘记这一点!"①马克思主义、共产主义就是解放无产阶级、解放劳动人民、为劳苦大众谋福祉的主义、真理。在很大程度上可以说,劳动出真知,劳动者最有知识。过去"凭老茧上大学",1958年在江西办共产主义劳动大学,有人说这是让不学无术的人上大学。果真如此吗?未必。"老茧"不仅是劳动强度的标志,也是劳动经验的结果。劳动者最有知识,能够运用于劳动的知识才是最有用的知识。一个双手长满老茧、出色的劳动者,不可能不学无术。

　　劳动形式多种多样,农民种地是劳动,工人做工是劳动,学生读书是劳动,教师上课也是劳动。所有的人都要劳动、都在劳动,所有的劳动都在创造财富、服务社会、造福人类,因而都是平等的,没有高下贵贱之分,不能相互歧视。"三百六十行,行行出状元"。正如有人所认为的,"能让卫星上天的是人才,能让马桶不漏水的也是人才",大学本科的"白领人"与大专学历的"蓝领人"一样都应该得到社会的认可,在自己的岗位上建功立业。② 社会分工越来越发达精细,市场交易越来越广泛深入,人们的生活越来越方便丰富,所有这些都应归功于劳动形式的多样化。人的多元化需要决定了劳动形式的多样性,我们要消除职业歧视。"劳动"两个字,都有"力"字旁,劳动是要卖力的,但我们越来越瞧不起体力劳动者。我们常说,只有社会分工的不同,没有职业的高低贵贱之分,其实大都只是说说而已。1959年10月26日,时传祥出席了

---

① [美]爱因斯坦:《爱因斯坦文集》第1卷,许良英、范岱年编译,商务印书馆1976年版,第73页。

② 参见纪宝成2004年3月9日在十届全国人大二次会议上的发言。

"全国群英会"。刘少奇紧紧握着他的手说:"你们干劲可真足啊!再加把劲,把全市的清洁工人都带动起来嘛。"他从自己口袋里摘下一支"英雄"牌钢笔送给时传祥,并说:"你当清洁工是人民的勤务员,我当主席也是人民的勤务员……"很快,一张国家主席与淘粪工诚挚握手交谈的照片传遍了大江南北,于是就有了"淘粪热"。1964年12月,时传祥当选为第三届全国人大代表。1966年国庆,时传祥被推选为北京市观礼团副团长,登上了天安门城楼。但"文化大革命"期间,背了大半辈子粪的时传祥因与被诬蔑为"工贼"的共和国主席握过手,便也成了"工贼"。1971年,他带着一身病痛被遣送回山东农村老家,过着穷困潦倒的生活。但时传祥坚信:"就冲他能看得起俺这个掏大粪的,俺就到死也不信他是个坏人!"刘少奇和时传祥在"文化大革命"中双双被迫害致死。这不应该是劳动者的悲惨下场,劳动者应该得到善待和保护。我们应该形成一种热爱劳动、尊重劳模的社会风气。在国外凡是动用人力的都是最贵的,技术工人、蓝领工人的工资比一般白领的工资还高。因为劳动者是用健康和生命在劳动,风险最高,受害最多,自然工资和价格也应最高,如高空、高温、高寒、地下、水下作业尤其如此。但我们恰恰相反,对出大力、流大汗、干脏活累活重活的体力劳动者嗤之以鼻、避而远之。人类社会的进步表现为体力劳动者越来越少,人们越来越远离体力劳动。"人以稀为贵",这越来越少的体力劳动者,正是社会最不可或缺的劳动者,别人不干,但总得有人去干,他们不干可就真的就没有人干了,他们应该得到社会越来越多的尊重和保护。是否尊重和保护体力劳动者,是一个社会是否保护社会弱者的具体体现,也是一个社会有无道德良知以及道德良知高低的重要表现。社会不要瞧不起体力劳动者,特别是那些生产生活必需品的体力劳动者,如农民、工人等。他们可以不享用一些高端产品,如"苹果"之类的产品,但那些自视甚高的人们一天也离不开他们所生产的食物和所提供的服务。

我们常说"知识改变命运",其实是"劳动改变命运"。"天道酬勤","天道酬劳",自己动手,丰衣足食。"生活在人们的劳动中变样"。不劳动,不努力劳动,生活不可能发生变化,更不可能出现奇迹。说改造世界还过于笼统,准确地说,是劳动改造了世界,劳动将世界改造得合乎人的需要。

劳动是一种美德。自食其力，自力更生，靠自己的劳动生活，靠自己的双手致富，不剥削别人，不依赖别人，不麻烦别人（不给别人、社会和国家添麻烦、增负担），就是一种美德。勤劳是一种美德，我国《宪法》第24条规定"国家提倡爱劳动的公德"；第42条规定"劳动是一切有劳动能力的公民的光荣职责"。通过自己的辛勤劳动，使自己安身立命，为别人提供服务，为社会做出贡献，这是无上光荣。相反，不劳动才是可耻的。

劳动，特别是社会分工高度发达精细化条件下的劳动，大都是协作劳动、共同劳动，是社会化大生产劳动。人们在劳动中结成了各种各样的社会关系，如工友关系、同事关系、朋友关系，等等。劳动为人们织就一种广泛而牢固的社会关系网，劳动使人融入社会，使人社会化。人的本质是社会关系的总和，有什么样的社会关系就有什么样的人的本质。人们在劳动中形成的广泛而牢固的社会关系网，大大丰富和发展了人的本质。同时，劳动是人们参与社会分配的主要途径，参与劳动，才能按劳分配，不劳动者不得食。所以，劳动决定着人的生存发展，人是在劳动中生存发展的。而失业，不能参与劳动，就没有了劳动关系，就没有了社会关系网，也不能得到分配，可以说失业就失去了一切。

劳动是社会财富分配的标准。按劳分配是当前许多社会最主要的分配形式，但人们尚未真正实现按劳分配，即没有实现多劳多得，少劳少得，不劳不得。相反，还存在多劳少得，少劳多得，不劳而获的情况，更存在着剥削现象。社会分配类似动物之间的食物链，处于社会分工（食物链）高端者剥削侵吞处于社会分工（食物链）低端者。但人与人之间的关系不同于动物之间的食物链，不能"劳心者治人，劳力者治于人"，不能有产者剥削无产者、有权者剥削无权者，不是处于社会分工高端者压榨处于社会分工低端者。恰恰相反，而是劳心者与劳力者、有产者与无产者、有权者与无权者、上层劳动者与下层劳动者之间的分工合作、平等相待，这样才有社会公平和社会和谐。劳动的和谐，才能构建社会的和谐。

劳动是民生之首，就业是民生之本，它们常常是新闻报纸的头条。

劳动是最好的保障，也是最体面的保障。有劳动、能就业，劳动者就能自保，就不需要社会保障。而其他社会保障方式，严格说来都是被动的、迫不得已的，也是不怎么体面的。

中国的改革是从农村开始的，开始于农村的家庭联产承包责任制。其实是开始于劳动方式的改变。过去是为集体劳动，现在是为自己劳动；过去是集体劳动（难免滥竽充数，磨洋工，出工不出力，不易监督，所以没有效益），现在是单干（自己不干，就没有人干，只好自己好好干，所以有效益）；劳动产品分配方式也改变了，过去是摊派，国家拿大头、集体拿中头、个人拿小头，现在是按照承包合同，交足国家、集体的，剩下的都是自己的；等等。劳动方式以及分配方式（生产与分配）是社会制度的核心内容，它们的改变必然导致社会的改变。

劳动是人的本质。人是一种能动的动物，其最有意义的能动就是劳动。人是劳动者，劳动者合符人的本性。人人皆是劳动者，劳动者是所有人的共同点。如果有人不劳动，而且不劳而获，那么这种人不是剥削者，就是寄生虫，这两类人都不是合格的人，不是真正的人。

劳动有利于人的发展完善。不能仅仅把劳动看作是获利的手段，劳动就是为了挣钱，而没有看到劳动对于人的发展的重要作用。劳动锻炼人、提高人，人是在劳动中得到锻炼和提高的，人的视野、知识和能力都是从劳动中得来的，劳动不仅使猿成为人，而且使人更加成为人，成为人上人。过去我们讲"不劳动者不得食"，其实不仅如此，不劳动者会退化，久而久之，将不成其为人。劳动不仅是谋生（生存）的需要，而且是发展的需要。人不劳动就不能发展。

总之，劳动最光荣，劳动者最伟大，劳动权最神圣。如果人们树立了上述劳动观念，那么就会消灭许多劳动异化现象和社会不良状况。

劳动权关系到人之成为人，劳动权是人权，保障劳动权是保障人权。所以，国际人权公约对劳动问题做出了许多规定。如《世界人权宣言》第4条规定"任何人不得使为奴隶和奴役"，它意味着，不得通过劳动奴役人。劳动的目的不是奴役人，而是解放人、发展人。第23条规定："一、人人有权工作、自由选择职业、享受公正和合适的工作条件并享受免于失业的保障。二、人人有同工同酬的权利，不受任何歧视。三、每一个工作的人,有权享受公正和合适的报酬,保证使他本人和家属有一个符合人的生活条件,必要时并辅以其他方式的社会保障。四、人人有为维护其利益而组织和参加工会的权利。"第 24 条规定:"人人有享有休息和闲暇的权利,包括工作时间有合理限制和定期给薪休假的权利。"第 25 条规定:"一、人人有权享受为维持他本人和家属的健康和福利所需的生活水准,包括食物、衣着、住房、医疗和必要的社会服务;在遭到失业、疾病、残废、守寡、衰老或在其他不能控制的情况下丧失谋生能力时,有权享受保障。"等等。它们对劳动权的性质、内容、方式、目的和保障做出了规定。

上述规定在《经济、社会和文化权利国际公约》中不仅得到了重申,而且有所发展和细化。其中第 6 条规定:"一、本公约缔约各国承认工作权,包括人人应有机会凭其自由选择和接受的工作来谋生的权利,并将采取适当步骤来保障这一权利。二、本公约缔约各国为充分实现这一权利而采取的步骤应包括技术的和职业的指导和训练,以及在保障个人基本政治和经济自由的条件下达到稳定的经济、社会和文化的发展和充分的生产就业的计划、政策和技术。"第 7 条规定:"本公约缔约各国承认人人有权享受公正和良好的工作条件,特别要保证:(甲)最低限度给予所有工人以下列报酬:(1)公平的工资和同值工作同酬而没有任何歧视,特别是保证妇女享受不差于男子所享受的工作条件,并享受同工同酬;(2)保证他们自己和他们的家庭得有符合本公约规定的过得去的生活;(乙)安全和卫生的工作条件;(丙)人人在其行业中有适当的提级的同等机会,除资历和能力的考虑外,不受其他考虑的限制;(丁)休息、闲暇和工作时间的合理限制,定期给薪休假以及公共假日报酬。"第 8 条规定:"一、本公约缔约各国承担保证:(甲)人人有权组织工会和参加他所选择的工会,以促进和保护他的经济和社会利益;这个权利只受有关工会的规章的限制。对这一权利的行使,不得加以除法律所规定及在民主社会中为了国家安全或公共秩序的利益或为保护他人的权利和自由所需要的限制以外的任何限制;(乙)工会有权建立全国性的协会或联合会,有权组织或参加国际工会组织;(丙)工会有权自由地进行工作,不受除法律所规定及在民主社会中为了国家安全或公共秩序的利益或为保护他人的权利和自由所需要的限制以外的任何限制；（丁）有权罢工，但应按照各个国家的法律行使此项权利。二、本条不应禁止对军队或警察或国家行政机关成员的行使这些权利，加以合法的限制。三、本条并不授权参加一九四八年关于结社自由及保护组织权国际劳工公约的缔约国采取足以损害该公约中所规定的保证的立法措施，或在应用法律时损害这种保证。"第9条规定"本公约缔约各国承认人人有权享受社会保障，包括社会保险。"等等。这些规定更多强调的是国家对于保障劳动权的义务和责任。国家有义务和责任积极采取各种有效措施以保障公民的劳动权。

上述《人权宣言》和《人权公约》关于劳动权的规定，是国际劳工运动的成果，是劳动权的庄严宣告，具有普世意义。劳动和劳动权是宪法的重要内容。对于劳动权，我国《宪法》第42条规定："中华人民共和国公民有劳动的权利和义务。国家通过各种途径，创造劳动就业条件，加强劳动保护，改善劳动条件，并在发展生产的基础上，提高劳动报酬和福利待遇。劳动是一切有劳动能力的公民的光荣职责。国有企业和城乡集体经济组织的劳动者都应当以国家主人翁的态度对待自己的劳动。国家提倡社会主义劳动竞赛，奖励劳动模范和先进工作者。国家提倡公民从事义务劳动。国家对就业前的公民进行必要的劳动就业训练。"第43条规定："中华人民共和国劳动者有休息的权利。国家发展劳动者休息和休养的设施，规定职工的工作时间和休假制度。"第44条规定："国家依照法律规定实行企业事业组织的职工和国家机关工作人员的退休制度。退休人员的生活受到国家和社会的保障。"第45条规定："中华人民共和国公民在年老、疾病或者丧失劳动能力的情况下，有从国家和社会获得物质帮助的权利。国家发展为公民享受这些权利所需要的社会保险、社会救济和医疗卫生事业。国家和社会保障残废军人的生活，抚恤烈士家属，优待军人家属。国家和社会帮助安排盲、聋、哑和其他有残疾的公民的劳动、生活和教育。"等等。从宪法上规定劳动和劳动权，不仅彰显了劳动和劳动权的宪法价值，也申明了劳动和劳动权的国是意义。但对照一下，它们的实施并不理想。这与人们对宪法的认识有关。许多人认为，宪法规定包括上述劳动方面的规定，只是价值宣示，没有现实意义，因为宪法是不能直接司法适用的。但令人质疑的是，连宪法都不能司法适用，还有什么法律可以司法适用或值得司法适用？即使它们司法适用，又怎能具有宪法司法适用那样的重大意义？不能司法适用的法律就是一纸空文，不能司法适用的宪法也是如此。这是现象必须改变，并希望从宪法关于劳动规定的司法适用开始。

上述宪法规定在我国《劳动法》和《劳动合同法》中得到了贯彻和具体化。其中，我国《劳动法》第3条规定："劳动者享有平等就业和选择职业的权利、取得劳动报酬的权利、休息休假的权利、获得劳动安全卫生保护的权利、接受职业技能培训的权利、享受社会保险和福利的权利、提请劳动争议处理的权利以及法律规定的其他劳动权利。"我国《劳动合同法》第1条规定："为了完善劳动合同制度，明确劳动合同双方当事人的权利和义务，保护劳动者的合法权益，构建和发展和谐稳定的劳动关系，制定本法。"第4条规定："用人单位应当依法建立和完善劳动规章制度，保障劳动者享有劳动权利、履行劳动义务。"等等。人人均要劳动，人人均有劳动关系，人人均享劳动权，人人均受劳动法保护，劳动法是与人人有关的法律，劳动的重大意义决定了劳动法是法律体系的重要组成部分。

劳动观念决定劳动法，有什么样的劳动观念就有什么样的劳动法。劳动法是劳动观念的法律化，我们要通过先进的劳动法去改变人们落后的劳动观念。但这需要人们认真学习和有效实施劳动法开始。

是否承认劳动权是人权、有无劳动法以及劳动法实施得如何，是检验一个社会和国家性质的重要标准。只有承认劳动权是人权并予以认真保障，劳动法健全完善并实施良好，这样的社会和国家才是劳动人民的社会和国家。于法无据、得不到法律保护的劳动和劳动权，无从谈起；即使将其拔得再高，也是空话谎言。

劳动法对于近现代法律发展产生过深刻的影响。近代法治是自由放任市场经济和个人政治自由主义在法律上的反映，是私法主治的法治，私法的主体平等、私权神圣和契约自由成为占主导地位的法治理念，它们贯彻渗透到了各个法律部门之中，劳动法亦包括其中。主体平等、私权神圣和契约自由被照抄照搬到了劳动法当中，并发展为和信以为资本家与劳动者平等，资本神圣和劳工神圣，以及资本家与劳动者之间的劳动合同自由。但正是它们在劳动法中的照抄照搬和贯彻发展出现了难以自圆其说的困境，使人们认清了和认识了主体平等、私权神圣和契约自由的本来面目。资本家怎么可能与劳动者平等呢？资本神圣岂不意味着资本剥削劳工的合理性？劳动合同自由不是要求排除任何人特别是国家对劳动合同的干涉吗？但自从马克思主义诞生和传播以来，马克思主义已提请人们注意无产阶级、劳动人民的生存状况和权利诉求，并警告要避免资本主义丧钟敲上，就必须改变资本主义雇佣劳动制度的剥削本质，要保障无产阶级、劳动者的合法权益。资本主义未必信仰马克思主义，但无论如何，它们确实接受了马克思主义的警告，并开始注意和化解劳资矛盾，既节制资本，又保障劳工，特别注重劳动法治建设，将劳动法从私法中独立出来，将劳动合同法从合同法中独立出来，对劳动者权益予以特别保护。上述私法"三大原则"只能有条件、有限制地适用于劳动关系和劳动者。相对于资本家，劳动者是弱者，私法的主体平等保护不了劳动者，而必须给予劳动者以倾斜保护，与形式平等相比，实质平等更有意义；作为占社会支配地位的资本不再是神圣不可侵犯的了，与资本神圣相比，劳工更神圣，为了保护劳动者和社会利益，必须节制资本；劳动合同不完全适用契约自由原则，劳动者群体、工会和国家可以站在劳动者一边加强其缔约能力以便同资本家进行真正平等的劳动谈判，签订集体劳动合同，与合同自由相比，劳动合同公平更重要。在劳动法的触动和推动下，其他法律部门如经济法、社会法等也开始渐次脱出或超出私法范畴而开始自己的发展历程，导致了法律的社会化运动。它们开辟了新的法律领域、构建了新的法律制度、形成了新的法律范式。

与此同时，许多司法实践也在为法律的社会化运动摇旗呐喊，劳工律师一时成为资本主义国家最出名的律师之一。如路易斯·布兰代斯（1856—1941，其1916—1939为美国联邦最高法院大法官）就是其中之一。他为数州规定最高工时和最低工资的法令进行辩护，认为这些法令并不违反宪法；为劳工阶级制订储蓄银行的人寿保险计划；他的一系列判决奠定了美国"非过失侵权责任"制度的发展，对于解决大工业生产中日益增加的劳动作业风险提供了有利于劳动者的法律保障；等等。其中，马勒诉俄勒冈案是布兰代斯为劳动者请命最为著名的官司之一。在这一案件中，因之前判例的原因，布兰代斯认为，光靠法律逻辑几乎不可能打赢这场性质相同的官司。他基于自己丰富的社会科学素养，决定另辟蹊径，用社会科学研究的证据和医学文献来说话，并唤起法官的良知和民众的注意。布兰代斯在法庭上出示的辩护书，仅用 2 页的篇幅谈及法律先例，却用了 100 多页的篇幅援引大量统计数据和医学报告，说明劳动时间过长对妇女健康所产生的危害。在这些权威证据面前，美国最高法院一致认为，妇女抚育后代的特殊社会责任需要特别的保护，因为"健康的母亲为强壮的后代所必须，为了种族的强健，妇女身体健康必须成为公众利益和关怀的一部分"，因此，法院支持了布兰代斯一方的诉讼请求。布兰代斯引用案件所涉及的社会事实和统计数据而不是法律先例来说明立法必要性和合理性的做法，开创了新的法律辩护形式。这种内容广泛、说服力强的法律辩护形式统称为"布兰代斯诉讼方法"（Brandeis brief）。① 1916 年，经时任美国总统威尔逊提名，布兰代斯当选为联邦最高法院的大法官，成为联邦最高法院历史上第一位犹太人大法官。他坚持反垄断、反大资产阶级、反大公司的立场，与霍姆斯、卡多佐等联邦最高法院的大法官被合称为富有改革精神的"进步论者"。布兰代斯还开创了一种运用司法保障第二代人权的左派传统，他被称为"人民的律师"。用 William Hitz 的话说：因为所有人都看得出来，与那些坐在这曾发誓保护人民的大法官们相比，布兰代斯对于人民日常生活的关键性权利了解得更多，也关怀得更多。美国著名社会工作者弗洛伦斯·凯利甚至这样说过："在林肯之后，再没有人比路易斯·布兰代斯更理解人民大众。"②

社会主义国家以马克思主义为指导思想，马克思主义是无产阶级解放条件的学说；社会主义国家是人民当家做主的国家，人民是国家的主人；社会主义国家消灭剥削和压迫，人人都是劳动者；社会主义国家实

---

① 参见任东来、陈伟、白雪峰《美国宪政历程》，中国法制出版社 2013 年版，第 154—157 页。

② 参见"百度百科·布兰代斯"及吴彬《最理解人民大众的法官：布兰代斯》，载《人民法院报》2010 年 1 月 29 日。

行按劳分配，劳动是参与社会分配的基本依据；等等。所有这些都决定了劳动、劳动者以及保护他们的劳动法在社会主义国家处于更加突出的重要地位，社会主义国家应比任何其他性质的国家更加重视劳动、劳动者和保护他们的劳动法。社会主义以人为本，尤要以劳动者为本；认真对待权利，尤要认真对待劳动者权利，全心全意为人民，尤要全心全意为劳动者服务；要建立健全法治，尤要建立健全劳动法治。只有这样，才能彰显社会主义国家的人民性质和制度优势。

鉴于劳动决定着人的生存发展，关系到人能否成之为人，所以劳动法是人权法；鉴于人人都要劳动，人人都是劳动者，所以劳动法是每个人的法律；鉴于社会实行按劳分配，劳动是社会分配的基本依据，所以劳动法是分配法；鉴于劳动是人的第一需要，劳动优先于其他，劳动法是第一位的法律；鉴于劳动能够自力更生，劳动是最好的保障，劳动法是保障法；等等。所有这些都说明，劳动及劳动法的价值和意义是博大而深远的。

第十章

环境法哲学

一 自然资源环境法哲学阐释

在法律部门中,有这样一类法律,它包括自然资源法、环境保护法等。其中,自然资源法又包括《森林法》《草原法》《渔业法》《矿产资源法》《土地管理法》《水法》等;环境保护法又包括《水污染防治法》《大气污染防治法》《固体废物污染环境防治法》《环境噪音污染防治法》《放射性污染防治法》《海洋污染防治法》等。鉴于它们之间的内在关联性和行文的方便,这里我把它们统称为自然资源环境法。我认为,自然资源环境法内涵着丰富、深刻而独特的法哲学,需要做出阐释。

(一)人与自然(资源环境)的关系

始初,"人直接地是自然存在物"[①],人是自然内在的一部分。但在往后的发展过程中,随着人类理性的发展,人类逐步掌握和增强了认识自然和改造自然的能力,人类开始超越自然,从自然中走了出来,有了自己独立发展的历史,开创了人类社会的文明。但由于人类理性的狂妄、滥用和误用,自工业革命以来,特别是资本主义对商业利益的无尽贪求,人类无节制地改造自然、向自然索取,导致对自然的严重破坏,人开始成为自然的异化存在物,人与自然的关系日益紧张。人类在征服和改造自然的过程中也同样地遭到自然的反击和报复。恩格斯曾警告人类:"我们不要过分陶醉于我们人类对自然界的胜利。对于每一次这样的胜利,

---

[①] 《马克思恩格斯文集》第 1 卷,人民出版社 2009 年版,第 209 页。

自然界都对我们进行报复。每一次胜利，起初确实取得了我们预期的结果，但是往后和再往后却发生完全不同的、出乎预料的影响，常常把最初的结果又消除了。"① 这就迫使人类不得不重新反思，人与自然资源环境的关系到底应该是一种怎样的关系？

总括起来说，主要有两种不同的"主义"，即人类中心主义或非人类中心主义。这是关于人与自然环境资源关系的两种不同的理论模式和伦理理念。

相比较而言，我赞成人类中心主义而反对非人类中心主义，这是因为：

其一，到底是人类中心主义还是非人类中心主义是物种进化决定的，是物竞天择、适者生存的结果。人类在同其他物种的漫长进化和竞争过程中，脱颖而出，卓尔不群。如人类富有理性，能够征服和改造自然；赋有德行，成为道德主体；具有自我意识，能够自觉自律；等等。这些因素使人类成为万物之灵长，成为自然界的统治者，占据了自然界的中心位置，形成人类中心主义。所以，人类中心主义不是人类自己设计的结果，而是自然界物种进化的必然产物。

其二，既然人类中心主义是客观必然的，那么人类就必然要从人类中心主义的立场、认识和价值去看待、评价和规定自然界的秩序和自然界中的其他物种。处于"中心"的人类不可能与其他物种平起平坐、一视同仁，必然带有某种"物种歧视"。况且，人类毕竟还是一个物种，也是一种生物，人类同样具有维护其生存和发展的生物性本能，这种本能不仅无法根除，而且是其第一要务。当人类的生存和发展与其他物种的生存和发展势不两立、必居其一时，毫无疑问，人类是首选的、第一位的，此时人类中心主义的本义就昭然若揭了。即使其他物种有一万个不情愿，它们也改变不了这种结果，因为它们根本不具备可以抗拒人类的力量。

其三，人类中心主义虽然导致了许多问题，如生态恶化、环境污染、资源枯竭、物种减少，等等。确实，人类中心主义对这些问题负有不可

---

① 《马克思恩格斯文集》第 9 卷，人民出版社 2009 年版，第 559—560 页。

推卸的责任。这也是非人类中心主义批判人类中心主义的主要理由。但令人疑问的是，这些问题是人类中心主义的结果，还是不是人类中心主义的结果？这里就涉及如何定义人类中心主义的问题。我认为，中心是相对于非中心而言的，没有非中心的存在和衬托，就没有中心，没有其他物种的非中心存在也就没有人类中心主义。人类中心主义本身就要求其他物种大量而广泛地存在，而且，其他物种越是大量而广泛地存在，就越能显现人类的中心地位。所以，维护人类中心主义的最好办法不是排斥、灭绝其他物种而是保护其他物种。因此，上述问题的产生恰恰不是人类中心主义的结果，而是没有贯彻人类中心主义的结果。鉴于此，非人类中心主义始终是批判人类中心主义的重要力量，也是人类中心主义始终保持清醒和本色的基本参照。但不足以成为非人类中心主义取代人类中心主义的根据。

其四，人类妄自尊大、排斥异类、有己无它，这恰恰不是人类中心主义。因为这违背了人类的本性。人是有理性的，理性不是使人狂妄、妄自尊大，而是使人平和、自尊尊它；人是有德行的，德行不应使人仇恨、敌视生命，而是使人道德关怀、博爱众生；人是自律的，自律不会使人自恋、贪婪无度，而是使人节制、宽容万物；等等，所以妄自尊大、排斥异类、有己无它与人类的本性是背道而驰的，是人类非理性、无德行、不自律的表现，会给人类带来灭顶之灾。只有当人类能够关爱、善待其他物种时，人类才成之为人类，才有人类中心主义。因为人类中心主义的根本宗旨是以人类为本，使人类真正成之为人类，上述人类中心主义恰恰与之背道而驰，因而不是真正的人类中心主义。

在法学界，有人认为，自从人类社会出现以来，客观存在着三种关系，即人与人的关系、物与物的关系、人与物的关系。其中，人与人之间的社会关系主要由人文社会科学研究，物与物之间的自然关系主要由自然技术科学研究，人与自然资源环境的关系主要由生态学、环境学、自然资源环境法学等研究。如"（自然）环境资源法既调整人与自然的关系、又调整与环境资源有关的人与人的关系"①。我认为,这种"调整论"并不恰当。因为前两种关系包括了后一种关系,后一种关系最终都要归结为前两种关系,甚至主要是第一种关系。并且,这三种关系并不是截然分开的,而是融合交织在一起的。马克思曾指出:"自然科学往后将包括关于人的科学,正像关于人的科学包括自然科学一样:这将是一门科学。""人是自然科学的直接对象","自然界是关于人的科学的直接对象。人的第一个对象——人——就是自然界","自然界的社会的现实和人的自然科学或关于人的自然科学,是同一个说法"②。其中,法律对人与自然资源环境关系的调整,调整的并不是人类与自然资源环境的关系,归根结底还是人与人的关系,具体地说,是人与人之间基于自然资源环境而发生的各种社会关系,自然资源环境已经人化、社会化了。在现实中,并没有纯粹的、没有人参与其中的自然关系,这种自然关系不叫社会关系,也不宜由法律调整。法律在调整人与自然资源环境的关系时,之所以要顾及自然资源环境一方,主要是要求法律依照自然资源环境的客观规律来调整人与人之间的关系,但终极目的不是要使人与自然资源环境分化两立,形成"两张皮",而是要把人与自然资源环境的关系上升统一到人与人的关系上来,把人与人之间的关系法则扩及人与自然资源环境之间,把人对人的行为规范适用到人对自然资源环境上来,如人与人之间要讲道德文明、公平正义、要权利义务平衡,在人与自然资源环境之间也要讲道德文明、公平正义、要权利义务平衡,等等。只有当人能够像对人那样对待自然资源环境时,像尊重和保护人权一样尊重和保护自然资源环境权时,才能真正尊重和保护自然资源环境,才是真正实现了法律调整自然资源环境的目的。

在对人与自然资源环境关系实施法律调整时,又存在着不同的观点和学派:一是支配论,它认为人与自然资源环境之间的关系是一种占有、支配关系;二是功利论,它强调人对自然资源环境的开发利用关系;三

---

① 蔡守秋:《〈调整论——对主流法理学的反思与补充〉前言》,载中国理论法学研究信息网,2008-6-29。

② 《马克思恩格斯文集》第1卷,人民出版社2009年版,第194页。

是管理论，它强调人对自然资源环境的管理关系；四是保护论，它强调人对自然资源环境的保护关系；五是仁爱论，它重视人对动物的仁爱关系；六是平等论，它强调人与动物的平等关系；七是自然权利论，它重视和强调人与大自然的平等关系。此外，还有对物关系论、天赋人权观、技术规范论、法律拟制主体论、动物权利论和自然法理论、大自然权利论、人与地球签约论、人与自然和谐共处论、可持续发展论和环境保护论。[①] 经过长期的正反两方面的比较鉴别，人们已经认识到，人与自然资源环境的和谐相处、实现人与自然资源环境可持续地共同发展是人与自然资源环境关系的唯一真谛和不二抉择。

但人类既是抽象的整体，又是具体的个体。自然资源环境问题更多的不是整个人类与自然资源环境之间的关系问题，而是人类内部的关系问题，即人类内部是分化的，存在一部分人保护自然资源环境而一部分人破坏自然资源环境的情况。如果人人都能自觉地保护自然资源环境，也许就没有自然资源环境问题了，因而也就没有自然资源环境保护法了。保护自然资源环境的难题是自然资源环境是一种公共资源，它和其他公共资产一样存在"公共资产的悲剧"——自然资源环境是公共的，无法产权明确，具有外部性，对于公共资产，人人都想自己享有权利而别人承担义务，自己利用而别人保护，自然资源环境的保护者未必能从保护自然资源环境中获得应有的回报，但自然资源环境的破坏者，不但能从破坏自然资源环境中（暂时）获利，还能从其他人对自然资源环境的保护中获利，自然资源环境的保护存在保护与受益的非对称性，人们都想搭便车，使得人人都想少付出而多受益，甚至不付出还受益，等等，凡此种种，结果必然导致无人保护自然资源环境，自然资源环境必遭破坏。为了解决这个难题，才需要法律调整。所谓的法律调整人与自然资源环境的关系，看似包括了人与自然资源环境两个方面，面面俱到，等量齐观，但模糊甚至忽视了侧重点，没有抓住主要矛盾和矛盾的主要方面。因为自然资源环境本身并不会做什么，它们要做什么，其实人类也控制

---

① 参见蔡守秋《〈调整论——对主流法理学的反思与补充〉前言》，载中国理论法学研究信息网，2008-6-29。

或调整不了,如地震、台风、海啸等自然灾害。人类真正能够控制或调整的只是人类自己的行为。而且,漫长的自然资源环境发展史表明,自然资源环境自会内在平衡,人类的行为是破坏自然资源环境的主要外因,如果没有人类行为的介入、干预和破坏,自然资源环境会自动平衡并持续地发展。所以,法律调整人与自然资源环境的关系,关键是要规范所有人、全人类开发、利用、防治和保护自然资源环境的行为,防止自然资源环境的保护者与破坏者之间的不公平正义以及权利义务失衡的情况,禁止所有人、全人类破坏自然资源环境的行为,把所有的人、全人类都调整为保护自然资源环境的人——把人类从"经济人"调整为"生态人",要保护自然资源环境必须人人参与、人人有责。可见,法律调整人与自然资源环境的关系,关键处和落脚点还是人、人的行为和人与人的关系,法律只有通过调整人与人之间的关系才能调整人与自然资源环境之间的关系。

我认同,"所谓法律调整,是指作为主体的法律影响、改变、协调(包括建立、产生、确认、赋予、作用、控制、改进、改善、消灭等)特定对象(包括人、人的行为、状态、关系、事项、工作和秩序等)的活动"[①]。但法律对人与自然资源环境关系的调整,归根结底是人怎样对待自然资源环境的问题。迄今为止,人类的道德水准还没有超出功利主义、利己主义的范围,人类还处于出于利己才能利他的水准,人类为了自己的利益才能更好地对待自然资源环境。实际情况也是如此,正是因为自然资源环境日遭破坏、日益恶化,危及到了人类的生存发展,人类才被迫保护自然资源环境,人类为了自己更好地生存发展才能更好地对待自然资源环境。所以,我们必须反复告诫人们:为了人类自身的利益,也必须保护自然资源环境,保护自然资源环境,就是保护人类自身。而不能相反,为保护自然资源环境而保护自然资源环境,似乎保护自然资源环境与人类自身利益无关,或者与之相冲突,若如此,自私自利的人类也许就不会保护自然资源环境了。

---

① 蔡守秋:《〈调整论——对主流法理学的反思与补充〉前言》,载中国理论法学研究信息网,2008-6-29。

自然资源环境是无言的，它需要代言人，这个代言人还是人类。自然资源环境能否得到保护归根结底取决于人类的自觉和自律，取决于人类在多大程度上自觉地认识和尊重自然资源环境规律，自律地抑制和规范人类对待自然资源环境的行为，而不取决于自然资源环境的报复，尽管自然资源环境的报复迫使人们不得不自觉和自律起来。只有当人类能够像善待自己一样善待自然资源环境时，把人与人之间的法则适用到人与自然资源环境之间时，对自然资源环境也讲伦理道德、公平正义、文明有礼时，自然资源环境才能得到有效的保护。即使法律规定自然资源环境的主体地位，赋予它们以人格，如使动物享有人格权、尊严权、生存权、生命权、健康权、名誉权、隐私权等权利，那也是人类赋予它们的，是人类自觉自律、文明道德的表现，它们能否真正享有这些权利，也取决于人类怎样对待它们。如果人类不能从内心深处自觉地善待它们，那么无论怎样高调的法律规定，无论赋予它们以多大的权利，也无济于事。

虽然自然资源环境是人类的自然资源环境，但自然资源环境不能以人类为中心，更不能只有人类。只有人类的自然资源环境不仅是单调枯燥的自然资源环境，而且是枯竭衰败的自然资源环境，人类在其中将无法生存发展，因为人与自然资源环境的关系恰似毛与皮的关系，"皮之不存，毛将焉附"？这正如《寂静的春天》一书的作者、著名海洋生物学家、环境伦理学的奠基人之一雷切尔·卡尔逊在1963年1月7日接受动物福利研究所的施韦泽勋章时所强调的："如果我们自己只关心人与人之间的关系，那么我们就不会真正变得文明起来。真正重要的是人与所有生命的关系。"[①] 人类怎样对待自然资源环境、特别是怎样对待其他生物生命是反映人类自身的一面镜子，是检验人类德行高低、文明与否的试金石。人类残忍地对待其他生物生命是人类对待自身的尝试，滋生着人类的恶性、冷酷和残忍，如不遏制，或迟或早会反过来在人类自身重演。

---

① 参见蔡守秋《从对〈德国民法典〉第90a条的理解展开环境资源法学与民法学的对话》，载《南阳师范学院学报》2006年第4期。

(二) 自然资源环境法对法学理论与法律制度的创新

要想发挥法律对人与自然资源环境关系的调整作用，就应该形成一套独具特色的调整人与自然资源环境关系的法律原理、原则、规则和制度。自然资源环境法改变了人们对于法律的固有认识，也对一些传统法律部门如民法、行政法、诉讼法等提出了挑战，促使人们对传统法律思维、法律方法乃至法律制度进行深刻变革和重大创新。这正是部门法哲学的重要内容和价值所在。

1. 法律价值观念和思维范式的变革

自然资源环境法首先给人们带来的是法律价值观念和思维范式的变革与创新——从主客二分到主客一体和天人合一。人与自然资源环境的和谐共处是人与自然资源环境关系的精髓，实现人与自然资源环境的可持续发展，是人类始终追求的根本目标。

人类本来是自然之子，资源是人类生存发展之本，环境是人类的栖身之所，人与自然资源环境原本是融为一体、和谐相处的。但随着人类力量的增长，人类开始超出自然资源环境而高高在上，特别是借助科学技术的发展，人类致力于征服和改造自然资源环境，并以胜利者的姿态跃升为自然资源环境的主人，从而使自然资源环境屈服于己。与之相应，在哲学史上，出现了主客二分的思想。从人类认识发展的角度看，主客二分是人类认识得以产生的必要条件，也是人类认识活动的基本形式，它对于促进人类独立、科技进步、工业革命和社会发展都具有重要的历史意义。但后来，主客二分被夸大、对立起来，以至于主在客上、主即是客、有主无客，如贝克莱所谓的"存在就是被感知"，笛卡尔所谓的"我思故我在"，以及一系列片面强调人的主观能动性的"唯心主义"甚嚣尘上，这就破坏、颠覆了主客之间、人与自然之间内在的平衡关系。

上述发展历程和哲学思想直接体现在法律价值观念和思维范式上，如民法就是如此。这正如有人所明确指出的："从民法的基本方法论或者说民法的哲学立场观察，民法社会的基本结构是人与物，这是市民社会的两种基本的物质表现形式，除此之外没有第三种物质形式存在。其中，人在民法社会中处于主体地位，支配着整个世界；而物组成这个社会的基础，是民法社会的客体，人对物具有支配的权利，然后才能改造世界，推动社会的进步。在民法社会中,我们用民事法律关系的方法来分析民法社会的时候,这就是一个民法的方法论问题,也就是民法哲学问题。因此,我们看待民法社会的时候,就要从主体、客体与内容等角度进行阐述,这也说明以民事法律关系来分析民法社会,它是最基本的方法。而这种关系也是建立在民法社会'人与物'的二元结构的基础之上的。即人是主体,物是客体,二者是支配关系。"①

但随着自然资源环境的破坏、恶化和枯竭的加剧,自然资源环境问题日益突出,已经严重地危及人类的生存发展,不断暴露出这种哲学思想观念和法律思维范式的严重不足。自康德开始就提出了"不可知论"和"自在之物",这是对"主客二分""主客对立"哲学立场的批判。康德的"不可知论"不仅是指"理性要为信仰留地盘",更重要的是指出了理性的局限性,划定了人类认知能力的界限,认为人类有不可认知的"自在之物"。自然资源环境就是一种"自在之物"。他的"自在之物"的思想,揭示了自然资源环境之于人类的外在性、独立性以及自主性和自在性,它们不以人的意志为转移,不是人类可以完全认知的,不是人类能够完全可以征服和改造的,它们有自己的、自在的规律,如果人类逆之而为,必然自食其果。"自在之物"是一种与人类相对待的存在,而不是屈服于人类的客体。他的那句名言:"有两种东西,我对它们的思考越是深沉和持久,它们在我心灵中唤起的赞叹和敬畏就会历久弥新,一是我们头顶浩瀚灿烂的星空,一是我们心中崇高的道德法则。"他意指人类既要敬畏宇宙自然,也要敬畏人类自身,大有"天人合一"的理念。叔本华的"意志哲学",强调人的意志、情感等"非理性因素"对人生的重要意义,理性并不是绝对的,这是与黑格尔"绝对理性""绝对精神"的分庭抗礼。海德格尔洞察到科学技术对人类生存环境的威胁和破坏,认同老子"道法自然"的思想,并期望"人诗意地栖居"。马克思也深刻地认识到人在征服和改造自然资源环境中所导致的异化,提出了"共产主义是对私有财产即人的自我异化的积极的扬弃,因而是通过人并且为了人而对人的本质的真正占有;因此,它是人向自身、也就是向社会的

---

① 杨立新:《关于建立法律物格的设想》,载《资讯动态》2005年第12期。

即合乎人性的人的复归，这种复归是完全的复归，是自觉实现并在以往发展的全部财富的范围内实现的复归。"① 这种私有制使人自私自利，损人利己，损公肥私；使人贪婪成性，物欲横流，永不知足；等等，这些都是破坏自然资源环境的根本动因。要保护自然资源环境必须扬弃这种私有制，实行（现）共产主义。而"这种共产主义，作为完成了的自然主义，等于人道主义，而作为完成了的人道主义，等于自然主义，它是人和自然界之间、人和人之间的矛盾的真正解决，是存在和本质、对象化和自我确证、自由和必然、个体和类之间的斗争的真正解决"②。

经过长期的正反两方面的实践，人类已经就自然资源环境问题形成了一种新的思维范式。早在20世纪80年代初，美国学者海伦·M. 英格拉姆和迪安·E. 曼在《环境保护政策》一文中就指出：当代环境保护运动是一种新的社会思潮，是一个范式变迁过程，它否定了工业革命二三百年来那种盛行的范式，预示了未来将要盛行的环境保护主义范式。③

在我国，无论是党和国家领导人还是有关主管部门负责人以及社会公众都日益认识到保护自然资源环境的重要性，提出了人与自然的和谐相处、可持续发展、生态文明等新理念。如江泽民同志在2001年庆祝中国共产党成立80周年大会上的重要讲话提出："要促进人和自然的协调与和谐，使人们在优美的生态环境中工作和生活。坚持实施可持续发展战略，正确处理经济发展同人口、资源、环境的关系，改善公共设施和社会福利设施。努力开创生产发展、生活富裕和生态良好的文明发展道路。"他在2002年10月16日全球环境基金第二届成员国大会上的讲话再次指出："人类是自然之子。人类不仅有认识和利用自然的非凡创造力，而且有保护和珍重自然的理性认识能力。在漫长的历史过程中，人类创造了辉煌的文明成果，但也造成了不容忽视的环境污染和生态破坏。走可持续发展的道路，促进人与自然的和谐，这是人类总结得出的深刻结

---

① 《马克思恩格斯文集》第1卷，人民出版社2009年版，第185页。
② 同上书，第185页。
③ 参见［美］海伦·M. 英格拉姆、迪安·E. 曼《环境保护政策》，载［美］斯图亚特·S. 那格尔编著《政策研究百科全书》，科学技术文献出版社1990年版，第534页。

论和正确选择。"① 国家环境保护部副部长潘岳也曾经指出：生态文明"首先是伦理价值观的转变。西方传统哲学认为，只有人是主体，生命和自然界是人的对象；因而只有人有价值，其他生命和自然界没有价值；因此只能对人讲道德，无须对其他生命和自然界讲道德。这是工业文明人统治自然的哲学基础。生态文明认为，不仅人是主体，自然也是主体；不仅人有价值，自然也有价值；不仅人有主动性，自然也有主动性；不仅人依靠自然，所有生命都依靠自然。因而人类要尊重生命和自然界，人与其他生命共享一个地球"②。在2009年11月在武汉召开的第十三届世界湖泊大会上，中国环境保护部部长周生贤阐明了生态文明的四个鲜明特征。他强调指出，"在价值观念上，生态文明强调给自然环境以平等态度和人文关怀。生态文明强调人类在尊重自然规律的前提下，利用、保护和发展自然，给自然以人文关怀。与传统工业文明的价值观相比，生态文明的价值观要求实现三个转变：从人是主体有价值，自然不是主体没有价值，向人是主体有价值，自然也是主体也有价值转变；从传统的'向自然宣战''征服自然'，向'人与自然和谐共处'转变；从传统经济发展动力——利润最大化，向生态经济全新要求——福利最大化转变。"③

这是一种新的具有普适性的价值观念和思维范式。由于它是基于自然资源环境问题而产生、旨在解决自然资源环境问题、主要体现和落实在自然资源环境法之中，所以不妨把它叫作自然资源环境（法）的价值观念和思维范式。其价值观念和思维范式已日益普及其他法律部门当中。

2. 传统部门法理论与制度的创新

自然资源环境的价值观念和思维范式导致民法哲学和民法制度的创新。

如新修订的《德国民法典》第90a条规定："动物不是物，它们由特别法加以保护。除另有其他规定外，对动物准用有关物的规定。"尽管人

---

① 新华社2002年10月17日电。
② 潘岳：《社会主义与生态文明》，载《中国环境报》2007年10月19日。
③ 周生贤：《让江河湖泊休养生息——在第十三届世界湖泊大会上的讲话》，载《中国环境报》2009年11月6日第1版。

们对于该条的规定还有不同的理解，但大都认为，该条的诞生受到当代自然科学、人文科学、社会科学，特别是生态学、环境学、环境伦理学和后现代主义以及绿党政治等的共同影响，是它们在法律上的集中体现。该条关于"动物不是物"的规定，是指动物既不是物，也不是人，动物就是动物，它们不再是传统民法中人可以任意占有、支配和使用的"物"。这一规定是民法（特别是大陆法系的民法）发展史上具有里程碑性质的重大变革，它宣布了当代民法的一种新理念，是对传统民法理论中"人、物二分法"或"主、客二分法"思维范式和制度范式的突破。①

虽然如此，但自然资源环境所要求的法律思维范式和制度安排，无论如何在民法中都不可能得到充分的贯彻和体现。如果赋予动物以主体地位，与人类平起平坐，甚至高居人类之上，那么就会误置、颠倒、扰乱许多既定的价值和秩序。这正如有人所指出的：如果把动物也赋予人格和人格权，那么民法体系也就必然要发生质的改变，由此也就会导致民法社会基本秩序的改变，由此就会带来整个社会秩序的变化，就会使这个世界成为混乱的世界，人类喝奶、吃肉等日常行为都必须禁止，人类甚至将无所适从。②

所以并不是说，为了保护自然资源环境，就必须推倒一切重来，根本修改甚至彻底否定民法的原理和制度，因为民法仍然有其存在的必要和作用的领域。如民法的产权制度，就比较适合目前人们的道德水准。迄今为止，绝大多数人还只能对自己所有的东西才能倍加珍惜、爱护，最多是爱己及人、爱屋及乌，相反，凡是公共的东西往往是最少受人爱护的东西，因而最容易受到破坏、毁灭。目前我国存在的滥砍滥伐、私挖乱采、竭泽而渔等所谓的"公共资产悲剧"，都是由于产权不明造成的。就此而言，产权不明是最不利于自然资源环境保护的一种制度安排。反之亦然。我们必须运用民法的产权制度使得产权尽量明晰，才能更有效地保护自然资源环境。如我们今天之所以要进行林权制度改革，像过

---

① 参见蔡守秋《从对〈德国民法典〉第 90a 条的理解展开环境资源法学与民法学的对话》，载《南阳师范学院学报》2006 年第 4 期。

② 杨立新：《关于建立法律物格的设想》，载《资讯动态》2005 年第 12 期。

去实行"分田到户"一样,现在实行"分山到户",就是因为该制度能够实现"山定权、树定根、人定心",是提高我国森林覆盖率的基本制度。还有民法的思维范式归根结底是一种功利主义,人们的民事行为说到底还是一种逐利行为,但这种逐利行为在正当法律规则的规范下完全可以导向对自然资源环境的有效保护,也只有当人们在自然资源环境的保护中得到实惠时,人们对自然资源环境的保护才是可持续的。人类为了保护自己的利益才会去保护自然资源环境,如许多原已短缺、匮乏的物资之所以能够充足供应,正是因为有利可图、人们才去栽培、饲养、经营的结果。其实,无论何种自然资源环境理论、主义或思潮,它们貌似保护自然资源环境,但实质上还是为了保护人类自己的利益,其中有一种无须也无法否定的人类中心主义立场和功利主义的思维定式。如果不能给人们带来实惠,任何自然资源环境理论、主义或思潮都将行之不远。在相当长的时期内,人们还不能完全放弃民法的功利主义,如果人们无利可图,那么世界将一无所有。民法是人类生产生活的基本规范,人类生产生活的基础性决定了民法在法律体系中的基础地位,是其他法律部门予以借鉴、得以实施的基础,如环境救济、环境诉讼等都离不开民法。民法也要以人为本,尊重生态利益,致力于人类生活环境的改善以及人类社会的可持续发展,终极目的是达到人与自然资源环境的和谐共存相处。这也是21世纪民法所要承担的重要任务之一。①

为此,民法要清醒地认识到自己的局限性,民法并不是万能的。如民法是一种个人本位法,以自我为中心,"各人自扫门前雪,不管他人瓦上霜",难以顾及他人利益和社会公共利益。但自然资源环境具有社会公共性,要全面整体规划、全民共同参与、协同努力才能保护自然资源环境。民法的功利主义思维使得某些人唯利是图,甚至损人利己,损公肥私,导致自然资源环境的破坏、恶化和枯竭,许多水质被污染、许多植被遭破坏、许多珍稀野生动物被猎杀、许多自然资源的枯竭,等等,都与利益追逐密切相关,可以说"一切都是金钱惹的祸"。不可否认,民法

---

① 参见马俊驹、舒广《环境问题对民法的冲击与21世纪民法的回应》,《民法百年学术研讨会论文集》,北京大学出版社2002年版。

的价值观念和思维范式与自然资源环境的价值观念和思维范式存在不小的冲突，民法的原理与制度并不完全符合自然资源环境保护的要求。这正如有人所指出的，环境问题成为人类关注的焦点，甚至已被提升到至关人与社会生死存亡的高度。当民法试图帮助人们去解决这些棘手的问题时，却发现很多现有的原则和规则失去了应有的能力和作用。越来越严重的环境问题威胁着人类的生存，也冲击着民法的传统理念和制度规范。[①] 民法的局限性需要其他法律制度去补充。法律需要一个体系，它们构成一个整体，其中各法律部门之间互有分工、各负其责、相互配合，才能充分地发挥整个法律体系对于自然资源环境的调整和保护作用。

自然资源环境的价值观念和思维范式不仅要渗透介入已有的传统法律部门当中，更要充分地贯彻和体现在诸如经济法、自然资源环境法等新兴法律部门当中，充分而深刻地促进了法哲学在以下方面的重大创新。

3. 法律关系理论的创新

从来的法律关系都是围绕人与人之间的关系而展开的，尽管其中也有物，但它们都只是法律关系的中介、媒体、客体，处于被支配的对象、客体地位，位居人之后，屈居人之下，与人不能相提并论。法律关系主要是一种人与人之间的社会关系，是一种见人不见物的社会关系。自然资源环境法第一次特别地在人与人之间介入了自然资源环境这一中介，这一中介不同于以往法律关系中的任何客体，它们不再是可以被歧视的物，不再是无生命的对象，不再是可以任意支配的客体，不再是纯粹被利用的工具。它们的这些特性足以改变传统法律关系的性质，创新法律关系的理论。

过去的法律关系几乎就是法律主体之间的关系，其他因素都无关紧要，可忽略不计。但自然资源环境法律关系突出了自然资源环境在法律关系中的重要地位，尽管有人反对把它们主体化，特别是人格化，但它们也不是纯粹的客体，不能被任意地客体化。我认为，自然资源环境虽然不是人，但可以也应该将它们拟人化，这是对它们的最好定位，它们

[①] 参见马俊驹、舒广《环境问题对民法的冲击与 21 世纪民法的回应》，《民法百年学术研讨会论文集》，北京大学出版社 2002 年版。

作为拟人化的"准主体"的地位和资格是不容否定的。这样一来，在自然资源环境法律关系中，就不再仅仅是人与人之间的关系了，其中还有一个几乎与他们平起平坐的"准主体"——自然资源环境，不再仅仅是人与人之间的权利义务关系了，其中还有自然资源环境的权利义务关系，从而形成了一种"三主体一关系"的法律关系，法律关系的性质是由"三主体"的相互作用决定的。这是自然资源环境法律关系的独特之处，改变了传统的法律关系。

过去的法律关系是一种主体对客体的支配关系，如权利人对物的关系即是如此。权利人完全可以依法对物进行意思自治，最多只有"物尽其用"或者效率原则的要求，但即使不如此也不违法，因为这仍然属于权利人意思自治的范围。这种法律关系具有一种自治性和任意性。但自然资源环境法律关系不同，它限制甚至改变了人们的自治性和任意性，权利人不能仅由自己意思自治，还要按照自然资源环境的内在性质和客观规律来行事；法律关系的设立、变更和终止也不能仅由主体来决定，还要顺应自然资源环境的客观要求。如此一来，法律关系就不再是主体支配客体、客体服从主体的关系了，而是一种主体与客体相对待以及两者保持和谐的关系。

在过去的法律关系中，主体往往以主宰者、支配者、自利者的面目和姿态出现。虽然主体之间互有制约，但因为他们是同一类人，没有注入新质因素，使得仅有同类主体之间的相互制约是不够的。由于缺乏有效的制约者，他们不但难以成为理想的主体，而且很容易蜕变为不合格的主体。在自然资源环境法律关系中，加入了自然资源环境这一重要的全新的制约因素，对主体构成了有效的制约，甚至是对主体的一种重塑。如主体因平视自然资源环境而更具平等意识，因尊重自然资源环境的规律而更具科学精神，因自觉抑制自己的意志而更加自觉自律，因能更好地意思自治而更加自由自在，等等，主体从自然资源环境中吸收了许多主体成之为主体所必不可少的优良品质，这些品质使主体更加合格，也使法律关系更为优良。

过去我们把法律关系归结为人与人之间的关系，还认为这是透过现象看本质，并抓住了法律关系的本质。其实，这是一种简单化、主观化的做法。见物不见人当然不对，因为它没有目标、方向，这是一种盲目的物本主义；但见人不见物也不对，因为不见物就不可能重视物，不重视物就不可能实现人与物的和谐相处，人就没有根基，这是一种无根的人本主义。自然资源环境法律关系就是要改变这种片面的眼光，突出一直仅仅被视为"物"的自然资源环境的重要性，让人们清醒地看到它们、高度地重视它们、认真地对待它们。马克思曾指出，人类发展至现阶段是一种"以物的依赖性为基础的人的独立性"。据此我们可以进一步发挥的是，这里的"物"已不仅仅是物品、商品等"物"，而是自然资源环境，"物"的范围、价值和性质都发生了重大的变化，它们被赋予了生命、主体、根基、家园等新义，已不再是原有意义上的"物"了。自然资源环境是其他一切物的原料和母体，其他一切物都只是它们的局部和变相。自然资源环境是整个人类生存发展的基础和依赖，人们无物可依或物不可依，只能使某些人不独立，但如果人类没有自然资源环境可供依赖，那么整个人类将无家可归。自然资源环境是"庞然大物"，人类再也不能对它们熟视无睹了。自然资源环境法律关系是一种既见人又见物的关系，是人与物相互肯定、相互满足、和谐相处的关系。只有见人又见物，才能实现人与物、人与自然资源环境之间的和谐相处。

4. 法律主体理论与制度的创新

对自然资源环境的保护给法律主体理论和制度提出了挑战，如是否只有人类才能成为法律主体？人之外的自然资源环境能否也成为法律主体？

有人认为，自然资源环境问题的出现及其日益严重，与传统的主客体理论有关，是"主客二元分化、对立"的结果，为了保护自然资源环境，必须重构法律主体理论和制度，其中包括把自然资源环境主体化，甚至生命人格化，赋予它们以法律主体资格和人格尊严。因为主体与权利密切相关，主体与权利主体是同一的，一种事物只有成为主体、享有权利以后，才能得到应有的尊重和保护，自然资源环境亦然。而且，追根究底，只有大自然才是最高主体，人类只是其中的一分子，法律主体理论与制度不能以偏概全，不能因为人类成为法律主体而否定其他法律主体。在司法实践中已有这样的先例。如1992年，美国田纳西州最高法院在有关案件的判决中认为：受精卵（pre-embryo）不是法律意义上的"人"或者"财产"，而是介于二者之间并有权获得特殊尊重的一种东西。[①] 又如美国有这样一个案例，普林斯顿市有一条狗，常欺负别的家犬，导致三位居民联名起诉到法院，经过陪审团两天的审判，这条狗被无罪释放。在该案中动物人格化了。"从以上民事主体的这种发展历程可以看出，民事主体的范围并不是一成不变的。在不同的社会形态，或是同一社会形态的不同发展阶段，权利主体都曾发生过质的变化。面对环境问题的冲击，我们有必要探讨民事主体范围进一步扩大的可能性。"[②] 应该说，法律主体范围的扩大、赋予自然资源环境以法律主体资格是道德和文明的进步，其意义不亚于过去把法律主体的范围从部分人扩大到所有人。

但自然资源环境的保护是否一定要把它们也主体化呢？我认为在必要性上是不充分的，在理论上也是不周全的。首先，到底什么是主体？主体有哪些构成要素？这是主体理论和制度必须首先回答的问题。一般认为，某某要成为主体，必须达到一定的年龄、享有自由意志、具有权利能力和行为能力，等等。但这些构成要素的核心是自由意志，可以说，主体即自由意志，没有自由意志者不能成为主体。如奴隶、仆人，虽然他们也是人，或者说有人的外表，像人，但因为他们没有自由意志也不能成为主体。对照一下自然资源环境，具体如动物，我们不敢以人度物，妄加断言动物就没有自由意志，但现代科学所揭示的动物包括高等动物所具有的语言信息、生命意志、苦乐表情、思维活动等，毕竟都没有达到人类自由意志的高度。否则，"人类是万物之灵长"就是一句错话、疯话了。虽然"所有的生物一般说来都是主体"，但"人实质上不同于主体，因为主体只是人格的可能性"，人是一种特殊的主体，其特殊性就表现在"人是意识到这种主体性的主体"，意识到自己是自在自为的主体。[③]

[①] 参见蔡守秋《从对〈德国民法典〉第90a条的理解展开环境资源法学与民法学的对话》，载《南阳师范学院学报》2006年第4期。

[②] 马骏驹：《从人格利益到人格要素——人格权法律关系客体之界定》，载《河北法学》2006年第10期，第46—47页。

[③] 参见 [德] 黑格尔《法哲学原理》，范扬、张企泰译，商务印书馆1961年版，第46页。

今天人类的自由意志是经由漫长的物种进化而来的，但其他物种未能像人类这样同步同等地进化，远没有进化到人类这样的高度，藉此也可以断言，在往后遥远的未来，它们仍然很难进化到人类的高度，就像猿猴不再可能进化为人类一样。如果把按照人类自由意志的标准所构建的法律主体理论和制度适用到其他物种包括高等动物上，那么它们是远远不及格的，大有张冠李戴之嫌。

那么是否可以降格以求、按照动物的意志能力来重构法律主体理论和制度呢？我认为完全没有这个必要，因为自然资源环境是否主体化不是保护它们的必要而充分的条件。不要说动物，就是人，即使享有法律主体资格也不足以保障其成为真正的主体——一个有人格尊严地生存和发展的自由人。如宪法、民法都规定了人人都是主体，他们地位平等、权利平等、保护平等。但由于这种平等是把千差万别的人们抽象假定为平等，是一种形式平等，并不能取消人们之间实质上固有的千差万别，有些差别在优胜劣汰的市场竞争法则下足以导致人们之间的不平等，有些人将成为人下人，丧失其主体人格，一些劣汰者即是如此。如果动物成为主体，那更是如此，更会丧失其主体资格，因为动物根本不具有人类的能力，无法与人类相比，动物与人类竞争，必然是被淘汰的对象。所以，赋予自然资源环境以主体资格无助于对它们的保护。要保护自然资源环境需要其他的制度安排，如弱者倾斜保护理论与制度即是如此，人们保护社会弱者不是基于主体平等，而是基于社会弱者的弱势地位给予他们以倾斜保护。同样，人们完全可以像保护社会弱者一样保护自然资源环境。把自然资源环境视为弱者并予以倾斜保护，与把它们视为和人类一样平等的主体予以平等保护相比，更有利于保护自然资源环境。

自然资源环境的主体化是否就一定能够保护它们呢？有些人认为赋予动物以主体资格，让它们和人类一样享有人格尊严权，就可以、才可能尊重保护动物，避免对动物的虐待、残忍和不人道。但这种人类博爱主义只是一厢情愿。岂不见，人是当然的主体，但不是也存在虐待人、残害人、不人道的现象吗？更何况动物呢？万物作为活物都要食物才能生存，万物之间存在着一条食物链，万物之间的食物链决定了万物之间的价值链，这条价值链合乎自然法则是无法打破的。如植物为动物存在，低等动物服务于高等动物，许多动物特别是那些家养动物就是为了满足人的需要的，人对它们必须杀而食之，这是它们无法改变的命运。动物主体化目的只是要求人类像对待人类主体一样对待动物，对它们施予一定的道德关怀、强化人对动物的某种义务，从而更加关爱、善待动物。但这不能也不是为了彻底改变动物的命运，如人类不再杀动物，甚至不杀生，只吃素，饲养动物只是为了关爱、玩玩。这就走向了另一个极端。任何极端都是错误的、不可取的，主体理论和制度充当不了自然资源环境的保护伞。

其实，要使人类关爱、善待动物，从根本上不取决于动物是否主体化，不取决于动物之间是否为主体关系。即使动物全部主体化了，它们都成了主体，也改变不了动物之间的弱肉强食，这一丛林法则是自然法则，许多动物之间是不能相互关爱、善待的。虽然动物食饱即止的生理使得动物之间能够维持生态平衡，保证万物生生不息。但它们一旦饥饿起来，就要捕食其他动物，根本无法关爱、善待其他动物。当它们无法关爱、善待其他动物时，其他动物该向谁诉求呢？也许只能向人类诉求。人类可以要求自己关爱、善待动物，但人类无法保证动物之间相互关爱、善待。因此，动物的主体化归根结底不是动物与动物之间的关系，而是人类与动物的关系，是人类怎样对待动物的问题。动物能否得到关爱、善待取决于人的主体性，即取决于人类的理性和自律，人类越是具有主体性，越是富有理性，越是能够自律，就越能关爱、善待动物。即使要求人类关爱、善待动物这种诉求，也不能由动物自己提起，它们也无法提起，它们的呻吟、惨叫、哀鸣、抽搐等呼声和表现能否被人类听懂，还是取决于人类的主体性是否健全。而且，说到底这要由人类代为发出，是人类中那些主体性更为健全的人对虐待、残害动物有不忍之心，进而要求其他人也要关爱、善待动物。可见，关爱、善待动物不是动物对人类的诉求（如果人类没有理性不能自律，它们诉求也没有用），而是人类基于自己的理性和自律、是自己对自己的要求，能否关爱、善待动物是人类是否为合格的主体、是否具有理性和自律的重要见证。所以，要关爱、善待动物，不在于动物的主体化，而在于人类的主体性。在动物主体化上大做文章，实属方向性错误。

鉴于此，我倒是比较赞成有人提出的"物格理论"，即从物格的角度来把物加以类型化，把物分成几个不同的格，从而把那些有生命的物放到民法对物的最高保护地位，让民法对它们做出一些特殊的规定，防止人们滥用对物的所有权，对动物尤其是野生动物和宠物的非法损害，从而最大限度地保护"物"，保护动物。所以，通过"物格制度"对动物等物加以保护，既避免人格权的泛化和所有权的滥用以损害动物的福利，同时也不会违反民法的一些基本原则，也不会与民法社会及市民社会的基本秩序相冲突。[①] 不过，人们还应更进一步，把那些位于最高"物格"的物，特别是那些有生命的物加以拟人化，使之成为拟人化的主体。它们既不同于人，也不同于一般的物，而是具有拟人化特性的物，对它们的保护准用人法的有关法律规定。

其实，赋予自然资源环境以主体资格，在实践中也行不通。人与自然资源环境的关系是有前提的，当两者不相冲突、不是二者必居其一时，两者可以平起平坐、平等相待、和谐相处。但如果两者发生冲突，二者必居其一时，那毫无疑问，仍然人是绝对的主体，其他一切都要为人这一主体而暂时做出牺牲。如，虽然民法规定了"动物不是物"，但并不能赋予动物以主体地位，无论该动物是多么珍稀宝贵，即使是国家一级保护动物，当与人发生冲突，两者必选其一时，如大熊猫或东北虎要吃人时，那根本无须思量，只能是杀熊杀虎以救人，这就是人的主体地位的优先性、至上性和绝对性，人的权利强大、高于动物的权利。否则，何谈以人为本、"人是世间最宝贵的东西"？

随着自然资源环境问题的日益突出和日趋严重，在主体理论的鼓噪下，大有主体化、主体泛化的趋势。如有人认为，从民事主体的发展历程可以看出，民事主体的范围不是一成不变的，而是不断扩大的，面对环境问题的冲击，我们有必要探讨民事主体范围进一步扩大的可能性。目前，主张动物、森林等自然物质不是主体的主要原因在于，人们认为它们不具有民事权利能力和民事行为能力。但从权利能力上说，既然公司、企业乃至合伙这些本来也不具有权利能力的社会组织体随着时代的

[①] 杨立新：《关于建立法律物格的设想》，载《资讯动态》2005年第12期。

发展都被赋予了民事主体资格,为什么动物、森林就一定不能呢? 从民事行为能力上来说,也不能绝对地说没有民事行为能力就不能成为民事主体,例如婴儿和精神病人虽不具有民事行为能力,但其民事主体资格并未受到影响。① 可见自然物质成为法律主体的障碍,更多的只是人们的传统观念,并不具有绝对的不可逾越性。如果人们在确定民事主体地位时能够明确:人格不同于主体,动物肯定不具有人格,但未必不能成为主体;人格与人格权不同,不是有人格就一定有人格权,法人可以作为主体,但不享有人格权,那么自然物质同样可以成为法律主体。② 如《牛津法律大词典》就认为:"从逻辑上讲,并非不可能将法律人格赋予动物、群体、公共机构、基金会、协会等其他实体。"按照这种主体不断扩大化的逻辑推论,今天人们给了动物以主体资格,那么明天人们也许就要给植物以主体资格,以至于最后给万物以主体资格,如此下去,这世界势必混乱无序。③ 其实,主体与客体是相对的,没有客体也就没有主体。万物皆为主体,无物是客体,最终也就没有了主体,这与万物主体化适得其反。不必否认,主体与客体是人们对事物的一种区分,通过这种区分人们赋予事物以不同的价值和地位,从而建立起万事万物的价值序列,以及人们相应的行为准则,其中无疑包括主体对客体的某种优先性、支配性。如果万物主体化,将使这一切错乱无序,也将使万物无所适从。但有人不以为然,并提出了以下几种似是而非的理由:一是"我们既然不担心团体可以成为主体,也无须担心动物成为主体"。但团体毕竟是社会团体,其基本元素归根结底还是人,是人就可能成为主体,而不管是什么形式的人,是单个的人还是组织的人。但动物就不同了,尽管法律规定动物不再是物,但动物终究不是人,两者有着本质的区别,不能依此类推。二是"说到底,人格、权利能力、民事主体是由政治的、

---

① 参见马俊驹、舒广《环境问题对民法的冲击与 21 世纪民法的回应》,北京大学出版社 2002 年版。
② 付翠英:《人格·权利能力·民事主体辨思——我国民法典的选择》,载《法学》2006 年第 8 期。
③ 杨立新:《关于建立法律物格的设想》,载《资讯动态》2005 年第 12 期。

历史的和发展的既定性决定的"①。但漫长的物种进化史的"既定性""决定"了"主体是人，客体是自然"②，漫长的物种进化史"既定"如此，在可以预见的将来也难以彻底改变这种"既定"的现状。三是"法律确定主体时，是吸引还是阻止主体参与法律关系，取决于立法者政策"③。但立法者的政策又是由物种进化、主体要素、伦理价值和自然资源环境等种种复杂情况决定的，法律应该是保守的，不宜激进，任何立法者的政策也不能随心所欲、急切地把自然资源环境变成主体。

虽然有人认为，《德国民法典》第90a条有关"动物不是物"的规定是民法（特别是大陆法系的民法）发展史上具有里程碑性质的重大变革，它宣布了民法的一种新理念，突破了现代民法的"人、物二分法"和"主、客二分法"，引起了全世界民法学界乃至整个法学界、人文社会科学界的关注；对德国民法典的重大变革或重要进步，应从更深更广的环境资源问题、环境保护形势、人与自然和谐相处的时代要求、法律调整人与自然关系的理论高度进行挖掘；《德国民法典》第90a条关于"动物不是物"的新理念，是德国民法学与时俱进的精神的体现，是大陆法系民法学博大精深、永葆青春活力的体现。④ 但这些认识和提法有所夸大和过于拔高。仔细审读《德国民法典》该规定，它只是说在特殊情况下，动物不是物，"由特别法加以保护"，这些"特别法"主要就是动物保护法、动物福利法等，但这些法律的保护并没有、也不可能把动物提升到主体地位，其意义并没有那么重大和深远。这并没有改变在通常情况下动物还是物，准用有关物的法律规定。所以德国民法学家如迪特尔·梅迪库斯（Dieter Medicus）和科拉（Kolher）均认为德国动物保护法已设有保护动物的规定，民法此项规定乃"概念美容"，将动物当作权利主体

---

① 付翠英：《人格·权利能力·民事主体辨思——我国民法典的选择》，载《法学》2006年第8期。
② 《马克思恩格斯全集》第12卷，人民出版社1962年版，第735—736页。
③ 付翠英：《人格·权利能力·民事主体辨思——我国民法典的选择》，载《法学》2006年第8期。
④ 参见蔡守秋《从对〈德国民法典〉第90a条的理解展开环境资源法学与民法学的对话》，载《南阳师范学院学报》2006年第4期。

来看待的看法是荒谬的。①

最后需要指出的是，自然资源环境法大大地扩展了主体的范围，它把主体扩展到整个人类。自然资源环境是人类共同的家园，它把人类的命运紧紧地联系在一起，人类从来没有像现在这样休戚相关、兴衰与共。自然资源环境问题不是个人问题、区域问题、国别问题，而是人类问题、国际问题、全球问题，如气候变化问题即是如此。自然资源环境问题的解决，不是个别人、个别国家所能胜任的，只有全人类团结起来、通力合作、共担责任才有可能。这才是自然资源环境法对于法律主体的重要启示和重大贡献。

5. 法律客体理论与制度的创新

对于法律客体理论，人们更应该转变观念。主客体理论只是表明在认识论和实践论中人与其他对象的关系，其中，人是认识和实践的主体，其他对象是认识和实践的客体。但主体与客体之间是一种两造关系、相对关系，也可以说是某种对等关系、平等关系，而不是简单的、单向的主从关系、尊卑关系。在认识论和实践论中，唯物主义也认为，物质的客观存在对人的认识和实践起着决定性的作用，人的认识和实践是由实践对象即客体决定的。这里不但丝毫没有贬低客体地位的意味，反而把客体的作用提高到决定性的高度。犹如棋逢对手才有巅峰对决一样，主体只有平等地正视客体、客观地对待客体，才有正确的认识和正当的实践。主体之所以对客体产生错误的认识和不当的实践，正是因为主体没有平等地正视客体、客观地对待客体，而是歧视、贬低客体，表现为主体的傲慢和理性的狂妄。在中国汉语中，"做客""客人""宾客""贵客"，以及"客气""客套"等词语，它们都具有正面、褒义、礼仪、尊敬等意义，从中丝毫看不出对"客"的忽视、慢待、不敬和贬低，相反，"客"的地位相当崇高，不但不低于"主"，而且还高于"主"，是"主"客气、最起码是客套的"对象"，常常是"主随客便"而不是"客随主便"。虽然"客"的本义有所演变，但并没有根本改变，否则上述词语就

---

① 参见［德］迪特尔·梅迪库斯《德国民法总论》，邵建东译，法律出版社 2000 年版，第 877 页；王泽鉴：《民法总则》，中国政法大学出版社 2001 年增订版，第 209 页。

运用不当了。因此，人们大可不必一看到"主""客"两体，就立即想到"主"尊"客"卑、"主"高"客"低等一套主客体理论。其实，主客体中的"体"指的应是事物独立、自在、固有的那些元素，这是主体和客体共同具有的元素，具有这些元素的事物就是"体"，主体、客体只是"体"的两种不同的称谓，并不表明它们是两种不同的"体"。因此，处于客体地位的事物并不等于处于被忽视、贬低和受支配、不受保护的地位。如客人就是如此。如果人们能够像对待客人一样客客气气地对待自然资源环境，这不仅才能而且是最好地保护自然资源环境。如果自然资源环境能够得到客人一般好的保护，它们还有必要去争取什么主体地位吗？完全没有必要。现在之所以出现自然资源环境问题，问题的根本不是自然资源环境是否具有主体地位，而是作为主体的人类还不是合格的主体，还不是好的主人，还没有真正把自然资源环境当作客人，对它们还不客气，有时甚至还很不客气。

只有当其他物种也像猿猴一样进化为人，或者真正发现外星人，它们和人类一模一样时，人类才可能或不得不把它们也当作主体对待，否则，它们永远无法由客体变成主体。《德国民法典》90a条虽然规定"动物不是物"，但它同时也规定："它们由特别法加以保护。除另有其他规定外，对动物准用有关物的规定。"这说明，动物在特殊情况下，不是物，"由特别法加以保护"，但在一般情况下，动物还是物，"对动物准用有关物的规定"。不管动物是不是物、是什么物，但都不是主体，而只是客体。人们不能因为特殊性而否定一般性，法律始终是一般的陈述。

《德国民法典》90a条规定告诫人们，用传统民法的理念和规则已不足以保护动物，需要由不同于民法的特别法如自然资源环境法等对动物予以特别保护。该条规定也是对民法中物的泛化或物权范围无限扩大倾向的限制，不能将动物或其他生命体、自然资源、生态环境等统统归之于民法之物，并且简化为无生命之物，用占有、支配、利用和处分的方式功利地对待它们。世界是丰富多彩的，不仅包括民法中的人与物，而且包括其他东西,诸如动物或其他生命体、自然资源、生态环境等。① 世界不能完全物化,世界需要生物多样性。"动物不是物",是一种不同于物、高于物但低于人的新的客体,这才是对民法客体的创新。

在法律上,客体是指权利义务所共同指向的对象。客体之所以能够被权利义务所共同指向,是因为其有价值,只有有价值的东西才能成为法律客体,无价值的东西成不了法律客体。所以,能够成为法律客体本身就是其有价值的重要表现,而不是对其价值的否定。过去人们常常认为,人只能是主体,不能是客体,特别是在社会主义制度下,劳动者是主人,因此劳动者的劳动力不是商品,不是买卖的客体,不能买卖。但这是基于对客体的贬义理解所产生的错误认识。其实,雇主购买的就是劳动者的劳动力,没有必要刻意去区分劳动者、劳动力与劳动,也根本无法区分它们,因为劳动就是劳动者对劳动力的使用,根本就没有独立于劳动者、劳动力之外的劳动。劳动者的地位是由其劳动力价值或价格的大小决定的,如果劳动者的劳动力价值或价格连城,像有的 CEO 年薪高达几千万元,劳动者成为客体又有什么不好呢!最起码比那些下岗失业的主体有价值得多。有价值的客体比无价值的主体更有价值。

6. 法律权利理论与制度的创新

法律的核心是权利,法律创新核心是权利创新。问题源于权利争执,要解决问题,根本方法是定分止争,分清权利义务,明确权利才能解决问题,创新权利就是创新解决问题的根本方法。所以,能否基于所遇问题而创新权利是考量法律是否创新的核心标准,考察一个法律部门是否做出了贡献以及贡献的大小,核心方面就是看其是否创新了权利以及创新了多少权利。在这方面,自然资源环境法对权利创新做出了重要贡献。

自然资源环境法的权利统称为自然资源环境权,它具体包括自然权利、动物权利、资源权、环境权,等等。这些权利都是基于自然资源环境问题的解决而创新的权利,是一类新兴(型)权利。在过去,人们对这些权利闻所未闻,更别说成为法律权利了。即使在今天,它们能否成

---

① 参见蔡守秋《从对〈德国民法典〉第 90a 条的理解展开环境资源法学与民法学的对话》,载《南阳师范学院学报》2006 年第 4 期。

为法律权利？是何种性质的法律权利？人们也见仁见智。如自然权利，过去叫"靠山吃山，靠水吃水"，山水等自然资源环境是人们"吃"的对象，它们哪有什么自然权利可言？又如动物权利，狩猎曾长期是人们的生产生活方式，弱肉强食是自然法则，动物有权利？还是有福利？不能虐待动物？在过去这些简直都不可思议。再如环境权，当人们还在"从土里刨食"的时候，"泥腿子"讲究不了环境，那种靠天吃饭的生产生活方式也影响不了环境，环境权无从谈起。但随着工业革命对自然的征服、对资源的破坏、对环境的污染，自然资源环境问题日益突出；与此同时，人们对环境质量的要求也与日俱增，这时候环境权的产生就势所必然了。自然资源环境法正是基于自然资源环境问题的法律解决而创新了上述类型的法律权利。

  这些权利不仅给法律权利充实了新内容，而且为法律权利开出了新标向。一是从来的法律权利都是人的权利，无论是人身权、财产权还是其他权利，都是人的专有权利，非人者无权利。但自然资源环境权不同，虽然最初它是人类赋予自然资源环境的，最终也是归人享有的，但自然资源环境毕竟在中介阶段中间环节享有了权利。这开创了非人者也是权利主体、也享有权利的先河。二是赋予自然资源环境以权利，同时就意味着强加给人类以义务，强调了人类对于自然资源环境的尊重、保护的义务。这也是史无前例的。三是从来的权利都把非人者贬为无生物，人们可以任意地把它们当作权利支配的对象。但自然资源环境权改变了这种态度，它把自然资源环境视为生命体，要求人们像对待生命，乃至像对待人本身一样地对待自然资源环境。对待无生物的权利与对待生命体的权利是大不相同的，由此而构建出一系列不同的法律规则。权利因生命而变得温暖。四是从来的权利都是基于特定对象而产生的，非特定者不能成为权利的对象，如物权是人们对特定的物所享有的权利。但自然资源环境不是特定的，它们甚至很难特定，因为其中包括活动的飞禽走兽、川流不息的河流、漂浮不定的大气，等等。长期以来，它们连权利的对象都不是，又怎能成为权利的主体呢？基于不特定对象的权利与基于特定对象的权利肯定是有区别的，也由此而构建出一系列不同的法律规则。五是从来的权利几乎都是功利主义的权利，金钱利益至上，权利的本质是利益,这类权利可谓是"金色权利"。但自然资源环境权以生态保护为中心,为保护它们而展开。1998 年颁布的《哥斯达黎加生物多样性法》第 9 条第 1 款明确规定:"所有生物都有生存的权利,而与其是否有实在的或潜在的经济价值无关。"这是权利对经济利益束缚的摆脱,这类权利可谓是"绿色权利"。

有学者把《德国民法典》第 90a 条关于"动物不是物"的规定理解为,动物不是物,那么动物就是人,因而动物也享有人格和人格权,以及由此派生出来的生存权、生命权、健康权,乃至人格尊严权、名誉权、隐私权等权利。人们对动物倍加爱护,慷慨地把许多人的权利赋予了动物,导致动物权利的盲目扩大,以至于像苏东坡诗云那样:"钩帘归乳燕,穴牖出痴蝇。爱鼠常留饭,怜蛾不点灯。"但一般认为,动物权利、动物人格权、动物人权是三个不同的概念,应该加以明确区分。虽然动物也享有一些权利,如生命权、生存权、免受虐待权、在其栖息地自由活动权、动物福利权,等等。

这一系列的动物权利,看起来大大发展和丰富了权利的内容,权利也许多多益善,但权利的确立必须要有根据。动物权利论者虽然提出了各种根据,如动物有用论或价值论,认为动物是为人类而存在的,动物对人类是有价值的,出于保护人类的目的和实现动物对人类的价值,要保护动物,赋予其以权利。又如动物生命论,认为动物是一种生命,它们虽然没有灵魂,但有苦乐,有感觉,要善待生命,就要善待动物,赋予动物以权利。如果不善待动物的生命,久而久之,习惯成自然,就可能会恶化为不善待一切生命,包括人类自己的生命,杀猪与杀人之间是很容易转化的。再如动物主体论,认为动物是一个生命主体,任何生命主体都具有天赋价值,拥有道德身份,动物也是如此,据此动物享有要求人类保护它们的权利,人类也有直接义务以道德待之。等等。[①] 但我认为,这些权利论据都是不充分的,甚至是站不住脚的。对于动物有用论或价值论来说,虽然动物对人类有用、有价值,但不一定要赋予动物以权利,赋予动物以权利就相应地责以人类以义务,如果权利义务对等的

---

① 参见姚建宗等《新兴权利研究》,中国人民大学出版社 2010 年版,第 356—362 页。

话，人类对动物享有任何权利都必须为之付出对等的代价，那么人类就不敢充分地利用动物，动物也不可能很好地服务于人类。对于动物生命论来说，虽然动物有生命，但各种生命并非等量齐观，动物的生命与人类的生命更是如此。当两者必居其一，如大熊猫要吃人时，毫无疑问必然的选择是射杀大熊猫以挽救人的生命，这时国宝也抵不上人命，哪怕这个人的生命微不足道。人的生命是最宝贵的，这是根本无法动摇的伦理天条。对于动物主体来说，虽然任何生命都有道德因素，都要道德待之，但这里的道德是分层次的，道德待人与道德待物是大有区别的，道德待人赋予人以道德身份和道德权利以及法律权利，但道德待物则未必如此，只能有限地关爱、善待动物，不可能用待人一样的道德去待物。总之，动物毕竟还是动物，不是人，权利之于动物和人类，含意和意义大不相同，有着质和量的差别。而且，动物不应享有人所特有的一些权利，如人格权和人权。所谓的"动物人权""动物人格权"，这些提法本身就是驴唇不对马嘴，是不能成立的。基于此，不宜说动物权利，而应说动物福利。这正如1998年德国《动物福利法》第1条所规定的："本法旨在保护动物的生命，维护其福利，此举是基于人类对于地球上其他生命伙伴的责任而为之，任何人不得不合理地致动物痛苦或伤害动物。"动物之所以享有福利，并可以对人类主张福利，不是基于动物的用处、价值、生命或主体，而是基于人类的理性和自律以及由此而来的责任。作为理性和自律之人类，能够自觉到自己有责任关爱、善待动物，就像理智者有责任关爱、善待非理智者，强者有责任关爱、善待弱者一样，关爱、善待动物正是人类理性、自律和有责任感的表现。只有对理性和自律的人类才能提出关爱、善待动物的责任要求，也只有理性和自律的人类才能尽到自己的这种责任。人类关爱、善待动物就是关爱、善待自己，动物福利也是人类福利，人类为了关爱、善待自己进而关爱、善待动物。

这里还有一个必须回答的重要问题，即自然资源环境权与人类权利的关系如何？过去的权利都只是一种人的权利，其他一切包括自然资源环境都是权利支配的对象，无权利可言，这是一种单向度的权利。但任何单向度的东西都容易走极端，单向度的权利是异端的权利，这是自然规律和法律权利所要高度警惕和努力矫正的，因为自然规律旨在生态平衡，法律权利力求衡平。只有当权利两极化、多元化的时候，权利之间才能相互冲突、制约和衡平。自从有了自然资源环境权以后，人类改变了传统的思维方式、权利观念和制度模式。1998 年颁布的《哥斯达黎加生物多样性法》第 9 条第 1 款明确规定"尊重所有的生命形式"，"所有生物都有生存的权利"。自此，人类在构建权利、行使权利、保护权利时受到自然资源环境权的启示和制约，开始变得有所顾忌、有所谦让和自觉自律。至此，人类才真正谈得上是正当地行使权利。

但自然资源环境权与人类权利的关系并不是对立的，而是和谐相处的，前者服务于后者，后者依赖于前者。两者不仅相得益彰，而且有共同的基础，这个基础就是人类的权利。因为自然资源环境权归根结底还是人类的权利，是人类权利在自然资源环境上的要求和反映。人类赋予自然资源环境以权利，是为了保护它们，而保护它们又反过来是为了保护人类自己，自然资源环境权的出发点和落脚点都是人类自己，这类似于"曲线救国"。这是人们赋予自然资源环境以权利的根本宗旨所在。自然资源环境权是人类权利的别称，是人类对自然资源环境所主张和享有的权利，绝对不是什么与人类无关、与人类对立的另一类权利。

至于自然资源环境权是法律权利还是道德权利，我认为，它既是法律权利，也是道德权利。自然资源环境权作为法律权利已经成为事实，因为它已被写入许多国家法律、国际条约、国际公约之中，如各国的《自然资源法》《环境保护法》《联合国海洋法公约》《人类环境宣言》《联合国京都议定书》《联合国气候变化框架公约》等。但由于自然资源环境权是一种被人赋予的权利（自然资源环境不会自赋权利）、是一种无言的权利（自然资源环境不会主张自己的权利）、是一种弱者的权利（自然资源环境相对于人类处于弱势地位），等等，这些性质决定了自然资源环境能否真正享有权利不取决于自己，而取决于人类，取决于人类的道德水平。人类怎样对待自然资源环境特别是怎样对待其中的生物、动物，是人类有无道德以及道德水平高低的重要表现。自然资源环境权随着人类道德水平的逐步提高而日益得到实现。在目前人类道德水平还有待普遍提高的情况下，人类更偏向自己的权利，未能同等地对待自然资源环境权，导致许多自然资源环境权还处于道德权利的状态，即只能对侵犯自然资源环境权的人给予道德谴责，还难以完全绳之以法。

7. 法律责任理论与制度的创新

无责就无罚，无罚就无法。法律要行之有效就必须创新法律责任制度。在这方面，自然资源环境法对于法律责任制度有许多重要的创新之处。

一是过去的法律责任都是人对人的责任，只有人才能对人主张法律责任，也只有人才能承担法律责任。长期以来，在人与自然资源环境的关系中，人只是权利主体，人对自然资源环境拥有单方面的无偿索取权，如所谓的"取之不尽，用之不竭"；人不是义务主体，人对自然资源环境没有义务和责任。但自然资源环境法律责任与此不同，它要求人对人之外的自然资源环境负有责任，如道德关怀的责任、文明对待的责任、依法保护的责任，这是法律责任制度的重大变革。

二是自然资源环境是整个人类生存发展的基础，它们关涉每一个人，破坏自然资源环境，损害的不是少数人，而是许多人，甚至是全人类，如气候变化即是如此。自然资源环境一旦面临破坏，仅靠破坏者的力量根本不足以加以遏制，在许多情况下，即使实行"谁污染、谁治理"的原则，也远远不能奏效。还必须发动公众，齐心协力，共担责任，才能保护自然资源环境。所以自然资源环境法律责任是人人有责，是一种社会责任，可谓保护环境，匹夫有责。只有当每个人、全社会、全人类都对自然资源环境负责的时候，才可能彻底解决自然资源环境问题。自然资源环境法律责任不同于其他法律责任的个人责任、区别责任，在自然资源环境法律责任上过分追究个人责任、区别责任，将会导致自然资源环境的各个击破，进而殃及其他人。如气候变化，这是人类从未面对的巨大的自然资源环境危机，不是个别人、个别国家所能应对的，必须各国家、全世界、全人类共同参与、协调行动、一致努力才可能解决。自然资源环境法律责任是一条责任的纽带，也是人类团结的纽带。

三是自然资源环境是人类共同的家园、世袭的家产，必须代代相传，无论哪一代人都不能"吃子孙饭，断子孙路"，而要对后代负责。由于许多对自然资源环境的破坏不是现世报，而是潜伏期长、显现时间晚，可能不会影响有责的破坏者,但会殃及无辜的后代人,形成"前人破坏,后人遭殃"这样一种"罪责"分离的不公平现象。为了避免这种现象,人类特别需要一种对子孙后代高度负责的精神,以对自然资源环境负责。人类对自然资源环境的法律责任既是对自己的责任,但更是对后代的责任,是一种代际责任。自然资源环境法律责任是"前人栽树,后人乘凉",这是一种造福子孙后代、实现可持续发展的长期责任、无限责任。

四是许多自然资源不可再生,以及环境一旦被污染破坏以后很难彻底根治和完全恢复,这种性质决定了自然资源环境法律责任与其他的法律责任有所不同。其他法律责任主要是经济责任,或者可以归责为金钱责任,大都可以事后救济,通过损害赔偿以弥补受害人的损失。但自然资源环境与此不同,自然资源环境法律责任是生态责任,难以事后救济,必须预防为先,所以其法律责任更强调预防为主。为此,自然资源环境法设立了"预防为主"的基本原则,为了贯彻实施该原则,又创立了环境影响评价制度、"三同时"制度、排污申报登记制度、排污许可制度、污染物总量控制制度等一系列法律制度。在民法、刑法等法律部门当中,追究责任人的民事责任、刑事责任以危险而不是以结果为责任构成要件。

五是由于自然资源环境是"哑巴",即使侵害它,它也是"哑巴吃黄连,有苦不能言"。要保护自然资源环境,必须有代言人和诉讼代表。破坏自然资源环境损害的是许多人的利益,即公共利益,为了追究责任人的法律责任,以赔偿众多受害人的利益,实现法律责任的可诉化,必须创新诉讼制度,于是出现了公益诉讼、集体诉讼等法律责任追究制度。

上述自然资源环境法的各项法律理论和制度创新,核心是把人与人之间的法律规则在很大程度上扩大到人与自然资源环境之间,其根本宗旨是为了实现人与自然资源环境的和谐,实现人与自然资源环境的可持续发展。可以说,这是自然资源环境法最深刻的哲学主题,也是自然资源环境法最根本的指导思想。2012年7月23日,胡锦涛在省部级主要领导干部专题研讨班开班式上,在谈到推进生态文明建设时指出:"推进生态文明建设,是涉及生产方式和生活方式根本性变革的战略任务,必须把生态文明建设的理念、原则、目标等深刻融入和全面贯穿到我国经济、政治、文化、社会建设的各方面和全过程,坚持节约资源和保护环境的基本国策,着力推进绿色发展、循环发展、低碳发展,为人民创造良好生产生活环境。"为此,法制建设还任重道远,还需要在该思想的指导下继续对法律理论和制度进行创新。

二 自然资源环境法带来的法哲学观念的变革

我认为,自然资源环境法带来了以下法哲学观念的变革。

(一) 从自然法到"新自然法"

自然法既是一种哲学思想,也是一套政治理念,还是一个法学流派。它源远流长,新新不已。今天,我们仍然可以也有必要对其革新或创新。

先哲们借助人们对于自然现象如风雨雷电等的莫名恐惧,借助人们对于自然现象认识不清的"无知之幕",借助自然现象中的神秘莫测,构建和形成了自然法理论和学派。西塞罗指出:"真正的法律是与自然相调和的真理,它包罗宇宙,永不变更,永无止境……吾人不能反对它、改换它、废止它,不能利用任何立法来解除对它的义务,我们不必在本身之外去寻求对它的了解。这种法无分罗马与雅典,无分现在和未来——对任何国家或时代都有效并永久有效……不遵守的人就是否认他的本身和本性。"[①] 自此,自然法虽然有时是人们理屈词穷之后的"遁词",但更多的时候是人们论证所欲之事的"大词",与君主们争权夺利时的"神话"。在那个时候,只有神圣的自然(与神灵、上帝、造物主等相等同)才能唬住、镇住乃至说服目中无人、不可一世的君主。如"天赋人权"就是如此,但若说"人赋人权"就效果不佳,甚至根本行不通。所以,美国《独立宣言》这样措辞:"我们认为下述真理是不言而喻的:人人生而平等,造物主赋予他们若干不可让与的权利,其中包括生存权、自由权和追求幸福的权利"。[②] 法国《人权宣言》这样写道:"国民议会在上帝面前并在他的庇护之下确认并宣布下述人与公民的权利。"[③] 不难看出,自然法是一种很巧妙、有奇效的说辞,

---

① [美] 威尔·杜兰特:《世界文明史》第3卷(下),幼狮文化公司译,东方出版社1999年版,第526页。

② 参见《宪法资料选编》第4辑,北京大学出版社1981年版,第229页。

③ 同上书,第240页。

它是借自然论人事、借上天保人权。

如这里的"自然"指的是自然的本性、宇宙的本性，但主要是人的本性、社会本性（自然的本性、宇宙的本性也是人所附加或认定的），以及由其所演绎出来的一套具有最高效力的自然规则。

又如自然状态，指的并不是自然界，而是人的原始状态，是论证人的应然状态的参照物。在许多自然法学派那里，自然状态是令人神往的理想状态，与之相比，现实状态总有这样或那样的不足，应不断地向自然状态趋近。

再如自然法，跟习惯（习惯成自然）、神意（神圣不可侵犯）、道德规则（正义至上）等相类似或相等同。尽管自然法内涵丰富且相互矛盾，生发流变而变幻莫测，但其基调强调的并不是自然界，而是人世间；并不是说自然有什么权利，而是借自然为人类主张权利；也谈不上对自然的尊重和保护，而是打着自然的旗号并由其构建一套"自然而然"的社会制度。自然法先是被神化，认为自然法是神的意志的体现，神法在自然法中处于最高位阶，神法高于、决定人定法，高于君主意志，因而从根本上否定了君主专制统治。后是被人化，认为自然法是人的理性的体现，人性、人的理性、人的权利等是自然法的内在价值，借此自然法成了人的保护伞。

虽然自然法有时也指自然规律，但那时人类的认识能力和科技水平决定了人类不可能认识多少自然规律。自然法与其说是自然规律，不如说是一些道德规则和宗教戒律，或者说是一些模糊不清、笼统多义的价值观念，如人性神圣、理性至上、平等自由、公平正义、和谐有序等。它断言，一切与之相悖的都是不自然、反自然的。可见，自然法并不是自然之法而是人类之法。[①]

自然法学派对于反对专制统治、启蒙资产阶级革命和促进人的解放都起过非常重要的历史作用，但也开创了人类征服自然和改造自然的先

[①] 登特列夫在其名著《自然法——法律哲学导论》的"导论"部分首先声明："本书所要讨论的自然法观念，乃是涉及人类行为的而非自然现象的一个观念。"参见[英]登特列夫《自然法——法律哲学导论》，李日章等译，新星出版社2008年版。

河，自此自然法就开始反自然了，成为破坏自然资源环境的理论武器。

尽管自然法学派与时俱进，已发展为新自然法学派。但新自然法学派是针对实证法学派而言的。实证法学派反对法律的价值判断和正义追求，新自然法学派则通过复兴和发展古典自然法学说，对实证法学派予以批判和指正，重把自然法视为实在法的存在基础和判断标准。新自然法学派并没有完全放弃古典自然法学说的信条和教义，本质上还是自然法学派，仍然是人类之法而不是自然之法。

我们这里所谓的"新自然法学派"，尽管它的始基、核心和宗旨仍然是指向人、为了人，但它与古典自然法学派相比的新自然法学派有着重大的不同。这些重大的不同主要表现为：自然不再被神化或人化，自然就是自然界本身；自然不再是任由人类主体支配的客体，而是与人类比肩而立的存在；自然不仅仅是达到人类目的的工具，而是人类必须尊重和保护的对象；自然不再是人类权利的根据，自然本身就具有权利；借助现代高科技，人类第一次能够科学地认识和利用自然规律，自然规律不再转化为道德规则和宗教戒律，自然规律不再是主观愿望而是客观规律，它要求人们严格按照自然规律行事；自然法不再是一个大杂烩，不再是神秘主义和不可知论，而是一套旨在尊重和保护自然的价值观念和行为准则；等等。总之，"新自然法学派"更加尊重和保护自然本身，自然规律成为评判一切法律的根本标准，人类法与自然法并行不悖，人的权利与自然权利相得益彰，追求人与自然的和谐统一。

"新自然法"可以成为自然资源环境法的哲学基础，为自然资源环境的保护提供理论指导。

（二）从经济法律观到生态法律观

马克思主义法律观认为，经济基础决定上层建筑，法律只不过是经济关系的记载和表述①，是直接将经济关系翻译为法律原则②。这是一种经济法律观。我们要坚持马克思主义，但更要与时俱进地发展马克思主义，这才是更好地坚持马克思主义。

---

① 参见《马克思恩格斯全集》第4卷，人民出版社1958年版，第121页。
② 同上书，第702页。

其实，并非经济基础决定上层建筑，而是自然资源环境基础决定上层建筑，因为相对于经济来说，自然资源环境更为基础，它是经济基础的基础，对经济基础起着决定性的作用。自然资源环境是体，经济是用，经济只不过是对自然资源环境的占有、开发、转化和利用。一般来说，有什么样的自然资源环境就有什么样的经济，没有自然资源环境作基础，经济就是无源之水、无本之木，发展经济就犹如巧妇难为无米之炊。人们应深刻地认识到自然资源环境这一终极基础对于上层建筑包括法律等的决定作用，将经济基础决定上层建筑的观念变革为自然资源环境基础决定上层建筑。

这种经济法律观，片面地强调经济对法律的决定作用。它把自然资源环境简化为经济，把经济视为唯一尺度，目中无它。只有具有经济价值的自然资源环境才值得考虑，舍此，都是毫无经济价值的东西而不屑一顾。如此势利地看待自然资源环境，具有极大的盲目性和短视性，因为世界上根本就没有无价值的自然资源环境，自然资源环境并非人们认为其没有经济价值就真的没有经济价值，也并非它们在当下没有经济价值就永远没有经济价值。更为严重的是，这种歧视破坏了自然资源环境的整体性和和谐性，破坏了生态系统，使其不能内在平衡、生生不息。这种经济观貌似经济其实很不经济，是竭泽而渔、釜底抽薪，严重地损毁了经济发展的基础和根源。

由于现代经济主要是市场经济，所以现代经济法律观主要是市场经济法律观。

市场经济是一种逐利经济，它追逐利润的极大化，极大化的普遍方式常常是对自然资源环境只索取不保护，或者采取排污等方式把成本转嫁给自然资源环境。市场经济使人更加见钱眼开、利令智昏，更加无视自然资源环境。

市场经济是一种竞争经济，在优胜劣汰的铁律下，不进则退，它迫使人们永不知足、永不停歇地去开辟市场、创造市场，商品不断地更新换代，有的是"换汤不换药"，导致物事频仍，快速折旧，未尽其用，如电子产品等就是如此。这不仅很不经济，而且严重地危害自然资源环境，既浪费自然资源环境，又污染自然资源环境。

市场经济是一种效率经济，它使人大干快上、急功近利，甚至揠苗助长。市场经济的发展速度超越了自然资源环境的自然进程,超过了自然资源环境的承载程度和修复能力,直接导致经济发展与自然资源环境之间的对立和矛盾。这种经济效率导致自然资源环境的衰退、枯竭,看似效率实乃速朽。

市场经济是一种科技经济,与农业经济、手工业经济和简单商品经济等相比,它最具科技含量,也最有威力征服和改造自然资源环境,它对自然资源环境的影响和破坏前所未有,自然力量已不敌科技力量。严格来说,自然资源环境的破坏就是从工业革命、科技进步开始的。

这种无视、破坏自然资源环境的经济观,与生态观是严重对立的,不但很不经济,而且从根本上侵蚀了经济的基础,使经济发展不但不可持续,而且前功尽弃。必须实现从经济观向生态观的变革。生态观不仅为经济发展提供了坚实的基础,而且提供了持续的源泉。目前,人们不仅认为"既要金山银山,更要绿水青山",而且认为"绿水青山就是金山银山"。

随着人们的世界观从经济观向生态观的变革,相应的也要从经济法律观向生态法律观变革,对法律制度不仅甚至主要不是经济分析和效率追求,而是生态评价和生态预防,为此需要对法律制度进行全面和重大的变革,让法律制度生态化,用清新空气驱逐法律身上的铜臭气味。

不是经济观而是生态观才是科学的法律世界观。

(三)从见人不见物到见人亦见物

马克思主义批判古典政治经济学在分析经济关系时见物不见人。[①] 但

---

① 如亚当·斯密关于"经济人"的假设,并指出:这种"经济人""所盘算的只是他自己的利益","私人利润的打算,是决定资本用途的唯一动机"(参见 [英] 亚当·斯密《国民财富的性质和原因的研究》上卷,王亚南等译,商务印书馆1983年版,第14、27、344、375等页)。穆勒也坚持:"政治经济学把人视为仅仅是要获得财富和消费财富,应把每个人的其他激情和动机完全抽象掉,因为这种抽象和假设是科学分析得以进行的一种必要模式。"(参见 [英] 穆勒《政治经济学原理》,朱泱等译校,商务印书馆1989年版,第235页。)他们均把人视为生产资料或生产工具,与其他生产资料或生产工具并无二致,被淹没在其他生产资料或生产工具之中。但马克思指出:"政治经济学从商品开始,即从产品由个别人或原始公社相交换的时刻开始。进入交换的产品是商品,但是它成为商品只是因为在这个物中,在这个产品中结合了这两个人或两个公社之间的关系,即生产者和消费者之间的关系,在这里,两者已经不再结合在同一个人身上了,这个事实就是:经济学所研究的不是物,而是人和人的关系。"(《马克思恩格斯全集》第2卷,人民出版社1957年版,第123页。)

庸俗的马克思主义者反其道而行之，不仅在分析经济关系时，甚至在分析一切问题时都见人不见物，以为只有这样才能抓住问题的根本、人的根本，才是深刻入理。但任何极端都是片面的，真理往往在两极中间，分析问题的真确方法是见人亦见物。因为人是一种物质性存在，根本就没有无物之人和无物之人与人的关系，人的独立平等、权利自由等都建立在物的基础之上。物之如何直接决定着人之如何，物之不存，人将焉附？物之不见，焉能见人？不见物，就不能见人。

由于见人不见物，目中无物，人所生活的世界是一个无物的世界，只剩孤零零、光秃秃的人，不依于物的人；人是万物之主宰，自然资源环境只是人所主宰的对象；一切为了人，为了人，高山低头，河水让路，人定胜天。但"物极必反"，人怎样对待物，反过来物就怎样对待人。人们没有把自然资源环境放在眼里，自然资源环境又怎么可能把人融入其中？人不尊重和保护自然资源环境，自然资源环境又怎么可能尊重和保护人？可以说，目前自然资源环境的破坏以及它对人类的报复，正是源于长期以来的见人不见物、对自然资源环境的极端漠视。

要尊重和保护自然资源环境，就必须实现从见人不见物到见人亦见物的重大变革。物是人之所依，物是人与人之间的牵线人和黏合剂，人与人的关系，几乎都是以物为媒介的社会关系，在商品交换和市场经济条件下尤其如此，几乎没有无物的人与人的社会关系。人与人的社会关系是随着物的丰富发展而丰富发展的，由于自然经济条件下的物不同于商品经济和市场经济条件下的物，这直接导致自然经济条件下人与人的社会关系不同于商品经济和市场经济条件下人与人的社会关系，后者之物远比前者之物丰富复杂，从而决定了后者之人与人的社会关系远比前者之人与人的社会关系丰富复杂。要认识人与人的社会关系，不能就人论人，而应透过物去看人，以物度人。物是人类认识自己的一个基本视角，一面镜子，见物以见人，这也是唯物史观的基本要求。

需要特别指出的是，这里的物不是一般的物，而是自然资源环境，自然资源环境是人类的栖身家园、衣食父母、生存基础和发展前提。自然资源环境的上述性质决定了，一切人与人的社会关系都是在自然资源环境中得丧变更的，立足其中才有客观真实的人与人的社会关系。人类根本不可能无视自然资源环境，充其量只是对它熟视无睹。无视、破坏自然资源环境，人类就会迷失家园而无家可归，就会无处安身立命，就不能生存发展。

自然资源环境不是一般的物，它不仅是先决性、客观性的存在，而且是拟人化、意志化的存在，因此人们不能像对待一般的物那样对待自然资源环境。人怎样对待自然资源环境，反过来自然资源环境就怎样对待人，这种反作用力使得理性的人不敢慢待自然资源环境。自然资源环境是人类认识自己和检讨自己的一面镜子，人怎样对待自然资源环境是人性、人的德行的试金石，自然资源环境演化史构成了人类的道德谱系。自然资源环境教育了人，教育人类必须善待自然资源环境，善待自然资源环境正是善待人类自己。人们正是在不断改善对自然资源环境的态度和关系上不断地发展完善自己的，如从"天人相参"到"天人相斥"，再到"天人相睦"，最后实现"天人合一"。[①] 在这些演进过程中，人才真正成之为人。

见人亦见物，才能实现自然资源环境法的最终目标——天人合一。

（四）从部门法到基础法

自然资源环境法作为一个部门法的出现，是相当晚近的事情。在我国直到不久前才刚刚将其列为十六门核心课中的最后一门，这还得益于我国把"生态文明建设"与"经济建设""政治建设""文化建设""社会建设"并列为我国的"五大建设"之一的基本国策。

长期以来，在人们的观念中，自然资源环境法仅仅是一个法律部门，并且是一个新兴的、一直处于边缘状态、只是随着自然资源环境问题严重起来才日益受到重视的一个法律部门。这是对自然资源环境法的极大误解。其实，自然资源环境法不仅仅是一个法律部门，它还孕育着、体现为一套与传统法律部门及其所构成的法律体系大有不同的价值观念、思维方式和调整原则，集中地说就是生态观。哲学的意义在于其

---

① 参见中国社会科学院法学研究所刘洪岩研究员的科研成果，未刊稿。

普遍性，法哲学的意义在于其普适性，自然资源环境法哲学的意义在于它为其他法律部门及其法律体系提供了值得广泛借鉴和普遍遵循的生态观。生态观体现了人类对自身所面临的自然资源环境困境的理性反思、时代精神和必由之路。生态观已成为当代人最重要的世界观和方法论之一，也应是当代法律部门及其法律体系最重要的世界观和方法论之一。正因为自然资源环境法为其他法律部门及其法律体系提供了生态观，为其他法律部门及其法律体系提供了世界观和方法论，成为许多法律部门及其法律体系的共同基础，所以自然资源环境法已由部门法升华为基础法。

生态观应是当代所有法律部门及其法律体系的核心元素，生态化是未来法律的发展方向。从这个角度看，一切法律部门都应生态化，都是程度不等的生态法。如目前已有人提出了"绿色民法典"的主张[①]。但我认为，可以而且应该"绿色"或"绿化"的法律部门绝不仅仅是民法典，还应包括宪法、刑法、行政法、商法、经济法、国际法、诉讼法等许多法律部门，乃至一切法律部门及其法律体系。毋庸讳言，我们过去和现在的许多法律部门及其法律体系都是非生态的，也可以说是无生态观的法律部门和法律体系，最起码缺乏明确的主导的生态意识和生态观念，长期以来自然资源环境法得不到重视就是明证。我们应以生态观为抓手对当代法律部门及其法律体系进行生态化的改造和重构。绿色的法律才能为人们、人类缔造绿色的家园，在绿色的家园里人类才能生生不息、持续发展。

法律绿化是自然资源环境法对其他法律部门及其法律体系的重要启示和重大贡献。

三 自然资源环境法的学科意义

自然资源环境法是法律体系的重要构成要素，是法学的一门重要学科，是法学教育的基本内容。加强自然资源环境法学科建设，具有非常重要的意义。

[①] 参见徐国栋《绿色民法典草案》，社会科学文献出版社 2004 年版。

（一）自然资源环境法促使自然法的复兴

自然法是最古老的法律思想和法学流派，这与人类早期的生存环境和认识水平有关。人类脱胎于大自然，生存于大自然，也受制于大自然，惊叹于大自然的山川日月、风雨雷电等神奇的自然现象，认为其神乎其神，于是臣服于自然力量，崇拜自然法则，形成了"道法自然""师法自然"或"顺其自然"的思想观念，其在法律（学）上的集中表现就是"自然法"。自然法认为，自然法与自然相适应，是上帝的意志或正确的理性，它适用于所有人或任何民族，永恒不变，普遍有效，等等。中国的"天尊地贵""天人合一""道法自然""无为而治""顺应天意""司法时令"①，等等，是中国特有的自然法思想。但过去的自然法具有神秘、神化、神话的特点或色彩，越是古老的自然法越是如此，所以有人认为，"自然法像鬼火一般的不可捉摸"。尽管自然法也主张"天人合一"，但这是把"人""合一"到"天"之中，即"人道本于天道"，是"天"主宰"人"，"天""人"并非平等和谐的合一，而是对立冲突的合一，是一种建立在无知、未知、茫然、敬畏基础上的"合一"，是一种贬低人的合一，人只能"听天由命"，"顺其自然"，"无为而治"。这是典型的自然中心主义。

随着人类认识世界和改造世界的能力不断增长，人们对于自然法也在不断地重新阐释。在古代，人们从上帝、神的立场阐释自然法，认为自然法是上帝意志的体现，是神法或几近神法或仅次于神法，具有神圣的效力，"依照自然而生活是最好的生活"，等等。到了近代，人们以人本、人的理性为中心阐释自然法，认为自然法是人类理性的体现，是正义的要求，自然法促进了文艺复兴、启蒙运动以及资产阶级革命，并据

---

① 如我国早在汉代起便有"秋冬行刑"的规定，这与古人的自然神权观念有关，即顺应天意。春夏是万物生长的季节，而秋冬是树木凋零的季节，象征肃杀。皇帝是天子，要顺应天意，按照天时行事，刑罚也是如此，否则会受到天神的惩罚。

其提出了"天赋人权"的口号,大大地推动了近代法治建设。[①] 到了现代,人们对自然法做出了越来越人性化、人本化、主体性的解释,最典型的标语就是"主体是人,客体是自然",自然法开始祛魅、人格化、世俗化。随着人类征服自然的能力越来越大,以至于狂妄自大,以为能够"人定胜天",这是典型的人类中心主义。但人类在征服自然的同时,也在破坏自然,破坏人类赖以生存发展的自然资源环境。正是自然资源环境的不断恶化使人类警醒,重新反思和调整人与自然的关系,认识到要回归自然,师法自然,认识到人与自然和谐共处的极端重要性。人与自然的关系经历了一个肯定——否定——否定之否定的辩证发展过程,最后才达到了自然—人类合一主义。自然资源环境法复兴了自然法,但不是简单地重复,而是使自然法科学化、实在化和实证化了。这是人类在充分认知自然的基础上尊重、利用自然规律,是人与自然知彼知己的天人合一,是相互尊重的天人合一,即"天地与我并生,万物与我为一,天地万物,物我一也……物我与我同根,天地与我同体。"[②] 现代自然法已经科学化了。自然法的精神已经贯彻体现到了制定法之中,不仅体现为法律的指导思想,而且细化为法律的具体规则,自然法不再是神秘、空洞的了,也不再是抽象、模糊的了,自然法已经实在化、实证化了,自然法与制定法已融为一体。其中,尤以自然资源环境法为最,可以说,法律的自然法观念、自然法精神是随着自然资源环境法的日益重要、兴盛而复兴的,自然资源环境法为自然法在当代的复兴和发展提供了契机和基础。这是自然资源环境法对法学的一大贡献。

(二) 自然资源环境法为法学注入了新的理念

自然法要求人们"依照自然而生活",但自然并不能完全满足人类的生活需要,要满足人类的生活需要,还需要改造自然,要改造自然就要发挥人的意志力和能动性。所以,人类生活是自然力与意志

[①] 如卢梭,1791年国民公会投票通过决议,给他树立雕像,作为法国大革命的象征,并以金字题词——"自由的奠基人"。卢梭生性酷爱自然,崇尚自然,大自然的丰富多彩、神奇雄伟和真实美妙,深深地影响了卢梭的人生观。自然,表现于他的著作中,渗透了他整个生命。所以,有人说,"他最伟大的教师,并不是任何一种书籍,他的教师是'自然'"。

[②] 《庄子·齐物论》。

力、给予性与能动性共同作用的结果，人类的美好生活取决于自然力与意志力、给予性与能动性的和谐合作。但随着人类认识世界和改造世界的能力越来越大，人类离弃或背弃自然的倾向或程度也越来越大，以至于"人定法"高于自然法，自然法被当作神秘兮兮、不可捉摸、难以确定、无法操作的东西被否弃了。法律越来越以人为本、以人为主，"一意孤行"，缺乏自然维度了。人越来越自我化了，也越来越空心化了。人是自然的一部分，人脱离自然就是违反自然，就很不自然，人已经越来越不自然了，已到非回归自然不可了。法律是人的行为规范，人的行为既在社会中行为，也在自然中行为，但社会要以自然为基础，任何社会都建立在自然环境资源基础之上。这就决定了人的行为既要受人的意志支配，也要受自然规律约束，人要行为得当，必须既要遵从自己的意志，这样才有人本、自由和民主可言；但也要尊重自然规律，这样才有实际、客观和科学可言。法律作为人的行为规范，要规范得当，就必须既遵从人类意志，又尊重自然规律，才能实现合目的性和合规律性的统一。

鉴于此，我们也要反思法律的本质。长期以来，教科书都认为，"法律是统治阶级意志的体现"。也许，过去剥削阶级的法律是"统治阶级意志的体现"，固然不合理，要予以废止，并且许多这类法律已被废止。即使是民主社会的法律，法律是"全民意志的体现"甚或"人类意志的体现"，也不合理，因为它缺乏自然的维度，是"人类中心主义"的法律。这样的法律已经造成了严重的自然资源环境危机，已经危及人类的生存发展，引起了人类的深刻反思。法律不能只是人类意志的体现，也应是自然规律的记载。最好的法律应是天意与人愿的统一，法律追求的最佳境界是既人不违天，又天遂人愿。法律既是人本的，也是科学的，要科学人本化、人本科学化，实现人本与科学的内在合一。这是"天人合一"在法律（学）上的集中而具体的体现。

自然法的核心观念就是"自然"，自然法的最高理念就是敬畏自然。敬畏自然，敬畏一切合乎自然的东西，如自然现象、自然存在、自然规律，人们在敬畏一切合乎自然东西的过程中，慢慢地培植、养成了一种必不可少的敬畏之心和敬畏态度。这对于法律尤为必要，可以说，没有敬畏，就没有法律。法律就是一种令人敬畏和值得敬畏的东西。我们之所以破坏自然资源环境，一个根本原因就是不敬畏自然，敢于"战天斗地""改天换地"。这是一种无所畏惧的态度，"天不怕地不怕"，那就没有什么可怕的了，法律也不在话下，它必然会发展为"无法无天"。"无法"与"无天"有内在的必然联系，"无天"必然"无法"。历史和现实留下了许多教训深刻的例证，如我国的"文化大革命"就是如此，它就是既"无天"又"无法"。现代被科学武装到牙齿的人类，以大无畏精神挑战一切，唯有自然还能使人类没有忘乎所以，还敬畏自然，还有所敬畏，因为人类无论如何也不能不生活在自然中，人类无法走出自然。自然资源环境法重新肯定和强调了自然法的核心观念和理念。自然资源环境法就是要复兴敬畏自然的理念，否则，自然资源环境法就仍然是无人敬畏，不受尊重，还是聊胜于无。在法学体系中，自然资源环境法还是"边缘法"，而非基础法。

　　自然资源环境法为法学研究指明了方向。法学研究既要寻求人类意志，又要探究自然规律，要将两者有机结合起来。两者择一，都是片面的。马克思说："立法者应该把自己看作一个自然科学家。他不是在制造法律，不是在发明法律，而仅仅是在表述法律。"[1] "自然"是一个"大词"，可以重新阐释和扩大解释，也是许多理念的代名词，从中可以引申出许多固有和与时俱进的新理念。如过去的"天赋人权""人权宣言"和"独立宣言"，都是以自然法为基础，是从自然法中阐释演义出来的。再如经济也可以归属于自然，因而立法者"……在任何时候都不得不服从经济条件，并且从来不能向经济条件发号施令"[2]，许多法律"都只是表明和记载经济关系的要求而已"[3]。许多法律之所以存在这样或那样的问题，一个重要原因就是不少立法者还不是"自然科学家"，没有"师法自然"，仍是"主观主义者"，他们"主观臆断"，而探究自然不够，导致主观不符合客观，法律脱离实际。法学家、立法者必须反复研读、真正

---

[1] 《马克思恩格斯全集》第1卷，人民出版社1956年版，第183页。
[2] 《马克思恩格斯全集》第4卷，人民出版社1958年版，第121页。
[3] 同上书，第121页。

读懂自然这本大书。

（三）自然资源环境法扩大了法学视野

长期以来，人们认为，法只调整人与人的关系，不调整人与自然的关系，如物权法只调整人与人的关系，不调整人与物的关系。法律调整人与人的关系不假，但人与人的关系不是空洞无物的，而是基于各种各样的因素而发生的人与人的关系，如基于物的占有、使用、受益和处分所发生的人与人的关系，就由物权法调整；基于婚姻家庭而发生的人与人的关系，就由婚姻家庭法调整；基于自然资源环境而发生的人与人的关系，就由自然资源环境法调整。其中的因素具有决定性作用，是它们决定了人与人的关系的性质，并决定该人与人的关系由什么法律来调整。因此，其中的因素是理解相关法律的关键词。如要理解法律，仅仅理解人与人的关系是不够的，还要认知使人与人发生关系的那些中介因素。同样，要理解自然资源环境法，关键是要科学认知自然资源环境，可以说，人们怎样认知自然资源环境，就有怎样的自然资源环境法。过去，人们没有深刻而充分地认识到自然资源环境的极其重要性，所以对自然资源环境法不以为然；今天人们深刻而充分地认识到了自然资源环境之于人类生存发展的极其重要性，所以人们对自然资源环境法才深以为然。

但不能据此认为，自然资源环境法既调整人与人的关系，又调整人与自然的关系。[1] 准确地说应该是，自然资源环境法调整的是基于自然资源环境而发生的人与人的关系。如果自然资源环境与人与人的关系相脱节，单独的自然资源环境或人与自然的关系，都不是自然资源环境法的调整对象，而是自然资源环境科学的研究对象；单纯的人与人的关系，也不一定是自然资源环境法的调整对象，也可能是其他法律的调整对象。唯有基于自然资源环境而发生的人与人的关系才是自然资源环境法的调整对象。

自然资源环境法具有明显的综合性。是自然科学、环境科学与法学、自然科学与社会科学的综合。它启示人们，理解自然资源环境法，不能仅有人的本位，更不能就法论法，而必须综合自然科学、环境科学与人

---

[1] 参见蔡守秋《论法学研究范式的更新》，载《法商研究》2003年第3期。

文学科、社会科学、法学等才能求得自然资源环境法的真谛和精神。这一点，其实孟德斯鸠在《论法的精神》中就早已指出。他认为："从最广泛的意义来说，法是由事物的性质产生出来的必然关系"，"法律应该和国家的自然状态有关系；和寒、热、温的气候有关系；和土地的质量、形势与面积有关系；和农、猎、牧各种人民的生活方式有关系。法律应该和政治所能容忍的自由程度有关系；和居民的宗教、性癖、财富、人口、贸易、风俗、习惯相适应……这些关系综合起来就构成所谓法的精神"①。孟德斯鸠这一立场得到了黑格尔的高度赞同，黑格尔认为孟德斯鸠指出了"真正的历史观点和纯正的哲学立场，这就是说，整个立法和它的各种特别规定不应该孤立地、抽象地来看，而应把它们看作一个整体中依赖的环节，这个环节是与构成一个民族和一个时代性的其他一切特点相联系的。只有在这一联系中整个立法和它的各种特别规定才获得他们的真正的意义和它们的正当理由"②。但遗憾的是，我们忘记了或者没有完全贯彻大师们的教导，没有在这方面继续做出全面而深刻的研究。如：好像没有人去研究法律和国家自然状态的关系；没有人去研究法律和国家土地的质量、形势与面积有关系；没有人去研究法律和寒、热、温气候的关系；没有多少人去研究法律和农、猎、牧各种人民生活方式的关系；等等。我认为，这些问题将是自然资源环境法研究的重要内容。

（四）自然资源环境法更新了法学研究的范式

法学学科是不断发展的，在传统法学学科的基础上发展出新兴法学学科，这是法学学科发展的一般规律。新兴法学学科要充分吸纳和有效利用传统法学学科的已有优势，然后在其基础上补充完善它们的不足，新兴法学学科与传统法学学科之间交叉融合、相得益彰。

如自然资源环境法与民法的关系就是如此。民法是法学的基础学科，自然资源环境法是法学的衍生学科。要保护自然资源环境，要充分吸纳和有效利用民法，如民法的主体制度、物权制度、债权制度、责任制度，等等，都是保护自然资源环境的基础制度，不充分吸收和有效利用民法

---

① ［法］孟德斯鸠：《论法的精神》（上卷），张雁深译，商务印书馆1961年版，第1页。
② ［德］黑格尔：《法哲学原理》，范扬、张企泰译，商务印书馆1961年版，第5页。

的这些制度，就难以保护自然资源环境。但不能仅从民法维度去理解和保护自然资源环境，还要有自然资源环境法的突破创新和补充完善，只有民法和自然资源环境法两相结合，才能用尽法律制度优势，最好地保护自然资源环境。

如环境权，有人认为，"权利从本质上说是私人性的东西，公共利益不能成为个人的权利，环境权主要是一种公益性的权利"[①]。真的如此吗？显然不是。公共利益也可以成为私人权利（包括个人权利）的根据，许多私人权利就是建基于公共利益，包括公有制就是如此，环境权也是如此。许多环境如空气、阳光、雨水，等等，都是公共的，对此，人们可谓是"同呼吸，共命运"，甚至"环球同此凉热"，人们只能公共地而无法私有地对它们享有权利，因为它们根本就无法私有化。在公共利益与私人利益日益交叉融合、难分彼此的情况下，没有公共利益，就没有个人利益。环境是一项公共事业，仅靠个人努力无济于事，只有调动公众的主动性、积极性和创造性参与其事，才能有所成就。这就要让人们看到自己在其中的个人利益，看到这种个人利益与公共利益是息息相关的。许多公共利益是个人利益的前提和基础，只有在保护、取得公共利益的前提下，才能分解、落实为个人权利。在这方面，集体人权如民族权利就是如此。只有全民族团结起来共同奋斗，争取全民族的独立解放，在此前提下，才能有作为民族成员个人的人权。必须指出的是，许多环境问题就是狭隘的私权作怪造成的，不少人只关心自己的私人利益，而对公共利益漠不关心，甚至损公肥私。其中，环境就被他们认为是公共利益而加以漠视、损害，于是导致环境破坏、环境问题和环境危机。

"环境权体现了对个人与环境之间存在的正当利益关系的抽象表达，它作为一种抽象的理念性的存在，是可以的。但私权性的环境权是难以成立的，其根本原因在于环境的公共性，你的环境也是他人的环境，是全社会成员共享的环境。一旦共享，就不能通过排他的权利来实现，而

[①] 参见王曦等《对"环境权研究热"的"冷"思考》，载《上海交通大学学报》（哲学社会科学版）2013年第2期。

只能通过公益、公共的方式,特别是政府履职来实现对环境的保护。"①这依然是从传统私有制、私法角度和思维去理解环境权。这从传统私法看来无疑是正确的,也是必须坚持的原则。但即使是私权也未必完全如此,私权也有了当代发展,当代私权已不仅仅通过私的或排他的方式去享有和实现,也有公共的享有和实现路径,并且后者愈来愈重要。在自然资源环境方面的私权尤其如此,从当代环境、资源、生态法律和环境法学看来,上述观点具有极大的片面性或局限性。② 环境权作为一种新型权利,恰恰要打破这种传统观念和思维,作出新的理解和对策。"其实,个人环境权虽然以个人为主体,但不等于私权,具有公益性是个人环境权的重要特点,不能以私权的标准否定不是私权的个人环境权。"③ 人权不同于权利、私权,人权具有无偿性,对应着国家义务,人权高于私权,仅靠私权难以充分保护人们的环境利益。环境权上升为人权,能给予人们的环境利益以更有效的保护。

民法对自然资源环境方面的权利,如水权、矿业权、渔业权、狩猎权,等等,称为"准物权"。这依然是从传统私法、私权观念去看待自然资源环境方面的权利。但严格来说,它们不是"准物权",而是"半物权"。因为这些权利,既具有私权性质,又具有公权属性,它们是带有管理(制)属性的物权,在权利的客体、权利的取得(行政许可)、权能的内容、权利的规定(多规定在行政法规或单行法规中)、权利的效力、权利的保护等方面,与典型物权相比均具有较大的特殊性。对于这些权利,不能仅仅从私法、物权的角度去理解和规定,还要从公法、管理的角度去理解和规定。如果人们还能从自然资源环境法对这些权利予以理解和规定,那就能够更好地保护自然资源环境。

传统民法强调,只有当环境污染导致人身损害和财产损失时,才算损害了人的利益,才能承担民事责任或侵权责任。如我国《侵权责任法》

---

① 参见王曦等《对"环境权研究热"的"冷"思考》,载《上海交通大学学报》(哲学社会科学版) 2013 年第 2 期。

② 蔡守秋:《从环境权到国家环境保护义务和环境公益诉讼》,载《现代法学》2013 年第 6 期,第 12 页。

③ 同上书,第 13 页。

第 65 条规定："因污染环境造成损害的，污染者应当承担侵权责任。"仅就这条规定，看不出"损害"究竟是什么。结合《侵权责任法》第 2 条的规定："侵害民事权益，应当依照本法承担侵权责任。本法所称民事权益，包括生命权、健康权、姓名权、名誉权、荣誉权、肖像权、隐私权、婚姻自主权、监护权、所有权、用益物权、担保物权、著作权、专利权、商标专用权、发现权、股权、继承权等人身、财产权益。"其中并没有直接规定"环境权"或"环境利益"。所以，环境法很难认同这种看法。① 环境污染、损害了环境就要承担法律责任。因为环境本身就是人的利益，损害环境就会或就是损害人的利益，等到导致人身伤害和财产损失时，环境损害已经很严重了，环境保护为时已晚。环境法的这种制度设计为环境与人身和财产之间揳入了一个安全阀和保护伞，更有利于保护环境。

环境法之于其他法律具有推动和促进作用。如环境法之于《侵权责任法》就具有推动促进作用。虽然《侵权责任法》涉及环境侵权的只有四个条文②，但相比《民法通则》的规定③，已有所进步。传统民法、物权法、侵权法认为，环境损害没有损害人的直接利益，因为它在损害某个人的利益时，还损害了不特定多数人的利益。④寥寥四个条文，除了规定了举证责任倒置以外，其他方面皆付之阙如。我国《民事诉讼法》第 119 条规定："起诉必须符合下列条件：（一）原告是与本案有直接利害关系的公民、法人和其他组织；（二）有明确的被告；（三）有具体的诉

---

① 蔡守秋：《从环境权到国家环境保护义务和环境公益诉讼》，载《现代法学》2013 年第 6 期，第 13 页。

② 《侵权责任法》第八章规定了"环境污染责任"：第 65 条规定："因污染环境造成损害的，污染者应当承担侵权责任。"第 66 条规定："因污染环境发生纠纷，污染者应就法律规定的不承担责任或者减轻责任的情形及其行为与损害之间不存在因果关系承担举证责任。"第 67 条规定："两个以上污染者污染环境，污染者承担责任的大小，根据污染物的种类、排放量等因素确定。"第 68 条规定："因第三人的过错污染环境造成损害的，被侵权人可以向污染者请求赔偿，也可以向第三人请求赔偿。污染者赔偿后，有权向第三人追偿。"

③ 《民法通则》第 123 条规定："从事高空、高压、易燃、易爆、剧毒、放射性、高速运输工具等对周围环境有高度危险的作业造成他人损害的，应当承担民事责任；如果能够证明损害是由受害人故意造成的，不承担民事责任。"第 124 条规定："违反国家保护环境防止污染的规定，污染环境造成他人损害的，应当依法承担民事责任。"

④ 蔡守秋：《从环境权到国家环境保护义务和环境公益诉讼》，载《现代法学》2013 年第 6 期，第 13 页。

讼请求和事实、理由。"第 121 条规定:"起诉状应当记明下列事项:(一)原告的姓名、性别、年龄、民族、职业、工作单位、住所、联系方式,法人或者其他组织的名称、住所和法定代表人或者主要负责人的姓名、职务、联系方式;(二)被告的姓名、性别、工作单位、住所等信息,法人或者其他组织的名称、住所等信息;(三)诉讼请求和所根据的事实与理由;(四)证据和证据来源,证人姓名和住所。"众所周知,环境污染案件与其他民事案件区别较大,仅就污染源的排查、污染者的确定都很困难,不要说一般的公民,就是专门和专业的环保组织和环保部门都束手无策,加上污染者的偷排就更是如此。这正是环境保护困难重重的重要原因。要确定损害结果也十分困难。仅就"有明确的被告"或"被告的姓名、性别、工作单位、住所等信息,法人或者其他组织的名称、住所等信息"和"有具体的诉讼请求和事实、理由"或"诉讼请求和所根据的事实与理由"。依据这两条,在许多环境案件中,公民就无法提起诉讼,提起诉讼也难以解决。所以,在已有各种诉讼制度之外,还要有公益诉讼。环境法之于诉讼法具有推动促进作用。同样,不可否认环境法之于《刑法修正案》(八)的推动促进作用。为什么以前没有而直到 2011 年才将环境犯罪纳入我国刑法?其中有各种各样的原因,但环境法的推动作用无疑是居功甚伟的。① 环境问题是当代最重大的问题之一、环保意识是当代最重要的意识之一,绿色是当代最主要的发展理念之一,环境法治是当代法治建设的核心内容;等等,鉴于此,环境保护法的理念和精神、原则和规则应该贯彻落实到所有法律部门当中,让所有法律部门和法律体系都环保起来、绿色起来。

(五)自然资源环境法深化了对法学问题的认识

有人提出,"环境权对环境法学的研究是不是真的那么重要?""环境权是不是真的就是环境法研究的核心问题?"并一一批驳了认为环境权研究重要的以下理由:(1)发达国家环境法治的成功经验和先进做

---

① 《刑法修正案》(八)四十六:将刑法第 338 条修改为:"违反国家规定,排放、倾倒或者处置有放射性的废物、含传染病病原体的废物、有毒物质或者其他有害物质,严重污染环境的,处三年以下有期徒刑或者拘役,并处或者单处罚金;后果特别严重的,处三年以上七年以下有期徒刑,并处罚金。"

法；(2) 当今环境立法的普遍趋势和国际通行做法；(3) 环境及权利的重要性；(4) 环境法与环境法学发展的必然要求。最后他得出的结论认为："实际上，大多数部门法，尤其是新兴部门法，都未必有一个与其部门名称相对应的核心权利"；"规定了环境权的国家，其环境法治不一定好，而没有规定环境权，如果其他制度完善，环境法治也不一定不好。"① 但他没有注意到，没有环境权的国家，其环境法治好，有一定的偶然性。但有环境权，又有环境法治的国家，环境状况才能一定好。所以，不言而喻，环境权有比没有好。普及环境权、加强环境立法、保护环境权，正是"当今环境立法的普遍趋势和国际通行做法"，否则，怎么会有那么多的"环境宣言"和"环境协议"，以及为什么每年都要举行世界气候大会呢？

"一旦深入法律实践，就会发现，环境权这样一种抽象权利应用于法律实践是非常困难和无力的"，"环境问题的解决，主要还是要看法律是否有明确的规定"，"没有具体、实在的制度保障，抽象的环境权只是一句空话。环境权益的维护，还是要靠具体的制度"②。这些观点需要进行思辨考究。这里有一个对法律的正确理解问题。法律不仅仅是具体规则，也是价值理念；不仅仅是规则适用，还有价值宣示。就法律的发展规律而言，一般是先有抽象的法律理念后有具体的法律规则，仅有具体的法律规则，有时就适用不了，还得诉诸抽象的法律价值理念，法律价值理念因其抽象而能无限适用。法律规范的是人的行为，人的行为由人的意志所支配，法律要有效地规范人的行为，关键是要解决人的思想观念问题，虽然这是潜移默化、润物无声的，但也是具有先导性、基础性的，只有价值观念深入人心，法律才能规范好人的行为。若非如此，不仅是"不教而诛"，而且是表面工作，没有根本意义。人们没有在内心深处认同价值观念，就难以在外在行为服从法律。我们的环境之所以存在比较严重的问题，一个根本原因就是没有向人们普及环境权，因而人们缺乏

---

① 参见王曦等《对"环境权研究热"的"冷"思考》，载《上海交通大学学报》（哲学社会科学版）2013年第2期。

② 同上。

环境权这样明确的权利意识、权利观念。就此而言，不能说"环境权这样一种抽象权利应用于法律实践是非常困难和无力的"；也不能说，"抽象的环境权只是一句空话"。

有人认为，"滥设法定权利的后果是法律体系逻辑的混乱"①。法律体系的内在逻辑是什么？众所周知，法律的本位是权利，法律的宗旨是保护权利，保护权利不可能仅靠一两条法律，而需要众多法律规则，但这众多法律规则不能相互冲突，而要内在协调一致，这就要求法律规则体系化，要形成法律体系，法律体系就是一套保护权利的规则体系。这套规则体系既包括一个法律部门自成体系，也包括所有法律部门构成体系。从这里可以看出，权利恰恰是法律体系的逻辑起点，设立某种权利，然后才有保护其规则和规则体系或法律体系；没有某种权利、不需要保护某种权利，就没有相应的规则和规则体系，法律体系也就无从谈起。法律体系是不断发展丰富完善的，其根源就是权利的不断产生和形成，其中包括权利的分化和细化，即从既有权利中分化、细化出新的权利，环境权就是如此。一种权利的产生和形成不是随意的或滥设的，而是有其时代背景和社会要求，环境权的产生和形成就是应因当代环境恶化、环境保护的强烈要求而产生的，规定环境权并非滥设权利。面对当代环境恶化、环境保护的强烈要求，而不设立环境权，导致权利保护不周，法律体系存在漏洞，这才会导致法律体系混乱。设立环境权只会使逻辑更有内容、逻辑更加严密、逻辑更加清晰。要说导致逻辑混乱，根源也不在设立环境权，而在人们的立法技术。通过立法技术的改进，是可以避免一些并非实证意义上的逻辑问题。不可否认，权利越少、规则越简单，法律体系的逻辑就越清晰，但这是法治建设落后的表现，这种简单清晰的法律体系逻辑已无法涵盖和解释当前丰富复杂的法治现实。我们要构建的是因应权利多元、规则庞杂、部门繁多、保护全面的法律体系逻辑。

有人指出，环境权是否是一种独立的新的法律权利，美国国会经过

---

① 参见王曦等《对"环境权研究热"的"冷"思考》，载《上海交通大学学报》（哲学社会科学版）2013 年第 2 期。

争论,"国会认为,每个人都可以享受健康的环境,同时每个人也有责任参与对环境的改善与保护","回避使用权利"一词。国会不同意在《国家环境政策法》(NEPA)写上私权意义上的环境权。[①] 但这不能作为否定环境权的根据。美国只是回避但也并没有明确否认环境权,从中依然可以清晰地推导出环境权。即使美国不承认环境权,难道世界上其他国家甚或世界就不承认环境权吗?显然不是。1970年3月在日本举行的国际公害研讨会上通过的《东京宣言》就宣称:"在优良环境中生存是人的基本权利",1970年秋在日本律师联合会第13次拥护人权大会上,日本律师也提出"我们过健康文化的生活,享受优良环境是环境权",并认为环境权是基本人权。日本学者从其宪法第25条"生存权"和第13条"追求幸福权"的规定中,寻找出环境权的法律依据。后来,1972年斯德哥尔摩《人类环境宣言》宣称"人有在保持尊严与福祉的环境中享受自由、平等以及幸福生活的基本权利",1992年里约热内卢《关于环境与开发宣言》的"第一原则"也承认"人类拥有与自然协调的、健康的生产和活动的权利"。但日本1993年的《环境基本法》仍然没有写明环境权,可见承认环境权是何等艰难。对此日本学者批评其第3条规定"晦涩难懂",是"恶文",并指出作为国民的基本权利的环境权得不到承认,就不可能"形成真正有效的环境法"[②]。即使美日等国不承认环境权,难道我们也不承认吗?美日有美日的法律传统(事实上资本主义国家一般都不愿承认环境权,因为这将加重资本家、企业主的负担,如缴纳环境税等,也将增加国家环境保护的职责),中国有中国的法律传统,不能完全照抄照搬。中国具有丰富深厚的自然资源环境文化传统和法律制度,如"天人合一""道法自然""顺应天时",等等;当前我国更加重视环境保护,如"十三五"规划将"绿色"

[①] 参见王曦等《对"环境权研究热"的"冷"思考》,载《上海交通大学学报》(哲学社会科学版)2013年第2期。

[②] 参见[日]岩佐茂《环境的思想》,韩立新等译,中央编译出版社1997年版,第48—50页。

作为五大发展理念之一上升为国家发展战略。① 这需要具体化、法律化、法治化，才能得到有效贯彻实施，确认环境权是中国国情使然。虽然环境法由于环境特别是大气、气候、海洋、水域等具有国际性，但环境法是一国环境状况、环境利益、环境发展战略、环境保护法治等的综合体现，也具有国别性。目前中国的环境问题已非常严重，与美国等发达国家的环境不可同日而语，"中国环境法应该针对中国语境提出自己的想法"，环境法应该具有中国特色、体现中国主张。如中国政府连续几年在世界气候大会上阐明了自己的主张。② 此外，美国还不承认和签署《经济、社会与文化权利国际公约》呢，难道我们也不承认？恰恰相反，世界上许多国家都签署了这一世界人权公约，我国亦然。该作者还认为，美国不承认作为私权的环境权，但美国有限承认"作为公权的环境权即政府的环境管制权"，即政府管理和保护环境的权力。它把环境权（利）

---

① 《"十三五"规划纲要》指出："绿色是永续发展的必要条件和人民对美好生活追求的重要体现。必须坚持节约资源和保护环境的基本国策，坚持可持续发展，坚定走生产发展、生活富裕、生态良好的文明发展道路，加快建设资源节约型、环境友好型社会，形成人与自然和谐发展现代化建设新格局，推进美丽中国建设，为全球生态安全做出新贡献。"

② 如2015年习近平主席在巴黎世界气候大会上的发言指出：中国一直是全球应对气候变化事业的积极参与者，有诚意、有决心为巴黎大会成功做出自己的贡献。过去几十年来，中国经济快速发展，人民生活发生了深刻变化，但也承担了资源环境方面的代价。鉴往知来，中国正在大力推进生态文明建设，推动绿色循环低碳发展。中国把应对气候变化融入国家经济社会发展中长期规划，坚持减缓和适应气候变化并重，通过法律、行政、技术、市场等多种手段，全力推进各项工作。中国可再生能源装机容量占全球总量的24%，新增装机占全球增量的42%。中国是世界节能和利用新能源、可再生能源第一大国。"万物各得其和以生，各得其养以成。"中华文明历来强调天人合一、尊重自然。面向未来，中国将把生态文明建设作为"十三五"规划重要内容，落实创新、协调、绿色、开放、共享的发展理念，通过科技创新和体制机制创新，实施优化产业结构、构建低碳能源体系、发展绿色建筑和低碳交通、建立全国碳排放交易市场等一系列政策措施，形成人和自然和谐发展现代化建设新格局。中国在"国家自主贡献"中提出将于2030年左右使二氧化碳排放达到峰值并争取尽早实现，2030年单位国内生产总值二氧化碳排放比2005年下降60%—65%，非化石能源占一次能源消费比重达到20%左右，森林蓄积量比2005年增加45亿立方米左右。虽然需要付出艰苦的努力，但我们有信心和决心实现我们的承诺。中国坚持正确义利观，积极参与气候变化国际合作。多年来，中国政府认真落实气候变化领域南南合作政策承诺，支持发展中国家特别是最不发达国家、内陆发展中国家、小岛屿发展中国家应对气候变化挑战。为加大支持力度，中国在今年9月宣布设立200亿元人民币的中国气候变化南南合作基金。中国将于明年启动在发展中国家开展10个低碳示范区、100个减缓和适应气候变化项目及1000个应对气候变化培训名额的合作项目，继续推进清洁能源、防灾减灾、生态保护、气候适应型农业、低碳智慧型城市建设等领域的国际合作，并帮助它们提高融资能力。

转化为环境权力，显然不是美国国会所认为的本意，而是偷换概念。况且，环境权力是为了保障环境权利，没有环境权利，环境权力不仅失去了目标，而且无从加以监督。这就更加违背了美国法治和法治的精神了。

"从私权的角度看，环境权可以理解为人权在环境保护领域里的表达和体现。这种环境权是对有关环境的各种人权的一种学理而非法律的表达。"从应然角度说，一种权利应该既是学理表达，又是法律表达，但并非都能如此完美结合，两者有其先后，一般是先有学理后有法理，再有法律。包括自由权、平等权都是如此，它们首先出现在"人权宣言"之中，此时即是一种学理表达或公理宣示，其次规定在宪法之中，最后具体规定在各部门法之中，成为法律表达。学理表达是法律表达的基础，一种学理表达体现时代精神、反映社会要求、合乎人类利益、达到科学标准，就应该上升为法律表达，否则，就是法律的落伍和法学的失职。

有人认为，"真正发挥保护环境利益作用的，实际上是宪法、刑法、民法、行政法所确立的各种形式的人权，即有关环境的人身权和有关环境的政治、经济、社会和文化权利的规定"。因此，"没有必要在法律上创设一个新的权利品种即作为私权的环境权"。权利是不断细化的。开始只有自由、平等、博爱，后来的人权都是在它们（主要是自由、平等）的基础上发展出来的，是对它们的发展、演绎和细化，难道有自由权、平等权，就不需要其他权利吗？显然不是，在它们的基础上，仅就人权就发展出了《公民权利与政治权利国际公约》和《经济、社会与文化权利国际公约》中所列举的各项人权，至于其他权利就更是不胜枚举了。虽然有了两大人权国际公约，它们也包括或者从中可以推导出"有关环境问题的人权"，"即有关环境的人身权和有关环境的政治、经济、社会和文化权利"。但联合国人类环境会议还是于1972年通过了《人类环境权宣言》（斯德哥尔摩）、1982年通过了《内罗毕宣言》、1992年通过了《环境与发展宣言》（又称《地球宪章》）（里约热内卢）以及有关环境的其他国家公约或国际协议，如《京都议定书》《巴黎气候峰会协议》，等等。其中，《人类环境宣言》第一条庄严宣告："人类有权在一种能够过尊严的和福利的生活环境中，享有自由、平等和充足的生活条件的基本权利，并且负有保证和改善这一代和世世代代的环境的庄严责任。"蔡守秋教授说得对,"在某些情况下,法律是不怕重复的"①。重复是反复强调、不断提醒,两大人权公约也有不少重复,但没有人认为其重复,更没有人认为其逻辑混乱,相反,世人深深地认识到其重复,是"以期每一个人和社会机构经常铭念本宣言,努力通过教诲和教育促进对权利和自由的尊重,并通过国家的和国际的渐进措施,使这些权利和自由在各会员国本身人民及在其管辖下领土的人民中得到普遍和有效的承认和遵行"。更何况这不是简单地重复,而是集大成。在"有关环境的人身权和有关环境的政治、经济、社会和文化权利"的基础上总括出集中体现它们的环境权,是一种质的飞跃。由具体到一般,恰恰是我们学术研究中最为缺乏的一种学术抽象和概括能力,以至于我们的许多学术研究只见树木,不见森林。

也许难以否定环境权,于是有人又认为,环境权是一种现代意义上公法上的程序权——知情权、参与权、诉讼权、表达权。众所周知,当代是一个走向权利的时代,也是一个权利爆炸的时代,各种权利层出不穷,为什么偏偏就不承认环境权呢?环境问题已经成为决定人类命运的重大问题,成为国际社会的重大议题,成为时代的最强音,我们有什么理由不承认环境权?不承认环境权,仅认为环境权是程序性权利,不仅消减了环境权的内容,而且变相地否认了环境权。即使按照作者的逻辑,也不能认为环境权只是程序性权利,因为其中的知情权、参与权、表达权不仅仅是程序性权利,甚至首先不是程序性权利,而是实体性权利;不仅是公法上的程序性权利,也是其他法上的实体性权利。

有人认为,"如果有环境权并使之法定化,那么,它一定是具有可执行性以及司法可诉性的。这是其根本意义所在"。权利的产生、形成和发展有一个进化的过程,一个从理念到原则到规则的演化过程,环境权作为一种新兴权利,还在发展过程中,还没有完全走完这一全过程,这正是环境法治亟待完善的地方。虽然环保法的性质决定了环保法是通过禁止破坏环境行为以达到保护环境权的目的,但是,环保法条文中写的更

---

① 蔡守秋:《从环境权到国家环境保护义务和环境公益诉讼》,载《现代法学》2013年第6期,第13页。

多的是"禁止性规定"或"义务性规定"而不是"权利性规定",从中看不出有多少环境权,所以不能据此否定环境权。不过,我们也要承认,我们的环保法还不是"权利本位法",环境权还没有具体化为各种环境法规则,并得到它们的有效保护。但这也不是否定环境权的理由,而是发展环境权的根据。环境权完全可以法定化,也具有执行性和可诉性。不是环境权不可法定化、不具有执行性和可诉性,而是有些人有这种观念以后不去法定化、不去执行和诉讼。当前中国法学界、法律界盛行一种貌似实用但无大用甚至无用的伪实用主义。如果不摒弃这种伪实用主义,将严重地阻碍中国法学发展和中国法治建设。

还有人认为,"一项正当利益要想上升为权利需要符合一系列条件"。至于什么条件,作者没有明说,但他武断地认为,环境利益不具备这些条件,因而不能上升为权利。一般认为,权利的构成要素包括权利主体的明确性、权利客体的可支配性、权利内容的正当性、权利享有的可行性、权利保护的有效性,等等,一种利益如果具有正当性、合法性,可以法定化、具有执行性和可诉性,就可以上升为权利。否则该利益就得不到法律保护。环境是人类生存发展的根基,环境破坏已经危及人类的生存发展,环境利益是人类最重大的利益之一,如果环境利益不上升为环境权,也许就没有什么利益值得上升为权利了。不言而喻,环境权、环境利益基本符合上述条件,可以上升为一种权利,成为环境权;即使不完全具备上述条件,也应创造条件将其上升为环境权。权利是对利益的法律确认和保护,环境利益只有上升为环境权,才能得到更好的保护。

凡此种种,均构不成否定环境权的理由,但令人不解的是,为什么有些人偏偏与环境权过不去、要竭尽全力否定环境权?我看除了唱反调以外,似乎没有其他更合理的解释。他们这种对"环境权研究热"的"冷"思考,是对环境权的泼冷水,可能浇灭人们心中刚刚兴起但还不牢固的环境权意识和观念,是不利于环境法治建设和环境保护的。

第十一章

刑法哲学

——刑罚与时间

人们只要翻开刑法（典），特别是其中的分则部分，得到的最直观而最深刻的印象就是，"犯 X 罪判处 Y 年"。长期以来，刑法研究侧重的是定罪和量刑的研究，但其中的量刑研究，主要研究如何依法量刑，即如何最精准地实现法定的"犯 X 罪判处 Y 年"，即力求犯罪事实与法定刑量之间的精确对应。如一些学者关于量刑、刑（罚）量、量刑基准、量刑规范化、量刑公正等研究即是如此，这些都处于"就法论法""依法量刑"、司法适用的层次，是刑罚法定之后的研究。但我们要追问的是，为什么刑法要规定"犯 X 罪判处 Y 年"，其根据和理由是什么？这是立法研究，是刑罚法定之前的研究，在这里法定刑量不是对应的标准而是追问的对象。尽管有人说，刑罚经由威吓时代、博爱时代而进入了科学时代。[①] 但为什么刑法规定"犯 X 罪要判处 Y 年"？如果这个问题不解决，刑罚就不能令人信服，刑法就没有达到科学的程度。因为它还没有很好地达到"既保护个人自由又保护社会团体"这样的科学程度。因此，刑罚与时间（具体表现就是刑期）的问题是刑法的一个至关重要的问题，可以说这是对刑法（罚）的"天问"。

---

① 参见［日］牧野英一《日本刑法》，有斐阁 1932 年版，第 38 页。

一　为什么时间能够成为刑罚的手段

这是由时间的性质决定的。

康德指出"时间是先天被给予的","时间是所有一切现象的先天形式条件","只有在时间中,现象的一切现实性才是可能的"①。恩格斯也认为:"一切存在的基本形式是空间和时间,时间以外的存在像空间以外的存在一样,是非常荒诞的事情。"② 存在与时间密不可分,时间是一切事物存在的先天必然的前提和基础,(事物)存在即(事物)存在于时间之中,没有时间就没有(事物)存在,包括人的存在。时间是人的决定性因素,人的一切都是由时间来决定和度量的。所谓的人生就是人在一定时间的生存和生活。

时间与人生密切相关。人生、人生,人是生活在时间中的,是人生活了一段时间。时间是人生的元素,没有时间,就没有人生。人是一种有限性的存在,人的有限性,从根本上说是由时间限制即时限决定的,时间是人的"大限"。人的一生就是几十年的时间,人生苦短,人生苦于时间短促。每个人的时间不仅是有限的,而且是不可逆转的,时间不能失而复得。时间的这种属性,决定了人们对整个人生和人事的认识和态度。如人们觉得时间之宝贵,限制了人们的时间就限制了人生最宝贵的东西,影响了人们的时间就影响了人生,必然会使人十分痛苦。

时间与生命密切相关。人的生命是由时间来度量的,人的生命就是由多少年来构成的,限制了人的时间就限制了人的生命,剥夺了人的时间就剥夺了人的生命。世上没有无时间的生命,时间的意义决定着生活的质量和生命的意义,美好的时光才有美好的生活和生命的意义,但这是犯罪分子在服刑期间的囚徒生活所不能企及的。

时间与自由密切相关。自由有许多内涵和表现,其中一个重要方面就是人们对时间的自由支配,即自由时间,自由最重要的表现之一就是

---

① 参见[德]康德《纯粹理性批判》,邓晓芒译,杨祖陶校,人民出版社2004年版,第34、37页。

② 恩格斯:《反杜林论》,载《马克思恩格斯文集》第9卷,人民出版社2009年版,第56页。

自由时间，没有自由时间就没有自由，一个人不能自由支配自己的时间就没有自由，限制了人的时间就限制了人的自由。刑期就是一段不自由时间，刑期通过限制人们的时间达到限制人们自由的目的。犯罪分子在服刑期间在监狱里面必须认罪服管，接受约束，受到限制，没有自由，必然会倍感痛苦。由于许多刑罚措施就是旨在限制人们一定时间的人身自由，所以这类刑罚被叫作自由刑。

时间与财富密切相关。人们生产或创造财富都要消耗一定的时间，时间特别是社会必要劳动时间决定着商品的价格，也决定着财富的价值。"时间就是金钱"，谁拥有更多的时间，谁就可能生产或创造出更多的财富，反之亦然。犯罪分子给被害人造成损害，就侵犯了人们的财富，进而也就侵占了人们的时间，因为被害人又要用一定的时间再去生产或创造等量的财富。作为对犯罪行为的报应，就要同等地剥夺或限制犯罪分子的时间，让犯罪分子没有时间去生产或创造财富，或者用他们的时间为被害人生产或创造财富，或者用他们生产或创造的财富去弥补被害人的损失。"一寸光阴一寸金"，这些都会让犯罪分子损失时间（成本），觉得"犯罪不合算"，使他们感到痛苦。尤其是"对于在狱外能够谋取较高报酬的违法者来说，这一成本一般更大一些；监禁判决的时间愈长，每个犯人付出的成本就愈大"①。

时间与机会密切相关。机会存在于时间之中，有时间才有机会，即所谓的时机。一般说来，时间越多机会就越多，没有时间就没有机会。犯罪分子在服刑期间，将丧失许多机会，剥夺或限制犯罪分子的时间，就是剥夺或限制犯罪分子的机会。如剥夺犯罪分子的政治权利就是如此，时不再来，机不可失，他们在一定时间内被剥夺了享有选举权和被选举权的机会，必然会痛苦。

时间与幸福密切相关。幸福感或幸福指数是由幸福时间与痛苦时间的比例决定的，如果后者多于、高于前者，那就是不幸福。刑罚作为一种对犯罪行为的惩罚措施，应贯彻边沁的"趋乐避苦"原则，使刑罚之

---

① 参见［美］加里·S. 贝克尔《人类行为的经济分析》，王业宇等译，上海三联书店1993年版，第67—68页。

苦必须超过犯罪之乐（利），刑罚必然要使犯罪分子经历一段痛苦时间，使其感到痛苦。如犯罪分子在服刑期间，不能与家人一起生活，不能享受天伦之乐，要从事一定的劳役，生活条件受到限制，等等。我国《刑法》修正案（八）在《刑法》第 38 条中增加一款作为第二款，该款规定："判处管制，可以根据犯罪情况，同时判令犯罪分子在执行期间不得从事特定活动，不得进入特定区域、场所，不得接触特定的人。"这些都会使犯罪分子不幸福，感到痛苦。

时间与成就密切相关。一切成就都需要时间，没有时间，就一事无成。如果说在社会生产力落后、生产效率低下的情况下，人们的劳动也是一种苦役，与劳改并无二致的话，那么随着社会生产力的发展和生产效率的提高，人们的自由支配时间越来越多，人们对自由时间越来越重视，人们可以用它来成就自己所热爱的事业，并做出应有的成就。但犯罪分子由于自己的犯罪行为而锒铛入狱，失去了自由时间，不能成就自己的事业，难有作为，甚至一事无成、一无所就，必然会深感痛苦。

时间与变化密切相关。时间可以改变一切。一方面，对于被害人来说，需要时间去弥补他们的物质损失和抚平他们的精神创伤。法律让犯罪分子服刑，一个重要的目的就是让犯罪分子与被害人隔离一段时间，使他们不能直面相见，"短兵相接"，有利于缓和他们相互之间的冲突。当犯罪分子服刑期满，回到原处以后，时过境迁，被害人已心平气和，不再仇恨甚或能够宽恕犯罪分子了，这有利于犯罪分子回归社会与社会和谐。另一方面，改造犯罪分子需要时间，时间使犯罪分子改过自新。此外，时间对犯罪分子也会带来变化，服刑时间越长，对犯罪分子的改变就越大，并且这种变化往往是往坏的方向变化，如妻离子散，众叛亲离，失去朋友，物是人非，改变生活，脱离社会，等等，这些都是犯罪分子所不愿意看到的，这些不良改变使犯罪分子痛苦。时间改变一切，这是一种不可抗拒的自然力量，刑罚所利用的正是时间的这种力量。

由于上述原因，时间与刑罚紧密结合起来了，利用时间惩罚犯罪分子已成为最重要的刑罚手段。在现当代刑罚中，随着刑罚的轻刑化、死刑范围的缩小或被废止，绝大多数刑罚都是自由刑，即以剥夺犯罪分子一定期间的人身自由为目的的刑罚，包括管制、拘役、有期徒刑、无期徒刑和剥夺政治权利，它们都与时间有关，都以时间来度量，刑罚主要就是服刑期间即刑期，刑罚的轻重具体表现为刑期的长短。因此，我们可以把它们叫作时间刑，这比把它们叫作自由刑要明了得多、也好得多。因为叫自由刑不仅易于使人误解，而且也不准确，自由与刑罚是矛盾的。严格说来，任何刑罚都应保障人权，不应也不可能完全剥夺犯罪分子的人身自由，况且自由也是刑罚的重要价值之一。随着刑法人道主义、刑法人格主义在当代刑法中的倡导和发展，叫自由刑就更不合时宜了。

马克思在《资本论》中分析了劳动的二重性，即特殊劳动和抽象劳动，前者生产商品的使用价值，后者形成商品的价值，"商品价值体现的是人类劳动本身，是一般人类劳动的耗费"①。"作为价值，一切商品都只是一定量的凝固的劳动时间。"② 马克思从"一般人类劳动"中又进一步提出社会必要劳动时间的概念，因为"只是社会必要劳动量，或生产使用价值的社会必要劳动时间，决定该使用价值的价值量"③。在资本主义雇佣制度下，社会必要劳动时间是"工人生产自己劳动力价值的等价物"，即"工资的等价物"的时间，资本家只有使劳动时间超出该社会必要劳动时间才能占有工人的剩余劳动，为此，资本家采取各种方法来缩短社会必要劳动时间，延长剩余劳动时间，以榨取更多的剩余价值。④ 资本主义剥削制度的核心就是资本家无偿地占有工人的剩余劳动，因而是不合理的，必然会被比它更公正的社会主义制度所代替。据此可以说，马克思的《资本论》是建立在"社会必要劳动时间"基础上的。

我们从中可以得到启示，也可以运用这种方法，将整个刑罚也建立在时间之上，建立一门"时间刑罚学"或"刑期学"。刑罚应在时间或刑期上下功夫，刑罚要科学合理有效地利用时间、精确地确定刑期。其实，就刑罚来说，除了少量的生命刑以外，大部分都是时间刑，刑罚就是有机和有效地利用时间这一重要手段来达到对犯罪分子的惩罚和改造的目的。

---

① 参见《马克思恩格斯文集》第 5 卷，人民出版社 2009 年版，第 57 页。
② 同上书，第 53 页。
③ 同上书，第 52 页。
④ 同上书，第 583 页。

二　时间的决定因素

（一）时间的一般决定因素

从根本上说，时间是由劳动生产力决定的。劳动生产力又是由多种情况决定的，其中包括：劳动者的平均熟练程度、科学的发展水平和它在工艺上应用的程度、生产过程的社会结合、生产资料的规模和效能以及自然条件，等等。[①] 在社会生产力落后的情况下，人们终日为生活忙碌不停，劳动时间很长，这也是一种劳役、苦役，与劳动改造并无二致。在这种情况下，刑期长短对人们来说意义不大，因为劳动强度是一样的，只不过是劳动地点或劳动环境不同而已。当社会生产力发达以后，人们的社会必要劳动时间大大减少，闲暇时间大大增多，这时人们的时间观念就发生了重大变化，人们越来越重视时间，对刑期的长短就十分敏感了，因为多一天刑期就意味着多失去一天闲暇和自由。这时刑期越长对犯罪分子的惩罚作用就越大。人们越重视时间，时间作为刑罚手段的利用价值就越大。所以，刑罚的历史是一个不断地从生命刑向时间刑发展的进程，刑罚越来越利用时间来惩罚和改造犯罪分子，这已经成为刑罚的主流。

人们的时间是分别使用的，大致分为谋生时间和其他时间。一般来说，人们的时间首先是谋生时间，然后才是其他时间，谋生时间的长短决定着其他时间的长短，谋生时间与其他时间成反比。而谋生时间又决定于人们获得生活必需品的时间，即社会必要劳动时间。所以，在时间观念中社会必要劳动时间具有决定性的意义，它决定着人们时间的分配和时间的性质。社会必要劳动时间受自然条件、社会条件的决定，但归根结底是由人们生产维持自己及其家人生活必需品的时间决定的。社会必要劳动时间有各种计量标准，但主要通过物价来合理确定。社会必要劳动时间不仅是商品价值和价格的决定因素，也是刑期长短的决定因素。因为犯罪分子给被害人造成的损害，最终主要归结为物质损害，即使是精神损害也不得不结算为物质损害，并通过物质来赔偿损害，要通过物

---

① 参见《马克思恩格斯文集》第5卷，人民出版社2009年版，第53页。

质生产来弥补，而物质生产受社会必要劳动时间的制约，对被害人的损害越大，弥补被害人损害的时间就越长，包括被害人自己弥补和由犯罪分子弥补以及社会弥补的时间都是如此，因此，社会必要劳动时间就越长，相应的犯罪分子的刑期就应越长。资本家是通过把劳动时间延长到超过社会必要劳动时间来榨取剩余价值的，虽然现代刑罚要尊重和保障犯罪分子的人权，不能像资本家剥削工人一样剥削犯罪分子，但为了达到惩罚改造犯罪分子的目的，也应该把刑期延长到超过社会必要劳动时间，让他们也有一种受剥削的感觉。如果刑期等于社会必要劳动时间，那就仅仅相当于补偿被害人的损失，不能充分体现刑期的惩罚性；如果刑期低于社会必要劳动时间，那就等于白白地供养了犯罪分子，犯罪分子还可能乐不思蜀，不想出狱回归社会，这就无助于改造犯罪分子。况且，刑期只是与社会必要劳动时间有关，由其决定，但它们还不能完全等同，因为同样单位的劳动时间，由于劳改时间的强制性，它与自由劳动时间所创造的价值是大不一样的。如同只是社会必要劳动时间决定使用价值的价值量[①]一样，是社会必要劳动时间决定着刑期的长短。在商品交换中，计量社会必要劳动时间十分关键，同样，在刑期计算中，计量社会必要劳动时间也十分关键。

人们的生活主要由生活必需品决定，人们有无生活必需品决定着人们能否生活以及怎样生活。许多犯罪分子之所以走上犯罪道路，根本原因就是他们无法获得生活必需品，或者要经过漫长的劳动时间才能获得少量的生活必需品，以至于一些不愿吃苦、吃不了苦的人最终走上了犯罪道路，如盗窃、抢劫、欺诈等。所以，生产生活必需品的时间即社会必要劳动时间对于刑期具有根本性的决定意义，刑期应根据社会必要劳动时间来确定。这也说明，发展社会生产力，缩短人们的社会必要劳动时间是减少犯罪的主要途径。

时间是变化的，在不同的历史时期，单位时间的生产率是不一样的。"劳动生产力越高，生产一种物品所需要的劳动时间就越少，凝结在该物品中的劳动量就越小，该物品的价值就越小。相反地，劳动生产力越低，

[①] 参见《马克思恩格斯文集》第5卷，人民出版社2009年版，第52—53页。

生产一种物品的必要劳动时间就越多,该物品的价值就越大。可见,商品的价值量与实现在商品中的劳动的量成正比例地变动,与这一劳动的生产力成反比例地变动。"① 如 18 世纪 8 小时的生产率就不同于 19 世纪 8 小时的生产率,19 世纪 8 小时的生产率又不同于 20 世纪 8 小时的生产率,20 世纪 8 小时的生产率又不同于 21 世纪 8 小时的生产率。从历史发展趋势来看,劳动生产率是不断提高的,单位时间生产的价值量是越来越大的。时间的历史性变化应该在不同历史时期的刑期中有所反映,刑期的发展趋势应是越来越短,因为后来的一年往往抵得上过去的几年。劳动改造尽管比仅仅蹲监狱、关禁闭要好,但劳动改造还是一种强制劳动,为别人劳动,不能充分调动犯罪分子劳动的主动性、积极性和创造性,而且还受其他劳动条件的限制,其劳动效率是不高的。为了使单位时间创造的价值极大化,刑罚应该缩短刑期,赋予人们以更多的自由时间。这也是刑罚人道化、刑罚以人为本的基本要求。所以,像一些废除死刑的国家,虽然它们废除了死刑,但对犯罪分子数罪并罚后刑期高达上百年,这不仅超出了人的生命年限的限制而显得荒唐可笑,更重要的是它使人浪费生命,生不如死。刑期漫漫不仅没有意义,而且违背刑期日益缩短的历史发展趋势。

社会必要劳动时间是人们生产生活必需品的时间,它是由社会生产力水平决定的。社会生产力是与时俱进、不断提高的,单位劳动时间创造的价值不断增长,社会必要劳动时间不断减少。由此所决定,同一国家在不同发展阶段的刑罚,其刑期应有所不同,刑期应不断缩短,特别是财产性犯罪的刑期尤其如此,因为财产性犯罪与社会生产力发展水平以及单位劳动时间创造的价值最为密切相关。在我国古代,社会生产力十分低下,社会财富极其匮乏,稀缺的财产是人们赖以生存的根本,所以要用重刑来加以保护。李悝认为"王者之政莫急于盗贼",所以将《盗法》与《贼法》立于《法经》之首。如《法经》规定,偷采一片桑树叶子,要罚劳役一个月。后来的《秦律》亦延续了该规定。② 即使是"得

---

① 参见《马克思恩格斯文集》第 5 卷,人民出版社 2009 年版,第 53—54 页。
② 参见《法经》《秦律》《唐律》等有关规定。

古今之平"的《唐律》,也对盗窃方面的犯罪惩罚最为严厉。但后来社会生产力发展了,社会财富丰裕了,类似偷采桑树叶子之类的行为只能算是小偷小摸,纯属个人道德问题,不再认为是犯罪,也不会被判刑。这是刑期发展的普遍规律。我国《刑法修正案》(八),根据我国现阶段经济社会发展实际,取消近年来较少适用或基本未适用过的13个经济性非暴力犯罪的死刑。具体是走私文物罪,走私贵重金属罪,走私珍贵动物、珍贵动物制品罪,走私普通货物、物品罪,票据诈骗罪,金融凭证诈骗罪,信用证诈骗罪,虚开增值税专用发票、用于骗取出口退税、抵扣税款发票罪,伪造、出售伪造的增值税专用发票罪,盗窃罪,传授犯罪方法罪,盗掘古文化遗址、古墓葬罪,盗掘古人类化石、古脊椎动物化石罪。上述所取消的13个死刑罪名,占死刑罪名总数的19.1%。(修正案草案第24条、第25条、第28条、第30条、第32条、第37条、第42条、第43条)。但《刑法修正案》(八)同时要求:判处死刑缓期执行的犯罪分子,实际执行的期限较短,对一些罪行严重的犯罪分子,难以起到惩戒作用,应当严格限制减刑。《刑法》第50条规定:判处死刑缓期执行的,在死刑缓期执行期间,如果没有故意犯罪,二年期满以后,减为无期徒刑;如果确有重大立功表现,二年期满以后,减为十五年以上二十年以下有期徒刑。根据刑法罪刑相适应的原则,应当严格限制对某些判处死缓的罪行严重的罪犯的减刑,延长其实际服刑期。鉴于此,建议对上述规定作出修改,将其中"十五年以上二十年以下有期徒刑"的减刑幅度修改限定为"二十年有期徒刑"。对其中累犯以及因故意杀人、强奸、抢劫、绑架、放火、爆炸、投放危险物质或者有组织的暴力性犯罪被判处死刑缓期执行的犯罪分子,人民法院根据犯罪情节等情况,可以同时决定在依法减为无期徒刑或者二十年有期徒刑后,不得再减刑。(《修正案》草案第4条)。根据刑法第69条的规定:判决宣告以前一人犯数罪,需要并罚的,并罚后有期徒刑最高不能超过二十年。有关方面提出,上述规定总体上是适当的,但实践中有一些犯罪分子一人犯有较多罪行,被判处有期徒刑的总和刑期较高,如果只判处最高二十年有期徒刑,难以体现罪刑相适应的刑法原则,应当适当提高这种情况下数罪并罚时有期徒刑的上限。鉴于此,建议对因犯数罪被判处有期徒刑,总和刑期在三十五年以上的,将其有期徒刑的上限由二十年提高到二十五年(修正案草案第 10 条)。很显然,我国刑法对相关刑期的规定没有与时俱进,不太合理。认真地思考时间与刑罚的关系,对不同的犯罪配以精确的刑期,真正实现罪责与刑期相当,应该成为刑法改革或修改的指导思想。

处于不同发展阶段的不同国家,其社会生产力水平也处于不同发展阶段,由其所决定的社会必要劳动时间亦有不同。社会生产力越高,社会必要劳动时间就越少,刑期就应越短;社会生产力越低,社会必要劳动时间就越长,刑期就应越长。所以各国刑罚所规定的刑期应有所不同,不能照抄照搬。如同是盗窃罪,英国没有关于盗窃数额、盗窃次数等情节的规定,其刑期最高不超过七年有期徒刑,法国的刑期是三年监禁并处罚金,瑞典是二年以下监禁,中国的刑期是:"盗窃公私财物,数额较大的,或者多次盗窃、入户盗窃、携带凶器盗窃、扒窃的,处三年以下有期徒刑、拘役或者管制,并处或者单处罚金;数额巨大或者有其他严重情节的,处三年以上十年以下有期徒刑,并处罚金;数额特别巨大或者有其他特别严重情节的,处十年以上有期徒刑或者无期徒刑,并处罚金或者没收财产"(中国《刑法》第 264 条)等。各国的刑期之所以有所不同,应该从上述方面去解释。我们应该从各国特别是处于相同发展阶段、国情基本相同的一些国家对于相同犯罪刑期的规定进行比较,从中寻找合理的刑期,比如它们的平均值。如对于盗窃罪,美国规定的刑期是 Y1 年,英国规定的是 Y2 年,德国规定的 Y3 年,法国规定的是 Y4 年,中国规定的是 Y5 年,等等。对各国的具体刑期加以比较,求同存异,从中确定精确的刑期,这也是刑法国际接轨或者国际刑法统一的重要内容。

时间是生产力,即所谓的"时间就是金钱,效率就是生命"。资本主义深明此理,它们不愿把犯罪分子关在监狱里白白地浪费时间,而总是希望最大限度地利用他们的时间从事劳动以追求利润,这是刑罚功利主义的重要内容,它对资本主义国家的刑罚产生了深刻的影响,导致它们的刑罚改革,形成有效率的劳动改造制度。在历史上,英国把本土的犯罪分子赶到美洲、澳洲,让他们去开发新大陆就是如此。另一方面,对犯罪分子来说，自己的时间被用来为别人创造财富而不能为自己创造财富，不仅心有不甘，而且十分痛苦，这本是对犯罪分子的惩罚和改造，叫作劳动改造人生，汗水洗刷罪过。所以有些人对劳动改造的指责是不足取的。

（二）刑期的具体决定因素

具体来说，刑期的种类和长短是由经济、政治、社会和文化等因素综合决定的。如中国《刑法》规定了挪用公款罪、职务侵占罪、挪用资金罪，它们的最高刑分别为无期徒刑、15年有期徒刑、10年有期徒刑。从经济学和所有权的权能分析，这三种罪行的本质是相同的，都是与职权相连的财产犯罪，据此许多国家将这类罪行统一纳入侵占罪。但它们的刑期存在差别，之所以如此，就是由上述各种因素决定的。如出于经济上对公有财产的特别保护、政治上从严治吏、社会上侵占挪用公款情况、所有权的权能等不同因素决定的。如挪用公款罪与职务侵占罪就不同，前者侵犯的是公有财产，对公有财产的特别保护必然要落实到刑罚的严惩即刑期较长上，后者侵占的是公共财产而不是公有财产，保护力度较弱，体现在刑期较短上。侵占与挪用也不同，前者企图永久占有，后者只是一时占有，尔后还想归还，所有权权能不同，决定了两者的刑期不同，前者应长于后者。

刑期是由社会危害性决定的。社会危害性越大，刑罚就越重，刑期就越长。因为社会危害性越大，表明犯罪分子主观恶性越严重，思想改造的时间就越长，因而对于同类犯罪来说，故意犯罪的刑期比过失犯罪的刑期较长。犯罪情节越严重，民愤就越大，平息民愤的时间就越长，刑期也应越长。犯罪造成的社会损害越大，弥补损害的时间就越长，因而对于同类犯罪来说，结果犯的刑期比未遂犯的刑期较长，后果越严重，刑期就越长。

刑期也是由犯罪情节决定的。刑法中许多地方既有"情节较轻的""情节严重""情节特别严重"等一般性规定，也有诸如犯罪主体、犯罪行为、犯罪次数、犯罪数量、犯罪手段、犯罪对象、犯罪目的、犯罪后果等具体规定，并区分法定量刑情节与酌定量刑情节。如犯罪主体，区分为"首要分子""积极参加的""其他参加的"；犯罪后果区分为"尚未造成严重后果的""造成严重后果的""造成特别严重后果的""造成重大损失的"之类;犯罪数额区分为"数额特别巨大","造成重大损失",等等。这些因素都将影响刑期,能否将这些犯罪情节精确地量化为具体的刑期,这是刑法学要研究的核心问题和难点问题。有人以 SPSS 软件的程序格式建立了一套量刑模型,它将法律规定、犯罪情节、判决样本和其他相关因素输入其中的对应项,以求得平均刑量或基准刑量。① 也有个别地方法院利用现代高科技开发出了电脑辅助量刑系统,如云南省个旧市人民法院自主研制出了一套"电子量化表格辅助量刑"的公式。该方法将量化表格中的全部量刑信息设定输入电子表格中形成固定模板,审判人员根据案件的具体信息对照选择适用,量刑的增减幅度、量刑结果与起止刑期均能自动生成。电子量化表格实现了量刑过程的可视化、准确化、科学化和规范化,既达到量刑平衡,又便于跟踪和检验案件质量,最大限度地保障了实体公正。② 2010 年 7 月,中央政法委员会听取了最高人民法院关于量刑规范化改革进展情况汇报,讨论并原则通过了《人民法院量刑指导意见(试行)》以及《关于规范量刑程序若干问题的意见(试行)》,并同意从当年 10 月 1 日起在全国法院全面试行。这些都是很重要的尝试,为"犯 X 罪为什么要被判处 Y 年"提供了一些重要的理由。尽管它还是解释论意义上的理由,但对于立法论建议有重要的参考价值。如果能够建立一套统一的量刑情节的量化标准和量刑程序,实现量刑的规范化、标准化和公开化,将犯罪情节等因素精确地折算为刑期,并准确地量刑,这将为刑期立法提供重要的参考。如其中的犯罪数额所区分的"数额特别巨大""造成重大损失",可以根据在特定社会生产力条件下创造相应财富的社会必要劳动时间来考量,如挽回或弥补该损失所需社会必要劳动时间就应该是其服刑期间。数额越大,损失越大,说明它的价值量越大,生产该价值量所需要的社会必要劳动时间就越长,因而刑期也就越长。

在法定刑中,刑幅也是影响量刑的一个重要问题。如我国《刑法》

---

① 参见白建军《量刑基准实证研究》,载《法学研究》2008 年第 1 期。
② 参见《云南日报》2010 年 1 月 28 日。

规定有 7 年以上有期徒刑、无期徒刑（如第 318、348 条），3 年以上 10 年以下有期徒刑（多处规定）、5 年以上 15 年以下有期徒刑（如第 258、320、404 等条），7 年以上 15 年以下有期徒刑（如第 300、321 等条），5 年以下有期徒刑、拘役、管制或剥夺政治权利（如第 398 条），等等。这些刑幅都集中体现在刑期的长短上，但刑幅过宽，在立法上没有明确界定个罪的罪质，在司法上自由裁量权过大，有的刑期是法官"估出来的"，但不同的法官有不同的"估法"，有的"估"得重一点，有的"估"得轻一点，导致"同案不同判"，量刑不均衡，刑罚不公平，可谓弊端多多。要克服这些弊端，必须缩小刑幅，精确地计算刑期，该判多少年就判多少年，不多不少正好，使刑期与罪责相当。在这方面，各地法院已进行了许多试点，并取得了一些成功的经验。如 2009 年 10 月 26 日 19 时许，被告人罗某某驾驶宁 D—91665 号"东风"牌货车，上载大白粉从陕西省眉县出发驶往宁夏回族自治区固原市，途经华灵路 250KM+86 米处时，发生侧翻后撞在路边防撞墙上，当场致乘车人苗某某死亡。灵台县人民法院公开审理了此案，本起事故致 1 人死亡，无重大财产损失。依照法律规定，被告人罗某某犯交通肇事罪，法定刑是 3 年以下有期徒刑或者拘役。根据《灵台法院规范量刑实施细则》，确定被告人罗某某基准刑为有期徒刑一年六个月。罗某某已赔偿被害人全部经济损失，取得了被害人家属的谅解，可减少应判刑罚的 35%，即 6.3 个月；罗某某系自首，可减少应判刑罚的 20%，即 3.6 个月；被告人自愿认罪并适用简易程序审判，根据案情确定从宽的幅度，可减少应判刑罚的 15%，即 2.7 个月。三项相加后，可减少应判刑罚的 70%，即 12.6 个月，拟判处被告人罗某某有期徒刑 6 个月。[①] 立法与司法应该是双向联动的，司法意见应当有助于立法的完善，在将来刑期的立法修改中，应该吸收司法意见和典型判例。

刑期的长短还受刑罚价值观的影响。刑罚价值观是指国家根据何种价值观对犯罪分子施以刑罚，刑罚价值观包括刑罚报应主义、刑罚功利主义和刑罚人格主义等学派，不同的刑罚价值观会导致不同的刑罚态度

---

① 参见《平凉日报》2010 年 7 月 13 日。

和不同的刑期。如果是刑罚报应主义，它会主张刑罚的目的是报复犯罪分子，"恶有恶报"，"同态复仇"，"等量报复"，一般来说，它倾向于延长刑期。如果是刑罚功利主义，它主张刑罚的目的是改造犯罪分子和保护社会秩序，刑期以消除犯罪分子的危害性、使其回归社会所必需的时间为准，追求刑罚的效率。一般来说，它所主张的刑期较刑罚报应主义所主张的刑期要短。如果是刑罚人格主义，它主张刑罚基于犯罪分子的危险性人格，刑罚要保障犯罪分子的人格尊严，刑罚旨在犯罪分子的人格改造。它是对刑罚功利主义的发展，与之相比，它更加突出和强调刑罚的人本主义或人道主义，一般来说，它所主张的刑期又较刑罚功利主义所主张的刑期要短。应该说，随着社会的发展进步，刑罚人格主义越来越综合并超越刑罚报应主义和刑罚功利主义，已成为占主导地位的刑罚价值观。在刑罚人格主义的指导下，刑期具有缩短化的趋势。

三 刑罚对时间的运用

一般认为，定罪是质的问题，而量刑是量的问题，可能是受定性比定量更重要这种认识的影响。在刑法中，至今为止，人们更重视的是前者，而没有认真对待后者，人们没有为量刑提供令人信服的根据和理由。其实，量刑比定罪更困难，科学量刑是正确定罪的深化，正确定罪必然区别在科学量刑上。刑法是关于犯罪与刑罚的规定，刑罚与犯罪一样重要，应该像构建犯罪构成理论一样去构建一套刑罚量刑理论。刑罚大体上可以分为生命刑和时间刑。其中，对于生命刑，只要一国的刑法没有废除死刑，似乎不需要什么量刑理论，因为杀人偿命是天经地义的，"一命还一命"，合乎公平正义，无须赘言。但对于时间刑，就复杂得多，以至于至今还没有提出过一套令人信服的刑期计算理论，这一理论的核心就是要充分合理而精确地证明"犯 X 罪为什么要被判处 Y 年"的问题

刑法的基本原则是罪刑相当。什么叫罪刑相当？怎样实现罪刑相当？除了生命刑以外，其他的刑罚都要通过服刑时间即刑期来"相当"，具体来说，就是通过对不同的罪责匹配不同的刑期来使它们相当。但严格来说，在同态复仇被禁止以后，完全意义上的罪刑相当已不复存在。罪责与刑期是两种并不完全同质等量的东西，两者相当有较大困难。刑罚要

把罪责与刑期结合起来，必须寻找它们之间的共性和基础。在这方面，马克思的《资本论》为人们提供了启示：商品的价值由人类抽象劳动创造，商品的价值量由劳动的量来计量，劳动本身的量用劳动的持续时间来计量，而劳动时间又是用一定的时间单位如小时、日等作尺度。[①] 简言之，商品的价值量由劳动时间来计量。虽然有不同形式的特殊劳动生产商品的使用价值，但撇开各种劳动的特殊性，可以发现，"各种劳动不再有什么区别，全都化为相同的人类劳动，抽象人类劳动"[②]。它形成商品的价值，而商品的价值，"只是无差别的人类劳动的单纯凝结，即不管以哪种形式进行的人类劳动力的单纯凝结"[③]。这是商品的共性，也是商品能够相互通约、交换的基础，因为"在商品的交换关系或交换价值中表现出来的共同东西，也就是商品的价值"[④]。所以，不同类型、不同使用价值的商品可以交换。"作为交换价值，商品只能有量的差别"[⑤]，但量的差别可以通过量的相等去解决。含有等量劳动或能在同样劳动时间内生产出来的商品，具有同样的价值量[⑥]，因而可以等价交换。同样，犯罪分子给被害人及社会所造成的危害，归根结底要通过物质（商品）来补偿，即使是精神损害也大都只能如此。但物质不会凭空产生，只能靠劳动生产，而生产物质需要劳动时间，这样就把犯罪、刑罚与时间、刑期联结起来了，使得它们之间具有可通约性，犯 X 罪可以折算为 Y 年刑期。当然，除了劳动时间以外，其中还有许多需要转换、可以折算的时间，如祛除犯罪分子犯意的时间，教育犯罪分子重新做人的时间，抚平被害人创伤的时间，消除社会危害性的时间，警示潜在犯罪分子的时间，等等，这些时间加总折算得出最后的结果——犯罪分子用 Y 年的刑期才能与其罪责相当。这是一个相当庞杂而又精细的过程，但必须通力解决。这个问题解决不了，所谓罪刑相当很可能就是一句口号，甚至是一句空话。

---

① 参见《马克思恩格斯文集》第 5 卷，人民出版社 2009 年版，第 51 页。
② 同上。
③ 同上。
④ 同上。
⑤ 同上书，第 50 页。
⑥ 同上书，第 52—53 页。

刑法的另一个基本原则是犯罪人所遭刑罚报应与被害人所受损害相当。因此，要精确计算犯罪分子用 Y 年的刑期才能弥补被害人物质和精神上的损害。如犯罪分子给被害人造成财产损失为 S 元，刑罚就可以根据犯罪分子（也可以一并根据被害人）单位时间所创造的价值，去折算其创造 S 元价值所需要的时间，如果需要 Y 年，那么 Y 年即是其刑期。当然，还要加上必要的惩罚时间。不过，计算精神损害更加困难。尽管私法上的精神损害赔偿也很难精确计算，但它们完全可以止于当事人的自由协商和自行和解，但刑法（罚）的性质决定了它不能采取私法的方法，并且对于许多犯罪分子来说，他们也不可能用自己的财产去弥补被害人的精神损害，因而只能用刑期来惩罚犯罪分子，抚平被害人的精神损害。这里可以遵循一种原则，即犯罪分子给被害人造成的精神痛苦持续 Y 年，就应该也让犯罪分子同样痛苦 Y 年。但时间会抚平一切精神创伤，这可以从被害人的表现、群众的反映等许多方面来证明被害人的精神创伤是否得到抚平，所以，刑期不会是遥遥无期的。如果被害人将终生痛苦，那就是民愤极大，不杀不足以平民愤了，这是生命刑的问题，剥夺犯罪分子的生命这是仅有的抚平被害人精神创伤的最后方法了。

刑期是由犯罪成本决定的，刑期就是犯罪分子因其罪责所要承担的成本，或者说弥补成本所需要的时间，因此，应对犯罪与刑罚进行成本分析或经济分析以决定具体的刑期。这种思想和方法由来已久。贝卡利亚认为，刑罚是犯罪的对应物，它的强度仅仅取决于犯罪的危害程度，这种比例关系的确立就好像为人们提供了一张犯罪的"价目表"，罪责越严重，犯罪人付出的代价就越高、越大。这样，人们想到这张"价目表"（也是"损益表"），就会自动放弃犯罪，尤其是严重犯罪的意念。[①] 边沁认为："大自然把人类置于两大主宰即快乐与痛苦的统治之下，是它们谕示我们该当如何及将做什么……它们主宰我们的行为、言论和思想。"这一苦乐原则可以应用于全部人类行为，包括刑事处罚、监狱改革、立法

[①] 参见黄风《贝卡利亚及其刑法思想》，中国政法大学出版社 1987 年版，第 113 页。

等方面。① 边沁在论述罪刑相当时提出了"刑罚之苦"必须超过"犯罪之利"的规则。例如,在盎格鲁·撒克逊法中,对人之生命规定了一系列价目:杀死一个农民赔200先令,而杀死一个贵族的赔偿金是其6倍,杀死国王是其36倍。为预防一个犯罪,抑制动机的力量必须超过诱惑动机,作为一个恐惧物的刑罚必须超过作为诱惑物的罪责。② 美国学者罗伯特·考特、托马斯·尤伦把犯罪成本分为直接成本与间接成本,直接成本是指物质上和精神上的损害,以及犯罪行为的其他成本;间接成本是指那些防止犯罪的私人成本,比如,为了鉴别而给财产标上永久性记号的成本,或安装警报系统的成本,或为了弥补偷窃、贪污和欺诈等犯罪造成的损失而通过合理商业途径转嫁给客户的成本。③ 除了犯罪成本以外,还存在犯罪的社会成本。犯罪成本仅指犯罪所造成的直接与间接危害,而犯罪的社会成本还包括制止犯罪所需要的费用,如警察、法院、检察官、监护官员、监狱等方面的所有开支。贝克尔指出:惩罚的社会成本是违法者的成本加上别人的成本或减去其他成员的所得。④ 犯罪成本的估算涉及对犯罪危害程度的认识和对各种损害的评估,因而准确估算是十分困难的,很难予以量化,对精神损害尤其如此。但"各种惩罚的成本可以与它们的货币等价物或价值相对照,当然可以用罚款直接衡量"⑤。生产这些等价物的时间就应是刑期。

当然,刑期的折算也不是说刑期要完全与罪责等量齐观,更不能低于罪责,这是由犯罪和刑罚的性质所决定的。刑罚毕竟是对犯罪分子的惩罚,应该使犯罪分子感到痛苦、失利,无论刑罚价值观如何进化,这也是不容置疑和改变的,否则不但达不到刑罚的目的,而且会鼓励犯罪。

---

① 参见[美]加里·S.贝克尔《人类行为的经济分析》,王业宇等译,上海三联书店1993年版,第11—12页。

② 参见[英]边沁《立法理论——刑法典原理》,孙力等译,中国人民公安大学出版社1993年版,第68页。

③ 参见[美]罗伯特·考特、托马斯·尤伦《法和经济学》,张军译,上海三联书店1991年版,第755页。

④ 参见[美]加里·S.贝克尔《人类行为的经济分析》,王业宇等译,上海三联书店1993年版,第68页。

⑤ 同上书,第67页。

对于一些犯罪分子来说，如果不经痛苦、没有失利，还有利可图，觉得"犯罪合算"，他们就不会反悔、不思改造。这不是刑罚价值观的进化而是异化。"刑罚是社会对罪责的要价，加重刑罚或判刑的可能性会提高犯罪价格而减少犯罪。"① 因此，刑期应该比罪责稍高或稍长一点，以保证刑罚的惩罚性。比如盗窃罪，刑法规定要判处 Y 年有期徒刑，这 Y 年会让犯罪分子自己折算，在这 Y 年的服刑期间，自己所创造的价值何止盗窃那点，于是他们会觉得得不偿失，无利可图，因而立志要痛改前非，重新做人。

刑罚在遵循平等原则的同时，也要体现效率原则。这既是市场体制对刑罚的必然要求，也是世界刑罚的发展趋势。不同的人在单位时间里创造的价值是不同的，比如一个企业家服刑 1 年与一个小偷服刑 1 年，对个人与社会的影响是大为不同的。刑罚要考虑如何既能惩罚改造罪犯，同时又能使其创造价值。在不违背刑罚公平原则的条件下，可以区别对待，因人设刑。这应该是一些学者所主张的刑罚个别化的重要内容。刑法所规定的立功、减刑等制度，就是为了给那些犯罪分子以将功赎罪、减少刑期的机会，让他们早日重返社会，享有更多的自由时间，去创造更大的价值，更好地回报社会。就整个刑罚的发展趋势来看，是从重刑化到轻刑化，其中重要的一点就是刑期越来越短。这体现的就是节约时间的原则，时间是用来创造价值的，而不是用来坐牢的，只要达到了改造犯罪分子的目的，刑期就一天、一小时也不应延长。要知道，改造犯罪分子也是成本高昂的，并且刑期越多，成本就越高。"惩罚不仅影响犯人，而且影响社会其他成员"，"绝大多数惩罚既有损违法者又有损社会其他成员，例如，监禁需要警卫、监管人员、建筑、食物等方面的支出"②。所以，节约时间也应成为刑罚的基本原则。

时间是宝贵的，必须最大限度地利用时间。从刑罚价值观的不断进步来看，刑罚作为国家特别是法治国家行使的惩罚犯罪分子的必要措施，

---

① ［美］波斯纳：《法律的经济分析》，蒋兆康译、林毅夫校，中国大百科全书出版社 1997 年版，第 231 页。

② 参见［美］加里·S. 贝克尔《人类行为的经济分析》，王业宇等译，上海三联书店 1993 年版，第 68 页。

应不同于私人复仇，应避免私人复仇的冲动性、情绪化和报复性，而越来越趋于理性，追求刑罚的冷静平和、客观公正和惩罚改造。对于时间刑犯罪分子来说，既然不能将犯罪分子赶尽杀绝，犯罪分子服完一定刑期以后迟早还要回归社会，那么，就应以改造教育犯罪分子为根本宗旨，刑期的设计也应以此为原则。一切以是否有利于犯罪分子的改造教育为原则来设计刑期，其中就应该遵循节约时间的原则。刑期不是越长越好，如果刑期遥遥无期，犯罪分子看不到希望，他们就根本不思改造了，这样一来，刑罚目的就要落空。刑期要恰到好处，力求在最短的时间里达到惩罚和改造犯罪分子的目的，不至于浪费时间。因此，改造犯罪分子所需要的时间就是其最佳刑期。人们应充分认识到，浪费时间也是一种犯罪，即使是浪费犯罪分子的时间也是如此，犯罪分子的时间也不容浪费。

　　刑期是由改造犯罪分子所需时间决定的。刑罚的根本目的是改造犯罪分子的思想认识和价值观念，这是最重要的事情。许多犯罪都是不良思想观念导致的，改造好了犯罪分子的思想观念，才是真正彻底地改造好了犯罪分子。但这又是一件很困难的事情，需要较长的时间。因为犯罪分子认识自己的罪责、转变自己的思想观念、重新确立正确的人生观等都需要一定的时间。一般来说，犯罪分子的罪责越重，犯罪分子的恶性就越深，改造犯罪分子所需时间就越长。刑罚的最终目的是使犯罪分子回归社会、重新做人、有益社会，但这只有当犯罪分子获得某种生活技能以后才有可能。实践证明，犯罪分子越有一技之长，越能自食其力，就越能回归社会、重新做人、有益社会。许多犯罪分子之所以走上或重新走上犯罪道路，正是因为自己缺乏生活技能，不能安身立命。如果犯罪分子在劳动改造期间能够获得某种生活技能，将大大有利于犯罪分子的改造。劳动使人成之为人，严格来说，劳动改造是改造犯罪分子最好的手段。但犯罪分子获得生活技能需要一定的时间。据此，对于一些犯罪分子，可以根据其获得某种生活技能的时间为服刑期间。谁刻苦努力学习，早日获得生活技能，谁就可以早日出狱，刑期的设计可以带有奖惩性质。既然刑罚的目的是教育人、改造人、使犯罪分子重新做人、回归社会、有益社会，那么就应把监狱当学校办，把监狱办成学校，对犯罪分子进行思想教育和技能培训，犹如要经过一定时间，学生才能毕业一样，也要经过一定时间，犯罪分子才能出狱。这一定的时间就是其刑期。

刑罚公平是刑罚的一个基本原则。要实施刑罚公平，一个重要的方面就是刑期公平，用时间来统一刑罚，即相同的犯罪，刑期相同。这为刑罚改革提供了重要依据。此外，只要是时间刑，所有的时间刑，都存在着减少刑期的可能。但这里存在着如何减少刑期的问题，如减少刑期的根据、减少刑期的幅度和减少刑期的程序等。比如，立什么等级的功可以折减刑期 Y 年。

精确的刑期要经过反复辩论才能求得，这跟真理愈辩愈明、利益经由对抗才能均衡是一样的，这也是许多国家的诉讼制度采用对抗制的根本原因。但长期以来，在我国以往的法庭审理、调查和辩论中，重心落在是否构成犯罪以及构成何种犯罪上面，而对量刑重视不够，也缺乏一套科学规范的量刑程序和量刑标准。如法庭现场往往不对量刑问题进行调查和辩论，而是在庭审结束之后由合议庭关门秘密评议和独自做出判决，公诉机关、受害人、被害人、辩护人没有对量刑发表意见和提出建议的机会，导致量刑公开性不够、公信力缺乏，上诉率、抗诉率以及二审改判率、发回重审率较高。为了改变这种情况，"两高三部"出台了《关于规范量刑程序若干问题的意见（试行）》，它分别从量刑的调查取证、检察院的量刑建议、律师的量刑辩护、法庭相对独立的量刑审理程序和量刑裁判说理制度等方面规范了量刑程序。其中第7—9条规定，无论在何种审判程序中，法庭都需要专门审理量刑问题，控辩双方可以围绕量刑问题进行辩论，发表量刑建议或意见，并说明理由和依据。第16条的规定，人民法院的刑事裁判文书中应当说明量刑理由，量刑理由主要包括：已经查明的量刑事实及其对量刑的作用；是否采纳公诉人、当事人和辩护人、诉讼代理人发表的量刑建议、意见的理由；人民法院量刑的理由和法律依据。这些规定和制度对于保证量刑的公平、公正、公开具有重要作用。可以认为，认罪率、调解撤诉率、退赃退赔率、当庭宣判率和服判息诉率与上诉率、抗诉率、上访率是检验刑期是否合理的正反两方面的重要指标，它们之间的对比是寻求精确刑期立法的重要方法之一。

刑罚是最严厉的法律制裁措施，直接关涉犯罪分子的权利和自由，必须高度重视和认真对待，要力求刑罚恰当、真确，这就要求量刑尽可能地数学化、科学化。严格来说，刑罚应该精确到天数和小时，因为刑期多一天与少一天、多一个小时与少一个小时，对犯罪分子的身心都影响巨大，因此，可能的话，人们应设计一套精确化、数量化的量刑公式。意大利著名刑法学家贝卡里亚就曾经说过，对于犯罪和刑罚的问题应该用几何学的精度来解释，因为这种精确度足以制胜迷人的诡辩、诱人的雄辩和怯懦的怀疑。[①] 随着时代的进步，人们要求量刑的精确度越来越高，希望建立一门"数量刑法学"。现在是电子计算机时代，人们又期望量刑的计算机化，实行"电子量刑"，这是对量刑精确度的时代新要求。司法与立法是交互作用、相互促进的，司法量刑的精确化，将反推刑期立法的精确化。果能如此，才可以说刑法是"最精确的法学"[②]。

[①] [意] 贝卡利亚：《犯罪与刑罚》，黄风译，中国大百科全书出版社1993年版，第66页。
[②] 参见 [德] 克劳斯·罗克辛《德国刑法学总论》，王世洲译，法律出版社2005年版，译者序。

第十二章

诉讼法哲学

——诉讼的发现意义

诉讼，要而言之，是指裁判机关在有关人员的参与下，依法定程序裁判纠纷的活动。诉讼具有重要意义，发现就是其中的一种。

一　诉讼发现事实

诉讼的目的是裁判纠纷，裁判纠纷要以事实为根据、以法律为准绳。相比较而言，法律写在法典里或法律上，白纸黑字，较为清楚，但事实却不然。案件事实，对于当事人来说，当事人不仅由于案情复杂在客观上难以全面了解事实、认识事实，而且由于感情用事在主观上会误解事实、隐瞒事实。对于律师等代理人来说，为了庭审攻防策略的需要和诉讼制胜的目的，他们会裁剪事实，如强调对胜诉有利的事实，而掩盖对胜诉不利的事实。由于认证技术水平和合法取证要求等的限制，也给案件事实的认定带来困难。对于裁判者来说，他们事非亲历，不了解事情的来龙去脉和前因后果；他们既不是当事人，也不是证人，有时还不能主动取证，他们只是通过阅读卷宗而对案件事实略知大概。所有这些都决定了正确认定案件事实，了解案件真相，既十分困难，又极其必要，所以，裁判案件首先要认清事实。实践证明，这就离不开诉讼，诉讼有利于发现事实。这是因为，诉讼是原告被告，两造俱备，一正一反，正反互补，兼听则明，能使事实揭示得更全面。从正反两方面看问题，是辩证法的基本要求和主要方法，辩证法源自对话辩论，它充分运用于法庭诉讼，有利于全面正确地认识事物和认清事实。诉讼是一种对抗机制、竞争机制，当事人相互质证、相互诘问、相互争辩，事实必须争辩，事实愈争辩愈明。诉讼是摆事实、讲道理，用事实讲道理，以事理服人，只有有理的事实、能够说服人的事实才是诉讼认可的事实。诉讼是开放的，它不预设结论，结论经由提出证据、发表意见、意见交锋、相互沟通等以后做出，这有利于保证事实认定的公正性。诉讼是一种过程，一旦启动，就会排除外在的干预，按其内在的逻辑力量自动展开，直至事实水落石出为止。这有利于保证事实认定的客观性。

案件事实是诉讼争辩的焦点，诉讼的过程是一个对案件事实的争辩不断集中、抓住要害、逐步清晰、逼近真相的过程。如2007年发生的李丽云案就是如此。在案件的处理中，刚开始双方争辩的焦点是"只有亲属签字才能手术"的规定是否合理合法。北京朝阳医院（京西院区）认为是由于肖志军拒绝签字，向有关部门汇报请示后被指示不签字不给手术，结果才导致李丽云因难产致死。医方还委托北京中天司法鉴定中心对本案进行了司法鉴定，鉴定结论也认为，医方对患者李丽云的诊疗过程中存在的不足与患者的死亡无明确因果关系。但同是医生的陈晓兰看完全部资料以后，认为李丽云的死亡并不是所谓的"丈夫拒签字"而导致的，而是一桩典型而可怕的医疗事故。这样一来，双方争论的焦点，就由法律问题，即"亲属不签字就不给手术"是否合理合法的问题，转移到了关键事实问题。尽管肖志军拒绝签字的事实十分清楚，但不能因此就简单地把李丽云母子的死亡归因于肖志军的拒绝签字。这是不合常情常理的，李丽云的母亲还为此而当众痛打过肖志军。还要进一步查明肖志军为什么不顾李丽云母子的生命安危而拒绝签字？这背后的真正原因是什么？2009年7月17日在北京市朝阳区法院开庭审理中调查发现，李丽云得的只是一般性感冒肺炎，她自己也是前往呼吸内科就诊的，但空白病历和涂改后的病历证明，医方未经仔细检查，就误认为怀孕才9个月的李已足月临产，随即被转往妇产科，要求进行剖宫产。当时李丽云拼命挣扎，拔掉身上的管子，哀求不要手术，与李只是同居关系并非夫妻的肖志军也认定医方误诊、救治不当，因而拒绝签字，结果双方在"只有亲属签字才能手术"的争执中导致他们母子死亡。所以李丽云母子死亡的真正原因并不是肖志军拒绝签字，而是医方误诊、救治不当（因医方误诊、救治不当，肖才拒绝签字），所以事故责任应当由医方承担。①这正应了那句老话，事实胜于雄辩，事实决定诉讼。

诉讼是为了弄清事实，怎样能够更好地弄清事实就选择设计怎样的诉讼模式。由于当事人为了保护自己的合法权益，会更加积极、不遗余力、甘冒风险，甚至忍受剧痛去弄清事实，拿出铁证来，这直接导致了审判模式的改革，即由职权主义改革为当事人主义，实行"谁主张，谁举证"的诉讼制度。如"开胸验肺"案就是如此。河南农民工张海超怀疑自己在工厂得了尘肺病，并先后被郑州大学第一附属医院和北京协和医院、北京煤炭总医院等权威医院统一诊断为尘肺病，但郑州市职业病防治所的鉴定结论却是尘肺0＋肺结核。张海超无法接受该结论，在多方努力未果之后，他做出了惊人之举——2009年6月22日到郑州大学第一附属医院进行了开胸验肺手术，术后诊断结论为尘肺合并感染。张海超有了这一铁证以后，就更能主张自己的权利。2009年9月，在新密市政府等有关部门的调解下，张海超已与郑州振东耐磨材料有限公司签订了赔偿协议，赔偿包括医疗费、护理费、住院期间伙食补偿费、停工留薪期工资、一次性伤残补助金、一次性伤残津贴及各项工伤保险待遇共计61.5万元，他也与郑州振东耐磨材料有限公司终止了劳动关系。②这再次说明，权利在于斗争，尤其是权利人本人的斗争，权利人在诉讼中铁证如山是斗争胜利最重要的因素。

诉讼的核心是程序，即审理案件的形式、规程和顺序。有时为了查明事实，案件要经过一审、二审、再审等诉讼程序。这一套套程序犹如道道关卡、层层过滤、步步进化，有利于去伪存真、去粗取精、纠错防偏，能使事实不断精确，接近真相。如轰动一时的刘涌案就是如此。在一审、二审和再审中，刘涌等被告人是否受到刑讯逼供都是重要问题，它直接决定着对他们的定罪量刑。在一审中，刘涌等被告人当庭翻供，并指控侦查人员对他们刑讯逼供。其辩护人要求法庭"认真调查此事"，

---

① 参见2009年7月17日北京市朝阳区法院的开庭审理。
② 参见新华网郑州2009年7月28日、29日、31日电。

认为"如果本案的刑讯逼供问题不予彻底查清，无论判处被告人何种刑罚，其判决都无客观、公正可言，也不可能经得起历史的考验"。但一审法院在判决书中判定："上列被告人及其辩护人提出的公安机关在侦查阶段有刑讯逼供行为，经公诉机关调查，认定公安机关有刑讯逼供行为的证据不充分，对此辩护意见不予采纳。"结果，判处刘涌死刑。[①] 刘涌等人以公安机关在侦查过程中存在刑讯逼供的情况，口供取得方式违法为由，提出上诉。刘涌的辩护人向法庭提交了数份书面证人证言，这些证人都是曾经负责看管刘涌等被告人的武警战士，他们证明刘涌等被告人在被羁押期间曾受到过预审人员的各种刑讯逼供行为。辩护人对这些证人的书面证言逐一进行了公证。二审法院不公开审判后判定："关于上诉人刘涌、宋健飞、董铁岩及其辩护人所提公安机关在对其讯问时存在刑讯逼供行为的理由及其辩护意见，经查，此节在一审审理期间，部分辩护人已向法庭提交相关证据，该证据亦经庭审举证、质证，公诉机关经调查认为：此节不应影响本案的正常审理和判决。二审审理期间，部分辩护人向本院又提供相关证据，二审亦就相关证据进行了复核，复核期间，本院询问了涉案被告人、询问了部分看押过本案被告人的武警战士和负责侦查工作的公安干警。本院经复核后认为：不能从根本上排除公安机关在侦查过程中存在刑讯逼供情况。"据此改判刘涌死缓。[②] 该判决公布后，全国一片哗然，公众纷纷质疑，促使最高人民法院依照审判监督程序提审该案。最高人民法院在判决书中认为："对于再审被告人刘涌及其辩护人提出的公安机关在本案侦查阶段存在刑讯逼供的辩解及辩护意见，经查，庭审中公诉人出示的参与刘涌一案的预审、监管、看守人员的证言证明，公安人员未对刘涌及其同案被告人刑讯逼供；辽宁省人民政府依法指定的鉴定医院沈阳市公安医院2000年8月5日至2001年7月9日对刘涌及其同案被告人先后进行的39次体检病志载明，刘涌及其同案被告人皮肤黏膜均无出血点，双下肢无浮肿，四肢活动正常，均无伤情。刘涌的辩护人在庭审中出示的证明公安人员存在刑讯逼供的证人

---

① 参见铁岭中院（2002）铁中刑字第68号刑事附带民事判决书。
② 参见辽宁高院（2002）辽刑一终字第152号刑事附带民事判决书。

证言，取证形式不符合有关法规，且证言之间相互矛盾，同一证人的证言前后矛盾，不予采信。据此，不能认定公安机关在侦查阶段存在刑讯逼供，刘涌及其辩护人的辩解和辩护意见，本院不予采纳。"最终判处刘涌死刑。① 这就说明，诉讼以事实为中心，随事实而转移。

上述案例，也许还有争议之处，但这种争议本身恰恰就在于案件的事实真相究竟是什么，如何才能更好地发现案件的事实真相？案件事实真相是诉讼所要求解的未知数和认知的必然王国。为此，就必须诉诸诉讼，通过诉讼发现事实真相。

二 诉讼发现真理

法律，从根本上说是真情和至理，法庭，从本质上说，是讲理的地方，但这些最终都要落实到诉讼中才能真正实现。诉讼，就像剧场表演②，人物针锋相对，矛盾重重展开，情节扣人心弦，结局扑朔迷离，真理不断明了。诉讼的过程，就是讲理争理的过程，发现真理的过程，诉讼发现真理。

如莎士比亚的名剧《威尼斯商人》就很好地说明了这个问题。③

夏洛克对安东尼奥提出：在契约里写明，您在什么日子什么地点，还我这一笔钱，如果违约，我将在您身上任何部分割下整整一磅肉，作为处罚，怎么样？安东尼奥说：很好，就这么办吧！我愿意同你签约。可后来，由于安东尼奥的商船失事，不能如期还钱，夏洛克就提起公诉，要安东尼奥履行原约。

在法庭上，剧中人是这样理论的：

一开始，公爵给夏洛克戴高帽子，好言相劝：现在你虽然坚持着照约处罚，一定要从这个不幸的商人身上割下一磅肉来，可真到了那时候，你不但愿意放弃这一种处罚，而且因为受到良心上的感动，说不定还会

---

① 参见最高人民法院（2003）刑提字第5号刑事判决书。
② See Charles Nesson, *The Evidence Or The Event？On Judicial Proof And Acceptability of Verdicts*, 92 Harvard Law Review 1359.
③ 参见［英］莎士比亚《威尼斯商人》有关章节，朱生豪译，中国国际广播出版社2001年版。

豁免他一部分的欠款。但夏洛克根本就不吃他这一套：我的意思已经向殿下告禀过了，我也已经发过誓，一定要照约执行处罚，要是殿下不准许我的请求，那就是蔑视宪章，我要到京城里去上告，要求撤销贵邦的特权。您要是问我为什么不愿接受三千块钱，宁愿拿一块腐烂的臭肉，那我可没有什么理由可以回答您，我只能说我欢喜这样，这是不是一个回答？巴萨尼奥也想与夏洛克通融一下：借了你三千块钱，现在拿六千块钱还你好不好？但夏洛克仍然没有丝毫通融的余地：即使这六千块钱中间的每一块钱都可以分做六份，每一份都可以变成一块钱，我也不要它们；我只要照约处罚。他甚至扬言：把整个威尼斯给我，我都不能答应。夏洛克的蛮不讲理、冷酷无情、心毒手辣已自曝无余。

夏洛克的冷酷无情，激起了众人的愤慨和斥骂，但夏洛克依然漠然视之：除非你们能够把我这一张契约上的印章骂掉，否则像你这样拉开了喉咙直嚷，不过白白伤了你的肺，何苦来呢？好兄弟，我劝你们还是让你们的脑子休息一下吧，免得它损坏了，将来无法收拾。我在这儿要求法律的裁判。

既然夏洛克口口声声要求法律的裁判，公爵只好差人去请法官出庭裁判。

装扮成律师的鲍西娅一出场，仍是对夏洛克抱有希望，希望他应该慈悲一点。但夏洛克反问：为什么我应该慈悲一点？把您的理由告诉我。鲍西娅告诫他：我们既然祈祷着上帝的慈悲，就应该按照祈祷的指点，自己做一些慈悲的事。我说这番话的意思是，希望你能够从你的法律的立场上作几分让步。可是如果你坚持着原来的要求，那么威尼斯的法庭是执法无私的，只好把那商人宣判定罪了。夏洛克乍听一喜：我自己做的事，我自己当！我只要求法律允许我照约执行处罚。夏洛克对他心目中的所谓法律信誓旦旦。

巴萨尼奥不愿安东尼奥代己受罚，于是向鲍西娅提出：我愿意替他当庭还清，照原数加倍也可以。要是这样他还不满足，那么我愿意签署契约，还他十倍的数目，拿我的手、我的头、我的心做抵押。要是这样还不能使他满足，那就是存心害人，不顾天理了。请堂上运用权力，把法律稍为变通一下，犯一次小小的错误，干一件大大的功德，别让这个残忍的恶魔逗他杀人的兽欲。

但鲍西娅早已计上心来,故意说:那可不行,在威尼斯谁也没有权力变更既成的法律。要是开了这一个恶例,以后谁都可以借口有例可援,什么坏事情都可以干了。这是不行的。这使夏洛克更加坚信法庭会判照原约履行,并对自己有利。

中计的夏洛克禁不住地赞扬鲍西娅:聪明的青年法官啊,我真佩服你!鲍西娅虽然见夏洛克已经中计,但还是给了夏洛克一次机会:好,那么就应该照约处罚;根据法律,这犹太人有权要求从这商人的胸口割下一磅肉来。不过,还是慈悲一点,把三倍原数的钱拿去,让我撕了这张约吧。但夏洛克连这次机会也拒绝了:不急,等他按照约中所载条款受罚以后,再撕不迟。他已被胜利冲昏了头脑,只会对鲍西娅赞扬有加:您瞧上去像是一个很好的法官。您懂得法律,您讲的话也很有道理,不愧是法律界的中流砥柱,所以现在我就用法律的名义,请您立刻进行宣判,凭着我的灵魂起誓,谁也不能用他的口舌改变我的决心。我现在但等着执行原约。夏洛克连声称赞,却不知已被鲍西娅一步步地"请君入瓮"了。

众人再次向夏洛克求情,但夏洛克报仇心切,急不可耐:别再浪费光阴了,请快些宣判吧。夏洛克连最后的机会也拒绝了,他不给别人让步,自己也没有了退路。

于是鲍西娅将计就计:那商人身上的一磅肉是你的,法庭判给你,法律许可你。夏洛克不明就里,还在赞不绝口:公平正直的法官!鲍西娅故意重复一遍:你必须从他的胸前割下这磅肉来,法律许可你,法庭判给你。夏洛克又是一番赞扬:博学多才的法官!判得好!来,预备!夏洛克越陷越深,至此,已别无选择了。

但就在此刻,鲍西娅突然话锋一转:且慢,还有别的话哩。这约上并没有允许你取他的一滴血,只是写明着"一磅肉"。所以你可以照约拿一磅肉去,可是在割肉的时候,要是流下一滴基督徒的血,你的土地财产,按照威尼斯的法律,就要全部充公。

这下夏洛克傻眼了:法律上是这样说吗?鲍西娅说:你自己可以去查查明白。既然你要求公道,我就给你公道,而且比你所要求的更公道。

夏洛克见状不妙，于是改口道：那么我愿意接受还款，照约上的数目三倍还我，放了那基督徒。夏洛克想得倒美，以为自己还有退路。

巴萨尼奥也想就此了事：钱我已经预备好在这儿，你拿去吧。但鲍西娅反唇相讥：别忙！这犹太人必须得到绝对的公道。他除了照约处罚以外，不能接受其他的赔偿。而且，他已经当庭拒绝过了，我们现在只能给他公道，让他履行原约。所以你准备着动手割肉吧。不准流一滴血，也不准割得超过或是不足一磅的重量；要是你割下来的肉，比一磅略微轻一点或是重一点，即使相差只有一丝一毫，或者仅仅一根汗毛之微，就要把你抵命，你的财产全部充公。这正是"以其人之道，还治其人之身"。

至此，夏洛克已理屈词穷：好，那么魔鬼保佑他去享用吧！我不打这场官司了。这是夏洛克不顾众人多次规劝、一直坚持要照约履行的后果，也可以说是他"理"所必至、自食其果。

当然，莎士比亚的《威尼斯商人》是一部喜剧，莎翁只是对法庭诉讼进行了戏剧化的描述，难免有值得商榷的地方。我们还可以接着从法律的角度把这场戏继续演下去。

安东尼奥说：原本是可以如数偿还你三千块钱的，但商船失事了。商船失事是不可抗力，是法定的免责事由，你不能再要求我照原约履行。

夏洛克反驳说：我早就预料到了会有风险，还特意提醒过你们，虽然你有几艘商船往来在海上，此外还有遍布在海外各国的买卖。可是那些船只不过是几块木板钉起来的，水手也不过是些血肉之躯，岸上有老鼠，水里有老鼠，陆上有强盗，海上也有强盗，还有风波、礁石等各种危险。所以，尽管你是个有身价的人，可是你的财产还有些问题。我这才要求找一个公证人，并在他那里与你签约。

而且，如此签约，开始只是我们之间的一种玩笑，就连这种玩笑，巴萨尼奥都不愿意。他说他宁愿安守贫困，也不能让您为了他签这样的约。但你过于自信而当真了，你坦然地对巴萨尼奥说：怕什么，我决不会受罚的，就在两个月内我就可以有九倍于这笔钱的数目收进来。还怕还不了他吗？你还不顾巴的反对，一再声称：这又有什么要紧呢？只不过两个月的时间，我的船就回来了。可见，商船失事并不是什么不可抗力，你是预见到了的，并非常自信能够避免它。我如此签约，也无恶意，我说过：难道安东尼奥的一磅肉比一磅羊肉、一磅牛肉更有价值吗？我是为了博得真诚的友谊才向你们伸出仁慈之手。连你自己都对巴萨尼奥说：这犹太人快要成为基督教徒啦，他的心肠好多啦！事实表明，我是用心良苦，根本没有逼你，如此签约是完全出于你的自愿，甚至是你自己要求的。为此，我们还请了一个公证人，契约就是在他那里签的，他可以作证。当事人之间的合意就是神圣的法律呀！必须得到法律的保护！

公爵等人申辩说："债不及人身"，民事契约不能用肉刑的方式来履行，不能偿还三千块钱，就割一磅肉，这种契约违背了公序良俗，理应自始无效。

夏洛克辩解说：血肉相连，割肉就会流血，尽管契约没有写明，但这是其中应有之义。请问谁能割肉而不流血，尤其是不流一滴血呢？律师还说：割肉"也不准割得超过或是不足一磅的重量；要是你割下来的肉，比一磅略微轻一点或是重一点，即使相差只有一丝一毫，或者仅仅一根汗毛之微，就要把你抵命，你的财产全部充公。"再请问谁的刀法能如此精准呢？律师提出这些要求是十分苛刻的，根本不合常理，她是在故意刁难我，剥夺我的权利。

鲍西娅说：我叫你去请一位外科医生来替他堵住伤口，免得他流血而死。这其实是好心提醒你，也是给你最后一次机会，但你仇迷心窍，未解其意，还嚷嚷"约上有这样的规定吗？我找不到，约上没有这一条"。你自己把最后一次机会也给拒绝了。割肉流血，这是常识，你自己理应知道，并在约上写明，但你偏偏没有这样做，这怪不得别人，只能怪你自己疏忽大意。

夏洛克最后辩解：我向他要求的这一磅肉，是我出了很大的代价买来的，它是属于我的，我一定要把它拿到手里。您要是拒绝了我，那么你们的法律去见鬼吧！威尼斯城的法令等于一纸空文。我的个人权利与威尼斯的法律是一体的，律师以卑鄙的机智使我的个人权利化为乌有，但在我个人权利化为乌有的同时，威尼斯的法律也崩溃了，最终人们对法律、法庭、法官的信仰也会化为乌有。我要"一磅肉"是法律赋予我的权利，我为个人权利而斗争就是为法律而斗争，我个人权利丧失事小，但法律尊严丧失事大。为了捍卫法律的尊严，实现法治的昌明，请法庭支持我的诉求。①

各自的道理还可以继续讲下去，但究竟谁能获胜，最终是由当事人自己所掌握的真理优势决定的，诉讼发现真理，法庭宣判真理。

三　诉讼发现正义

诉讼的中心环节是法庭辩论，在历史上，这种辩论就是辩证法的原型，辩证法是哲学之魂，也是法律之道，人们用辩证法来辩论法律问题和哲学问题，法庭辩论最后往往要诉诸公平正义等核心哲学问题，这样，法律问题成为哲学问题，法律辩论成为哲学辩论。如在古希腊时期，人们经常在法庭上通过辩论来讨论哲学问题，如善恶、虔敬、权利、义务、正义，等等。

如对苏格拉底的审判就是如此。②

由于当时的雅典把庶民政治体制和传统道德宗教视为是天经地义的，不许人们批判。而作为哲学家的苏格拉底，偏好聚众议论，大放厥词，针砭时弊，以为他反对城市自治和民主政体，他以揭露别人不智为乐，以驳得别人狼狈不堪为荣，其言行获罪于人，遭人嫉恨，于是引起了分别代表当时学界、艺界、政界人物的迈雷托士（诗人）、赖垦（修辞学家）和安匿托士（政客）的痛恨，于是他们三人把苏格拉底告上法庭，控告他犯有慢神、蛊惑青年之罪。

面对他们的诬告，苏格拉底为自己进行了申辩。

对于慢神之罪，苏格拉底为自己申辩道：你们说我慢神，是因为你们把我当成"智者"，这类人几乎天上地下的一切无不钻研，口才雄辩而强词夺理，而且必不信神。但雅典人啊，我不但厌恶智者，而且与那种知识毫不相干，在座的很多人听过我讲话，你们可以相互质问，究竟有多少人听过我这方面的言论。我的申辩也证明，我毫不善辩，只会朴质

---

① 耶林就是为夏洛克辩解的。参见梁慧星主编《民商法论丛》，法律出版社 1994 年版，第 40—41 页。

② 参见［古希腊］柏拉图《游叙弗伦 苏格拉底的申辩 克力同》，严群译，商务印书馆 1983 年版；［美］斯东：《苏格拉底的审判》，董乐山译，生活·读书·新知三联书店 1998 年版。

地说真话，但你们把这也当作善辩。我不但不善辩，而且厌恶智者们、诡辩派的论辩术，它的实质就是取悦于人的"马屁术"①。我只是奉神命去拜访那些自以为智者的人，结果发现他们只是自以为智，假装有智，其实不智。我揭穿了他们的不智，别人便以为我智，其实不是这样的，我同样不智，只是我与他们不同，我不以不智为智，而以不智为不智，但这点智慧也不过是人的智慧。惟有神才真有智慧，神的谶语说，人的智慧渺小，不算什么，神借我的名字，以我为例，提醒世人："世人啊，你们当中，唯有如苏格拉底这样的人最有智慧，因为他自知其智慧实在不算什么。"我冒用了智者的不虞之誉，你们把我当作智者必不信神而诬告。其实，我遵奉神旨，遍访智者，并用辩证法指出此人不智，每见一人不智，便为神添个佐证。为了这宗事业，我无暇顾及国事、家事，因为神服务，我竟至于一贫如洗。你们怎么能说我不信神、慢神呢？！你们一方面控告我是无神论者，必不信神，另一方面又控告我不信国教，引进新神，这如同相信有鬼神的踪迹而不相信有鬼神，但鬼神也是神的一种呀，你们岂不是自相矛盾吗？

对于蛊惑青年，原告控告苏格拉底"从最著名的诗人中挑选最不道德的诗句"来教导追随他的青年要"做暴君和坏人"，轻视现行体制，蔑视法律，狂乱起来，其弟子克里底亚斯和阿尔西比亚德就是典型，前者在三十僭主中，是"最贪婪、最暴力和最阴险的"，后者在民主政体时期，是"最荒淫、最骄横和最强暴的"②。苏格拉底为自己申辩说：我并没有蛊惑青年，没有把青年教育成暴乱分子，因为教育是一门专业技术，不是人皆能之，正如不是人人能当马夫一样。并且，有些知识是教不了，学不到的。我不曾为任何人之师，我同别人接谈不过是我发问，愿者答，听我讲，而且从不收费。我不曾传授任何人什么东西，他们有人变好与否，不应由我负责，如有人说从我这里学会或听到了什么东西，请认清他说的不是实话。我不聚徒讲学，青年人之所以自动追随我，听我讲话，

---

① ［美］斯东：《苏格拉底的审判》，董乐山译，生活·读书·新知三联书店1998年版，第107页。

② 同上书，第32、74页。

是因为他们乐于听我盘问那些不智而自以为智的人，并时常模仿我，去考问别人。如果说我蛊惑青年，那么他们就会告我、报复我，可他们却愿意帮我。这就说明你说的不是实话。众所周知，和好人相处比同坏人相处更好，因为好人总是使同伴受益，坏人总是为害于同伙，而我竟然愚蠢到连这个道理都不懂，不知道把同伙引诱坏了，自己也有受害的危险，反而如你们所云，有意去引诱他们？世人是不会相信你们的。神派我一个职务，要我一生从事爱智之学，检察自己，检察别人，敦劝人们修身进德，这是神之所命，神之所托，也是我的志业所在，我一息尚存，绝不改行易操，哪怕为此要死多少次。神派我来到我帮，让我到处追随你们，整天不停地唤醒、劝告各位，把你们从昏睡中唤醒，正像牛虻刺激良马使其不至于因肥大而懒惰迟钝一样，可你们却恼我恨我，听信谗言要杀我，从此你们余生可以过着昏昏沉沉的生活。我每日讨论道德与其他问题，你们听我省察自己和别人，是于人最有益的事，因为未经省察的人生没有价值。我不是为自己，而是为雅典大众，我造福于你们，我是神送给我帮的礼物，不可再得的礼物，我应该被当作公民英雄，免费供我在市政大厅一日三餐。但你们控告我不参与政治，不关心国事，一个最喜欢、最擅长辩论的人在国难当头之际却沉默不语，如此不爱国的人不是一个负责的好公民。其实不然，如一次在审判阿琴纽西岛战役中指挥雅典舰队的将领时，五十名审判委员中，我是唯一一个坚持到最后，反对将他们一起审判的，因为这种程序是不合法、不公正的。一次是三十僭主命令我去抓捕、处死侨民里昂，但被我拒绝了，我离开圆形大厅就悄悄地回了家。但这些事实你们都视而不见，只想诛我而后快！

当投票结束，宣判苏格拉底死刑以后，苏格拉底再次申辩。他说：尽管你们判我死罪，这不是因为我的申辩缺乏说服力，而是我不愿厚颜无耻地说你们最爱听的话，我认为不值得向你们哭哭啼啼，哀求你们可怜我，我不愿以失节的言行而苟活，任何人都不应当不择手段以求免死。现在我被你们判处死刑，行将离世，告我者却被事实判明不公不义，欠下罪孽之债。我受我的惩罚，他们受他们的惩罚。或许合当如此，如此安排倒也妥当。

人之将死，最会预言。我对你们说，我死之后，惩罚将立即及于你们，其残酷将远过于你们处死我。你们以为杀人能禁止人们指摘你们生平的过失，可你们想错了。这种方法不仅绝不可能，而且很不光彩。最光彩、最容易的不在于禁止，而在于自己尽量做好人。这就是我临刑前对你们投票判我死刑者的预言。

死并不可怕，死后的绵绵岁月不过美梦一夜而已，到了那边，我可以随便和那里的人们交谈，向他们发问，那是无限幸福的事，那里也许是极乐世界。好人终不会吃亏。然而那些加害我的人，他们会遭到谴责，惶惶不可终日。分手的时候到了，我去死，你们去活，但谁的去路好，唯有神知道。

在审批过程当中，就有人劝他承认罚款或逃离他帮，但都被苏格拉底严词拒绝了。

判处死刑以后，克力同力劝他逃监，他同克力同辩论了一番：尽管国家对我的审判是不公正的，但我为国家所生、所养、所教，国家有恩于我，高于父母有恩于我，我们对父母尚且不能不敬，对国家就更不能不敬。我们要念念于此以免行不义。虽然国家对我审判不公，但我不能以怨报怨，否则只能恶性循环，永无正义可言。我生活于此帮七十年，就是与国家合约甘为守法公民的七十年，以前一直没有不满，如不满可以离去，现在一有不满，就转瞬背约，即想逃离，这是最下贱的奴才所做的事。况且，我在法庭上已承认审判的结果，现在又拒不承认，而要逃监，这会促使人们坚信对我的审判是公允的，我自己反而成了法律的破坏者，好像我蔑视法律。法律至上，法制为贵，人生的价值莫过于此。为了维护国法的尊严，我情愿牺牲自己的性命。再说，逃亡于己于友都无益，不仅罪及友人，害其家破人亡，而且一个乱无法纪的人，任何国家都不会欢迎，也不能容忍，谁还愿意同我交谈呢？我每到一处，只会受人奚落，把我的逃监当作千古笑谈，笑我来日无多，还如此贪生怕死，贸然丧尽廉耻行此滔天犯法之事。这样一来，我们以前关于尊德行、重公义等言论就前功尽弃了？以后我们还怎样教诲别人？逃亡的生活毫无价值。总之，不得以逃亡的手段报复国家对我审判的不公，我不能做这种非理性、不正当的事。这是神指引的路。

苏格拉底的申辩，是为正义申辩，最起码是为他所认定的正义而申辩。如有人所以为的，他反对庶民政体，主张有法制的王政，实行贤明政治才是正义的。但历史证明，特别是包括雅典乃至全世界都抛弃了这种广场式全民直接的民主政体就充分地证明，苏格拉底的反对未必就不正确，他所主张的政体观也未必就不正义。他的申辩不能简单地以为就是为独裁专制的王权政治申辩。因为他虽然对民主派不屑一顾，但也没有同寡头派同流合污，他不但政治上保持中立，而且根本就不问政治，认为从事政治于己于世两无益处。苏格拉底的审判是对不公正审判的正义审判。尽管苏格拉底不愿承认自己是教师，但他终其一生实是一个教师，他只是在街头巷尾与人接谈辩论而已，仅仅是说说话而已，但他却被信奉民主政体与言论自由的国度和在公共场所好辩成风的城市所判死。苏格拉底是思想犯罪、言论获罪，对苏格拉底的审判是对思想自由、言论自由的审判，但思想自由、言论自由是永恒正义的，它们不应受到审判，审判它们的人终将被审判。如雅典审判苏格拉底，其实是在考验雅典是否真正信奉思想自由、言论自由的原则，雅典是否真有思想自由、言论自由。在民主派认为雅典最专制最暴政最黑暗的时期，克里底亚斯等僭主们也只是限制苏格拉底不得传授辩论术，禁止同青年交谈，但视民主为雅典基石的民主派却要宣判他死罪。这样一来，雅典审判苏格拉底，同时就转化为苏格拉底控告雅典。虽然雅典今天站在审判席上控告苏格拉底，但历史会将雅典当作被告来审判。苏格拉底年事已高，来日无多，剥夺他几年寿命，雅典毫无所得，只能留下永远无法抹去的历史污点。在法庭申辩中，苏格拉底虽然完全可以但他绝不援引民主自由原则和言论思想自由来为自己开脱申辩，因为它们不合自己心中的信念，援引它们就等于背叛自己的立场。这是何等的难能可贵，它充分说明苏格拉底不愧是坚贞不渝的志士。苏格拉底的死是为正义而死。对于苏格拉底不认罪而愿死，尽管有人以为是由于他以为自己现在无疾而终要比将来体衰病痛而死要好。常人都知道"好死不如赖活着"，但作为智者的苏格拉底，不但不愿为求生而乞怜于人，而且根本就不想为求生而申辩，相反，为求一死，他在申辩时口出狂言，一次次激怒陪审团，藐视他们的审判，他完全可以通过认罚或逃监而免于一死，但他嗤之以鼻，执意赴死。他认为哲学家不怕死，哲学家要研究死，哲学家该死，因为只有死才能把灵魂从肉体的束缚中解放出来。他视死如归，死得其所，他杀身成仁，不愧为一个殉道者。

所以不管怎么说。苏格拉底的申辩都是为正义申辩，是为正义申辩的光辉典范，对诉讼影响深远，为诉讼指明了方向。诉讼是对正义的追寻，诉讼发现正义。

四 诉讼发现法律

诉讼，不仅诉诸事实，也要诉诸法律。诉讼的过程就是诉诸法律裁判案件的过程。诉诸法律的过程也是检验法律的过程，诉讼是检验法律的唯一标准，只有通过诉讼才能发现法律的优缺点，才能发现法律。

法律是人所制定的，人的理性是有限的，人们按照自己有限的理性只能制定有限的法律，在特定条件下，有些法律是制定不出来的。这正如柏拉图所说的："法律在任何时候都不能完全准确地给社会的每个人做出何谓善德、何谓正确的规定。人类个性的差异、人们行为的多样性、所有人类事务无休止的变化，使得无论是什么艺术在任何时候都不可能制定出可以绝对适用于所有问题的规则。"[①] 立法不可能为（司法）诉讼提供足本的法律，但诉讼又必须解决各种纠纷，这是诉讼的使命，否则诉讼就失去了存在的价值。所以，不仅是英美等判例法国家赋予法官以"造法"的权力，就是法典化的大陆法系国家也赋予法官以自由裁量权，如《法国民法典》第4条规定"审判员借口没有法律或法律不明确、不完备而拒绝受理者，得依拒绝审判罪追诉之"，《瑞士民法典》第1条规定"无法从本法得出相应规定时，法官应依据习惯法裁判；如无习惯法时，依据自己如作为立法者应提出的规则裁判。在前一款的情况下，法官应依据公认的学理和惯例"。法官要全面正确地审结各种纠纷，就必须在诉讼中发现法律，以供不时之需。衡平法就是如此，衡平法的原则或精神是："凡是有法律的地方按法律审判，凡是无法律的地方按人们心中的法律公正地审判"，当法官在审判具体案件遇无法律时，有权根据自己

[①] 参见［美］博登海默《法理学——法哲学及其方法》，邓正来等译，华夏出版社1987年版，第8页。

的道德良心和公平正义进行审判。这些判决积累起来就形成了衡平法，衡平法是在诉讼中发现的。所以，诉讼是对立法的拾遗补阙，诉讼补充立法，诉讼发现法律。

霍姆斯说："法律生活历来不是逻辑，而是经验。"[1] 法律是经验的总结。人们没有经历就没有经验，没有经验就不能立法。这些经验何来，主要就来源于诉讼。法学与医学一样，也需要临床经验，法律的临床经验来源于诉讼。立法"高高在上"，立法委员大都是一些元老，立法会议受人数、会期、议题等限制，立法工作非常复杂。与之相比，诉讼就灵活、便捷得多了，尤其是诉讼直面纠纷，法官们经常遇到各种各样千奇百怪的案件，他们在诉讼过程中积累了丰富的经验。一般来说，谁有经验谁就应有立法权，法官比一般人包括立法者都更有经验，无疑最应享有立法权。在很大程度上可以说，如果法官不能立法，那么几乎就没有谁能够立法了。如果法官的司法经验不能上升为法律，那么法律的生命就会枯竭。虽然某些法官不能发现法律，但全国那么多的法官总有人能发现法律；虽然某一级的法院不能发现法律，但全国那么多级的法院总能发现法律；虽然某些法官滥用立法权"发现"法律，但严格的审判监督程序足以提供保障机制以防微杜渐。所以，我们应该放心授权法官去发现法律。

诉讼能发现新的法律。因为诉讼会遇到新的案件，新的案件会激励法官创新审结方法，创新审结方法最终会创新法律。如1882年埃尔默继承案即是如此。埃尔默为了早日获得其祖父在遗嘱中为他指定的遗产，在纽约用毒药谋杀了其祖父。此案由厄尔法官审判。由于这样的案件以前没有发生过，自然过去的法官也不可能做出可资本案援引的判例，在这种情况下，厄尔法官只能结合新的案情，按照自己对法律的理解，依据新的理由做出新的判决，其中重要的一条就是"任何人不得从其错误行为中获得利益"[2]。这样厄尔法官就发现了一个新的判例，也发现了一

---

[1] 参见［美］博登海默《法理学——法哲学及其方法》，邓正来等译，华夏出版社1987年版，第145页。

[2] 参见［英］德沃金《法律帝国》，李青宜译，中国大百科全书出版社1996年版，第19页。

条新的法律。法律就是这样通过发现一个个新判例、一条条新法律而不断发展完善的。

诉讼发现法律的不足。法律在诉讼中才能发现自己的不足。如我国的《反不正当竞争法》规定了九种不正当竞争行为，它们分别是：假冒仿冒商业标志、商业贿赂、虚假宣传、侵犯商业秘密、倾销、搭售、非法有奖销售、商业毁谤、串通招投标。但问题是这九种不正当竞争行为能包括一切吗？显然不能。因为市场竞争，千奇百怪，不正当竞争行为不仅新新不已，而且层出不穷，岂是区区九种行为所能包括无余？比如几年前山东胜利油田电视台曾为某商家做了一则广告，广告说，凡是顾客在某商场购买一套"仕奇"西服，就赠送一套"杉杉"西服。"杉杉"西服厂家得知后，就起诉"仕奇"西服不正当竞争，说是损害了它的合法权益，要求赔偿损失。该案从基层法院一直诉至山东省高院。各级法院的法官翻遍我国的《反不正当竞争法》，一一对比它所规定的九种不正当竞争行为，也不能把"购买一套'仕奇'西服赠一套'杉杉'西服"这种行为归到哪一种行为的名下，判定它究竟违背了《反不正当竞争法》的哪一条规定。其实，从《反不正当竞争法》根本就找不到能够直接适用于这个案件的法律根据，因为它不属于其中的任何一种。这就说明法律是存在不足的。法官要审结该案件，就必须发现法律。知不足而后足，通过诉讼发现法律的不足，法律才能健全完善。

诉讼发现法律的漏洞。法律不是天网，不可能疏而不漏，还可能漏洞百出。如《广告法》就是这样。现在的广告大都是名人广告，似乎没有名人就做不成广告，但许多名人广告、名人所代言的产品存在严重的质量问题，有的甚至是虚假广告，给消费者造成严重的人身和财产损失。但当消费者将其诉至法院时，法院却因为缺乏直接的法律依据而无法追究他们的广告法律责任。因为《广告法》的第2条只规定"本法所称广告发布者，是指为广告主或者广告主委托的广告经营者发布广告的法人或者其他经济组织"，其中不包括个人，把名人排除在外。直到2009年8月12日，国家工商总局发布《流通环节食品安全监督管理办法》，其中才明确规定，社会团体或者其他组织、个人在虚假广告中向消费者推荐食品，使消费者的合法权益受到损害的，与食品生产经营者承担连带责任。中消协负责人也建议，即将修订的《中华人民共和国广告法》将增设条款，对名人代言广告行为予以法律规范。如将《广告法》第2条的规定修改为："本法所称广告发布者，是指为广告主或者广告主委托的广告经营者发布广告的法人、其他经济组织或者个人。"据此，法院才能追究名人的广告法律责任。诉讼发现法律的漏洞，弥补法律的漏洞，这样法律才是天网恢恢，疏而不漏。

诉讼发现法律的弊端。如"免检制度"即是如此。国家质检总局根据《国务院关于进一步加强产品质量工作若干问题的决定》（国发〔1999〕24号），制定了《产品免于质量监督检查管理办法》。众所周知，"病从口入"，人命关天；民以食为天，食以安为先，因此必须对食品质量安全进行严格的监督检查管理，但我们竟然规定了"免检制度"，更让人匪夷所思的是，这样的制度竟然是以"进一步加强产品质量工作"为名而制定实施的，按理说，要"进一步加强产品质量工作"，唯一的办法就是"进一步加强产品质量工作"本身，怎么可能是"免于质量监督检查管理办法"呢？这样的办法只能导致一些违法经营者钻法律的空子、滥用此制度，生产销售质量安全不合格的食品，酿成食品质量安全事故，如"三鹿奶粉"事件就是典型。其实，在"三鹿奶粉"事件之前，就已经发生了许多类似的事故，如一些不合格奶粉所导致的"大头娃娃"等等，已损害了许多婴幼儿的身体健康，甚至剥夺了一些婴幼儿的生命。我们一些法院也开庭审理过多起这样的案件，但由于我们对法院诉讼重视不够，认为它们只是消极地适用法律，没有把在法院诉讼中发现的法律弊端直接反映到立法、执法部门，促使它们及时修改、废止存在这些法律，导致一些恶法为恶不止。我们有关执法部门可以制定条例，但我们天天跟诉讼案件打交道的司法机关却只能作司法解释，这种现状应该改革。痛定思痛，我们再不能仅仅把诉讼看作只是消极地适用法律，而必须高度重视法院诉讼发现法律的功能，特别是诉讼发现法律弊端的功能。如果不重视诉讼中所发现的法律弊端，那么就丧失了发现法律弊端最主要的途径，法律的完善就没有了可能，制定优良的法律也难以实现，因为发现了法律的弊端，才能更好地完善、制定法律。而且，发现法律的弊端也是对法律的重大发现，其意义高于制定优良的法律本身，因为良法尚未出台，其是否优良尚待检验，即使其真的优良，其优良价值也可以由其他法律延补，但正在实施的恶法，犹如放纵的猛兽，如不及时制止，其危害性就无法预料。

　　由此可见，不仅"重实体法轻程序法"是错误的，就是把诉讼法认为是程序法本身也是错误的。卢曼、霍贝尔等人都认为，法律的发展是通过程序体系的严密化而实现的。[①] 诉讼发现法律，诉讼完善法律，诉讼制定法律，诉讼是法律之母。

---

　　① 参见季卫东《法律程序的意义》，中国法制出版社 2004 年版，第 23 页。

第十三章

国际法哲学

一 国际法哲学原理

（一）国际法与哲学

国际法的属性决定了国际法与哲学密切相关，在很大程度上可以说，国际法主要是一种哲学理念、价值信仰和原则宣示，或所谓的是"各民族的法律良知"。

最早的国际法并不是法，最起码它们没有多少法律规则和法律意味。如世界上第一部体系最为完整的国际法著作——格劳秀斯的《战争与和平法》就是如此。这是有历史背景的。国际法起始于近代16世纪，当时法、英、西诸国纷纷独立，成为民族国家，它们享有了国家主权，国家主权取代了世界主权，国际社会已没有了共同的统治者，处于无政府状态；加上殖民地的开拓、新大陆的发现和贸易的扩张，等等，国际秩序更加混乱不堪。这种无序混乱的国际状态迫使时人去确立国际关系的原则和规则。[①] 但当时主权平等的各国，谁也不能单方面地确立这些原则和规则，或者把自己信奉的原则和规则强加于其他国家，使之变成国际法原则和规则。这些原则和规则只能是各国所共同服膺和信从的东西，在当时这种东西只能是既神圣又有世俗的自然法。所以那时的法学家包括国际法学家大都从自然法的角度去阐述国际法。格劳秀斯也是如此。他企图在自然法哲学的基础上建立国际法，所以，他常常将国际法与自然法混为一谈，并且在谈论自然法时又掺杂着宗教教义和哲学争论。应该

---

① 参见周鲠生《国际法大纲》，中国方正出版社2003年版，第7—8页。

说，这是非常明智的选择，也是行之有效的方法。在他的著作中不易找到明确的国际法规则足以充作处理国家之间问题的根据。在西方，格劳秀斯的话在不少场合——外交文件或法院判决——被引证，但那是作为道理的依据而不是作为依据的规则。[①] 之所以如此，除了上述历史原因以外，也是由国际法自身的属性决定的。因为国际法重要的不是更多的规则，规则再多，但由于没有一个强力机关去实施它们，结果也是枉然。因此，对于国际法来说，重要的是以理服人，人们在思想上服膺了道理，自然就会在行为上遵从规则。国际法应致力于哲学理念、价值信仰和原则显示，而不是迷失于繁杂的具体规则中。不仅国际法的早期著作如此，即使是后来乃至今天的国际法也应如此。但反观现在的许多国际法著作，它们恰恰丢掉了格劳秀斯等国际法元祖所创立的优良传统，过于偏重那些具体规则了，以至于许多人对国际法基础理论越来越不重视，国际法学越来越缺乏理论感，也越来越难有理论上的突破。包括一些被反复修订的经典权威的国际法著作都是如此。所有这些都说明，哲学是国际法的本体，也是国际法的根本，国际法必须始终抓住这一根本，国际法需要高度哲学化，这样才能充分发挥其作用。

国际法与国内法不同，国内法的效力根据是国家强制力，由国家强制力保证国内法的有效实施，国家强制力是法律的一个基本属性和重要特征。但国际法与之不同，国际法的效力根据不是国家强制力，因为国家之上已没有类似的国家强制力，国家之上已没有任何政府，国际社会处于"无政府状态"，国家也不是基于强制力而服从国际法，而是基于非强制力的因素而服从国际法，这些因素包括自然法则、人类理性、人类良知、世道公理，所以有人又把国际法称为"国际实在道德"。这就说明，要使国际法得到各国的共同遵从，一是国际法本身要真正具有人类理性、体现人类良知、合乎世道公理；二是必须说服或迫使那些不讲道理、奉行"强权即公理"、冒天下之大不韪的国家服从国际法；一是要形

---

① 参见邓正来编《王铁崖文选》，中国政法大学出版社 2004 年版，第 344 页。

成一种"约定必须遵守"的规则①和服从国际法的文化②；等等。这些方面都离不开讲道理、造舆论，严格来说，真正有效的国际法制裁主要就是国际舆论。如同一个人"无信不立"一样，一个国家也是如此，"信，国之宣也"③，"守之以信"乃立国之道，一个不讲信用的国家会被世人斥为"不文明国家"，没有国家愿意与之交往，最终无法立足于世。但要把道理讲清讲透，讲得人们心服口服，要把国际舆论造得有根有据、有理有力，使那些违法国家真正受到国际舆论的谴责，都离不开哲学，而且必须达到哲学的水准。因为哲学是讲理的学问、是舆论的工具。

国际法是国家之间共同的法律，旧称"万国法"更能体现国际法的属性。国际法应有国际视野、世界立场和天下情怀，这样的法律一定有其坚实的哲学基础，崇高的哲学理想，一定非常哲学化，也必须哲学化。哲学是世界观，有世界观的法律才能成为世界法、国际法。如果缺乏世界观，只有狭隘的地域观念、自私的民族利益和霸道的国家立场，那就不可能有国际法。"国际法不承认国际社会成员以宗教、地理或文化不同为依据的差别"，"国际法律秩序适用于整个由国家组成的国际社会，并在这个意义上具有普遍的性质"④。

国际法，又称国际公法，但人们只是把它当作与国际私法相区别的一个概念，而没有认真对待和真正揭示"国际公法"中"公"的含义和意义。其实，"公"是国际法的决定性因素，国际社会出于和为了国际社会之"公"才有国际法，没有"公"就没有国际法。如果在国际社会中，私字当头，各国大行其私，"当私不让"，那就没有国际法。如国际私法，虽然冠以"国际"二字，但严格来说它并不是国际法，而是指导法院遇

---

① 著名国际法学者拉克斯曾说："所有文明，从最早起，都承认'约定必须遵守'这项规则，它通过许多世纪而留到现在。亚洲最古老的宗教（儒教、佛教和以后的伊斯兰教）都特别注意遵守已订立的协定的义务。"转引自邓正来编《王铁崖文选》，中国政法大学出版社2003年版，第300页。

② 参见[美]路易斯·亨金《国际法：政治与价值》，张乃根等译，中国政法大学出版社2005年版，第67页。

③ 《左传》。

④ [英]詹宁斯、瓦茨修订：《奥本海国际法》（第1卷1分册），王铁崖等译，中国大百科全书出版社1995年版，第48、50页。

到某种案件时适用何国法律的问题，它最终还是某国的国内法。也因为国际私法之"私"，所以其核心是"冲突法"。而国际公法之"公"，要求国际社会成员避免"冲突"，相互礼让，国际公法才得以形成和遵从。"公"是国际法的根本属性，国际法因为其"公"，才使其能够超越世界各国的特性、私利和局限而被世界各国所一致公认和共同遵从，国际法是最具普适性的规范，真正实现了"放之四海而皆准"。国际法之"公"、国际法是公理，国际法是国际社会最大的"公约数"，决定了国际法必须哲学化，而真正的哲学也是公理，哲学不是私人呓语，而是时代精神的精华，哲学的本性决定了哲学无法自私，哲学敌视私性。国际法之"公"决定了国际法是国际社会公认、公共和公理性的东西，是从纷繁复杂、多元冲突的国际社会中高度抽象出来的东西，是最抽象、最普适的东西，因而也是哲学的东西。

国际法的另一个效力根据是"公认"，"国家的同意是国际法的基础"①，如国际协定、国际条约等都是其具体表现，因为各国公认它们，它们在国际社会才有法律效力。"同意"以及由之而来的"约定"在国际法上具有重要意义，因为它们是经过各独立国家之间反复磋商谈判、斡旋调停、讨价还价后得出的，这既是一个实力较量的过程，也是一个追求公平的过程，还是一个认识真理的过程，经由"契约自由"、同意而达成的约定才能保证公平公正，具有公平公正的约定才是真正的国际法。随着帝国主义、霸权主义和大国思维的逐步消减以及国家实力之间的不断势均力敌和国家秩序的日益改善，国际法会越来越公平公正。国际法就是世所公认的公理和由此条文化的共同的原则和规则。实在国际法学派甚至认为，"公认"是国际法唯一的（效力）基础，一项规则能否成为国际法取决于各国的意志，只有将各国意志合成"共同意志"才能成为国际法。比之更为激进的新实在国际法学派认为，国际法的效力取决于国际政治秩序，而国际政治秩序又决定于国家权力之间的匹配，国家权力之间的"势均力敌"是国际法存在的基础，也是国际法效力的根源。

---

① 参见［美］路易斯·亨金《国际法：政治与价值》，张乃根等译，中国政法大学出版社2005年版，第36页。

这种认识进一步发展就是"强权即公理"的主张和策略。① 但即使如此，也否定不了国际法的哲学属性。因为一种规则没有服人的哲理，不能让世人服膺，是不可能得到世人所公认的。即使是强权，能够一时"强权即公理"，但不能一世如此。即使像美国等强权国家，虽然一直信奉"强权即公理"，但它们也不是赤裸裸的，而是先要大造哲学舆论，非常哲学地对自己的强权理论和强权政策加以包装和伪饰，包括入侵伊拉克、驻军阿富汗、打击利比亚、叙利亚等，都是打着自由民主、人权保障、世界安全、普世价值、人类解放等非常哲学的崇高旗号进行的。哲学斗争只能以哲学对哲学，以真哲学揭穿伪哲学，要揭穿帝国主义这种哲学伪装必须同样诉诸哲学真理。国际法水平的高低在于国际法有无哲学、是否哲学化以及哲学化的程度。如果我们的国际法没有哲学、不能哲学化，如果我们的国际法学家没有很高的哲学修养，那么他们在国际交往和国际斗争中就会为表象所迷惑，当遭到攻击时也无反击能力，这是难以维护国家和民族的合法利益的。

毋庸讳言，我们在这方面一直是短板，如人权。过去我们认为人权是资产阶级的口号，甚至是资本主义的专利，似乎社会主义就不讲人权，不保障人权，这不仅在理论上讲不过高举"自由、平等、博爱"大旗和标榜为人权卫士的资本主义国家，而且自己把自己逼进了理论困境。如果社会主义不讲人权、不保障人权，那何谈社会主义的优越性？更何谈社会主义比资本主义优越千百倍？后来，我们不得不回过头来讲人权，"人权入宪"，保障人权。又如宪政。我们对宪政讳莫如深，以至于禁言宪政，好像宪政是资本主义的专利，社会主义不讲宪政。这又犯了和人权一样的错误。其实，宪政也非资本主义的专利，资本主义有资本主义的宪政，社会主义有社会主义的宪政，而且社会主义的宪政应该应该优越于资本主义宪政。为了避免像人权那样自己打自己的嘴巴，我们完全可以有理有据地讲宪政，讲出社会主义宪政与资本主义宪政的不同之处和意义所在。再如普世价值，我们一直就不承认什么普世价值，这不仅自我致诘，而且不可理喻。因为人只要是人，人同为人，肯定有其共同

---

① 参见邓正来编《王铁崖文选》，中国政法大学出版社 2004 年版，第 148 页。

价值观，人类世界、国际社会也肯定存在普世价值，否则就没有国际交往、和平共处、人类一家、天下大同可言。只不过，普世价值不只是美欧等西方资本主义国家的价值观，也是社会主义国家的价值观，如社会主义核心价值观——富强、民主、文明、和谐，自由、平等、公正、法治、爱国、敬业、诚信、友善——与普世价值并不矛盾，也是一种普世价值。习近平主席就曾指出："和平、发展、公平、正义、民主、自由，是全人类的共同价值，也是联合国的崇高目标。"① 究竟何谓普世价值？不能只由美欧资本主义国家说了算，也有社会主义国家的发言权，应由全人类全世界各个国家各种文明平等对话、和平协商和一致公认。因此，正确的理论态度是，我们高度认同普世价值，但绝不认为美欧等资本主义国家所推崇的价值观就是普世价值，并且是唯一的普世价值。反思上述种种，我们之所以在国际斗争中不能理直气壮，一个重要原因就是，我们的法哲学素养不够博大精深，不能对人权、宪政、普世价值等人类共同的、美好的价值理念慎思明辨，结果把它们拱手让给了别人，这就为别人提供了打击自己的理论武器。要改变这种窘况，就必须提高我们的法哲学包括国际法哲学素养。

所以，我们一定要高度重视对国际法哲学或国际法基本理念的研究。

(二) 国际法的基本理念

1. 人类一家

正如人不能离群索居一样，由人所组成的国家也不能遗世独存，国家之间必须交往，交往必须要有约定公认的规则，这正是国际法的本源。

纵观国际法的历史，最早的国际法起源于威斯特伐里亚公会，当时的到会国都是一些基督教国家，所以近代国际法之发起者为基督教的欧洲②，是以欧洲为中心的国际法，或者叫作欧洲国际法。第一次世界大战后建立的国际联盟，只有45个创始会员国，最多时也不过68个国家，其中大都是欧洲国家，只有2个美洲国家、8个亚洲国家和6个非洲国家。

---

① 参见中国国家主席习近平2015年9月28日在纽约联合国总部一般性辩论——《携手构建合作共赢新伙伴，同心打造人类命运共同体》。

② 参见周鲠生《国际法大纲》，中国方正出版社2003年版，第10—11页。

那时的国际法还是以欧洲为中心的国际法。第二次世界大战后建立的联合国，也只有51个创始会员国，其中亚非国家仍占极少数。① 那时的国际法是以欧美为中心的国际法。因此，至此为止的国际法并不是真正意义上的国际法，它具有中心地域范围、主导文化价值，未能包容世界，因此它只有一定的国际性但尚无世界性。但国际法的世界性在日益扩大，包容的国家也越来越多。随着殖民体系的纷纷瓦解、民族独立解放运动的蓬勃发展，新兴国家日益增多，到现在，联合国已有190多个成员国，其中发展中国家占到了2/3以上。至此，联合国才真正把世界各国和各国人民联合起来了，组成一个大家庭，实现了人类一家，构成了人类命运共同体。这种世情促使国际社会结构发生了显著变化，这种变化必然带来国际法的变革。国际法不能仅仅以欧美为中心，而必须以世界为中心；国际社会不能仅是少数发达国家的俱乐部如西方"七国集团""G8"或"二十国集团"，而应是国际大家庭；国际法不能再是少数大国操控国际社会的工具，而必须成为所有国家特别是发展中国家共同发展的国际舞台；国际法不能再以基督教文化为主导，而必须包容吸纳世界各种文化；等等。为此，国际法做出了许多规定和努力，如《国际常设法院规约》第38条（卯）规定："各国权威最高之公法家学说，作为确定法律原则之补助资料者。"第9条规定："每次选举法官时，选举人……应注意务使法官全体确能代表世界各大文化及各主要法系。"上述国际法发展的新动向，引起了许多学者的关注。瑞典外交部法律顾问特腾贝格教授认为，国际法总体上包括三个要素：以欧洲中心体系为依据的传统国际法、以古代文化和显明的宗教价值为依据的新兴第三世界的国际法体系、以马克思主义——社会主义对国家间的关系为依据的国际法体系，今天的国际法有"人类的共同根源，而不同文化和法律体系所形成的各种文明都作出了贡献"。国际法的历史"是一个真正的世界性历史"。② 世界著名国际法学家王铁崖也指出，国际法经历了以欧洲为中心体系的传统国际法到以世界为中心的现代国际法的过渡，也即从局部性的国际法过

---

① 参见邓正来编《王铁崖文选》，中国政法大学出版社2004年版，第20页。
② 同上书，第22页。

渡到普遍性的国际法。①

不过，国际法目前正处于上述过渡之中，尚未彻底转变。国际法要实现彻底转变，需要哲学基础和哲学指导。（1）哲学追求普遍性，普遍性的国际法必须以普遍性的哲学为基础和指导。（2）哲学是世界观，哲学是世界性的，哲学突破乃至反对一切地方性的东西。国际法只有具备了哲学的世界观，放眼世界、情怀天下，打破和抛弃源于欧美中心主义的近代国际法观念（这种观念不文明地把非欧美国家贬为"不文明国家"），才能成为具有世界性的国际法。哲学本质上是人学，旨在解放人、服务人，人文精神、人文价值、人文关怀始终是哲学的核心和主旨，不管哲学有何具体表现形式，都只是它们的不同阐述而已。哲学为国际法提供了价值基础，国际法应该是哲学人文精神、人文价值、人文关怀在国际规则上的具体化，国际法也是人学，但只有哲学化的国际法才能成为人学。国际法和任何其他法律制度一样，其发展方向和终极价值都是为了保护人——个体和整体的人。国际法院前院长 Bedjaoui 认为，国家在终极上不过是人的共同体，而国际社会不过是人民的共同体，因此，国际法的最终目的是服务于人。一位德国国际法学者则称国际法为"人类宪法"②。由于国家是抽象的，而人是具体的；国家充满了政治色彩，各种意识形态给国家制造出各种差别，甚至使国家之间相互对立，而人在本性是相同的，各国人民"性相近"，他们之间远比各个国家之间更能友好往来；国家往往为政治力量所操纵所折腾，弄得国际社会乱象丛生，而人更注重实实在在的生活，更愿意过安稳日子；等等，这些因素决定了人民优越于国家，人民比国家更有价值，国际法从以国家为本位走向以人为本位，必然会使国际法更人性化、更亲民、更有人情味，当代国际法日益突出了这方面的内容，如国际人权法、国际刑法、国际环境法

---

① 参见邓正来编《王铁崖文选》，中国政法大学出版社 2004 年版，第 23 页。
② See Mohammed Bedjaoui, General Introduction, Mohammed Bedjaoui, ed., *International law: Achievements and Prospects*, p. 12 (1991). Christian Tomuschat, *International law as the Constitution of Mankind*, United Nations International law on the Eve of the Twenty-first Century: Views from the International law Commission, pp. 37–50 (1997). 转引自孙世彦《中国的国际法学：问题与思考》，载《政法论坛》2005 年第 4 期。

等。(3) 国际法是人类团结的纽带,只有从人类的观念和立场去构建国际法,国际法才有存在的合法性。只有在人类一家、天下一家亲的大同世界里,才有真正的国际法。但迄今为止的国际社会,依然存在一个民族或国家压迫剥削,甚至屠杀另一个民族和国家的严峻现实,这是国际法无力的表现,也是国际法本身的污点。这种现象不消除,国际法就无法赢得世人的信任,也就没有真正的国际法。而之所以会出现这种现象,一个根本的原因就是世人特别是那些帝国主义国家还没有完全牢固地树立"人类"的观念和立场。但这离不开哲学。人类、人类,"人"总是和"类"两字相提并论,这种构词法和提法本身就昭示了一种深刻的哲学思想——人是一种"类存在物"①。人不能离群索居,而只能和人组成一"类"才能存在,它决定了人只能是社会存在物,人不仅要在国内社会存在,而且要在国际社会发展;"类"是人与人之间的共同脐带,也是人与人之间的原始基因,"类"使人们具有亲缘关系,组成一个大家庭,人类一家亲②;人只能以"类"的方式存在,同是人只能以类似的方式存在,而不能以非类的方式存在,这正是人类为什么坚持不懈地追求平等、公平、公正和天下大同的根源;"类"使人类化,是人与人之间任何力量都无法斩断天然纽带;等等。人类原本一家,人类理应一家,人类必须一家。

当今是一个开放的时代,任何国家都无法闭关锁国,遗世独立,而必须对外开放,参与国际分工与合作,才能谋求生存与发展,否则就是自取灭亡,就会被开除球籍,各国人民从来没有像现在这样强烈要求开放自己,融入世界;当今又是一个全球化的时代,人与人之间、国与国之间、地区与地区之间日益融化,以至于你中有我,我中有你,各国人民只能同舟共济、荣辱与共,在利害攸关、一损俱损的世界格局下,谁也无法独得其利、独善其身,各国人民从来没有像现在这样待人如己,

---

① 参见《马克思恩格斯全集》第42卷,人民出版社1979年版,第94页等。
② 人类学家和考古学家们的研究和发现充分地证明,人类的历史开始于200万年前的非洲,人类都是从非洲丛林走出来的。参见 [英] 赫·乔·韦尔斯《世界史纲》上册,吴文藻、谢冰心、费孝通等译,广西师范大学出版社2001年版,第50、52页;[美] 菲利普·李·拉尔夫等:《世界文明史》上卷,赵丰等译,商务印书馆2006年版。

平等互利；当今还是一个核时代，世界面临着核威胁，如果再次发生世界大战，结局将不再有胜利者，而只有人类的毁灭、地球的毁灭，各国人民从来没有像现在这样节制武力、爱护和平；等等。在这种世情下，各国人民和国际社会必然会具有一种超越民族立场和国家利益的新的思维方式和新的思想理念，那就是以世界为视野、以天下为己任、以人类为本位，它们将改造甚至重构国际法，国际法将不断地去民族化和去国家化，而最终走向人本化和人类化。

当前，国际法已经显示出人类本位的发展趋势，确立了一系列的国际法规则和制度，如《南极条约》《保护世界文化和自然遗产公约》《指导各国在月球和其他天体上活动的协定》《联合国海洋法公约》等国际法，提出和确立了人类共同继承财产等原则，而且建立了联合国教科文组织、联合国粮农组织、世界卫生组织、联合国开发计划署等国际组织超越了国界以致力于促进人类的团结合作和共同利益。所有这些都表明，"国家的价值将继续让位于人的价值"[1]，"人们可以很自信地说，对人的价值的全面关注会继续增长"[2]。国际法正日益向保护全人类利益的人类法迈进。只有当世人完全牢固地树立了这种哲学人类学的观念和立场，国际法才能彻底革除目前的一些非人类和不人道的因素，成为名副其实的国际法。

2. 永久和平

永久和平是国际法的根本宗旨，也是一些国际组织的基本使命。但从国际法的历史来看，国际法却始源于战争，是战后的产物，准确地说是战争惨重教训的总结，其宗旨是防止和避免战争的重演。如世界上第一部有完整体系的国际法著作是1625年出版的格劳秀斯的《战争与和平法》，它以战争为重点，但系统地论述了国际法的重要内容。[3] 如它区分正义战争与非正义战争，"海洋自由原则"等。在历史上，15世纪末，欧洲主要国家逐步演变为中央集权的民族国家，它们为了最大限度地攫取

---

[1] 参见［美］路易斯·亨金《国际法：政治与价值》，张乃根等译，中国政法大学出版社2005年版，第2页。

[2] 同上书，第405页。

[3] 参见邓正来编《王铁崖文选》，中国政法大学出版社2004年版，第151页。

国家利益，爆发了长达30年的国际大战。战争的持久性和残酷性使各国君主普遍意识到必须召集会议以确立一些共同的国家行为准则，于是1648年召开了威斯特伐里亚公会。它确立了近代国际法的基本原则，如主权平等、领土主权、海洋自由等，它对国际法的形成起着奠基性的作用，标志着近代国际法的产生。1789年法国大革命，对于国际法的发展也发生了重要作用，因为它提出了国家的基本权利和义务的概念，主张国家对领土的主权和对公民的管辖权，在大革命结束后通过的1793年法国宪法确立了民族自决和不允许干涉内政的原则，赋予外国人以庇护权，在战争中贯彻人道主义精神，区分战斗员和非战斗员，保护平民，给予战俘人道待遇，等等。[①] 这些规定大大地丰富了国际法的内容。第一次世界大战之后，一些国家签订了《国际联盟盟约》，建立了历史上第一个世界性的国际组织——国际联盟；通过了《国际常设法院规约》，建立了历史上第一个国际司法组织；1917年苏联社会主义国家提出了"不兼并和不赔款"的正义主张，宣布侵略战争为反人类罪行，废除秘密外交和不平等条约，国际关系因苏联而发生了质的变化；1927年国联大会通过决议声明："一切侵略战争应被禁止，并且永远被禁止。"1928年巴黎《非战公约》反对以战争解决国际争端，废除战争作为"施行国家政策的工具"；等等，标志着现代国际法开始形成。[②] 第二次世界大战是人类迄今为止参战国最多、波及范围最广、危害最严重、持续时间最长的一场战争，给人类世界带来了深重的灾难，给国际社会造成了严重的破坏，其教训是极其深刻和深远的。战后，由中、美、苏、英等国倡议，创建了世界最大、最重要、最具代表性和权威的国际组织——联合国，通过了《联合国宪章》，它是联合国的基本大法。它在序言中开宗明义地指出："欲我联合国人民同兹决心免后世再遭今代人类两度身历惨不堪言之战祸"，"集中力量，以维持国际和平及安全"，"接受原则，确立方法，以保证非为公共利益，不得使用武力"，规定联合国的宗旨的第一条即是："维持国际和平及安全；并为此目的：采取有效集体办法，以防止且消除

[①] 参见邓正来编《王铁崖文选》，中国政法大学出版社2004年版，第152页。
[②] 同上书，第153页。

对于和平之威胁，制止侵略行为或其他和平之破坏；并以和平方法且依正义及国际法之原则，调整或解决足以破坏和平之国际争端或情势"。第4条规定："各会员国在其国际关系上不得使用威胁或武力"，等等。维护世界和平是国际法和国际机构的主要目的。可见，"战争及战争规律"是国际法之先兆。① 虽然战争在战时破坏了国际法准则，但它们也是促进国际法发展的重要契机。因为经受战争浩劫的人类更加懂得和平的珍贵，更加渴望和平的永久，更加努力维护世界和平。当然，国际法的根本宗旨是防止战争、避免战争，以维护世界和平与安全。康德在《永久和平论》里面为世人描绘和论述人类永久和平的世界图景，以《联合国宪章》为基础和核心的国际法是实现这种愿景的基本规范和必要遵循。

3. 和谐世界

应该说，实现世界和平已属不易，迄今为止局部战争仍然不断。虽然"和平至关重要，但光有和平是不够的。国际体系所要求的，国际法试图促进的，是在和平框架下更广泛、更深刻的秩序"②。其中，和谐世界即是这种秩序的理想。即使国际社会没有了战争，但如果政治冲突、经济封锁、贸易壁垒、国家歧视普遍存在和不断发生，那么这样的国际社会也是不可欲的。国际法还有更高的目标，那就是追求世界和谐。国际法是促进和实现世界和谐的规则和制度保证。许多国际法学者都注意到国际法正在发生从共存到协调、再从协调到合作的变化。③ "在20世纪的后半段，作为一种显著的变化，这一国家体系对相互依赖有了逐步的认识——一个相互依赖的国际秩序，一个相互依赖的经济，一个相互依

---

① 参见周鲠生《国际法大纲》，中国方正出版社2003年版，第6页。
② [美] 路易斯·亨金：《国际法：政治与价值》，张乃根等译，中国政法大学出版社2005年版，第149页。
③ See Wolfgang Friedmann, *The Changing Structure of International law*, p. 68 (1964); 宦乡：《和平、合作与发展——走向二十一世纪的人类文明》，载《中国国际法年刊》1985年，第323—333页；Sienho Yee, *Toward an International law of Co - progressiveness*, Sineho Yee and Wang Tieya, eds., International law in the Post - Cold War World, Eassays in Memory of Li Haopei, pp. 18—39 (2001). 转引自孙世彦《中国的国际法学：问题与思考》，载《政法论坛》2005年第4期。

赖的运输和通信网络，一个相互依赖的环境。对相互依赖性的认识显著地推动了合作。"①

2005年4月22日，胡锦涛同志在参加雅加达亚非峰会的讲话中首次提出，亚非国家应"推动不同文明友好相处、平等对话、发展繁荣，共同构建一个和谐世界"，标志着"和谐世界"的理念开始进入国际社会的视野。同年7月1日，胡锦涛同志在出访莫斯科时，与俄罗斯签订了《中俄关于21世纪国际秩序的联合声明》，"和谐世界"理念被载入其中，开始成为处理国与国关系的指导思想。同年9月15日，胡锦涛同志在联合国成立60周年首脑会议的演讲中阐述了"和谐世界"的具体内涵："历史昭示我们……只有世界所有国家紧密团结起来，共同把握机遇、应对挑战，才能为人类社会发展创造光明的未来，才能真正建设一个持久和平、共同繁荣的和谐世界。""坚持包容精神，共建和谐世界。……应该以平等开放的精神，维护文明的多样性，促进国际关系民主化，协力构建各种文明兼容并蓄的和谐世界。"② 这是中国领导人向全世界庄严地表达了中国渴望和平发展，愿做负责任大国，并希望与其他各国共建和平、繁荣、和谐世界的坚定愿望。这一讲话得到了国际社会的高度关注和积极评价。2006年4月23日，胡锦涛同志在沙特阿拉伯王国协商会议上作了题为"促进中东和平，建设和谐世界"的演讲，进一步阐述了和谐世界的理念。他指出，面对当今纷繁复杂的世界，我们应该更加重视和谐、强调和谐、促进和谐。建设一个持久和平、共同繁荣的和谐世界是世界各国人民的共同愿望，也是人类社会发展的必然要求。并强调，建立和谐世界必须致力于实现各国和平共处，实现全球经济和谐发展，实现不同文明和谐进步。在2007年新年贺词中，胡锦涛同志又指出：面对机遇和挑战并存的国际形势，中国人民真诚希望同世界各国人民互利合作、和谐相处，共同奏响和平、发展、合作的时代主旋律，并重申中国外交政策的宗旨是维护世界和平、促进共同发展。中国人民将坚定不

---

① ［美］路易斯·亨金：《国际法：政治与价值》，张乃根等译，中国政法大学出版社2005年版，第161页。

② 《人民日报》2005年9月16日第1版。

移地走和平发展道路,坚定不移地实施互利共赢的开放战略,同世界各国加强经济文化交流合作,共同推进多边主义和国际关系民主化,维护世界多样性和发展模式多样性,促进经济全球化朝着有利于实现共同繁荣的方向发展,为推动建设持久和平、共同繁荣的和谐世界贡献力量。2007年10月"和谐世界"的理念写入了党的十七大报告:"我们主张,各国人民携手努力,推动建设持久和平、共同繁荣的和谐世界。"① 在2012年11月中共十八大报告中,胡锦涛同志再次强调,人类只有一个地球,各国共处一个世界。历史昭示我们,弱肉强食不是人类共存之道,穷兵黩武无法带来美好世界。要和平不要战争,要发展不要贫穷,要合作不要对抗,推动建设持久和平、共同繁荣的和谐世界,是各国人民共同愿望。我们主张,在国际关系中弘扬平等互信、包容互鉴、合作共赢的精神,共同维护国际公平正义。他表示,中国将继续高举和平、发展、合作、共赢的旗帜,坚定不移致力于维护世界和平、促进共同发展。胡锦涛同志表示,中国人民热爱和平、渴望发展,愿同各国人民一道为人类和平与发展的崇高事业而不懈努力。②

放眼世界,考诸历史,可以说没有哪国领导人像中国领导人这样反复强调和如此重视和谐世界理念,和谐世界理念是中国对国际法理论的又一大的贡献。和谐世界的理念不是凭空产生的,它有着深刻的历史和现实根据:一是它根植于"协和万邦""兼相爱,交相利""四海之内皆兄弟""海内存知己,天涯若比邻""天下大同"等中国文化传统,和谐世界理念是中国文化传统在国际法和外交政策上体现和贯彻;二是它是中国近代史的总结,中国近代史是一部帝国主义的侵华史,是列强把不平等条约强加于中国的屈辱史,是中华民族的争取民族独立和解放的奋斗史,作为不和谐世界的受害者,中国比许多国家都渴望世界和谐、维护世界和谐;三是和谐世界理念也是广大第三世界和世界绝大多数国家的共同心声和一致主张,是真正能够代表

---

① 参见胡锦涛《高举中国特色社会主义伟大旗帜 为夺取全面建设小康社会新胜利而奋斗——在中国共产党第十七次全国代表大会上的报告》。
② 同上。

世界和指导世界的世界性理念；四是和谐世界理念是在同帝国主义、殖民主义、霸权主义、大国思维等的比较和斗争中胜出的，是人心所向和众望所归，是一种远比它们更加智慧和更切实可行的解决国际问题和世界事务的哲学。和谐世界已经成为国际法的哲学基础，必将成为国际法的指导思想。

永久和平与和谐世界都是人类的崇高理念和奋斗目标，要实现它们，需要庄严神圣的理论和切实可行的原则。

4. 自然法哲学

自然法哲学是国际法的哲学基础。经由西塞罗、古罗马法学家、普芬多夫、阿奎那、洛克、格劳秀斯、孟德斯鸠、卢梭、潘恩、杰斐逊等人的创立、发展和完善，形成了一套自然法哲学。它认为：自然法根源于自然规律和正当理性，是自然规律和正当理性的必然要求；自然法反映人类理性、体现世界公理、追求社会正义；自然法赋予人类自然权利，人类生而平等，人人享有自由和追求幸福的权利；自然法高于其他法，它决定和指导其他法，也是考量其他法是否为法的最高标准；自然法具有同一性、永恒性和普遍性，世界一法、人类一法；等等。不难看出，自然法与国际法是息息相通的，自然法为国际法奠定了哲学基础，在国际法学说流派中即有自然法学派。如国际法的元祖格劳秀斯就认为，国际法主要就是自然法，国际法的首要根据是理性，在各国家之上没有其他的强制力量可以服从，各国家能服从的只有理性，人类共同的理性，而要服从理性就要服从自然法，因为自然法是理性所下的命令；自然法不依赖于人间权力而自有其约束力，据此国际法才成之为法。[①] 普芬多夫（Samuel Pufendorf）更是宣称，"自然法是国际法的唯一的根据，国际法只包含自然法，而未含有依据一般同意的部分。所以国际规则不能求之于国际交涉之纪录中，而当依哲学的方法，或于国家之本性及其存在之目的以推求之。"[②]

但一直有人反对国际法的自然法哲学，而主张实在国际法学说。如

---

① 参见周鲠生《国际法大纲》，中国方正出版社2003年版，第10—12页。
② 周鲠生：《国际法大纲》，中国方正出版社2003年版，第12页。

凯尔森认为，"自然法学说"和"社会契约论"在国内法是一种虚构，在逻辑上是不可能的。尽管它在国际法上仍然被有意识地或无意识地保留下来，但它还是一种虚构，国家权力，如生存权、受尊重权、不受他国干涉权、管辖权等的存在和范围问题，是不能用这种虚构的假定来回答的。① 在他看来，国际法的真正的效力源于国际惯例和国际条约，以及由其所形成的国际共同体和具有强制性的国际秩序。

这里需要特别指出的是，"自然法学说"和"社会契约论"并不是一种虚构，而有其现实例证，如《"五月花号"公约》就是如此。1620年，载有102人的"五月花号"来到北美，他们中的41位男人代表大家在下船上岸之前签订了一个协议："我们全体组成公民政体，以使我们能更好地生存下来，并在我们之间创造良好的秩序。为了殖民地的公众利益，我们将根据这项公约颁布我们应当忠实遵守的公平平等的法律、法令和命令，并视需要而任命我们应当服从的行政官员。"这项公约奠定了后来美国的价值观念和制度基础，至今仍然深刻地影响着美国。历史和现实中还有其他诸如此类或花样翻新的例证。这些足以说"自然法学说"和"社会契约论"不是虚构的。

把"自然法学说"和"社会契约论"推广到国际法也不是"逻辑上不可能的"。路易斯·亨金就曾这样推论过。他说，只要我们把美国《独立宣言》中那段名言中的"人"（人类）代之以"国家"，并在语言上稍作调整，"我相信，也可以如法炮制一份过得去的、有关传统国际政治体系意识形态的声明"——"所有的国家（自产生以来）都是平等的……（由创造者）赋予它们一定的（不可让与的）固有权利。这些权利包括：（生命）生存、（自由）独立、自治以及追求（幸福）它们自己的目标与价值。为了保障这些权利，（政府）治理和法律在国家（人）之间得以创建，其（正当权力）合法权威来自（被治理）各国的同意。"我同意亨金的看法："这一意识形态多半仍然适用于我们现在所处的体系。"②

---

① 参见［奥］汉斯·凯尔森《国际法原理》，王铁崖译，华夏出版社1989年版，第125—132页。
② ［美］路易斯·亨金：《国际法：政治与价值》，张乃根等译，中国政法大学出版社2005年版，第155页。

根据自然法，个人享有一些基本权利，如平等、自由、财产和追求幸福等权利，为了摆脱自然状态，同等地保护人们的权利，人们通过社会契约，达成一致同意的法律和执行法律的政府。国际法与此不无二致。也是基于自然法，国际社会的成员国都享有一些基本权利，如主权、受尊重权、不受侵犯的权利等，为了摆脱国际社会的无政府状态，同等地保护各国的权利，各国通过谈判缔结条约，形成国际法和国际秩序。这种类比是自然而然的，这种类推是顺理成章的。

人们无法也无须否认实在国际法学说的主张，因为国际法要得到真正的遵从和有效的实施，确实离不开国际惯例和国际约定，需要强制性的国际法律秩序。但问题是，由于目前各国实力不均衡、缔约能力不平等，一些国际约定被一些大国所操控而成为不平等条约，如果再用强制性的国际法律秩序去维护它们，那么国际社会就会充满不公正，也会更加不公正。目前的国际社会就存在许多不公正，如国际节能减排问题等，所以许多发展中国家强烈要求建立国际政治经济新秩序。尽管要建立国际政治经济新秩序最终还是需要各国之间的实力相当和国际力量的均衡发展，特别是需要广大发展中国家实力的不断增长和团结到能够与发达国家相抗衡。但这并不等于说只能坐等其成，其间还有其他许多工作可作，如对现行国际秩序进行有理有力的批判，对未来国际新秩序进行有根有据的构想，但批判需要批判的武器，构想需要构想的依据，迄今为止，人类所能找到的最有力的批判武器和最坚实的构想依据还是自然法哲学。当然也可以是其他更好的理论，但在没有的情况下，世人应当继续把它当作重要的理论旗帜。

其实，实在国际法学说与自然国际法哲学并不是对立的，只是审视国际法的角度有所不同而已。前者是从实证和"纯粹"法律的角度审视国际法，后者是从应然和全面的角度审视国际法。其实，法律是两相结合、不可偏废的，是实证与应然的统一、是纯粹与全面的综合。但两相比较，我认为，自然法学说更有可取之处。一是国际法并不怎么实证，国际法并不能像国内法那样有国家强制力保证实施，许多国际法迄今还是纸上谈兵，难以落到实处，包括《经济、社会和文化权利国际公约》等重要的国际公约，都有一些国家拒绝签订和实施它们。二是片面强调实证，特别是片面强调实施目前的一些不公正的国际条约，这是在证实帝国主义、霸权主义和"强权即公理"，是在为它们强词夺理。三是目前一些大国带头践踏国际法，如美国等国越过联合国擅自发动伊拉克战争、打击利比亚等，也没有什么力量对它们"实"之"证"之即绳之以国际法，对它们来说，国际法形同虚设。四是如果国际社会处处"实"之"证"之以实力、强制力，诉诸武力，以强权对强权，以暴制暴，以恶止恶，那么世界将重蹈世界大战的覆辙，这是世人所不愿看到的。国际法不应诉诸实力，而应追求至理。五是在各国实力相差较大、国际力量失衡、其他国家及国际社会无力制衡那些践踏国际法的超级大国的情况下，唯一的制裁只能是舆论谴责，这是弱小国家和国际社会仅有的软实力。如果连应有的舆论批判、道义谴责都没有，那就会更加怂恿那些不法国家为虎作伥。六是国际法也不是"纯粹"的，国际法总是受到各国经济利益、价值观念和国际政治的深刻影响，国际法具有深厚的经济内容、浓厚的政治色彩和明显的价值取向，路易斯·亨金认为"法律就是政治"[①]，所以他把自己的国际法著作加上副标题，名为"政治与价值"，这是十分恰当的。即使是纯粹法学派的代表人物凯尔森也承认，虽然法律要与政治分开，但是，法律是方法，政治是目的，而法律是要服从于政治的。[②] 在现实中，国际法与各国的外交政策、国际政治斗争是如影随形的，并且常常前者是影，后者是形。七是国际法能否得到真正遵从和有效实施，归根结底不在国际强制，因为根本就没有这种国际强制，有也只是大国对小国的强制，这是恃强凌弱、弱肉强食，如美国入侵伊拉克、打击利比亚等，这种强制应被强制，但国际社会没能强制制裁它们。国际秩序的公正最终还是要诉诸自然法哲学，诉诸自然法所教导人们的自觉自律、自尊自重、平等相待和相互尊重，以及各国基于自然法所享有的神圣不可剥夺的主权平等基本权利。正是各国在追求和维护这些权利的不懈斗争中，才促使国际秩序日益公平正

---

① [美] 路易斯·亨金：《国际法：政治与价值》，张乃根等译，中国政法大学出版社2005年版，第5页。
② [奥] 汉斯·凯尔森：《联合国法》，参见王铁崖为凯尔森著《国际法原理》所写的"译者前言"，华夏出版社1989年版。

义的。自然法哲学赋予各国和国际社会以正义的力量，这种力量是维护和保证国际社会始终是人类社会、人道社会的精神支柱。精神力量是人类的根本力量，精神力量是无穷的，是维护和保证国际社会公平正义不竭的力量源泉。

5. 和平共处五项原则

和平共处五项原则是中国对国际法发展所做出的另一大贡献。它要求国家之间应当按照"互相尊重领土主权、互不侵犯、互不干涉内政、平等互利、和平共处"的法律原则来处理彼此关系。

1949年9月29日中国人民政治协商会议通过《共同纲领》，其中规定了"平等、互利和相互尊重领土主权"三项原则，成为新中国对外关系和外交政策的基础。1953年底，周恩来总理在会见印度代表团时指出：只要根据互相尊重领土主权、互不侵犯、互不干涉内政、平等互惠和和平共处原则，就可以顺利地解决两国之间业已成熟的悬而未决的问题。① 中印两国代表团1954年4月29日在北京签订的《中印关于中国西藏地方和印度之间的通商和交通协定》，《协定》明确宣称：双方同意基于(一) 互相尊重领土主权；(二) 互不侵犯；(三) 互不干涉内政；(四) 平等互利；(五) 和平共处的原则，缔结本协定。1954年6月25日至29日，周恩来总理访问印度、缅甸，同印度总理尼赫鲁、缅甸总理吴努先后于28日和29日发表了向世界各国倡议以和平共处五项原则为国际关系普遍准则的联合声明。1954年和平共处五项原则载入《中华人民共和国宪法》。1955年4月上旬，在印度新德里召开的亚洲国家会议也通过决议支持和平共处五项原则。1955年4月18日至24日，在印尼万隆举行了亚非国家会议，中国代表团团长周恩来总理于19日在会上发表主旨演说，充分阐述了和平共处五项原则的主要内容和伟大精神。会议最后通过的《关于促进世界和平和合作的宣言》，《宣言》包括了和平共处五项原则。1972年2月27日中美联合公报正式接受和平共处五项原则为处理国家之间关系的基础；1972年9月29日中日联合声明和1976年8月12日中日和平友好条约，确认双方决定在和平共处五项原则的基础上建

---

① 《周恩来选集》（下卷），人民出版社1984年版，第118页。

立和发展两国关系。

1984年10月31日,邓小平指出,"和平共处原则具有强大生命力"①。1988年,邓小平在接见印度总理时说:"我们应当用和平共处五项原则作为指导国际关系的准则。我们向国际社会推荐这些原则来指导国际关系","以和平共处五项原则为准则建立国际新秩序"②。我们要"在和平共处五项原则的基础上,积极发展同世界各国的关系和经济文化往来"③。1989年10月27日,邓小平在同泰国总理差猜的谈话中说:"在今后很长一段时期内,和平共处五项原则应当作为指导国与国之间关系的国际政治准则。"④ 在以后的有关讲话中,邓小平同志又多次阐述了利用和平共处五项原则建立新的国际政治经济新秩序的问题。⑤

江泽民在庆祝中华人民共和国成立四十周年大会上的讲话中指出:"我们主张在和平共处五项原则的基础上建立国际政治、经济新秩序。"

尽管世人对于和平共处五项原则还存在不同的意见,如有人认为它们没有什么新意,有人认为它们在国际法上没有什么意义,有人甚至试图否定它们的法律意义,等等。⑥ 但它们对于国际法基本原则的发展所做出的有意义的贡献是不可否认的,它们已被世人公认为国际法的基本原则。

这里我们只需强调的是,和平共处五项原则本身就是一种哲学,一种国家"处世"哲学,一种公共哲学,一种国际政治哲学,它们是从国家行为实践和国际交往经验中总结出来的,是普遍真理,所以它们能够构成国际法的基本原则,整个国际法体系都是它们的具体化。国际法以它们为基本原则充分地说明了国际法的哲学性质,国际法本质上和根本上就是由五项原则等哲学宣言、哲学信仰和基本原则构成的。没有这类哲学就没有国际法。

---

① 参见《邓小平文选》第3卷,人民出版社1993年版,第96、97页。
② 同上书,第282页。
③ 同上书,第96—97页。
④ 同上书,第127页。
⑤ 同上书,第25、96—97、236页。
⑥ 参见邓正来编《王铁崖文选》,中国政法大学出版社2003年版,第263—276页。

和平共处五项原则包含和体现了一系列的哲学。它是一种自治哲学。如"互相尊重主权和领土完整"原则，它表明国家主权不是绝对的，而是相对的。这是对主权理论的重要发展，许多人要求打破国家主权的"神话"，但依然保留了国家主权名义下的主要内容，如独立、平等、自治、"人格"、领土完整与不可侵犯、不可干涉和"隐私"[①]，尤其强调国际体系和国际法的主要或首要价值是国家自治。[②] 国际法的基础和目标是维护和实现国家自治以及由此而来的国际社会的自由。它是一种均衡哲学。"互相尊重主权和领土完整"连同"互不侵犯""互不干涉内政"，它们为国家之间和世界秩序构建了一种内在的均衡力，没有这些"互相"和"互不"，国际社会和世界秩序就会失衡瓦解，届时就没有国际法。它是一种系统哲学，它把五项原则结合起来、成为一个整体系统，它们相互依存，缺一不可，违反其中任何一项，同时也是对其他各项原则的违反；它把平等与互利结合起来，有把法律平等与经济平等相结合的效果，平等不仅是形式的，也是实质的。[③] 等等。它是一种和合哲学、和平哲学，前四项原则是手段，后一项原则是目的，最终目的就是为了世界各国和平共处，实现大同世界。这是无数哲学家不懈追求的理想，与柏拉图的"理想国"、莫尔的"乌托邦"、康德的"永久和平论"和马克思的"共产主义社会"是高度一致的。国际法有深深的哲学情结。

迄今国际法规则太多了，多得让世人眼花缭乱、无所适从，反而遮蔽、遗忘了国际法的基本原则。在这种情况下，尤要重视和强调和平共处五项原则，这样才能万变不离其宗，乱世不乱。邓小平指出："这五项原则非常明确，干净利落，清清楚楚。我们应当用这五项原则作为指导国际关系的准则。"[④] 哲学能够纲举目张、以简驭繁、本末宜置，这就是哲学的伟大和哲学的功用。国际法要得到正确掌握和正当运用，就离不

---

① ［美］路易斯·亨金：《国际法：政治与价值》，张乃根等译，中国政法大学出版社2005年版，第12页。
② 同上书，第162页。
③ 参见邓正来编《王铁崖文选》，中国政法大学出版社2003年版，第275页。
④ 参见《邓小平文选》第3卷，人民出版社1993年版，第282页。

开和平共处五项原则,就离不开其背后的哲学。

二 中国对国际法的重大贡献

中国是世界文明古国,是世界上唯一有着五千年文化传统的国度;鸦片战争以前,中国一直是世界大国强国,为人类社会做出了巨大贡献,具有世界性的影响;自近代以来,中国积贫积弱,西方列强用坚船利炮洞开中国国门,要求中国割地赔款,中国开始沦为半封建半殖民地国家,但依然是大国,只是"睡狮"而已;中华民国时期,中华民族进行了长期不懈、艰苦卓绝的反抗外族入侵的斗争,特别是抗日战争,中国是世界反法西斯战争的东方主战场,为世界反法西斯战争的胜利做出了重大贡献,"二战"胜利后,中国成为联合国的创始国之一,并成为联合国的常任理事国,再次成为世界有影响的大国;自新中国成立以来,在中国共产党的领导下,团结各族人民,经过几代人的艰苦奋斗,致力于民族复兴,如今已成为真正的世界大国。

作为一个负责任的世界大国,中国一如既往地努力为国际社会做出自己的贡献,这不仅是中国对自己的自觉要求,也是国际社会特别是广大发展中国家对中国的共同期盼。

回顾历史,中国对国际社会和国际法已经做出了自己的重大贡献;展望未来,中国还将对国际社会和国际法做出自己的重大贡献。

国际法,顾名思义,是调整有关国与国之间或国际关系的法律规范的总称。国家是国际法的基础,作为国际法的主要渊源,无论是国际惯例还是国际条约,都建基于国家,建基于世界上许多国家。考量是否国际法,一个重要的标准就是看它是否以及在多大程度上吸纳和兼顾了世界各国。但西方学者一直认为国际法根源于西方文化,特别是始源于1648年的《威斯特伐利亚和约》,只适用于主权国家。这个观点貌似正确,实质上不仅是片面的,而且是不公正的。它不仅把许多非西方国家排斥在国际法体系之外,而且否认了许多尚未取得主权独立的国家,还认为非文明国家无资格适用国际法。如19世纪初期,西方学者就偏执地认为,世界上唯一有着五千年文化而不坠的中国不是文明国家,国际法体系不适用于中国。① 这是极其荒谬的。如此狭隘、片面的法律根本就不是国际法，充其量只是区域法。应当承认，世界上许多国家都对国际法作出了自己的独特贡献，国际法是世界各国共同贡献的结果，国际法吸纳和兼顾了世界各国的贡献，才成为名副其实的国际法。其中，中国并非西方学者所谓的不文明国家，中国也不缺乏国际法理念和传统，恰恰相反，中国无论是在过去历史上还是现在，作为国际大家庭的一员，都对国际法做出了自己应有的独特贡献。

对于古代中国是否存在国际法，人们的认识有所不同。丁韪良在1881年柏林召开的会议上，发表了"古代中国国际法的痕迹（Traces of International Law in Ancient China）"，第一次提出古代中国存在国际法的可能性，认为万国公法的大部分内容在春秋战国时期都可以找到。虽然春秋战国时期没有形成一个完整的国际法体系，但发现了许多与国际法相类似的内容。据《左传》记载，自周朝起，国家之间形成了各种各样的涉外性质的国际行为，如为了缔结或更新条约举行君主之间的会议，类似于历史上欧洲主权国家的大会议；春秋时期出现了会盟制度，此制度相当于现代国际法上的国际组织；形成了外交官概念和外交制度，诸国之间派遣外交使节，使节代表自己的主君，外交习惯非常讲究礼节，若对外交使节施刑视为宣战，此制度类似于现代国家的外交政策；通过订立条约确定国家之间的政治、商贸关系，规定缔结条约时需遵守有关程序；近代外交上所使用的条约规定在当时都已经使用过了；唐朝是当时世界大国强国，都城长安是当时的国际大都市，外国人云集其间，《唐律疏议》在处理"化外人"相犯时规定的原则："诸化外人，同类自相犯者，各依本俗法，异类相犯者，以法律论。"在此条律文的疏议中还特别注明："'化外人'谓蕃夷之国，别立君长者，各有风俗，制法不同。其有同类自相犯者，须问本国之制，依其俗法断之。"唐朝的法律就已经具有天下意识和国际法理念。如交战时不仅要告知对方开战的理由，还需要备齐钟鼓，鸣钟击鼓，相当于现代国际社会的"宣战"，礼遇敌君，保

---

① ［德］格奥尔格·耶利内克：《中国与国际法》，赖骏楠译，载《历史法学》（第四卷），法律出版社2010年版。

护敌国外交官，重视保护非战斗人员的生命和财产，保护老弱，重视中立国的权利和地位等，并形成了缔结和平条约方式结束战争的习惯。① 可见，古代中国是存在国际法的。

一般认为，现代国际法的前提是主权国家之间的交往，主权国家的概念来源于《威斯特伐利亚公约》。因此许多学者认为国际法来源于西方，国际法是近代欧洲的产物。如以费正清为代表的西方学者就认为，近代欧洲国家形式上树立了主权国家概念，形成了平等国际秩序，但中华秩序的前提为中国思想、理念上的优越性，形成了等级制度秩序，中华秩序没有使用国家之间的平等性等一些在西方所使用的概念，因此不能将中华世界秩序理解为国际关系。② 此种观点在逻辑上、现实中都是自相矛盾的。自出现主权国家概念之后，现代许多国家的经济、政治和外交主权反而往往被侵害。如美国为了扩大自己的领土影响范围，与韩国、日本、菲律宾等国家缔结了SOFA协定，此协定规定了新型的治外法权、侵害领土主权等许多不平等的内容。同时，美国为了扩大自己的经济影响范围，与许多国家缔结了自由贸易协定，此协定中也可发现许多不平等的内容。形式上现代国家保持着平等关系，但实质上现代国家之间的关系不一定是平等关系。虽然在古代中国没有主权概念，但以现代标准来判断的话，其所保障的主权内容更为广泛。③ 有人认为，近代欧洲国际秩序是伪善的外交制度，中华世界形式上不承认构成国家的自主性，但实际上附属国完整地行使内政、外交的自主权。如周王朝与蛮、戎、夷、狄等周边民族或国家缔结了平等的和平协定，协定上规定了"停止敌对行为、树立邦交关系、互相援助同盟"等有关内容。在公元前200年，汉高祖与匈奴之间形成了外交关系，还缔结了和平盟约，此盟约规定每年汉朝向匈奴提供酒类、丝绸及其食料品等，将汉朝的公主嫁给匈奴皇帝，匈奴与汉朝互相视为地位平等的国家，以长城为两个国家的边界。④

---

① 参见金钟勋《古代中华国际法的历史和发展》，博士学位论文，华东政法大学，2013年。
② 同上。
③ 同上。
④ 同上。

所以，评判是否存在国际法，不能固执西方的偏见，也不能只顾概念而罔顾事实。

古代中国不仅存在国际法，而且具有自己的特点。传统的东亚国际社会地理范围与儒教文明地区范围基本相同，中华秩序的主要构成国（朝鲜、越南、琉球等）都接受了儒教文化。清朝时期的地理范围包括西方的帕米尔高原，东方的朝鲜和琉球，北方的巴尔喀，南方的缅甸、泰国、老挝、越南等，形成了一个大规模的国际社会。① 以儒教文明为主的东亚国际社会与近代西方国际社会存在许多不同点。首先，东亚国际社会的前提为单一的国家观，否定存在两个以上的"天下"。其次，西方国际社会重视主权平等原则，在法律理论上全世界所有的国家都是平等。在东亚世界，由于当时中华文明的优越性，中国与周边民族或国家之间形成主从关系是理所当然的。最后，东亚的儒教文明不仅影响到个人、家庭、社会和国家，而且影响到东亚国家之间的国际关系。虽东亚国家之间的关系是一种垂直关系，但东亚倾向于国际协助主义和世界和平主义。相反，西方国家之间强调以武力为主的对立，倾向于军事主义。在西方早就出现了规范国家之间关系的国际法，但东亚是以儒教规范代替了西方的国际法概念。西方国际法的前提为国家之间的协议。东亚强调道德、文化方面的内容，周边国家都是中国的附属国，因此国家之间不需意见一致。②

又如中国的册封和朝贡制度。册封朝贡关系是中国与周边国家的主要外交制度，因此古代东亚国际秩序可称为册封朝贡外交体制。虽然基于华夷思想的册封朝贡关系是不平等的国际关系，中国与周边国家之间的关系变成为宗主国与藩属国之间的国际关系。但前提是当时的中国在政治、经济、文化上具有绝对的优越性。③ 鉴于中国是当时东亚地区唯一的先进文化国，藩属国加入册封朝贡体系是为了接受中国先进文化，为了自己的更好发展，具有自愿性和必然性。对朝贡国来讲，其统治者由

---

① 参见金钟勋《古代中华国际法的历史和发展》，博士学位论文，华东政法大学，2013年。
② [韩] 权善弘：《儒教文明区的国际关系思想》，载《国际问题论集》1998年第9期，第222页。
③ [韩] Choi, zong‐hui：《朝鲜的对外政策》，集文堂出版社2004年版，第25页。

于皇帝的册封，使其统治变成合法化，大大提高了他们在自己国家人民面前的威信。朝贡制度对中国、朝贡国双方都有利，朝贡制度满足了周边王朝的政治、经济、军事和文化上的要求。借此，中国王朝对朝贡国执行不干涉内政政策，因此可以长期维持朝贡制度。①

根据《大清会典》的规定，朝贡制度具有下列主要因素：中原王朝给朝贡国皇帝的委任，承认该统治者在朝贡国的地位；该统治者在帝国的层次中得到尊称；用中国历书为记载奏折和其他行文的日期；按照规章在适当时期上奏皇帝；还要上贡当地产品，作为象征性的贡品；贡使由帝国哨所护送到皇宫；贡使实行皇宫的适当礼节，特别是"三跪九叩"；贡使接受皇帝的礼物；它取得在边界和京都进行贸易的某些特权。②即使在外国人看来，如根据韩国词典，朝贡被规定为"附属国向宗主国提供礼物的行为"③。通过朝贡制度，建立了中华文明地区的国际关系。但由于中国文化主张"礼轻仁义重""义先利后"，在经济上中国维持"厚往薄来、物薄情厚"的原则④，中国赐予比朝贡物品更有价值的物品，对中国来讲朝贡制度实在是得不偿失。这与西方帝国主义秩序所具有的军事侵略、政治统治和经济掠夺的本性相比，是完全不同的。这一观点获得了现代国际学术界的支持。《世界文明史》在论述中国文明时指出："它之所以能长期存在，有地理原因，也有历史原因。中国在它的大部分历史时期，没有建立过侵略性的政权。也许更重要的是，中国伟大的哲学家和伦理学家的和平主义精神约束了它的向外扩张。"⑤ 在中国人的心目中，中国乃世界之中心，是为"中国"，其他国家皆为中国文化的变种。即使在宋朝，中国航海技术居于世界之首，但郑和下西洋，对开疆拓土并没有多少兴趣，他没有为中国攫取领土或资源，没有建立海外殖

---

① 参见金钟勋《古代中华国际法的历史和发展》，博士学位论文，华东政法大学，2013年。

② 《大清会典》（1818年版）。

③ ［韩］沈基铁：《韩国词典》，三兴出版社1987年版，第297页。

④ "厚往，谓诸侯还国，王者以其材贿厚重往报之。薄来，谓诸侯贡献使轻薄而来。"参见［唐］孔颖达《礼记正义》。

⑤ ［美］菲利普·李·拉尔夫等：《世界文明史》上卷，赵丰等译，商务印书馆2006年版，第16页。

民地,甚至对大海另一边的海外诸国并无探知的兴趣,也没有跋涉重洋向未开化之地推行儒教学说或佛教理论的企图。他带回来的不过是礼物,即"贡品",除了为天朝扬威这一抽象成果外,郑和充其量不过是较早地运用中国的"软实力",宣示中国当朝皇帝的德威,邀请外国君主亲赴中国或派遣使者访华,只是让他们通过行叩头礼的方式,认可自己在以中国为中心的世界秩序中的位置,承认皇帝的至尊地位而已。① 1372 年,明朝开国皇帝也表达了同样的观点,他说:"诸蛮夷酋长来朝,涉履山海,动经数万里,……朝贡无论疏数,厚往而薄来可也。"② 韩国李三星教授将朝贡册封体制定义为具有内治自主性的中华附属国与中国之间规律战争与和平的外交制度之一的安保机制(Security Regime),当时的东亚国家虽然在法律上不是独立行为者(de facto independent actors),但他们是事实上的独立行为者(de facto independent actors)③。

古代中国国际法之所以具有自己的特点,归根结底是由中国文化决定的。中国自古即有"天下一统"的文化理念。帝王被尊称为"天子",是"天之子",即上天在人间的唯一代表。《诗经》曰:"天无二日,土无二王";《礼记·月令》云:"凡在天下九州之民者,无不咸献其力,以共皇天上帝。"更有所谓的"普天之下,莫非王土;率土之滨,莫非王臣"。天子的"天命"是"替天行道"。人们心系天下,胸怀"天下本位","天下兴亡,匹夫有责"。中国文化追求"大一统"或"一统天下"。《中庸》云"天下车同轨,书同文,行同伦",构建的是"天下体系"。自视为天下之中心,称为中国,视周边少数民族或小国为"夷蛮戎狄",因而要"以夏变夷",以"化成天下"④。由于儒家教义主张"天下一家",因而派生出"王者不治夷狄"⑤,圣王对"夷狄之邦,则以不治

---

① 参见基辛格《论中国》,胡利平等译,中信出版社 2012 年版,第 4—5、7 等页。
② 同上书,第 13 页。
③ 参见[韩]李三星《东亚战争和和平》,韩吉出版社 2009 年版,第 163 页。
④ 《孟子·滕文公上》:"吾闻用夏变夷者,未闻变于夷者。"
⑤ (汉)何休:《春秋公羊传注疏》卷二;(宋)苏轼:《苏轼文集》卷二;(明)邱濬:《大学衍义补》卷一四五。

治之"① 的外交政策，所以，虽然有过"夷夏之防"和"以夏变夷"的个别做法，但它们并非主流和传统。即使如此，也只是文化输出，而从未武力入侵，如"郑和下西洋""丝绸之路"，等等，目的是为了天下太平。《尚书·尧典》曰："克明俊德，以亲九族，九族既睦，平章百姓，百姓昭明，协和万邦。"《礼记·中庸》云："和也者，天下之达道也。"中国文化坚信"协和万邦""和""和为贵"是"天下秩序"的基础，中国文化中的"天下"是和平、和谐之天下，中华文化奉行"大道之行，天下为公"。孟子说："以力假仁者霸，霸必有大国；以德行仁者王，王不待大。以力服人者，非心服也，力不赡也，非心服也。以德服人者，中心悦而诚服也。"② 中国文化讲的是王道，以德服人，"亲仁善邻"，追求的是天下归心、天下归仁、天下大同；而西方文化推崇的是霸道，以力服人，不能使人心悦诚服，诉诸武力，以暴制暴，只能使世局战乱频发、世界动荡不安；等等。所有这些都说明，中国文化正是一种世界文化、国际秩序，具有国际法体系。中国文化大一统的传统——"天下一统"，在今天仍然具有重要的价值。中国人的"天下观"完全不同于一些西方列强的帝国主义、霸权主义的"世界观"，今天中国的"天下观"不仅对于西方列强的帝国主义、霸权主义的"世界观"是一种有力的制衡和矫正，而且应成为当代国际秩序的新基础。

中华文明重视"礼"，认为"夫礼，天之经也，地之义也，民之行也。天地之经民实则之"。又说"礼者法之大分，类之纲纪也"③。礼作为一种意识形态和行为准则，能够"人为之节"，"礼节民心"，"礼者，因人之情而为之节文，以为民坊者也"④。朱熹把礼等同于天理，说："礼者，天理之节文。"⑤ 礼具有定分、节欲、止争等重要功能，所以"礼"与"节"总是相提并论，合称"礼节"。礼有利于维持社会秩序，所以得到统治者的推崇，他们主张"为国以礼"，"礼之所兴，众之所治也，礼

---

① （明）费信：《星槎胜览·序》。
② 《孟子·公孙丑上》。
③ 《荀子·劝学》。
④ 《礼记·乐记》。
⑤ 《朱子大全·答曾择之》。

之所废，众人所乱也"。礼被看作是"强国之本也，威行之道也，功名之总也，王公由之所以得天下也"①。礼的表现形式多种多样，纷繁复杂，无处不在，无所不能。"道德仁义，非礼不成；教训正俗，非礼不备；分争辩讼，非礼不决；君臣上下，父子兄弟，非礼不定；宦学事师，非礼不亲；班朝治军，在官行法，非礼威严不行；祷祠祭祀，供给鬼神，非礼不诚不庄。"②可谓"君子无物而不在礼矣"，"礼者宪也"。中国文化是礼乐文化，许多东西都礼化了，这直接影响到了中国的外交政策。如儒家文化的创始人孔子，曾周游列国，可谓当时的大外交家。孔子出使别国，拿着圭，恭敬谨慎，像是举不起来的样子。举在上面时像是作揖，放在下面时像是递东西给别人。③意在表明孔子非常重视和讲究外交礼仪。孔子所生活的时代是春秋战国时期，顾名思义，正是战火纷飞的年代。但在战争中形成了中国自己独特的战争观。孔子以"礼"为标准，判断战争的正义与否。孔子认为，"天下有道，则礼乐征伐自天子出；天下无道，则礼乐征伐自诸侯出"④。"非礼勿战"，形成了中国特有的战争观——"反对侵略战争，支持正义战争"⑤。

正因为如此，所以有人预言："以美国为中心的近现代国际法逐渐偏离了其原本的意义，西方国家往往借助自身主导的近现代国际法体系侵害其他国家的基本权利，损害了国际法本身具有的正义价值。而古代中国国际法存在外交法、贸易法、战争法、条约法等许多现代意义上的国际法内容，能够为新的国际法体系的形成贡献思想资源。"⑥

自明末清初以来，中国开始衰落，近代中国更是积贫积弱，列强环逼。1840年鸦片战争以后，中国与西方列强的多次交战，均遭失败，被迫签订了一系列丧权辱国的不平等国际条约。例如 1842—1843 年《中英南京条约》及其附约，1844 年《中美望厦条约》，1858 年《中俄瑷珲条

---

① 《荀子·议兵》。
② 《礼记·曲礼上》。
③ 王玮：《中国历代外交问题》，泰山出版社2009年版，第350页。
④ 《论语·季氏篇》。
⑤ 柯远扬：《试论孔子的军事思想》，载《孔子研究》1990年第1期，第7页。
⑥ 参见金钟勋《古代中华国际法的历史和发展》，博士学位论文，华东政法大学，2013年。

约》、1885 年《中法条约》、1895 年《中日马关条约》、1901 年《辛丑条约》、1904 年《英藏条约》等。① 这些不平等条约的核心条款包括割地、赔款、开放通商口岸、建立租界、享有治外法权，等等，这些不平等条约严重地侵犯了中国的国家主权和领土完整，使中国开始沦为半封建半殖民地国家。

中国正是在这种时势世局下，开始大规模地接触西方所谓的国际法。西方列强望文生义，在"中国"的名称上大做文章："中"意味着在地理上居中央地位，以世界中央自居；"夏"意味着大的意思，有大国之谓；"华"意味着文化灿烂，有文化优越感。据此，中国将周边的民族或国家视为野蛮未开化的蛮戎夷狄，缺乏主权观念和平等秩序，因而不适用它们的国际法。如前所述，以费正清为代表的西方学者就认为，近代欧洲国家形式上树立了主权国家概念，形成了平等国际秩序，但中华秩序的前提为中国思想、理念上的优越性，形成了等级制度秩序，中华秩序没有使用国家之间的平等性等一些在西方所使用的概念，因此不能将中华世界秩序理解为国际关系，不适用国际法。② 这直接导致了中国长期遭受不平等条约的束缚和压榨，被孤立和排斥在国际体系之外，不能参与国际事务，不能主张国际权利，直至新中国成立以后，仍然长期遭受政治孤立、经济封锁以及军事包围，成为典型的冷战时期国际法体系的受害者。

这套逻辑不仅罔顾事实，而且极其荒谬。中国是世界上唯一有着五千年文化而不坠的文明古国，竟被西方列强蔑视为野蛮国家；中国自秦

---

① 具体包括：1842—1843 年的《中英南京条约》及其附约，1844 年《中美望厦条约》，1858 年《中美天津条约》《中英天津条约》《中俄瑷珲条约》，1860 年《中英北京条约》《中法北京条约》《中俄北京条约》，1874 年《中日北京专条》《中英烟台条约》，1881 年《中俄伊犁条约》，1885 年《中法条约》《中法会订越南条约》《中日天津条约》，1895 年《中日马关条约》《中日辽南条约》，1896 年《中俄密约》(《御敌互相援助条约》)，1898 年《中德胶澳租界条约》《中俄旅大租地条约》《中英展拓香港界址专条》《中英订租威海卫专条》，1899 年《中法广州湾租借条约》，1900 年《奉天交地暂且章程》，1901 年《辛丑条约》，1902 年《中俄交收东三省条约》，1905 年《中日会议东三省事宜条约》及其附约，1890 年《中英会议藏印条约》《中英会议藏印条款》，1904 年《英藏条约》等。

② 参见金钟勋《古代中华国际法的历史和发展》，博士学位论文，华东政法大学，2013 年。

至清一直是一个高度统一的国家,并且在明末清初之前,还是世界数一数二的大国强国,他们竟然胡说中国缺乏主权概念,甚至不是主权国家;中国虽然自居世界中央,与周边国家存在过册封朝贡关系,但并未侵犯他国主权、干预他国内政;等等。所有这些都是历史事实,西方列强罔顾历史事实,有其不可告人的阴谋和目的。"西方国家把近代国际法带到中国来,但仅在他们之间适用而不适用于中国,或者说,它们只适用那些对他们的压迫和剥削有利的原则和规则。"① 这从反面说明,中国强大并不称霸世界、威胁国际秩序,但中国弱小必将落后挨打、任人宰割。弱肉强食、强权即公理,不仅是一条国际法则,而且是西方国际法的本质。西方国际法体系是一套强盗逻辑,具有严重的不公正。这是由资本所主宰的以西方资本主义国家为基础的国际法体系所决定的必然本质。中国以惨重的历史教训揭示了国际秩序的不公正和西方国际法的伪善性,给世人以极大的警示。这为以后中国坚决地站在亚非拉等第三世界国家奠定了基础,作为第三世界的代表,中国团结第三世界,加强南南合作,成为国际社会不可忽视的一支重要力量。只有这样,才能抗衡西方帝国主义和霸权主义,平衡国际秩序,改革西方国家主导的不合理、不公正的国际法和国际秩序,促进和维护国际秩序的公平正义。

1942年元旦,美英苏中等26个国家共同签订了《联合国家宣言》,为建立联合国迈出了第一步,"中国成为联合国的发起国、创始会员国"。1945年4月25日,50个国家参加了在美国旧金山举行的联合国家会议,制定了《联合国宪章》。中国对旧金山会议的成功做出了重要贡献。主要体现在:第一,中国与其他大国合作,组织、领导了大会各项工作;第二,协调立场、调解关系、缓和矛盾。《宪章》的制定与通过是联合国成立的标志,中国作为发起筹建联合国的大国之一,一开始就参与了《宪章》的制定,中国一方面赞同其他国家为制定《宪章》所提出的合理建议,另一方面又独立提出了许多见解与建议。在创建联合国的过程中,中国始终站在公正立场上,代表弱小国家、民族,特别是东方弱小国家、

---

① 参见何志鹏等《从迷茫到觉醒:国际关系变迁视角下的中国与国际法》,载《国际关系与国际法学刊》2011年第1卷,厦门大学出版社2011年版。

民族，要求联合国在其宪章、组织与活动中，坚决反对强权政治、殖民统治，实行民族平等、种族平等及民族自决原则。① 1971 年第 26 届联合国大会的第 2758 号决议，决定恢复中华人民共和国在联合国的一切合法权利，从政治上、法律上、程序上彻底解决了中国在联合国的代表权问题。这标志着新中国正式获得了以联合国为中心的现行国际法体系的接受和认可，标志着新中国重返以联合国为中心的主流国际法体系，标志着中国从国际法体系的受害者、游离者，成为参加者、促进者。中国对国际法做出了自己的应有贡献，而且有机会在联合国、国际社会继续做出自己的更大贡献。

但与中国在国际社会的地位相比，中国对国际法的贡献不甚相当。早在 20 世纪 90 年代，中国国际法的代表人物王铁崖先生就指出，"近年来我国在国际法学方面极少有接近世界水平的研究成果，这种情况与我国的国际地位和国家发展对外关系的需要是极不相称的"②。国际法院大法官史久镛先生也曾感慨道："这些年里，中国法学界在强调借鉴、接轨的同时，对中国法律人自己独创的一些理论和实践淡漠了，乃至不大提及了。"③ 他们两位强调的都是中国要对国际法做出自己应有的独特贡献。

尽管国际法是世界各国共同贡献的结晶，是国际社会成员集思广益的结果。但一国能否影响国际法、对国际法做出自己的应有贡献，取决于该国在世界格局中的综合实力④、在国际社会中的代表能力⑤、在国际事务中的参与能力以及在国际竞争中的竞争能力。在 20 世纪之前，中国之所以对国际法的贡献受到制约，既与西方列强帝国主义和霸权主义有关，更与中国自身的综合实力有关。弱国无外交，更无国际法贡献可言。因为弱国对国际法的贡献，在强国看来，都是对偏袒自己利益的既定国

---

① 参见何志鹏等《从迷茫到觉醒：国际关系变迁视角下的中国与国际法》，载《国际关系与国际法学刊》）。

② 王铁崖主编《中国国际法年刊》（1993），中国对外翻译出版公司 1994 年版，第 10 页。

③ 史久镛：《中国人对国际法的贡献应该坚持》，载《法制日报》2008 年 12 月 14 日。

④ 包括经济、军事、科技等方面的硬实力，以及意识形态、社会制度、发展模式、民族文化、国际形象和外交方针等方面的影响力、说服力及吸引力等软实力。参见徐崇利《中国与国际法：软硬实力的作用机制》，载《中国社会科学报》2009 年 7 月 7 日 "法学版"。

⑤ 如中国代表了第三世界和绝大多数发展中国家的利益。

际法的挑战和突破，因而势必要加以反对和扼杀。

20世纪80年代，邓小平同志基于和平与发展是当今世界两大主题的正确判断，中国做出了实行改革开放的重大抉择。这一重大抉择契合了全球化发展趋势，中国积极参与国际社会的分工与协作，深度融入当代国际社会，经济快速发展，已经成为世界第二大经济体，国际地位逐步提升，一直是联合国五大常任理事国之一，作为世界上最大的发展中国家在国际社会开始发挥着日益重要的作用。中国已不再满足于单纯地遵守现有国际法规则，而是作为国际法规则的制定者、国际秩序的改革者和国际和平的维护者，参与到国际法的改革和重构当中，能够也应该对国际法做出自己的独特贡献，事实上也已经做出了自己的独特贡献。目前，国际法的中国元素日益增多。如在国际法理论上，"我国在一系列的国际法问题上，如对承认、继承、国籍、领土、条约、使领馆制度、和平解决争端等方面，都有新的创造，对国际法的发展做出了贡献"[①]。又如在国际法实践上，中国在国际舞台上的发声越来越多，在国际事务中的话语权越来越大。中国作为负责任的大国，是联合国第九大会费国，是联合国五大常任理事国参与维和行动人数最多的国家，在反恐、防扩散、粮食、能源、金融安全、环境保护、气候变化等方面均发挥着重要的作用。胡锦涛总书记在党的十七大报告中明确指出："中国将继续积极参与多边事务，承担相应国际义务，发挥建设性作用，推动国际秩序朝着更加公正合理的方向发展。"在党的十八大报告中再次指出："中国将继续高举和平、发展、合作、共赢的旗帜，坚定不移致力于维护世界和平、促进共同发展。"为"继续促进人类和平与发展的崇高事业"做出自己的贡献。在国际合作日益紧密的当今，中国离不开世界，世界也离不开中国。

"世界不是平的"，不是平面的、平行的和平等的，而是有差别的、不平衡的、不平等的。

第二次世界大战结束以后，世界上反帝反殖民主义的斗争和民族解放运动风起云涌，许多国家先后获得了独立，国际法主体的数量大大增

---

① 王铁崖主编《中国国际法年刊》（1993），中国对外翻译出版公司1994年版，第7页。

加，代表性也更为广泛，国际社会开始朝着多元化、多极化方向发展。加上第三世界的崛起和第二世界的形成，改变了传统的以欧洲为中心的国际法秩序，国际法开始由欧洲法发展为世界范围内的普遍性国际法，成为这一时期国际法的主要特征。[①] 特别是《联合国宪章》中确立的国家主权平等与独立原则，彻底改变了近代国际法以欧洲法为中心、维护殖民主义的基调，确立了现代国际法的基调。

但西方国家无视世界的差别，掩盖世界的不平等，否认世界的多元化，消除世界的多极化，目的是为了推行反映其意志、维护其利益的国际法，把自己设定的国际秩序强加给国际社会，并在世界上继续维持不尽公正的国际秩序。

人常说，没有区别就没有政策。这也适用于国际法，不区别世界，就不能理解国际法，就不能采取正确的外交政策。要理解国际法，特别是要改革不公正的国际秩序，就必须区别世界。

毛泽东主席在1974年2月22日会见赞比亚总统卡翁达时，提出了关于"三个世界划分"的理论，号召国际社会联合起来反对霸权主义。毛泽东主席说："我看美国、苏联是第一世界。中间派，日本、欧洲、加拿大，是第二世界。咱们是第三世界"，"第三世界人口很多。亚洲除了日本都是第三世界。整个非洲都是第三世界，拉丁美洲是第三世界。"同年4月，邓小平率中国代表团出席联合国大会第六届特别会议，并于10日在大会上发言，阐述了毛泽东主席关于"三个世界划分"的理论，说明我国的对外政策，引起了世界各国的广泛关注。这个战略思想有着丰富的理论内容和重大的现实指导意义，既是我国制定对外政策的重要依据，也是中国对国际法的一大贡献。"三个世界划分"的理论是毛泽东关于阶级或阶层分析方法在国际社会的运用，为国际斗争指明了谁是我们的敌人、谁是我们的朋友，以及我们应该团结谁、打击谁的国际问题。其中，苏、美两霸是第一世界，它们互相争夺世界霸权。随着苏联的解体，当今第一世界只有美国一霸了。占世界人口大多数的第三世界国家和人民，是反帝、反殖、反霸的主力军。中国和其他坚持反

[①] 参见邓正来编《王铁崖文选》，中国政法大学出版社2003年版，第32页。

帝反霸的国家一道，坚定地站在第三世界一边，成为第三世界中不可动摇的力量。在上述两者之间的发达国家，如英国、法国、西德、日本等是第二世界，它们具有两面性，是第三世界在反霸斗争中可以争取或联合的力量。国际法是国际力量较量的结果，国际力量势均力敌，才有公正的国际法则。长期以来，一些霸权主义国家或国家联盟，一方面，叫嚣"没有永远的朋友，只有永远的利益"，以对自己是否有利决定与谁为友，或与谁为敌。加上威逼利诱，使得国际社会分不清敌友，时敌时友，模糊了敌友界限，从而形成不了明确而牢固的国际联合阵线；另一方面，对国际社会分化瓦解，各个击破，使国际社会始终形成不了能够抗衡自己霸权主义的国际力量。正因为国际力量不平衡，无力制衡一些霸权主义国家，使得国际法始终为其所主导和支配，酿成国际秩序的长期不公正。虽然国际社会发生了深刻的变化，"三个世界的划分"既不是一清二楚的，更不是"一划定终身"的，许多国家是机会主义者，哪个世界对自己有利就跻身于哪个世界，但"三个世界划分"的理论依然具有指导作用和现实意义。2015年4月22日国家主席习近平出席亚非领导人会议并发表题为《弘扬万隆精神推进合作共赢》的重要讲话，讲话高度赞扬了"万隆会议精神"，认为"60年前，亚非29个国家和地区领导人出席了万隆会议，形成了团结、友谊、合作的万隆精神，促进了亚非拉民族解放运动，加速了全球殖民体系瓦解的历史进程。会议在和平共处五项原则基础上，提出处理国家间关系的十项原则，为推动国际关系朝着正确方向发展，为推动亚非合作、南南合作，为促进南北合作，发挥了重大历史性作用"。鉴于，"新形势下，万隆精神仍然具有强大生命力。我们要大力弘扬万隆精神，不断赋予其新的时代内涵，推动构建以合作共赢为核心的新型国际关系，推动国际秩序和国际体系朝着更加公正合理的方向发展，推动建设人类命运共同体，更好造福亚非人民及其他地区人民"。为此，提议"深化亚非合作""拓展南南合作""推进南北合作"。当前世界，依然是"三个世界"并存，世界能否和平、发展、合作、共赢取决于"三个世界"的关系，"三个世界"的关系如何决定着调整它们关系的国际法如何。鉴于第一世界一国独大，第二世界各国国情不同、南北阵营差别甚大，以及第二世界本质上趋向第一世界，这种世局决定了，第三世界国家只有联合起来，加强"南南合作"，争取第二世界，推进"南北合作"，才有抗衡第一世界霸权主义的力量，才能缔结公正的国际法，促进国际秩序的公正。

中国正是以"三个世界划分"的理论为指导，明确了自己的国际定位，作为第三世界和发展中国家的代表，始终站在维护第三世界和发展中国家利益的坚定立场上，团结第三世界、联合第二世界，形成了制衡国际社会的重要力量，使国际关系发生重大变化，才能改良国际法则。如改变传统国际法中具有殖民主义、帝国主义性质和特征的规则和原则，代之以平等互利为原则的规则和原则，推动了国际法朝着更为公正的方向发展，促进国际公正；如由新独立的亚、非、拉国家形成的第三世界国家在联合国中构成了压倒性的多数，联合国中的力量对比发生改变，这样的变化影响了联合国的性质和作用，使联合国从西方大国控制的工具变成第三世界国家发挥作用的国际舞台。推动了一系列当代普遍性国际法原则、规则的确立，如民族自决原则、和平共处五项原则以及在建立新的经济秩序斗争中确立的经济主权原则等；对国际法各部门的原则、规则的发展也做出了贡献，如民族解放战争的合法性、不平等条约非法等；促使国际法体系的转型，国际法体系从近代调整少数几个列强间争夺霸权、划分势力范围的国际规范，转型为现代调整不同社会制度国家间在平等、独立基础上开展经济、政治、文化等各领域的密切合作的国际准则。①

鉴于国家主权是国际法中最根本的问题，它直接关系到国际法的性质；也鉴于西方国家口口声声叫嚷国际法只适用于主权国家，而借口中国是非主权国家而长期将中国排斥在国际法体系之外，并肆意践踏中国的国家主权，所以，新中国成立以后，格外重视国家主权的争取和捍卫，积极支持广大亚非拉国家争取民族解放和国家独立的斗争，先后参加日内瓦会议和亚非万隆会议，发展与亚非拉国家的友好关系，同它们一道以主权原则为武器，反对帝国主义、霸权主义和殖民主义。正如外国国

---

① 邓正来编：《王铁崖文选》，中国政法大学出版社2003年版，第32页。

际法学者所言："中华人民共和国坚持不懈地主张主权原则并在其外交声明中表现为主权原则的最热忱的拥护者。严格遵从主权不受侵犯原则，成为中华人民共和国外交政策的鲜明特色，并被视为国际关系的基础和整个国际法体系的支柱。"①

1954 年 6 月，周恩来总理对印度和缅甸进行了友好访问，在访问期间，中印和中缅两国分别于 28 日和 29 日在新德里和仰光发表《联合声明》，正式宣布将和平共处五项原则作为保证主权国家之间平等和相互尊重的基本准则。其基本内容是：互相尊重主权和领土完整、互不侵犯、互不干涉内政、平等互利、和平共处。②"和平共处五项原则的宣布是中华人民共和国成立后对国际法的发展作出的主要贡献之一"③。"随着 70 年代末独立、自主和平外交的开展，和平共处五项原则开始适用于全世界"④。和平共处五项原则"很大程度上是对体现于《联合国宪章》之中国际法基本原则的重申"⑤。它们不仅是新中国开展对外交往的基础，而且"它们构成现代国际法的基本原则"⑥，"并将成为新的国际秩序形成的基石"⑦。新中国成立以后，中国在长期的外交实践中坚持和平共处五项原则，以国际法为武器进行反帝、反殖、反霸斗争，支持第三世界人民的利益和要求。⑧"和平共处五项原则"成为确立国际关系的基本准则。

自"和平共处五项原则"发表以后，"和平共处五项原则逐步得到更多的国家、国际组织和国际会议的认可和接受，并且被写入了包括《联合国大会宣言》在内的一系列重大国际文件之中。如今，这五项基本原

---

① 邓正来编：《王铁崖文选》，中国政法大学出版社 2003 年版，第 282—283 页。
② 需要特别说明的是，"和平共处五项原则"的具体、规范的表述是集思广益的结果。在中国国际法之父周鲠生教授的建议下，"和平共处五项原则"中的"互相尊重领土主权"改为"互相尊重领土与主权完整"，"平等互惠"改为"平等互利"。
③ 同上书，第 263 页。
④ Xue Hanqin, *Chinese Observations on International Law*, Chinese Journal of International Law 6 (1), 2007, p.3.
⑤ 王铁崖主编：《国际法》，法律出版社 1995 年版，第 86 页。
⑥ 王铁崖主编：《中国国际法年刊》（1996），法律出版社 1997 年版，第 42 页。
⑦ 王铁崖主编：《中国国际法年刊》（1993），中国对外翻译出版公司 1994 年版，第 7 页。
⑧ 邓正来编：《王铁崖文选》，中国政法大学出版社 2003 年版，第 282—283 页。

则已成为国际关系的基本准则和指导原则"①。在最近北京举行的《和平共处五项原则发表60周年纪念活动》中，世人仍然给予"和平共处五项原则"的贡献以高度评价。"显而易见，和平共处五项原则发源于亚洲的传统文化，也是亚洲为了建立公正、民主的国际秩序所作出的贡献。联合国秘书长达格·哈马舍尔德曾经称，和平共处五项原则是对联合国义务以及宗旨的重申。"②"和平共处五项原则之所以在亚洲诞生，是因为它传承了亚洲人民崇尚和平的思想传统"，"和平共处五项原则生动反映了《联合国宪章》宗旨和原则③，并赋予这些宗旨和原则以可见、可行、可依循的内涵。和平共处五项原则中包含4个'互'字、1个'共'字，既代表了亚洲国家对国际关系的新期待，也体现了各国权利、义务、责任相统一的国际法治精神。""和平共处五项原则作为一个开放包容的国际法原则，集中体现了主权、正义、民主、法治的价值观。和平共处五项原则已经成为国际关系基本准则和国际法基本原则。"④

---

① 参见2014年6月28日在北京举行的《和平共处五项原则发表60周年纪念活动》缅甸总统吴登盛的讲话。

② 参见2014年6月28日在北京举行的《和平共处五项原则发表60周年纪念活动》印度副总统安萨里的讲话。

③ 如《联合国宪章》第一条规定："一、维持国际和平及安全；并为此目的：采取有效集体办法，以防止且消除对于和平之威胁，制止侵略行为或其他和平之破坏；并以和平方法且依正义及国际法之原则，调整或解决足以破坏和平之国际争端或情势。二、发展国际以尊重人民平等权利及自决原则为根据之友好关系，并采取其他适当办法，以增强普遍和平。三、促成国际合作，以解决国际间属于经济、社会、文化及人类福利性质之国际问题，且不分种族、性别、语言或宗教，增进并激励对于全体人类之人权及基本自由之尊重。四、构成一协调各国行动之中心，以达成上述共同目的。"第二条规定："为求实现第一条所述各宗旨起见，本组织及其会员国应遵行下列原则：一、本组织系基于各会员国主权平等之原则。二、各会员国应一秉善意，履行其依本宪章所担负之义务，以保证全体会员国由加入本组织而发生之权益。三、各会员国应以和平方法解决其国际争端，避免危及国际和平、安全及正义。四、各会员国在其国际关系上不得使用威胁或武力，或以与联合国宗旨不符之任何其他方法，侵害任何会员国或国家之领土完整或政治独立。五、各会员国对于联合国依本宪章规定而采取之行动，应尽力予以协助，联合国对于任何国家正在采取防止或执行行动时，各会员国对该国不得给予协助。六、本组织在维持国际和平及安全之必要范围内，应保证非联合国会员国遵行上述原则。七、本宪章不得认为授权联合国干涉在本质上属于任何国家国内管辖之事件，且并不要求会员国将该项事件依本宪章提请解决；但此项原则不妨碍第七章内执行办法之适用。"

④ 参见2014年6月28日在北京举行的"和平共处五项原则发表60周年纪念活动"中国国家主席习近平的讲话。

当今，和平与发展仍是世界和时代的主题，但其内涵一直在不断地发生变化，"和平共处五项原则"仍然是国际法的基本原则，仍将对国际社会做出新的更大的贡献。

早在20世纪50年代，中国政府就曾设想以和平方式解决台湾问题。1955年5月，周恩来总理在全国人民代表大会常务委员会会议上即提出：中国人民解决台湾问题有两种可能的方式，即战争的方式与和平的方式，中国人民愿意在可能的条件下，争取用和平的方式解决问题。1956年4月，毛泽东主席又提出："和为贵""爱国一家""爱国不分先后"等政策主张。但由于某些外国势力的干预等原因，这些主张未能付诸实践。20世纪80年代初，为实现国家和平统一，当时的国家领导人邓小平创造性地提出了"一国两制"的科学构想。按照邓小平的论述，"一国两制"是指在一个中国的前提下，国家的主体坚持社会主义制度，香港、澳门、台湾保持原有的资本主义制度长期不变。1984中英联合声明、1987中葡联合声明的签署，使"一国两制"由科学构想变成生动现实。"一国两制"为通过和平谈判解决国家之间的历史遗留问题提供了成功范例，一个原本是国内法的问题却显现了重大的国际法意义。

一是"一国两制"成功地解决了主权国家之间的关系。香港、澳门问题是英、葡殖民主义者武装侵略、逼迫清政府签订不平等条约的结果，一直没有得到中国政府和中国人民的承认，不具合法性和公正性。中国政府有权以任何方式收回香港、澳门的主权，包括不排除采取战争的方式。但考虑到战争从来就不是解决民族问题和国际争端的理想方式，也不能从根本上解决问题。战争不仅两败俱伤，而且同室操戈，骨肉相残，会制造和加深民族仇恨，从根本上违背了民族团结和国家统一的最高宗旨，是所有爱国同胞所不愿看到和遭到的民族之大不幸。所以，中国政府没有以牙还牙、以眼还眼，没有采取以战易战的方式收回香港、澳门的主权。相反，只要有一切可能，中国政府都尽量争取用和平的方式解决问题。通过分别同英、葡政府进行和平谈判、签订联合声明，用和平方式收回香港、澳门的主权和领土，这既照顾了历史和尊重了现实，又收回了主权和领土完整，还给了英、葡政府以体面的礼遇，可谓一举多得。这体现了中国政府的开阔胸怀和国际主义立场，打破了"有争必战"

的惯性思维和惯常做法。"一国两制"不仅为用和平方式解决国际争端提供了新的思路和经验，而且为检验国际法是否存在提供了一个重要标准。只有当主权国家在涉及主权、领土等核心利益时还能平等相待、友好协商、和平谈判解决问题的时候，才有真正的国际法。并且这本身就是国际法精神的最好贯彻和运用。

二是"一国两制"成功地解决了香港、澳门、台湾与中国大陆之间的关系，同时又能够保持香港、澳门、台湾的长期繁荣稳定，并为保持香港、澳门、台湾的繁荣稳定找到了新的方法。社会主义与资本主义并非不能和睦共处，社会主义国家不仅可以保留资本主义制度，允许资本主义制度长期存在不变，而且可以让资本主义发展得更好。其实，"一国两制"并非平等条款，主要是尊重香港、澳门和台湾的现状和照顾香港、澳门和台湾同胞的实际利益。这打破了长期以来以大欺小、以强凌弱的通行做法，而是肝胆相照、荣辱与共、平等互利，是真正的爱国主义。这不仅可以保证香港、澳门、台湾的持续繁荣稳定，而且它们的明天会更好。香港和澳门的回归已经充分地证明了这一点。这也有力地粉碎了一些殖民主义者和宗主国借口回归不能保持香港、澳门的繁荣稳定而拒绝交回的阴谋诡计。一个地区的繁荣稳定并不是殖民主义者和宗主国对其的荫佑，而是该地区人们自己能力和努力的结果。没有了殖民统治，该地区人民完全能够实行高度自治，甚至自治得更好。这为许多正在争取摆脱殖民统治的国家和地区树立了充分的信心。

三是"一国两制"利用和平过渡的方式解决了历史遗留问题。按照"一国两制"的构想，只是收回香港、澳门的主权和领土，但香港、澳门回归以后，继续保持原有的政治制度、经济制度和生活方式不变，因此，本质上谈不上有什么过渡。但英、葡政府和香港、澳门同胞担心香港、澳门回归以后有所变化，因而人为地制造了所谓的过渡期以及过渡期内的许多摩擦。但中国政府本着为香港、澳门同胞利益着想，为保持香港、澳门长期繁荣稳定着想，始终秉承和平谈判、友好协商的方式解决香港、澳门问题，没有把香港、澳门毁坏给人看。"一国两制"既体现了国际合作态度，也体现了国际礼让精神，更体现了为第三方设身处地着想的原则，这正是国际法的灵魂所在。

四是"一国两制"为国家的和平统一做出了贡献。由于历史原因，许多国家都尚未完全统一，一国之内，还存在着两个甚至多个政权，如中国在大陆和台湾就分别存在着政权。"一国两制"就是为了实现中国和平统一的目标而创造的方针政策，此方针政策最初是中国为解决台湾问题而提出的，但在香港问题上首先实现了。中国中央政府承认，"一国两制"将给予台湾更大的自治权，如台湾不仅可以拥有在台湾地区的独立立法权、行政权和司法权，而且享有一定的外事权，特别是台湾可以有自己的军队，大陆不在台湾驻军。"'一国两制'在台湾的具体实现形式会充分考虑台湾现实情况，充分吸收两岸各界意见和建议，是能充分照顾到台湾同胞利益的安排。"① "一国两制"强调国家主权和领土完整高于一切，强调民族团结与和平统一高于一切，在其下，一切主义和制度都不再是敌对的，都可以寻求到和平共处的方法。在一个中国的前提下，大陆的社会主义制度和台湾的资本主义制度，实行长期共存，共同发展，谁也不吃掉谁。在一个中国的前提下，什么问题都可以谈，也没有什么谈不拢的。"一国两制"超越了意识形态之争，不会因为50年的政治丢掉五千年的文化，这是一种思想观念的极大突破和解放。"一国两制"将是统一后的中国国家体制的一大特色和重要创造。同时，"一国两制"为世界上仍然处于分裂中的民族和国家实现和平统一提供了新的思路和经验。

五是"一国两制"是国体理论的重大发展。长期以来，在国体上，特别是在单一制国家中，只能实行单一的国家制度，要么是资本主义的制度，要么是社会主义的制度，不可能实行"一国两制"。而"一国两制"表明，一国之内，既有资本主义制度，又有社会主义制度，而且两种制度还能和平共处。这在以前的国体理论中是极为罕见的。"一国两制"更重要的贡献在于，一国尚且能够两制，在国际社会就更应和更能两制，甚至多制了。世界之大，完全能够容纳世界的多元性和多极化，不同制度的国家是完全能够在国际社会和平共处的。帝国主义、殖民主义和霸权主义所鼓吹和强行的唯有西方资本主义制度才能行得通，因而

---

① 参见2014年9月26日习近平会见台湾参访团讲话，2014-09-26，来源：新华网。

应该独霸世界的认识和做法，不仅是错误的，而且是有害的，只能导致国际冲突和世界混乱。

六是"一国两制"是意识形态的重大发展。长期以来，资本主义与社会主义是水火不容、不共戴天的，不是资本主义战胜社会主义，就是社会主义战胜资本主义。人类社会和国际社会基于主义之争付出了惨重的代价，包括两次世界大战和至今仍然战火不断的局部战争。可以说，主义之争，祸国（包括国家，也包括国际）殃民。其实，无论什么主义，都是人的主义，都是为了人的生存发展、人的尊严权利。只有主义真，就有相同处，无论是社会主义还是资本主义，两者原本有相通之处。只不过是由于各国的国情不同而分别选择了资本主义或社会主义。世界之大，不是一种主义可以独臂支天、称霸世界的，世界需要多元化和多极化，世界能够兼容并包各种主义。但随着苏联的解体，东欧的剧变，社会主义在当今世界似乎穷途末路。资本主义国家及其联盟加紧了对社会主义国家的"和平演变"和"颜色革命"，旨在将社会主义国家驱逐出世界、消灭于寰宇。但资本主义以资为本，即以资本家、资产阶级、有钱人为本，具有天生的狭隘性和局限性，而社会主义以社会为本位，以每个人、人人、所有人为本位，更具博爱性、高唱《国际歌》，更为国际化。不难看出，真正的社会主义是一种国际主义，国际法应该以社会主义而不是以资本主义为指导思想。

国际社会，大而言之，是由社会主义国家和资本主义国家两类国家和两大阵营构成的，所以，国际交往主要是这两类国家或两大阵营之间的交往。这两类国家和两大阵营如何交往、关系如何直接决定着国际法的性质、内容和走向。中国的对外开放政策为国际社会两类国家和两大阵营之间的交往、互利和发展提供了新范式。

国际法具有利益和价值两大维度，其价值维度主要表现为意识形态、社会制度、发展模式、民族文化、国际形象和外交方针等方面的影响力、说服力及吸引力。[①] 国际法是国际力量斗争的结果，这种斗争的核心是这

---

① 参见徐崇利《中国与国际法：软硬实力的作用机制》，载《中国社会科学报》2009年7月7日"法学版"。

两类国家和两大阵营之间的斗争，包括这两类国家和两大阵营价值观念和意识形态之间的斗争。这种斗争直接影响到了国际法的性质和内容，如国际人权法就是如此，资本主义国家及其阵营比较注重《公民权利和政治权利国际公约》，而社会主义国家及其阵营比较侧重《经济、社会和文化权利国际公约》。

长期以来，两类国家和两大阵营是彼此对立、互不相容的，它们之间的关系是战胜与被战胜、取代与被取代的关系，是你死我活、不共戴天的关系，国际法充满了冷战思维。不是东风压倒西风，就是西风压倒东风。因而北约与华约相互对峙对立，开展军备竞赛，剑拔弩张，一触即发，严重地威胁着国际秩序的和平与安全。

社会主义国家及其阵营从理论上坚信，"帝国主义是资本主义发展的最高阶段，是寄生的或腐朽的资本主义，是过渡的或垂死的资本主义"①，社会主义是比资本主义更高的发展阶段，社会主义取代资本主义是社会发展的必然趋势。正如毛泽东同志所说的，国际形势的总特点是"敌人一天天烂下去，我们一天天好起来"。全会满意地指出：以苏联为首的社会主义阵营更加壮大了，团结得更加巩固了。② 为了防止被腐朽的资本主义所腐蚀，社会主义国家及其阵营干脆闭关锁国，拒绝与资本主义国家及其阵营交往，与世隔绝，以至于不顾事实，夜郎自大，仍然认为社会主义国家及其阵营比资本主义国家及其阵营优越千百倍。直至今日，朝鲜仍然认为"朝鲜人权最好，美国生活在地狱中"③。

相反，资本主义国家及其阵营认为，资本主义是人类社会发展的唯一途径，发展至此，人类社会的历史已经终结了。④ 一些资本主义国家挟资本技术以令世界，到处煽风点火，大搞"和平演变"和"颜色革命"，并成功地使苏联解体，使东欧一些社会主义国家变了颜色，对古巴实行长期的封锁政策，在中东地区大搞武装冲突。2014年9月23日即将离任

---

① 参见列宁《帝国主义是资本主义发展的最高阶段》，载《列宁专题文集》（论资本主义），人民出版社2009年版。
② 参见《中国共产党第八届六中全会公报》。
③ 参见2014年9月17日朝鲜人权研究协会发布的朝鲜人权状况报告。
④ 参见［美］弗朗西斯·福山《历史的终结》，远方出版社1998年版。

的阿富汗总统卡尔扎伊在告别演讲中,指责美国让阿富汗陷入了长期战乱,将与塔利班领导的武装分子持续不断的战争归咎于美国。原因之一就是,美国人不想要和平,因为他们有自己的议程和目的,阿富汗持续不断的暴力是美国在该国保留基地的一个借口。阿富汗战争不是我们的战争,是一场施加在我们身上的战争,我们是受害者。除非美国想要和平,否则阿富汗不会有和平到来。因此他警告阿富汗新政府在与美国和西方的关系上要格外小心。① 迄今为止,还可以套用那句老话,美帝国主义对于中国仍然是"亡我之心不死",在舆论上鼓吹"中国威胁论",在经济上竭力制裁中国,在军事上串通韩国、日本、菲律宾等国构成封锁中国的岛链。今天,社会主义国家及其阵营已不再能够挑战资本主义国家及其阵营了,但资本主义国家及其阵营仍然企图颠覆社会主义国家及其阵营。以美国为首的资本主义国家及其阵营仍然没有放弃其帝国主义及其冷战思维。这种冷战思维仍然在扭曲国际法,使国际法偏离国际公正和人间正道。

中国的对外开放,首先,主要是对资本主义国家开放,与资本主义国家和平交往、平等互利,向资本主义国家学习,引进资本主义国家的资本、技术和管理经验,保护资本家和资本主义国家的利益,等等。这就打破了两类国家和两大阵营之间的长期对立,突破了冷战思维,开辟了协作思维。中国的对外开放,是人类社会思维方式的重大改变,从过去两类国家和两大阵营之间势不两立、有我无他,到和平交往、平等互利,你中有我、我中有你,深度融合、难分敌我,甚至不分敌我,从经济融合到政治合作,从政治合作到文明互鉴,两类国家和两大阵营休戚相关、荣辱与共,真正形成人类社会的命运共同体。这是对国际关系和国际秩序的发展和改造,在此基础上也对国际法进行了重构。

中国坚持"两手抓":一手抓对外开放,一手抓坚持中国特色社会主义道路,正确地处理好了对外开放与独立自主的关系。坚决抵制了资本主义国家及其阵营对中国的"和平演变"和"颜色革命",为社会主义国家如何对外开放与独立自主提供了现实经验和有益借鉴,也是在为人类

---

① 参见 2014 年 9 月 23 日中央电视台《新闻联播》及该日中新网。

社会探求新的发展道路。人类社会是丰富多彩的，国际社会是多元多极的，人类社会的发展道路不可能一条路走到底，否则只能"一条道走到黑"。资本的逐利、剥削、扩张的本性必然会恶化到资本主义国家及其阵营上，人类社会历史更可能终结于资本主义发展道路。中国的改革开放，特别是在改革开放中发展健全的中国特色社会主义道路，大大地发展丰富了人类社会的发展模式、发展道路，给予了人类社会更多元的选择，这是对人类社会的解放。

中国从1986年提出"复关"申请到2001年正式"入世"，走过了15年的艰苦历程。2001年11月在卡塔尔多哈举行的世贸组织第四次部长级会议启动了世贸组织的多哈发展议程谈判，12月11日中国正式成为世贸组织第143个成员，标志着新中国在经济上正式融入世界贸易组织。

中国历史悠久、人口众多、资源丰富、市场巨大，经济总量一直处于世界前列，是世界上最大的发展中国家；自从改革开放以来，中国是世界上经济最具活力、增长最快的国家，已成为世界经济增长的引擎，但长期被拒于"世"。把中国拒之于"世"，这样的体制还是名副其实的世贸组织吗？这样的经济还是名副其实的国际经济吗？这样的法律还是国际法吗？所以，中国的"入世"，才进一步使世贸组织、国际经济和国际法名副其实。

世贸组织本质上是市场体制，或者是由美欧等市场经济国家所主导的经贸体制。这也是世贸组织拒绝中国"入世"的重要原因，因为中国过去和那时实行的是计划经济。中国"入世"的主要前提条件就是中国要改革完善成为市场体制国家。但市场体制原本就不是资本主义的专利，社会主义也有市场经济，社会主义和市场经济不存在根本的矛盾，中国的改革开放已经开启了市场取向的改革。但不可否认，"入世"为中国的改革、特别是政府管理体制的改革增加了外在的压力，也加速了中国通向市场体制和世界市场之路。因为世贸组织是政府间的组织，其规则主要是约束政府行为的，所以中国"入世"，最大的挑战是对政府管理体制的挑战，最大的影响是对政府管理方式的影响。中国"入世"不仅标志着中国融入了世贸组织，而且意味着中国对世贸组织规则的接受，还意味着中国对国际法规则的认同。

但另一方面，世贸组织成员千差万别，它们具有不同的国情，不能一刀切，而应在遵循世贸组织基本原则的前提下，考虑不同经济体的发展阶段和具体国情，这样才更符合世贸组织及其规则的宗旨。因为世贸组织是市场体制，旨在促进世界经济在国际市场上的公平竞争，如果把并非势均力敌的世贸组织成员置于同一规则下相互竞争，弱肉强食，反而有违世贸组织及其规则的宗旨。对世贸组织规则有选择地遵循，原本也是国际惯例。如英国认为，除非经过国内法的确认，世贸组织的有关规则一般不能直接发生作用；1996年美国通过关于实施乌拉圭谈判的立法，规定世贸组织规则与国内联邦立法相冲突时，以国内联邦立法为准，且世贸组织规则不能作为国内诉讼的依据。中国"入世"也是有理有节地"入世"，如通过逐步地取消政府管制、降低减免关税、放开市场准入等。实践证明，这样做是成功的。自从"入世"以来，中国经济充分利用国际分工与合作，积极参与国际竞争，取得了更大的发展，目前，中国已成为世界第二大经济体，有900多种商品名列世界市场占有量第一，已成为世界第一大货物贸易大国。中国的"入世"使世贸组织规则不仅具有国际性，而且具有国别性，这为世界上其他国家"入世"提供了范例。在世贸组织中，中国就经常成为南北国家之间的桥梁和纽带，积极协调各方的立场，理性务实地寻求解决问题的中间方案，得到了各成员方的重视和理解。这又使世贸组织规则具有区域性，也使世贸组织规则更有包容性、更具公平性。正是因为中国作为世界上最大的发展中国家，联合团结发展中国家和其他新兴经济体，统一立场、用一个声音说话，才迫使发达资本主义国家不得不在世贸组织规则上做出应有的让步，积极推动建立健全开放、公平、反歧视的多边贸易体制，使世贸组织及其规则更趋公平公正。

后来，世贸组织规则逐步演化为自由市场规则，以"华盛顿共识"为指导思想，其核心是私有化、市场化、自由化。"华盛顿共识"成为"入世"的门槛，逼迫那些希望"入世"的国家照此改革，一些国家盲目追随，照抄照搬，甚至不惜实行"休克疗法"。但1997年的亚洲金融危机，以惨重的教训警示世人，遵循"华盛顿共识"也许能"入世"，但并不能"救市"，更不能"救世"。2008年由美国次贷危机引发的全球金融危机爆发，再次充分地说明，"华盛顿共识"不能"救市"和"救世"，甚至连开药方者自己都救不了。与之相反，中国之所以既能避免亚洲金融危机，又能避免次贷危机，根本原因之一就是没有照抄照搬"华盛顿共识"，而是依据自己的国情在不违背世贸组织宗旨和原则的前提下走中国特色社会主义道路，具体包括保持本国的经济自主权、平等地保护公私财产、市场调节与宏观调控有机结合，等等。这为世贸组织规则增加了新的内容。世贸组织规则不应是放任自由的市场规则，现代经济已不再是自由放任的市场经济，而是市场调节与宏观调控、有效的市场和有为的政府有机结合的混合经济。世贸组织成员不应是清一色的市场原教旨国家，世贸组织规则不应是清一色的市场原教旨主义规则。世贸组织规则不应向美欧发达国家一边倒，也应兼顾发展中国家，这样才能保证世贸组织的公平与公正、开放与包容。中国模式被世人称为"北京共识"。我们不认为"北京共识"具有普世价值，可以照抄照搬，更无意于将"北京共识"与"华盛顿共识"相提并论或相互抗衡。也许真正完善的世贸组织规则应是"华盛顿共识"与"北京共识"的有机结合。2008年7月，时任中国国家主席胡锦涛在八国集团同发展中国家领导人对话会议上提出，应建立一个可持续发展的世界经济体系、包容有序的国际金融体系、公正合理的国际贸易体系和公平有效的全球发展体系。11月15日，胡锦涛出席二十国集团金融市场和世界经济峰会并发表了重要讲话，主张改革国际金融体系应该坚持全面性、均衡性、渐进性、实效性的原则，并提出了改革国际金融体系的四项主张：一是加强国际金融监管合作，完善国际监管体系。二是推动国际金融组织改革，提高发展中国家在国际金融组织中的代表性和发言权。三是鼓励区域金融合作，充分发挥地区资金救助机制作用。四是改善国际货币体系，稳步推进国际货币体系多元化。这四项主张得到了与会国家的重视和赞同，中国也成为本次峰会上最受各国关注的国家。

联合国的成立，是人类为和平与发展而长期努力的结果。联合国体现了世界各国人民"欲免后世再遭今代人类两度身历惨不堪言之战祸""彼此以善邻之道，和睦相处"的崇高精神，承载了国际社会共同促进经济社会发展的美好理想。中国不仅是联合国的共同发起国之一，而且是

《联合国宪章》宗旨和原则的坚定恪守者和捍卫者。中国"重申我们对恪守联合国宪章宗旨和原则的承诺，表达维护世界和平、促进共同发展的决心"。

"遵守国际责任，承担国际义务，以和平方式解决争端，采取有效集体措施，共同维护地区和全球安全，是成立联合国的初衷。"但自联合国成立60多年来，天下并不太平，地区动荡不断、局部冲突时有发生。在这种时势和世局下，中国始终"鼓励和支持以和平方式，通过协商、谈判解决国际争端或冲突，共同反对侵犯别国主权的行径，反对强行干涉一国内政，反对任意使用武力或以武力相威胁"。中国是维护世界和平的重要力量。目前中国是联合国五大常任理事国中参与维和行动人数最多的国家。

世界发展并不平衡，强权政治依然存在，国际关系民主化尚未实现。但中国始终坚信"对话交流、和睦相处已成为国际关系的主流，各国互相尊重、平等相待日益成为国际社会的重要共识"，中国坚持国家不分大小、强弱、贫富一律平等，推动国际关系民主化，国际事务应民主协商，反对霸权主义、强权政治和新干涉主义。中国是促进国际关系民主化的重要力量。

世界日益多极化，中国是世界多极化的重要一极。多极平衡，才有世界和平，才有国际法。世界单极化，世界就会失衡，国际法就会偏颇和不公。中国是广大发展中国家的忠实代表，中国连同广大发展中国家占据联合国会员国的多数，成为制衡霸权主义的重要力量。中国提导并认为，尊重国家主权和领土完整，尊重各国自主选择社会制度和发展道路的权利，是《联合国宪章》的重要原则，也越来越成为不同社会制度、不同发展水平国家互相建立和发展关系的指导原则。中国主张包容互鉴，尊重世界文明多样性、发展道路多样化，尊重和维护各国人民自主选择社会制度和发展道路的权利，相互借鉴，取长补短，推动人类文明进步。中国为大国小国、弱国强国之间平等相待、和平共处开辟了先例和树立了典范。

中国作为世界上负责任的大国，在维护世界和平、消除贫困、反对恐怖主义、打击"三股势力"、治理环境污染、网络安全、重大疾病防控、应对气候变化、加强国际合作、促进共同发展等国际事务中发挥着不可或缺的中坚作用。中国承诺"中国将尽自己所能,为推动各国共同发展做出积极贡献","中国将坚持把中国人民利益同各国人民共同利益结合起来,以更加积极的姿态参与国际事务,发挥负责任大国作用,共同应对全球性挑战","愿同各国人民一道为人类和平与发展的崇高事业而不懈努力"。

目前,少数国家置联合国于不顾,常常绕过联合国对其他国家实行军事打击或武装侵略,使联合国"国将不国",严重地挑战联合国的权威;一些国家利用、操纵联合国,对别国和国际事务发号施令,严重地破坏了国际关系的民主;许多国际事务在联合国议而不决、决而不行、行而不果,不了了之,严重地损害了联合国的效率;联合国主要穷于应对维和,无暇顾及其他国际事务,限制了联合国作用的充分发挥;等等。所有这些,都说明联合国的改革势在必行。中国是推动联合国改革的重要力量,为维护联合国权威,提高联合国效率,增进会员国的团结,加大在发展领域的投入,更好地发挥联合国作用,增强联合国应对新威胁新挑战的能力等方面继续做出自己的贡献。

2005年9月15日,时任中国国家主席胡锦涛在联合国成立60周年首脑会议上重申:"中国将坚定不移地高举和平、发展、合作的旗帜,坚定不移地走和平发展道路,坚定不移地奉行独立自主的和平外交政策,在和平共处五项原则的基础上同世界各国发展友好合作关系。中国将始终不渝地把自身的发展与人类共同进步联系在一起,既充分利用世界和平发展带来的机遇发展自己,又以自身的发展更好地维护世界和平、促进共同发展。中国将一如既往地遵守《联合国宪章》的宗旨和原则,积极参与国际事务,履行国际义务,同各国一道推动建立公正合理的国际政治经济新秩序。中华民族是热爱和平的民族。中国的发展不会妨碍任何人,也不会威胁任何人,只会有利于世界的和平稳定、共同繁荣。"[①]"中国将继续高举和平、发展、合作、共赢的旗帜,坚定不移致力于维护

[①] 参见《2005年中华人民共和国主席胡锦涛在联合国成立60周年首脑会议上的讲话》。

世界和平、促进共同发展。"①

长期以来，一般都认为，国际人权法是西方文化的产物。其实不然，国际人权法是世界文化特别是世界和平文化的产物。中国文化和中国人对国际人权法做出了自己不可磨灭的贡献。

从《联合国宪章》和《世界人权宣言》的起草来看，它们一开始就是美英中苏等国共同提倡和促成的，吸收了中西文化之精髓。1946年成立了联合国人权委员会，在负责起草的几个核心成员中就有吴德耀、张彭春两位中国代表，其中张彭春还兼任联合国人权委员会副主席。在《世界人权宣言》的起草过程中，这个中国人做出了杰出的贡献，通过他，中国文化、中国人的思想观念在其中发挥了重要作用。在《世界人权宣言》的起草过程中，张彭春经常成功地调解争端，挽救了《世界人权宣言》的起草工作。如在确定《世界人权宣言》是否具有法律效力时，有些国家的代表坚持主张要赋予该文本以法律约束力，但这种主张可能会吓跑许多国家，因此张彭春提出了"先宣言、后公约"的折中建议，即成员国可以分别签署《世界人权宣言》，然后使《世界人权宣言》成为具有法律约束力的公约。如1966年经联合国大会通过的《公民权利和政治权利国际公约》，并通过任择议定书这种形式来贯彻《世界人权宣言》的精神。张彭春提出的解决方法，既保护了《世界人权宣言》的完整性，又促进了《世界人权宣言》的普及，还尊重了成员国的国家主权。在《世界人权宣言》条文的具体撰写过程中，张彭春的作用也非常显著。如《世界人权宣言》草案第一条原有这样的措辞：Human nature is endowed with（人在本性上赋有）……带有强烈的宗教色彩，引起了与会代表的异议。张彭春认为，《世界人权宣言》所反映的观念不能过于狭窄，既应反映出托马斯·阿奎那的思想，也应该反映出孔子的思想。在张彭春等人的努力下，人权起草委员会删除了"本性"一词；张彭春还建议将儒家的"仁者爱人"思想写入《世界人权宣言》之中，他把"仁"翻译为conscience（良心）一词，为各国代表所认可，从而创作了《世界人权宣言》第一条"人人生而自由，在尊严和权利上一律平等。他们赋有理性

---

① 胡锦涛：《坚定不移沿着中国特色社会主义道路前进　为全面建成小康社会而奋斗》。

和良心,并应以兄弟关系的精神相对待"①。这样,我们今天看到的《世界人权宣言》第一条所体现的国际人权体系才不是建立在任何单一的宗教、文化、伦理或是人性的基础之上。张彭春还说:"在人权方面,不能忘记大多数人。"他希望《世界人权宣言》能够反映其最终要代表的丰富多样的文化,他也相信每个人都能理解《世界人权宣言》。"它应该是为世界各个角落的每一个人所撰写的《宣言》,不仅仅只是为律师和学者而写。"对于张彭春在《世界人权宣言》起草过程中的重大贡献,联合国人权司第一任司长 John Humphrey 评价道:"他是折中艺术的大师,通过引用孔子的名言,总是能找到方法,使我们的工作免于陷入僵局。"人权委员会主席艾琳娜·罗斯福也认为:"张彭春给我们大家都带来了极大的欢乐,因为他具有幽默感,从哲学的角度考虑问题,几乎在任何场合他都能够引述机智的中国谚语来应对。"他被誉为是"协调中国和西方的艺术大师"②。

近来,中国文化传统中的"和谐文化"再次得到更大的弘扬,中国不仅在国内着手构建和谐社会,而且在国际上提出了和谐世界的主张,已得到了国内外的普遍赞同。和谐文化将对国际人权法产生深刻的影响。迄今为止,人权经历了公民权利与政治权利、经济社会和文化权利以及发展权三代人权,这三代人权意义重大,但都缺乏一个明确的主旨和维度,那就是和谐,甚至常常以不和谐的方式去获得这些人权。人权是人之为人不可或缺的人权,人权的本质决定了一切人权应是平等的,必须同等地加以维护,不能以牺牲一种(类)人权的方式去保障另一种(类)人权,人权必须是和谐的,人权体系是一个和谐体系。和谐应统率一切人权,一切人权都应追求和谐,只有和谐才能发展和保障人权,也是发展和保障人权最好的方式。为了明确人权的和谐主旨和维度,和谐权将

---

① 杜维明如是说。参见任惠《推动世界范围的儒家研究——第七届世界儒学大会综述》,载《光明日报》2015 年 11 月 2 日第 16 版。

② 参见卢建平《张彭春和〈世界人权宣言〉》,载《南方周末》,本文网址: http://www.infzm.com/content/21637。

形成第四代人权。① 这是中国对国际人权法的又一大贡献。

在国际法中，国际人权法是价值观念和意识形态色彩最浓厚的。中国对国际人权法的贡献表现为中国改变了国际人权法由西方价值观念和意识形态主宰的局面。一切能够真正称为文化的文化都具有人权观念，也能够保障人权，人权并非西方文化的专利，认为只有实行或照抄照搬西方文化及其制度才能保障人权，不仅是对世界文化的无知，而且本身是对人权的侵犯。如西方国家企图用基督教文化围剿伊斯兰文化，人为地制造所谓的文明的冲突，导致中东地区战乱频繁。虽然推翻了塔利班政权、萨达姆政权和卡扎菲政权，但这些国家及其所在地区的局势更加动荡不安，战火更加经久不息，导致民不聊生、世界不安，严重地侵犯了这些国家和地区人民的人权。一些西方国家片面地、故意地强调"人权高于主权"，并以此为借口任意地侵犯它们认为侵犯人权国家的主权。不错，"人权高于主权"，但一国的人权首先高于别国的主权，尤其是高于侵略者国家的主权，人权不是一国侵犯别国主权的理由。别国的主权无助于本国人权的发展和保障，发展和保障本国人民的人权主要靠本国自己的能力和努力。西方国家常常采用双重人权标准，注重发展和保障本国人民的人权，而视别国人民的人权如草芥，为了发展和保障本国人民的人权，不惜牺牲别国人民的人权。一国的人权发展和保障状况，与该国的主权状况息息相关。没有国家就没有小家，没有国格就没有人格，个人命运与国家命运荣辱与共。要发展和保障本国人权首先需要维护本国的主权，一个丧权辱国的国家是根本无法发展和保障自己国家的人权的。在发展和保障人权方面，中国的经验值得世界借鉴。中国没有臣服于西方文化而是继承和发扬中华文明，没有照抄照搬西方制度而是结合自己的国情走中国特色社会主义道路，没有接受西方以人权为幌子或附加西方人权标准的所谓援助而主要依靠自己的力量，稳步大力地发展自己的人权事业，成功地解决了占世界 1/5 人口的温饱问题，而且正在走向小康，这是无比巨大的人权事业和人权进步。一些西方国家尚没有把

---

① 徐显明：《和谐权——第四代人权》，参见《尊重和促进人权与建设和谐世界》，载国际人权研讨会资料（2006 年 11 月 22 日）。

自己的人权搞好，却基于其价值观念和意识形态而责难和攻击中国和其他国家的人权状况是毫无道理的。中国主张"联合国应该采取切实措施，落实千年发展目标，特别是要大力推动发展中国家加快发展，使21世纪真正成为'人人享有发展的世纪'"。为此，中国将继续为世界人权做出自己更大的贡献。

近代以来，世界上先后崛起过一些大国，如葡萄牙、西班牙、荷兰、英国、美国等。这些大国的崛起，几乎都有一个共同点，那就是大都依靠武力征服和殖民掠夺。但第二次世界大战以后，许多殖民地国家纷纷独立，成为主权国家，近代以来依靠武力征服与殖民掠夺崛起的发展模式难以为继，取而代之的是以和平共处和平等互利的发展模式。

近来，关于"中国崛起"的议论越来越多，已经成为一个重大的国际话题，其中不乏种种误解和曲解。所谓"中国崛起"，是指中国要超越自己，而不是去压倒别人。中国的发展绝不意味着我们会去抢夺属于别人的蛋糕，而是要努力把蛋糕做大，从而使所有人都能获得更大的份额。① 中国的崛起不是武力征服的结果，不是殖民掠夺的结果，也不是"搭便车"的结果，而是中国人民经过长期艰苦努力奋斗拼搏得来的；中国的崛起是中国对内改革，不断解放和发展生产力的结果；中国的崛起是中国对外开放的结果，是中国积极参与国际分工和国际合作的结果；中国的崛起是与世界各国经贸往来、平等互利的结果；中国的崛起是严格遵循国际法则、公平竞争的结果；等等。所有这些都说明，中国的崛起是和平崛起，与历史上一些国家依靠武力征服和殖民掠夺的崛起模式有着本质的不同。

中国的崛起不但没有妨碍任何国家的崛起，而且给其他国家的崛起带来了机遇，促进了其他国家的崛起，是共同崛起；中国的崛起，是世界上最大的发展中国家的崛起，中国的崛起具有普遍意义和示范效应，能够触动其他发展中国家的崛起，是发展中国家的普遍崛起，是世界的崛起；中国的崛起不会妨碍任何国家的崛起，也不会威胁任何国家的崛起，只会有利于世界的和平稳定和共同繁荣；中国的崛起是维护世界和

---

① 参见崔天凯《值得庆祝的时刻》，载美国《外交杂志》网站（2014年9月30日）。

平力量的崛起,是维护世界公平正义力量的崛起;等等。所有这些都说明,中国的崛起是和平的崛起,与历史上一些国家的本国崛起而别国衰败的崛起模式有着本质的不同。

当然,中国的和平崛起需要和平的国际环境。"但是中国的和平崛起与否取决于国际社会。国际社会保持和平、对中国的发展表现出支持和合作的态度的话,中国将实现和平崛起;相反,把中国的崛起看做是威胁的话,中国就一定会相应成为一个威胁的存在。"① 这是别有用心的危言耸听,是另一种"中国威胁论"。不管国际风云如何变幻,"中国将始终不渝走和平发展道路,坚定奉行独立自主的和平外交政策。我们坚决维护国家主权、安全、发展利益,决不会屈服于任何外来压力。我们根据事情本身的是非曲直决定自己的立场和政策,秉持公道,伸张正义"②。中国不能和平崛起,那么许多发展中国家就不能和平崛起,世界就不能和平崛起,那将是世界的衰败和悲剧。

国际法本身应该是维护世界和平的法律武器。但由于国际法本身的"软法"属性,使国际法常常束之高阁,或者成为某些超级大国的御用工具。国际法能否有效实施,从根本上取决于国际上有无以及有多少维护世界和平的力量。只有当国际上维护和平的力量纷纷崛起之时,方是国际法大有作为之际。中国"将坚持与邻为善、以邻为伴,巩固睦邻友好,深化互利合作,努力使自身发展更好惠及周边国家。我们将加强同广大发展中国家的团结合作,共同维护发展中国家正当权益,支持扩大发展中国家在国际事务中的代表性和发言权,永远做发展中国家的可靠朋友和真诚伙伴。我们将积极参与多边事务,支持联合国、二十国集团、上海合作组织、金砖国家等发挥积极作用,推动国际秩序和国际体系朝着公正合理的方向发展"③。中国的和平崛起,是世界和平力量的崛起,将改变世界格局,也将改造和重构国际法。中国将日益成为国际体系的推

---

① 美国中国问题专家裴宜理(Elizabeth Perry)博士(哈佛燕京学社社长)最近在与韩国首尔大学外交学系教授尹永宽(前外交通商部部长)的对话中发表了以上看法。参见 http://www.stnn.cc/ed china/200911/t20091119 1187100.html.
② 胡锦涛:《坚定不移沿着中国特色社会主义道路前进 为全面建成小康社会而奋斗》。
③ 胡锦涛:《坚定不移沿着中国特色社会主义道路前进 为全面建成小康社会而奋斗》。

动者、建设者和主导者①，推动国际法朝着更为和平、公正和有效的方向发展。

近现代国际法是基于西方国家之间形成的习惯和条约而形成的，其核心思想源于西方文明（包括基督教）。虽然以西方国家为主的近、现代国际法强调主权平等和国际和平，但由于西方文化从本质上说是一种个人本位、外向扩张、优胜劣汰、一神教的文化，这种文化具有狭隘性、进攻性和强权性，因而不可能真正实行主权平等和国际和平。实际情况是，存在超级大国，主权并不平等；局部战争和地区冲突时有发生，天下并不太平；采用双重标准，充满了国际歧视；导致文明的冲突，世界并不和谐；等等。可见，"世界仍然很不安宁。国际金融危机影响深远，世界经济增长不稳定不确定因素增多，全球发展不平衡加剧，霸权主义、强权政治和新干涉主义有所上升，局部动荡频繁发生，粮食安全、能源资源安全、网络安全等全球性问题更加突出"。所有这些都表明，以西方文明为基础的国际法快要走向尽头。国际法必须摆脱西方文明的一维性，而必须充分吸纳其他文明。国际法是否具有国际性，一个重要的标准就是看其是否包容了世界文明的多样性。在这方面，中华文化（中国文明）的"反求诸己""讲信修睦""以礼相待""忠恕之道""仁者爱人""济弱扶倾""中正平和""以和为贵""内圣外王""天下为公"等为国际法注入了新的文明基因。

弱国无外交，弱国的文化也不可能对国际法产生深刻的影响。所以，古老的中华文明未能对近现代国际法产生深刻的影响。随着中国的崛起，中华文明的影响日隆，中国的和谐文化与和谐世界理念将对国际法产生深远的影响。

2005年9月15日在联合国成立60周年首脑会议上的讲话中，时任国家主席胡锦涛指出："坚持包容精神，共建和谐世界。文明多样性是人类社会的基本特征，也是人类文明进步的重要动力。在人类历史上，各种文明都以自己的方式为人类文明进步做出了积极贡献。存在差异，各种文明才能相互借鉴、共同提高；强求一律，只会导致人类文明失去动

---

① 参见杨洁勉等《对外关系与国际问题研究》，上海人民出版社2009年版，第9页。

力、僵化衰落。各种文明有历史长短之分，无高低优劣之别。历史文化、社会制度和发展模式的差异不应成为各国交流的障碍，更不应成为相互对抗的理由。我们应该尊重各国自主选择社会制度和发展道路的权利，相互借鉴而不是刻意排斥，取长补短而不是定于一尊，推动各国根据本国国情实现振兴和发展；应该加强不同文明的对话和交流，在竞争比较中取长补短，在求同存异中共同发展，努力消除相互的疑虑和隔阂，使人类更加和睦，让世界更加丰富多彩；应该以平等开放的精神，维护文明的多样性，促进国际关系民主化，协力构建各种文明兼容并蓄的和谐世界。"

2007年10月，胡锦涛在中国共产党第十七次代表大会的报告全面阐述了"和谐世界"的具体内涵："我们主张，各国人民携手努力，推动建设持久和平、共同繁荣的和谐世界。为此，应该遵循联合国宪章宗旨和原则，恪守国际法和公认的国际关系准则，在国际关系中弘扬民主、和睦、协作、共赢精神。政治上相互尊重、平等协商，共同推进国际关系民主化；经济上相互合作、优势互补，共同推动经济全球化朝着均衡、普惠、共赢方向发展；文化上相互借鉴、求同存异，尊重世界多样性，共同促进人类文明繁荣进步；安全上相互信任、加强合作，坚持用和平方式而不是战争手段解决国际争端，共同维护世界和平稳定；环保上相互帮助、协力推进，共同呵护人类赖以生存的地球家园。"[1]

2009年9月23日第64届联大一般性辩论时，胡锦涛主席向190多个联合国会员国倡导：用更广阔的视野审视安全，维护世界和平稳定；用更全面的观点看待发展，促进共同繁荣；用更开放的态度开展合作，推动互利共赢；用更宽广的胸襟相互包容，实现和谐共处。他呼吁，国际社会应该继续携手并进，秉持和平、发展、合作、共赢、包容理念，推动建设持久和平、共同繁荣的和谐世界。[2]

2009年10月1日，在庆祝中华人民共和国成立60周年之际，胡锦

---

[1] 参见《胡锦涛在中国共产党第十七次全国代表大会上的报告》，载《人民日报》2007年10月25日第2版。

[2] 参见《胡锦涛在庆祝中华人民共和国成立60周年大会上的讲话》，载《人民日报》2009年10月2日第1版。

涛同志在天安门城楼上向全世界郑重宣告："我们将坚定不移坚持独立自主的和平外交政策，坚持和平发展道路，奉行互利共赢的开放战略，在和平共处五项原则基础上，同所有国家发展友好合作，继续同世界各国人民一道推进人类和平与发展的崇高事业，推动建设持久和平、共同繁荣的和谐世界。"[1]

2012年11月胡锦涛总书记在党的十八大报告中指出："人类只有一个地球，各国共处一个世界。历史昭示我们，弱肉强食不是人类共存之道，穷兵黩武无法带来美好世界。要和平不要战争，要发展不要贫穷，要合作不要对抗，推动建设持久和平、共同繁荣的和谐世界，是各国人民共同愿望。""中国主张和平解决国际争端和热点问题，反对动辄诉诸武力或以武力相威胁，反对颠覆别国合法政权，反对一切形式的恐怖主义。中国反对各种形式的霸权主义和强权政治，不干涉别国内政，永远不称霸，永远不搞扩张。"

习近平总书记在庆祝中华人民共和国成立65周年上的讲话中指出："65年来，中国奉行独立自主的和平外交政策，坚持和平共处五项原则，秉持公道，伸张正义，始终站在广大发展中国家一边，身体力行维护世界和平、促进共同发展。这不仅极大提高了中国的国际地位，而且为推动世界多极化、经济全球化、国际关系民主化，为促进世界力量平衡作出了重大贡献。"面向未来，我们必须坚持走和平发展道路。人类共处一个地球。世界好，中国才能好。中国爱好和平，历来知道"国虽大，好战必亡"的道理。我们要始终不渝走和平发展道路，始终不渝奉行互利共赢的开放战略，维护国际公平正义，促进世界和平与发展。中国将坚定不移维护自己的国家主权、安全、发展利益。[2]

中国对和谐文化与和谐理念的高度重视和反复强调，不仅合乎《联合国宪章》的宗旨和原则，而且合乎国际趋势和潮流，还得到了国际社会的广泛认同，国际社会更加关注中国立场和中国话语，并期待中国在

---

[1] 参见《胡锦涛在庆祝中华人民共和国成立60周年大会上的讲话》，载《人民日报》2009年10月2日第1版。

[2] 参见《习近平在庆祝中华人民共和国成立65周年大会上的讲话》，载《人民日报》2014年10月2日第1版。

国际上发挥更大的作用。以至于有人认为，中国的和谐文化与和谐理念是可供替代目前主导国际法西方文化的唯一方案。

中国道路对国际法的贡献。

自近代以来，中国一直在寻求救国救民的发展道路，孙中山领导的辛亥革命推翻了长达几千年的封建帝制，中国共产党领导中国人民建立社会主义新中国，开辟了中国发展的正确道路。自从十一届三中全会以来，中国结束了"以阶级斗争为纲"，把工作重心转向了"以经济建设为中心"；中国实行改革开放，"聚精会神搞建设，一心一意谋发展"；中国长期奉行独立自主的和平外交政策，与世界各国和平共处，平等互利，共同发展；中国的崛起是和平崛起，没有对世界各国构成威胁，也没有阻碍其他国家的发展和崛起；等等。中国道路是一条和平道路，也是人间正道。

中国道路是社会主义道路。"资产阶级在历史上曾经起过非常革命的作用。"[1]"资产阶级在它的不到一百年的阶级统治中所创造的生产力，比过去一切世代创造的全部生产力还要多，还要大。"[2] 在当今世界，世界上的发达国家大都是资本主义国家。历史和现实使世人为资本主义感到无比自豪，以至于有人满怀信心地认为，人类社会历史发展至资本主义已经终结了，世界各国只有资本主义一条道路可走。与此同时，历史和现实也似乎已经证明社会主义的失败，社会主义道路是一条走不通的死路。但如此断言实乃为时过早。资本主义以资为本，以资本家、资产阶级和有产者为本，不可克服其固有的自私性、剥削性、扩张性和狭隘性，它不可能以社会为本、以人人为本、以所有人为本，不可能实现人类社会的解放。虽然资本主义在今天仍然具有生命力和先进性，但始终解决不了个人与社会、市场与政府、自由与秩序、利己与利他、贫穷与富裕、国内与国外等许多错综复杂的问题，这些问题时不时地引发资本主义的危机，2008 年由美国次贷危机所引发的世界金融危机就是最新近的证明。目前，历史上的一些社会主义国家不是自愿改旗易帜，就是被美欧和平

---

[1] 《马克思恩格斯文集》第 2 卷，人民出版社 2009 年版，第 33 页。
[2] 同上书，第 36 页。

演变或颜色革命了。之所以如此,最根本的一条教训,就是没有弄清楚什么叫社会主义、怎样搞社会主义。① 过去那种将公有制、计划经济和国家统制等于社会主义的认识和做法是错误的,如此去搞社会主义是不可能成功的。邓小平同志指出:"计划多一点还是市场多一点,不是社会主义与资本主义的本质区别。计划经济不等于社会主义,资本主义也有计划;市场经济不等于资本主义,社会主义也有市场计划和市场都是经济手段。社会主义的本质,是解放生产力,发展生产力,消灭剥削,消除两极分化,最终达到共同富裕"②;"姓'资'还是姓'社'的问题,判断的标准,应该主要看是否有利于发展社会主义社会的生产力,是否有利于增强社会主义国家的综合国力,是否有利于提高人民的生活水平。"③ 当我们搞清楚了什么叫社会主义、怎样建设社会主义以后,中国的社会主义建设已经取得了举世瞩目的辉煌成就,以至于有人认为只有中国才能救社会主义。中国道路是一条社会主义道路。中国道路的成就是社会主义道路的成就。这条道路才可能是人类解放的道路,这条道路代表了人类社会的发展方向。

中国道路的精髓是走符合中国国情、具有中国特色的道路。每一个国家都有自己的国情,国情决定道路,有什么样的国情就有什么样的发展道路。世界上不可能只有一条发展道路,否则世界就会一条道走到黑。每一个国家只有结合自己的国情选择相应的发展道路,才能走得通,才能走向成功之路。一国的发展主要依靠自己,国家发展需要独立自主、自强不息。不要艳羡别国的发展道路,将其盲目地照抄照搬过来未必适合自己。中国道路尊重各国人民自己选择的发展道路,适合自己国家发展的道路就是最好的道路。中国道路是一条兼容并包的道路,一条并驾齐驱的道路,一条和谐共存的道路。这条道路能够让世界越走越宽广。

中国自近代以来积贫积弱,沦为半封建半殖民地国家。尽管新中国的成立让中国人民站起来了,但由于没有搞清楚什么是社会主义、怎样

---

① 《邓小平文选》第 3 卷,人民出版社 1993 年版,第 223 页。
② 参见《邓小平文选》第 3 卷,人民出版社 1993 年版,第 373 页。
③ 同上。

建设社会主义,加上"十年动乱",国家几乎到了崩溃的边缘;中国既有沉重的历史包袱,又有严重的现实教条,积重难返,步履维艰,发展困难重重;中国人口多、底子薄、幅员辽阔、地区差异大、发展很不平衡,中国比许多国家都面临着更为严重的发展难题;等等。但中国毕竟发展起来了,今天的中国比任何时期都更接近民族复兴的梦想,中国能够发展起来,说明世界上许多国家都能够发展起来,这给许多国家特别是发展中国家以有益的启示和充分的信心。所以,中国道路具有世界意义,是一条许多国家都可以借鉴、可以走、并走得通的道路。

中国道路是许多国家特别是发展中国家的共同道路,在国际社会得到了许多国家的赞同和拥护。如中国在国际环境、气候变化、国际经济政治秩序重建等的主张,即是中国道路的具体表现和实践。中国自1972年就参加了斯德哥尔摩世界环境大会,积极参与《联合国海洋法公约》的谈判制定进程并在其中发挥了重要作用,在气候变化等问题上,代表了发展中国家的利益。中国与第三世界国家一起谋求建立更加公正公平的国际政治经济新秩序。"中国将始终不渝奉行互利共赢的开放战略,通过深化合作促进世界经济强劲、可持续、平衡增长。中国致力于缩小南北差距,支持发展中国家增强自主发展能力。中国将加强同主要经济体宏观经济政策协调,通过协商妥善解决经贸摩擦。中国坚持权利和义务相平衡,积极参与全球经济治理,推动贸易和投资自由化便利化,反对各种形式的保护主义。"[①] 在很大程度上可以说,中国道路是许多发展中国家的必由之路。

世界是多元化、多极化的,并且日益多元化、多极化,其中一个重要方面就是各国发展道路的多元化、多极化,可谓"大路朝天,各走各边";世界是广阔的,容纳得下各种发展道路,也需要各种不同的发展道路,不能一条道走到黑;国际法是国际社会、世界各国发展道路的法律反映和表现,应该汇集世界各国发展道路的精华,成为世界各国发展道路的集锦;国际法不能只有一条道路,不能成为因一条道路而阻碍其他道路,或者一条道路反对另一条道路的法律武器;国际法应该为各国选

---

① 胡锦涛:《坚定不移沿着中国特色社会主义道路前进 为全面建成小康社会而奋斗》。

择自己的发展道路提供同样的舞台和平等的机会，不加歧视地捍卫各国的发展道路，努力增加人类社会选择发展道路的可能性和多样性。中国道路的根本意义在于，突破了固有的甚至仅有的发展道路——资本主义道路，让世界各国知道，不仅有英国道路、美国道路、法国道路、德国道路，也有中国道路，还有其他国家道路，"条条大路通罗马"。只有如此，才有国际法，才是国际法。中国道路将对国际法做出更大的贡献。

"一带一路"对国际法的贡献。

2013年9月和10月，中国国家主席习近平在出访中亚和东南亚国家期间，先后提出共建"丝绸之路经济带"和"21世纪海上丝绸之路"（简称"一带一路"）的重大倡议，得到了国际社会的高度关注。由于"加快'一带一路'建设，有利于促进沿线各国经济繁荣与区域经济合作，加强不同文明交流互鉴，促进世界和平发展，是一项造福世界各国人民的伟大事业"，所以，"共建'一带一路'也是沿线国家的共同愿望"，目前已达成广泛共识。中国作为"一带一路"的倡议国和发起国，大力推进"一带一路"建设，为此，国家发展和改革委员会、商务部和外交部于2015年3月联合发表了《推动共建丝绸之路经济带和21世纪海上丝绸之路的愿景与行动》。

"一带一路"具有丰富、深刻而重大的意义，对国际法的意义即是其中之一。

世人一谈到国际贸易，最远只想到早期资本主义的商品输出和殖民扩张，甚至只想到1947年成立的"关贸总协定"，而没有注意到2000多年前的"丝绸之路"。古丝绸之路有着2000多年的历史，历经中国的先秦、汉唐、宋元、明清，蕴含着丰富的历史文化价值，是亚欧非不同文明之间的商贸交流、文明交融，早已创造了友好交往、平等互利、合作共赢的多边合作典范。"一带一路"的提出将国际贸易的历史一下子推进了2000多年，把中国等许多历史上处于"丝绸之路"沿线国家重新确立为国际贸易的发起国和参与国，意义重大，有力地说明了当前世贸组织将中国等许多历史上处于"丝绸之路"沿线国家长期排斥在外的做法，不仅是对历史的无知，而且是观念上的狭隘，甚至不配称其为世贸组织。古人不畏天迢路远，克服各种艰难险阻，靠人力、马车、骆驼、帆船等最简单的原始工具尚能畅通丝绸之路，今天的人们没有任何理由不应更加如此。"一带一路"承前启后，将历史与现实联结起来，是古丝绸之路在当代的发扬光大。共建"一带一路"，将使沿线各国加快基础设施建设，实现互联互通，促进贸易投资便利化，真正构成利益共同体和命运共同体。"一带一路"是故丝绸之路的当代版、升级版，是解决当代诸多国际问题的中国思路和中国方案。

有人认为，"一带一路"是"中国版马歇尔计划"。其实，两者存在着重大区别，甚至可以说是风马牛不相及。"马歇尔计划"（The Marshall Plan）具有浓厚的政治色彩，它以意识形态为标准，主要援助的是第二次世界大战后西欧资本主义国家，而把共产党执政的社会主义国家如苏联、东欧各国排斥在外。其实，"马歇尔计划"的出台和实施，一个重要的历史背景就是，由于第二次世界大战是市场资本主义经济危机引发的，战时各国都实行战时经济社会政策或曰战时共产主义政策，战后共产党在许多国家的选举中获胜，加上当时苏联模式的影响力如日中天，当时许多国家都面临着是继续走市场资本主义道路还是走苏联社会主义道路这类何去何从的重大抉择问题。凡此种种引起了美英等国的高度警惕，甚至某种恐慌。当时的美国总统杜鲁门、英国首相丘吉尔等都是积极的反共反社会主义分子，丘吉尔还发表过著名的"铁幕演说"。哈耶克等著名学者还公开认为走苏联社会主义道路（他将其等同于极权主义、计划经济）是"通向奴役之路"。马歇尔计划最初也曾考虑给予苏联及其在东欧的卫星国以相同的援助，条件是苏联必须进行政治改革，并允许西方势力进入苏联的势力范围。但事实上，由于美国担心苏联利用该计划恢复和发展自身实力，因而对苏联提出了许多令其无法接受的苛刻条件，最终使其和东欧卫星国被排除在援助范围之外。马歇尔计划成为遏制苏联扩张及其影响政策的核心内容，是反社会主义的计划，它促成了后来东西方的分裂和对抗。但"一带一路"不以政治观念、意识形态为标准，虽然名之为"一带一路"，但并无固定不变的地域界限，它们"坚持开放合作原则。'一带一路'相关的国家基于但不限于古代丝绸之路的范围，各国和国际、地区组织均可参与，让共建成果惠及更广泛的区域。让更多国家和地区参与'一带一路'建设"。因为"马歇尔计划"消除或者削弱了历史上西欧各国之间长期存在的关税及贸易壁垒，同时使西欧各国的经济联系日趋紧密并最终走向一体化，所以该计划被认为是促成欧洲一体化的重要因素之一。但该计划在促进欧洲一体化的同时，由于上述原因也导致了西欧与东欧、苏联的分化，并形成了后来的"经合组织""七国集团"等经济组织以及"北约"与"华约"两大对抗的军事集团，标志着东西冷战的开始和地缘政治的形成。"马歇尔计划"，官方又名欧洲复兴计划（European Recovery Program），是第二次世界大战结束后美国对被战争破坏的西欧各国进行经济援助、协助重建的计划，对欧洲国家的发展和世界政治格局产生了深远的影响。但"一带一路"不是援助计划，而是沿线各国独立自主、平等互利、合作共赢的发展计划。"马歇尔计划"由美国所主导，有意见认为，美国实施该计划的本意是为了通过援助使欧洲经济恢复，并使之成为抗衡苏联的重要力量和工具，同时也使美国更方便地控制和占领欧洲市场。虽然中国是"一带一路"的倡议国和发起国，但它们并不由中国所主导，"一带一路"是"东西方交流合作的象征，是世界各国共有的历史文化遗产"。正如古丝绸之路，波斯帝国（修建了波斯御道）和马其顿帝国（亚历山大东征，在沿途修建了很多商贸网点）都发挥过重要作用一样，今天，"'一带一路'建设是一项系统工程，要坚持共商、共建、共享原则，积极推进沿线国家发展战略的相互对接。各施所长，各尽所能，把各方优势和潜力充分发挥出来"。"马歇尔计划"也使西欧各国在经济管理上系统地学习和适应了美国的经验。现在一些历史学家认为，马歇尔计划之所以能取得一定的成效，应归功于新的自由放任政策，以及这一政策下市场对经济增长的稳定作用。但"一带一路"不是"中国模式"在"一带一路"沿线各国的复制和推广，而是要"实现沿线各国多元、自主、平衡、可持续的发展"。"马歇尔计划"催生了"经合组织"以及后来的"七国集团"等国际组织，它们都带有明显的身份色彩，尤其是贫富色彩，可谓是发达工业国家或富国俱乐部。但"一带一路"与之不同，"'一带一路'贯穿亚欧非大陆，一头是活跃的东亚经济圈，一头是发达的欧洲经济圈，中间广大腹地国家经济发展潜力巨大。丝绸之路经济带重点畅通中国经中亚、俄罗斯至欧洲（波罗的海）；中国经中亚、西亚至波斯湾、地中海；中国至东南亚、南亚、印度洋。21世纪海上丝绸之路重点方向是从中国沿海港口过南海到印度洋，延伸至欧洲；从中国沿海港口过南海到南太平洋"。其中，从地域上看，既有东方国家，也有中亚国家，还有西欧国家，横跨亚欧非三大洲、几大洋；从国家发展程度上看，既有发达国家，也有发展中国家，还有欠发达国家；从文明类型看，既有东方文明、佛教文明，也有伊斯兰文明，还有基督教文明；等等。"一带一路"超越了许多限制，是最广泛的国际交流、世界贸易和区域合作之一。

"一带一路"是对国际贸易的丰富和深化。长期以来，国际贸易包括作为其组织和代表的世贸组织都不同程度地存在这样或那样的问题。如不够开放，包括像中国、俄罗斯等大国都一直被排斥在世贸组织之外，其国际性、世界性大打折扣；不够民主，世贸组织及其规则由美欧等少数国家所主导，它们片面地将自己的意志上升为世贸组织规则而强加于人，没有充分兼顾其他国家的利益；不够自由，贸易保护主义盛行，有些霸权国家自己大搞贸易保护主义，却妄加指责别人贸易壁垒；不够多元，世贸组织也是政治组织，其中有些超级大国常常将经济与政治、文化捆绑起来，挟经济以令政治、文化，目前个别国家甚至不再输出商品、技术而只输出意识形态、人权标准，符合其意识形态才能加入世贸组织，未达其人权标准就要实行经济制裁；等等。所有这些都说，世贸组织还没有完全顺应世界多极化、经济全球化、文化多样化等潮流。而"一带一路"是对国际贸易（世贸组织）的丰富、深化和完善。"共建'一带一路'顺应世界多极化、经济全球化、文化多样化、社会信息化的潮流，秉持开放的区域合作精神，致力于维护全球自由贸易体系和开放型世界经济。共建'一带一路'旨在促进经济要素有序自由流动、资源高效配置和市场深度融合，推动沿线各国实现经济政策协调，开展更大范围、更高水平、更深层次的区域合作，共同打造开放、包容、均衡、普惠的区域经济合作架构。"

"一带一路"是对国际贸易的补充和完善。无论是"马歇尔计划"还是"关贸总协定"以及后来的"世贸组织"等，一直以来都是由发达市场资本主义国家所主导的，一国（或地区）加入世贸组织的前提条件是实行市场体制，世贸组织成员大都是市场体制国家，是否实行市场体制是一国能否加入世贸组织的准入门槛。世贸组织及其规则深受市场原教旨主义或华盛顿共识的影响，不但没有充分发挥好政府的作用，而且世贸组织的许多规则恰恰是针对政府、约束政府的。但实践证明，仅凭市场体制是不够的，也是不佳的，它导致世界经济处于无政府状态，容易酿成世界经济危机，2008年爆发的席卷全球的金融危机即是其中之一。这已经引起了世人的深刻反思和高度警惕。市场原教旨主义不是指导经济建设的灵丹妙药，现当代经济已不是自由放任的市场经济，而是一种混合经济，必须将有效的市场和有为的政府有机地结合起来。"一带一路"的提出，一个重要的现实背景就是"面对复苏乏力的全球经济形势，纷繁复杂的国际和地区局面"，从而使得"传承和弘扬丝绸之路精神更显重要和珍贵"。要克服这种局面，应该实行有别于现行世贸组织的一些规则，其中就包括如何发挥政府的作用问题。"'一带一路'坚持市场运作。遵循市场规律和国际通行规则，充分发挥市场在资源配置中的决定性作用和各类企业的主体作用，同时发挥好政府的作用。"

"一带一路"是经济带、商贸路。在"一带一路"上，中国的丝绸、茶叶、瓷器、漆器、香料以及古代四大发明源源不断地从中国传入西方，西方的胡麻、胡椒、胡桃、胡萝卜、胡瓜、葡萄、石榴等也从西方源源不断地传入中国。这不仅是互通有无，而且是各自都拿最好的东西进行贸易。这才是货畅其流、物尽其用。与之相比，当今一些国家因惧怕别人超过自己、企图打压别人而用二流、三流乃至即将淘汰的商品、技术进行国际贸易，应该感到自叹不如、自惭形秽。这也是当今国际贸易没有充分发挥其作用的重要原因。仅仅以货易货还不够，只有各国都用最好的商品、技术来贸易才能真正充分而有效地发挥国际贸易的作用。"'一带一路'坚持互利共赢。兼顾各方利益和关切，寻求利益契合点和合作最大公约数，体现各方智慧和创意，各施所长，各尽所能，把各方优势和潜力充分发挥出来。"

但"一带一路"不仅仅是经济带、商贸路，而且是友谊带、文明路，它们使世人摆脱了纯粹的商贸观念和谋利思维。古丝绸之路上流通的不仅仅是货物，还有礼物，许多物品是作为珍贵的礼物相互馈赠的。如公元前10世纪周穆王西征犬戎曾到达中亚一带，将丝绸、黄金、贝带和朱丹等中原贵重物品作为礼物馈赠给当地部落首领。其中的一些物品，不要说是在当时，就是在现在，也是贵重物品。在很大程度上可以说，古丝绸之路的文化意义大于经济价值。"丝绸之路"具有特殊的象征意义，"丝绸"不仅是贵重的物品，而且是文明的符号，还是文明的纽带，它不同于其他冷冰冰、硬邦邦的东西，更不同于毒害人的鸦片和杀害人的武器。就此而言，"丝绸之路"的意义远远大于历史和现实中存在的不文明、不人道的各种非法贸易，如鸦片贸易、奴隶贩卖、殖民扩张、武器销售，等等。"和平合作、开放包容、互学互鉴、互利共赢"构成了"丝绸之路精神"。"一带一路"是"连接亚欧非几大文明的贸易和人文交流通路"，"一带一路"建设将"增进沿线各国人民的人文交流与文明互鉴，让各国人民相逢相知、互信互敬，共享和谐、安宁、富裕的生活"。所以，"一带一路"是"一条互尊互信之路，一条合作共赢之路，一条文明互鉴之路"。

"一带一路"对国际法具有重要意义。西方学者在论述国际法的渊源时，一直认为国际法根源于西方文化，特别是始源于1648年的《威斯特伐利亚和约》。殊不知，早于它2000年的"丝绸之路"就蕴含着丰富的国际法思想和精神，并且是名副其实的国际法渊源，特别是国际贸易法的渊源。它与《威斯特伐利亚和约》相比，可谓有过之而无不及，因为后者根源于西方文化而缺乏文化包容，仅适用于主权国家而显得十分狭隘，是战后条约而具有硝烟气息。可以说，"丝绸之路"才是古代国际法的样本，"一带一路"将成为当今的国际法的典范。今天的"一带一路"建设"恪守联合国宪章的宗旨和原则。遵守和平共处五项原则，即尊重各国主权和领土完整、互不侵犯、互不干涉内政、和平共处、平等互利"。这是对国际法的继承和发扬。现在的国际法依据的是硬实力（主要是经济实力和军事实力），以力服人，盛行的是霸权主义，各国凭实力立世、行事，非常缺乏"丝绸精神"。尽管古代丝绸之路（包括周穆王西征、张骞出使西域等）不乏军事战略安全的考虑，但收获的是商贸成果以及与之俱来的文明交往和文化融合，它们远比军事战略更有效地将沿线各国人民和平友好地联结团结起来了。丝绸是一种软物质，柔软无比，蕴含着软实力，"丝绸精神"以礼相待、以理服人、以文化人。但丝绸作为一种纺织品，经纬交织，具有韧性，"丝绸精神"利害相关、平等互利、合作共赢，这是国际社会的坚固纽带。要是国际社会多具"丝绸之路"的精神，本着"丝绸之路"的方法，去对待和解决国际问题，那才有国际法，那才是国际法。"丝绸之路"精神为国际社会和国际法贡献了新元素、新思维和新模式。"共建'一带一路'符合国际社会的根本利益，彰显人类社会共同理想和美好追求，是国际合作以及全球治理新模式的积极探索，将为世界和平发展增添新的正能量。"

中国对国际法的理论贡献。

国际法是主权国家之间的协议，它不同于国内法，国内法有国家强制力保障实施。但国际社会并不存在类似的国家强制力，国际法缺乏真正的强制力。国际法能否得到有效实施，主要取决于主权国家对国际法的承认。尽管一些大国强国常常通过操纵联合国，甚至越过联合国对其认为的违法国家进行经济制裁、军事打击或武装侵略，但实践证明，这些并不是有效的办法，也不得人心。在国际上，这些做法已日趋式微，国际法的实施主要诉诸国际舆论和国际谴责。即使是一些大国强国也改变了它们惯用的"硬实力"干预方式，转而采取文化渗透、和平演变和颜色革命等"软实力"干预为主。所有这些都说明，国际法的本质是价值观念、意识形态，是"软法"。所以阿博特认为，国际法有两大维度——价值与利益。[1] 随着要和平不要战争、要多边不要单边、要对话不要对抗的时代呼声日益高涨，国际法越来越价值观念化、意识形态化，国际斗争越来越理论化，国际斗争主要是理论斗争，如舆论战、口水仗以及联大的一般性辩论，等等，都是其具体表现。这也要求，谁想在国际法上有所贡献，就必须在国际法理论上有所贡献。没有理论、不能理论，理屈词穷，就没有国际话语权。

长期以来，国际法是大国强国博弈的结果，由大国强国说了算，大国强国的共同意志就是国际法。只有大国强国才有可能提出国际法理论。

---

[1] K. W. Abbot & D. Snidal, Value and Interests, *International Legalization in the Fight against Corruption* [J], Journal of Legal Studies, 2002, 31 (2): pp. 141 – 178.

如国际法之父格劳秀斯创立的"海洋自由理论",普芬道夫创立的自然法国际法理论,奥本海等人创立的实在主义国际法理论,凯尔森创立的规范主义国际法理论,威尔逊创立的理想主义国际法理论,麦克道格尔、汉斯·摩根索、肯尼斯·华尔兹等人创立的新现实主义国际法理论,罗伯特·基欧汉、约瑟夫·奈、理查德·罗斯克兰斯、奥兰·杨、恩斯特·哈斯等人创立的自由主义国际法理论,亚历山大·温特、艾伦·卡尔逊、彼得·卡赞斯坦等人创立的建构主义国际法理论,约瑟夫·卡米里拉、路易斯·亨金等人创立的"主权萎缩理论"[1],等等。仔细分析这些国际法理论创立的历史背景,便不难发现,它们都是由当时大国强国的学者创立的,也是为其所属国家服务的。如格劳秀斯的"海洋自由理论",源于当时的荷兰是海洋强国,号称"海上马车夫","海洋自由理论"是为其服务的。奥本海等人创立的实在主义国际法理论,认为国际法的效力源于国家的承认,公认是国际法的唯一基础。但这种承认或公认,主要是一些大国强国的承认或公认,只有大国强国承认或公认的规则才是国际法。凯尔森的规范主义国际法理论,反对国家主权观念,否认国家意志创造法律之说,将正义感、法律良知视为最高规范的效力根据,认为国际法优先于国内法,是世界法或超国家法,国家主权处于国际法之下,这是为帝国主义提供国际法理论。[2] 麦克道格尔、汉斯·摩根索、肯尼斯·华尔兹等人创立的新现实主义国际法理论,认为国家是国际法的唯一主体,国际法决定于国家之间的权力分配,主张研究那些影响国际政治、国际法的现实因素,如国际势力、国家政策,等等,麦克道格尔还推出了政策导向国际法(a policy-oriented approach to the study international law)。[3] 罗伯特·基欧汉、约瑟夫·奈、理查德·罗斯克兰斯、奥兰·杨、恩斯特·哈斯等人创立的自由主义国际法理论,源于自由放任、资本扩张、国际贸易、全球化的现实需要,并为其服务。路易斯·亨金等人创立的"主权萎缩论",接续了凯尔森等人否认国家主权的

---

[1] Joseph Camilleri &Joe Falk, *the End of Sovereignty of？the Politics of a Shrinkring and Fragmengting World*, Aldershot: Edward Glgar, 199, p.14.

[2] 参见周鲠生《国际法》(上),武汉大学出版社2009年版,第22—23页。

[3] 同上书,第23—24页。

国际法理论，是为美国霸权主义服务的，因为别国的主权萎缩了，美国的霸权主义才能大行其道。需要特别指出的是，上述国际法理论的创立者大都是美国学者，所以他们的理论都打上了美国特色，体现了美国利益，并为美国服务。这与美国是世界强国、美国主导国际秩序是密切相关的。

一般认为，近代国际法奠基于1648年的《威斯特伐利亚和约》，参与的国家几乎都是基督教国家，使得近代国际法是基督教文明的产物。但这种基督教往往成为一神教或原教旨主义，它将其他宗教文化视为异教邪教，并加以排斥打击。现代国际法不能再以这种文明为基础。美国夏威夷大学安乐哲从全球视野出发，指出自由主义和民主理念在21世纪所具有的局限性，认为"我们在考虑可用来应对全球困境必需的文化资源时，首先想到的，是要摒弃人们熟悉的、个体玩家竞争模式的、只追求一己私利的文化资源，代之以协同合作形式的、加强对跨民族、伦理和宗教的界限以协调可能性的、恰当文化资源"[1]。当世界文明本质上是相通的、一致的，可以相互包容、互学共鉴，但不排除一些人别有用心地在各种文明之间制造冲突，如亨廷顿所谓的"文明的冲突"就是典型。一些国家利用这种冲突区分文明的优劣，自认为自己是文明国家，而其他国家是不文明国家，甚至是邪恶国家，文明国家负有国际道义去挽救不文明国家，消灭邪恶国家。但"哪里有压迫，哪里就有反抗"，这正是国际冲突的重要根源之一。巴以冲突、伊拉克问题、利比亚问题、叙利亚问题，等等，都是如此。"文明的冲突"使得中东地区一直战火不断，也使国际反恐越反越恐。这应该引起世人，特别是一些强权国家的深刻反思。如果国际法还是基督教文明"一枝独秀"，不能包容吸纳世界各种文明，特别是儒家文明、佛教文明、伊斯兰教文明，实现各种文明之间的平等对话、互学共鉴、不同而和、融为一体，那么国际法就没有国际性，就不能以理服人，就得不到世人的广泛认同，也不能有效地化解国际冲突，最终国际法就是名存实亡。为了挽救国际法，中国文化将作出

---

[1] 参见任惠《推动世界范围的儒学研究——第七届世界儒学大会学术综述》，载《光明日报》2015年11月2日第16版。

自己独特的贡献。因为中国文化如儒家文化的"仁",没有阶级性,没有地域性,也没有其他特殊性,能够体现人文精神最高的价值,这是具有普遍性的为人之道。同时,在各大轴心文明中,中国文化如儒家文化没有排他的原教旨主义,自始至终都体现出开放多元的大气。所以在文明对话中间,涌现出了一批自我定义的儒家式的基督徒、儒家式的犹太教徒、儒家式的伊斯兰教徒。不是儒家有什么特殊性,而是大家都在呼唤一种人类都能接受的具有精神性质的人文主义。[1] 安乐哲认为,"儒家文化弘扬谦恭与相互依存关系的价值观",德国学者大卫·巴拓识指出,儒家的宽容之道和以仁为根本的治世方针,超越教派争端,具备作为国际化思维的天然优势。[2] 中国文化是一种真正意义上的人类文化、世界文化和国际文化,能够为国际法奠定坚实深广的文化基础。

作为一个价值观念、意识形态,国际法存在于世人心中,世人的心胸有多大,国际法就有多国际。但目前,国际法依然为西方,特别是美国的价值观所主导,这种价值观被认为具有普世价值,要世界各国照抄照搬,并成为批评和攻击其他价值观的权威标准。如2015年9月29日在联大的一般性辩论中,联大建议每个发言者将发言时间控制在15分钟,但美国总统奥巴马的发言长达50分钟。他在演讲中,不仅广泛地评点国际热点问题,对其他主权国家说三道四,公开指责某些国家领导人,极力推销美国的民主价值观。这是美国霸权主义的话语方式,也是它在国际社会的一贯表现。这种价值观不仅有违国际法的精神,而且是对国际法的釜底抽薪。国际法的根基是世界文化、多元文化、文明共存,国际法的宗旨是天下大同、世界和谐。国际法应该容纳、保存世界文化的多元性,尊重、协调各种价值观。国际社会是多元化的世界。所以中方反复强调,"21世纪是合作的世纪。心胸有多宽,合作舞台就有多宽"[3]。"太平洋足够大,容纳得大中美两

---

[1] 杜维明如是说。参见任惠《推动世界范围的儒学研究——第七届世界儒学大会学术综述》,载《光明日报》2015年11月2日第16版。

[2] 参见任惠《推动世界范围的儒学研究——第七届世界儒学大会学术综述》,载《光明日报》2015年11月2日第16版。

[3] 参见2015年10月19日中国国家主席习近平访欧谈话。

国发展"①。只有当西方国家打开心胸，胸怀天下，以天下为己任，才有真正的国际法。

"弱国无外交"，弱国也无国际法理论可言。大国强国也不允许弱国有什么理论，因为这种理论是与大国强国理论，是在和它们争权夺利。自鸦片战争以来，西方列强凭借坚船利炮，强迫中国签订了一系列不平等条约，导致中国丧权辱国，开始被沦为半封建半殖民地国家。在这种国情世局下，中国只能被迫接受西方列强所强加的国际法，而不能和它们理论，无权主张自己的正当权益。在"一战"结束后，中国原本作为战胜国参加"巴黎和会"，但不仅没有收回德国在山东半岛的权益，反而被英法美等大国擅作主张将其转让给了日本。这些都说明当时的中国被排斥于国际体系之外，是国际体系外的国家，对国际法根本就无话语权。这反过来进一步助长了一些大国强国的蛮不讲理。国际社会是否讲理、国际法是否合理，取决于各国国力是否均衡以及国际局势是否平衡。在国力强弱悬殊的情况下，必然弱肉强食，弱国无理可讲。

不唯中国如此，世界上许多被压迫民族和殖民地国家大都如此。它们深受帝国主义、霸权主义和殖民主义之苦，对其深恶痛绝，纷纷要求改革不公正的国际体系和国际秩序。自两次世界大战以来，许多被压迫的民族得到了解放，许多殖民地国家获得了独立，这大大改变了国际社会结构，也触动和改变了国际局势，国际法也因之而有所改观，联合国通过了一系列保护这些民族或国家的主权、经济、政治权益的国际法文件，如《给予殖民地国家和人民独立宣言》《建立新的国际经济秩序宣言》和《各国经济权利和义务宪章》，等等，国际法开始合理化了。时至今日，广大发展中国家已成为国际社会的主体，占据联合国成员国的绝大多数，已经成为影响国际社会的重要力量，也是制衡少数大国强国的主要力量。在这种情况下，发展中国家能够对国际法理论理论了，能够提出自己的国际法理论了。

但目前，国际社会还盛行强盗逻辑，依然"强权即公理"，国际法不

---

① 参见 2015 年 9 月 26 日中国国家主席习近平访美谈话。

仅很不讲理，而且无理可讲。如中国的崛起，被一些国家渲染为"中国威胁论"，中国的崛起要看美国欢迎不欢迎，等等。为反击"中国威胁论"，中国必须提出自己的国际法理论，提升自己的理论水平，克服国际法理论贫乏的困境。[①] 只有这样，中国才能在国际法上占得理论优势，赢得话语权。如中国要用"和平崛起论"反驳"中国威胁论"。不仅要讲好中国故事，更要讲好中国道理，向国际社会反复说明、申明，中国的崛起是和平崛起，中国走的是和平发展道路，一个和平稳定繁荣的中国，不仅对中国有利，也对世界有利。此外，当前国际社会的许多问题，如贸易摩擦、地区冲突、国家安全、世界卫生、国际减贫、气候变化、国际反恐、全球治理等问题，都需要在各国之间理论理论，方能达成共识，共同应对。中国对这些问题不能没有自己的立场、自己的主张、自己的声音、自己的理论，而必须从理论上完整清晰地阐明中国的立场、中国的主张。这不仅是中国一国的利益，也是广大发展中国家的利益。我们有没有自己的理论，我们的理论能否服人，直接影响到中国对国际法的贡献，对国际社会的贡献。中国要对国际法做出自己的贡献，就必须承担起自己的理论使命。

上述中国对国际法的重大贡献，无论是"和平共处五项原则""一国两制""中国道路""一带一路"等，都有坚实厚重的理论基础，都有博大精深的理论内涵，并且都能转化为切实有效的理论贡献和行动方案。当然，不仅如此，中国还将对国际法做出更多更大的贡献。

[①] 徐崇利：《"体系外国家"心态与中国国际法理论的贫困》，载《政法论坛》2006年第5期。